Choson Korea's Modern Diplomacy
and the Traditional World Order in East Asia

朝鮮外交の近代

宗属関係から大韓帝国へ

森 万佑子【著】

名古屋大学出版会

朝鮮外交の近代　目　次

序章　朝鮮外交形成の論理

はじめに

　ハロルド・ニコルソンは著書『外交』の中で、「政策」と「交渉」を区別して、外交は立法的側面の政策と執行的側面の交渉から成るとし、そのうち職業外交官が担う交渉の重要性を指摘している(1)。またアーネスト・サトウは、外交とは独立した国（ときに属国も含む）の政府間の公式関係を指揮するための知性と機転の利用であると定義する(2)。これら「外交」を論じる古典的研究では、外交は主権をもつ国家が、国外に使節を派遣し、そこで行われる交渉によって、国家間関係を形成していく過程と理解される。このような外交が展開される場に、条約や国際法といった西洋近代の価値基準に基づいた規範があったことはいうまでもない。

　しかし、本書が取り上げる一九世紀末の朝鮮は、そのような近代的世界に足を踏み入れつつも、東アジア在来の中国を中心とする秩序の価値基準も有していた。宗主国と属国という清朝との対等ではない関係、すなわち宗属関係がその代表であった。宗属関係とは、中国を中心とする華夷秩序に基づく世界観を共有し、中国皇帝から国王として冊封を受け、また皇帝に正朔を奉じて朝貢することによって結びつけられる関係で、上下関係を前提としていた。

ゆえに一九世紀末の朝鮮は、清朝との宗属関係に加え、新たに日本や西洋諸国と条約を結んだ結果生じた条約関係の二つの関係をもつことになった。条約に照らせば朝鮮は主権をもつ一国家として、理論上は、宗主国である清朝と対等な関係になる。清朝がそれをあっさり認めれば問題は生じなかったのかもしれないが、もちろんことはそう簡単には進まなかった。また、当の朝鮮としても、明治日本のように西洋近代を積極的に取り入れようとはしなかったし、ましてや中華がもつ価値・規範を全く否定し去るという考えもなかった。そのため朝鮮は、清朝とのタテの関係である宗属関係を保ちつつ、ニコルソンやサトウがいうようないわゆるヨコの関係の「外交」を展開していくことになる。

このような事情から、当時、朝鮮が用いた「外交」という言葉の意味や使い方には注意が必要である。「外交」という漢語は、中国で古くから用いられていないわけではなかった。諸橋轍次の『大漢和辞典』によると、その意味は「①国と国との交際。国交。②国外の人と個人としての交際。国外の人との交際。又、それをすること。③世間の人々との交際」とあり、用例は②が最も多い。古典に出てくる「外交」の内容をみると、有力な臣下が自国の君主に叛意をもって外国の諸侯と密かに通ずる邪道ないし権道といった行為を指していて、『大漢和辞典』のいう②に近いとされる。(3) 一方、日本では、「外交」という漢語が近世以前に定着した跡はなく、明治期にも「外国交際」の省略形として「外交」はあったが、なかなか定着しなかったという。(4)

当時の朝鮮の史料にも「外交之重地」「外交往復之書」(『統理交渉通商事務衙門続章程』一八八七年制定)など「外交」という用語が用いられたことは確認できる。本書が扱う時期の朝鮮語の意味を知る上で有益な朝鮮総督府作成の『朝鮮語辞典』にも「外交」という言葉はある。ところがそこでの定義は「外国との交際」と漠然としたもので、用例として「外交官(外交事務に当たる官員)」と「外交内治(外交と内政)」があるのみで、これもまた判然としない。ちなみに、「外交」を「外国との交際」とするときの、「外国」の定義は「自国以外の国」とある。このような点からは、近代朝鮮において「外交」という言葉はあったものの、それは「外交官」にみられるように、近代国際関係による新しい概念で、古くからよく使われていた漢語ではないことがうかがえる。

そこで本書では、便宜上、ニコルソンやサトウがいうような近代国際関係で展開される外交を「外交」とし、東アジア在来の秩序構造で展開された「事大交隣」といった外交を「対外関係」と表現して、用語を区別して用いることとする。そうすることで、近代東アジアにおける朝鮮の位置を、より当時の文脈に即して理解できると考えるからである。同じ意図から、中国・清朝の呼称についても、抽象的な東アジア在来秩序の中心を意味するときには「中国」を用い、具体的な当時の政治・外交のアクターを意味するときは「清朝」をそれぞれ区別して用いることにする。このように呼称を区別することで、いわゆる「清国」との「外交」だけを有していた日本や西洋諸国とは異なり、中国・清朝との関係が決して一元的ではなかった朝鮮の複雑な位置がよりよく理解できるからである。

以下ではまず、先行研究によって明らかとなっている朝鮮近代史研究の流れを、本書のテーマである対外関係・外交を中心に振り返ってみたい。その後に、先行研究で触れられずに残っている問題について論じ、本書の課題を示したい。

1　これまでの朝鮮近代史研究

（1）日朝修好条規の締結——交隣の再編

朝鮮にとって近代国際法に基づく最初の条約は一八七六年の日朝修好条規であった。この日朝修好条規締結に至る過程と締結後の日朝関係を、朝鮮特有の党派争いや清朝との宗属関係にも留意して詳述した大著が田保橋潔の『近代日鮮関係の研究』[5]である。田保橋の研究は、朝鮮近代の政治・外交を論じる上で今なお色あせることない「不朽の巨編」[6]となっている。

田保橋は近代日朝関係の画期として日朝修好条規締結を挙げ、その背景に大院君政権の排外政策を改めた高宗親政を位置づけて肯定的に評価する。ただ、当時の朝鮮政府では議政府や礼曹が対外関係を担っており、外交を管掌する官庁はなく、日本との交渉も従来通り東萊府使が担当していた。朝鮮政府には、日本以外の国とこのような条約を結ぶ考えはなかった。しかしこの時、朝鮮政府が、日朝関係再編に向けて李鴻章に助言を求めようとしたことは重要である。朝鮮は李裕元を介して李鴻章の助言を仰ぐこととなったが、田保橋はこのやりとりの開始を「清韓関係の新段階」と捉え、「清韓関係史上注目を要する」ものであるとする[7]。なぜなら、宗属関係において政教禁令は一切朝鮮の自主によっており、これまで宗主国の指導を仰ぐことはなかったからである。

日朝修好条規の内容と性格が資本主義世界に対する開港を意味し、日朝関係が国際法に基づく関係になったからといって、これを機に朝鮮が近代国際関係に参入したというのは正確ではない[8]。国王が日朝関係の再開を望んだといっても、日朝修好条規締結に至る交渉では、洋式大礼服・正門出入など近代的な外交儀礼による交渉を望む日本側と、それを「洋夷」とみなして嫌う朝鮮側で紆余曲折を経る。さらに条規締結に至っても、第一条にある「朝鮮国自主之邦、保有与日本国平等之権」について、日本側は朝鮮を近代国際法でいうところの独立国と理解したのに対し、朝鮮側は「中国の属国であり内治外交は自主である」というところの「自主」、すなわち従来の対外関係の論理で理解した。

従って、日本側からみれば、一八七六年の日朝修好条規締結は朝鮮が条約体制に参入したということになるが、朝鮮は従来の対外関係の基軸である「事大交隣」の再編として日朝関係を解釈し、日朝修好条規の締結によって自らが条約体制に参入したなどとは思っていなかった。ただ「事大交隣」の再編と一言でいっても、これまでは「羈縻交隣」の対象である対馬を介して、「敵礼交隣」をとる幕府と間接的に交渉をしてきた朝鮮にとって、明治政府と直接交渉をすることになったのは大きな変化であった。それゆえに、朝鮮政府は交隣を新たに再編することでそれに対応したといえる。(9)

このように日朝修好条規締結後も、「事大交隣」という従来の論理に基づいて対外関係を展開していた朝鮮であったが、日朝修好条規を運用する中では、例えば「釜山海関収税事件」のように交隣の枠を超えた対応もみられた。(10)さらに、一八八〇年に修信使として日本を訪問した金弘集が、駐日清公使館の公使である何如璋から参賛官の黄遵憲が著した『朝鮮策略』を贈られたことは、対外関係にさらなる変化を生む。『朝鮮策略』には「防俄之策、如之何、曰親中国、結日本、聯美国、以図自強而已」と、ロシアの侵略を防ぐためには、中国と親しくし、日本と結び、アメリカと連なることによって自強を図ることが必要であると書かれていた。『朝鮮策略』は金弘集の帰国後に朝鮮政府内で広く読まれ、対外関係をはじめとする近代化政策に影響を与えることとなる。(11)

（2）一八八二年の画期①——朝米修好通商条約（朝米条約）の締結

朝鮮との条約締結を望むアメリカ海軍のシューフェルト提督（R. W. Shufeldt）は日本を訪れ、日本政府に朝米条約締結の斡旋を依頼するもののうまくいかなかった。他方、清朝は属国であったヴェトナムがフランスに侵略され、琉球が日本に併合されたことなどを受け、属国の護持に危機感を募らせていた。そのため、このシューフェルトの提案を受け入れ、朝鮮にアメリカと条約を結ばせることで朝鮮に対する他国の侵略を防ごうと考え、李鴻章は朝米条約の仲介に乗り出した。李鴻章の斡旋理由はまさに朝鮮の宗主国としてのものであったが、一方の朝鮮側も、清朝皇帝の威光を借りて条約を締結することは「洋夷」との条約締結に反対する在野の動きを未然に防ぐ措置と考えした。[12] すなわち、朝米条約は朝鮮が初めて西洋列強と締結した条約であるが、締結に際しては宗属関係の論理が作用したといえる。

これまで朝米条約については、清朝の朝鮮に対する条約締結勧導策に着目して、あるいは条約がもつ「平等」や「自主」に注目して、宗属関係から条約体制への移行という流れに位置づけて論じられてきた。[13] しかし、当時の文脈に即してみれば、朝米条約締結時に朝鮮国王がアメリカ大統領に送った「朝鮮素中国属邦而内治外交向来均由大朝鮮国君主自主」、すなわち「朝鮮は中国の属国であり内治外交は自主である」という照会がより重要な意味をもつ。この照会が後の朝鮮の命運を左右することは近年既に明らかにされ、このいわゆる「属国自主」照会の解釈をめぐって、清朝側は朝鮮が「属国」であることを第一義に置き、朝鮮側は内治外交が「自主」であることを第一義に置くという重点の置きどころにズレがあったことも分かっている。[14] この「属国自主」に対する解釈のズレこそが、日清戦争に至るまでの朝鮮の対外関係を規定していくものとなる。その後、朝米条約は一八八二年四月六日に締結され、朝鮮は同年にイギリス（四月二一日）、ドイツ（五月一五日）とも同様の条約を結んでいる。

（3）一八八二年の画期②——中国朝鮮商民水陸貿易章程の締結

一八八二年が画期となる第二の理由は、朝鮮が西洋諸国と条約を結んだことだけではなく、それまでの宗属関係が近代的に変容した年でもあるからである。一八八二年八月、清朝は朝鮮と商民水陸貿易章程（以下、水陸章程）を締結し、その前文には「朝鮮久列藩封、（中略）、惟此次所訂水陸貿易章程、係中国優待属邦之意」と、この章程は朝鮮がこれまで中国の藩封にあり中国が属国を優待する意で結ばれたという宗属関係が明記された。水陸章程にみられるこのような宗属関係は、清朝による近代を意識した対応であった。

しかし、その「近代」の意味するところが、果たして西洋近代であるのか、東アジア近代であるのかで解釈が分かれている。西洋近代に引き付けて解釈する場合、宗属関係を明文化した水陸章程は「宗属関係の文証[15]」となり、さらには「植民地化[16]」の始まりとして清朝の朝鮮に対する干渉、支配が議論される。あるいは、李鴻章が国際法を踏まえた上で、朝鮮を「半主・属国」と位置づけたことなどが指摘される[17]。

他方で、「近代」の意味を東アジア近代に引き付けて解釈する場合、締結交渉や運用過程における朝鮮の主体性や独自性に焦点が当たる。水陸章程は清朝側の強要によって成立したのではなく、むしろ朝鮮側が通商上の利益を考慮して望んだ対清交渉の成果であると評価し、運用過程において朝鮮側に不利益が生じる点に関してはそれを訴える自己主張をしたところに関心が寄せられるのである[18]。そして清朝に対しては、「李鴻章が朝鮮に於ける宗主権の強化を計画しつつ、最後の段階に於て属国化を躊躇したのは、外交関係を考慮したためと思われる[19]」という指摘や、清朝側がいう「属国自主」のうち「属国」をどの程度のものとして位置づけるかについては考慮が及んでいなかったという指摘があるように[20]、近代帝国主義的な支配の論理ではなかったことに着目する。

水陸章程の直接の目的は、宗属関係の根本である典礼に関する部分は「定制」を保持しつつ、通商についてだけ海禁を解いて「変通旧制・斟酌時宜」するものであった。そこで定められた通商には、朝鮮における商業上優越した特権を清朝に認め、さらに清朝だけが領事裁判権をもつなど、宗属関係が条約関係とは異なり不平等な関係を基本とするという前提があった[21]。そして、清朝は水陸章程を通して、こうした「伝統」的かつ独自の不平等な関係を近代国際関係に属する国々に知らしめようとした。そうすることで、水陸章程が第三国に援用されることを防ごうとしたのである。しかし実際には、日本、アメリカ、イギリス、ドイツにとって水陸章程は最恵国待遇による均霑の対象になってしまう[22]。つまり、一八七六年の日朝修好条規締結時の情況とは異なり、宗属関係は近代国際関係と無関係ではいられなくなったのである。

（4）一八八二年の画期③——壬午軍乱

一八八二年が画期となる三つ目の理由は、日朝修好条規締結以来、朝鮮国内の近代化政策に反対する動きが壬午軍乱というかたちであらわになったためである。『朝鮮策略』の伝来以後、朝鮮政府では軍事、対外関係、通商の様々な分野で近代化、いわゆる開化政策が始まった。とりわけ、一八八〇年に設置された統理機務衙門[23]は、名称をみれば一目瞭然、清朝の総理各国事務衙門を手本とした機構で、清朝同様、条約関係に対応するために設けられた。近代外交を全く経験しない朝鮮にとって、まず手本とし指導を受けようとする相手が清朝であることは自然な流れであった[24]。

朝鮮政府は、統理機務衙門を西洋列強との外交のために設置したが、その実態は従来の備辺司を復活させたものであった[25]。そのため統理機務衙門は当初、旧備辺司を主として清朝の制度を若干参酌したもので、中国との関係を担当する事大司、中国以外の国家との関係を担当する交隣司をはじめ一二司が設けられた。しかし翌年の改編で、事大司と交隣司が同文司に統一されたため、朝鮮の「事大交隣」に基づいた対外認識を、条約体制に参入する過程で払拭しようとしたと解されたりもする[26]。しかし、統理機務衙門の設置において朝鮮が宗主国である清朝のやり方を参照したように、朝鮮の対外認識がそう簡単に条約体制に即したものへと転換したとは考えにくく、慎重な分析が必要である。もちろん、「事大交隣は礼曹之を管掌したけれども、元来が外交専任官庁でないため、事務は渋滞しがちであったが、統理機務衙門設置以後、此弊は大いに改められたと云う[27]」との田保橋潔の指摘に照らせば、統理機務衙門が条約の運営に一定の役割を果たしたことは確かであろう。

一八八二年に開化政策への反発から壬午軍乱が起こると、清朝の朝鮮への内政干渉が始まり、また朝鮮国内の開化派が分裂する。壬午軍乱は清朝が軍隊を派遣し大院君を護送・監禁することによって収束し、国王・閔氏政権が再び政権につくと、統理機務衙門の後身として国内事務を管掌する統理軍国事務衙門（以下、内衙門）と対外事務を管掌する統理交渉通商事務衙門（以下、外衙門）を設置する。[28]しかしこれらの官庁が、李鴻章が派遣した馬建常やメレンドルフ（Paul G. von Möllendorff）と協議する中で設置され、設置当初には馬建常が内衙門の会辦および議政府の賛議に、メレンドルフが外衙門の協辦につくことで改革が急速に具体化したという宗主国の影響力が垣間みられる。さらに軍事面では、呉長慶が約三〇〇〇名の軍隊を帯同・駐留させ朝鮮の治安維持を図ることとなる。

他方、壬午軍乱による開化派の分裂は、国内政治において重要な意味をもつ。朝鮮が近代国家となるためには清朝から独立しなければならないと考え、日本の明治維新をモデルとした近代化を目指す金玉均らのいわゆる「独立党」・「変法開化派」と、清朝との関係を基礎に国家の近代化を図ろうとする金允植らいわゆる「事大党」・「穏健開化派」の分裂である。[29]そして、この開化派の分裂は金玉均を中心とした「独立党」が甲申政変を起こすことで決定的となる。

（5）甲申政変と天津条約体制

一八八四年に生じた甲申政変は、壬午軍乱を契機に清朝が宗主権を強化して内政干渉を行ったことへの反発から、対外的には宗属関係を廃棄して国際法上の独立国となり、対内的には内政を刷新して近代国家としての体裁を整えることを目的としたクーデターである。田保橋潔によれば、「独立党」は洪英植・朴泳孝・朴泳教・金玉均・徐光範・徐載弼を首領とし、朝鮮における代表的両班であるものの政界では戚族の驪興閔氏・豊壌趙氏に押され有力な地位につけずにいたが、海外の事物を愛する国王の抜擢によって主に開化政策を担当する分野で地位を得た者たちであった。[30]

一八八四年一〇月一七日、「独立党」が郵征総局の開設祝賀宴を利用して政変を起こすも、清朝の介入により、文字通り「三日天下」で終わる。政変への関与が疑われた駐朝鮮公使竹添進一郎は清朝の介入後すぐに仁川に撤退[31]、

「独立党」の多くが日本に亡命し、その後金玉均は一八九四年二月に上海で暗殺される。甲申政変に至る「事大党」と「独立党」の分裂に、国王がどちらか一方だけを支持することがなかったように、甲申政変の善後処理に際しても国王は朝鮮政府内の対日「積極論」と「消極論」のどちらか一方を支持するということはなかった[32]。これは意志薄弱・優柔不断といった高宗像が描かれる要因の一端となったが、同時に当時の朝鮮国内の党派争いの影響力の大きさを物語るものでもある。

甲申政変がもたらしたもう一つの重要な意味として、甲申政変後の一八八五年三月四日（陽暦四月一八日）に日清間で締結された天津条約を挙げることができる。天津条約は、日清戦争までの一〇年間の東アジア情勢を規定しただけでなく、世界史の分水嶺といわれる日清戦争勃発の背景にもなる点できわめて重要である。天津条約については、日本の政策に着目し、日本政府がとってきた対清協調を基調とする穏健な東アジア政策の確立指標とする見方[33]、あるいは東アジアにおける清朝の立場に留意して、条文上は日清が対等な立場にありつつも、現実には清朝が朝鮮に対する宗主国の地位を独占した点に注目する見方[34]などが示される。さらに天津条約締結直後に、井上馨外務卿が日清共同による朝鮮の内政改革を提案したいわゆる「弁法八カ条[35]」が李鴻章に拒否されたことも、日本の朝鮮における地位後退の一要因として見過ごせない。天津条約の締結と直後のイギリスによる巨文島占拠を受けて、例えば、「朝鮮改造論」を唱えていた福沢諭吉がそれを放棄せざるをえなくなったような状況[36]は天津条約体制をよく表している。

そうした天津条約体制下で清朝は、まず国王・閔氏戚族と対立している大院君を帰国させて高宗・閔氏政権を牽制し、次に水陸章程に基づいて派遣されていた総辦商務委員陳樹棠を更迭して、総理朝鮮交渉通商事宜袁世凱を駐在させた。これは、清朝の宗主国としての力を朝鮮の内政・外交に直接反映させようとする政策であった。とりわけ袁世凱に至っては、陳樹棠の肩書である「総辦朝鮮各口交渉通商事務[37]」を継承し、「総理朝鮮交渉通商事宜」と

「交渉」を入れて公使級の外交官の任務を有した。さらに袁世凱は、それにとどまらず、宗主国から派遣されたことを強調するために、英領インド藩王国に駐在するイギリスの「駐在官（レジデント）」に倣い、自らの肩書の英訳を"Resident"として、朝鮮において他国の公使と同列に行動することを忌避した。すなわち西洋諸国に向けて、自身が宗主国の代表、朝鮮は清朝の保護国であることを示唆したのである[38]。

（6）反清・自主政策の展開

朝鮮の「反清」政策が近代化と不可分の関係にあることを示唆したのは原田環[39]であった。原田は、植民地史学を克服する過程で生まれた「内在的発展論[40]」がもつ一国史観を批判し、一九世紀後半の朝鮮を取り巻くウェスタン・インパクトと宗属関係という国際的条件に着目した。原田が指摘する、朝鮮の近代化と清朝からの独立という二つの課題の背景には、田保橋潔の研究以来続く朝鮮政府の政治的力量に対する消極的な評価と、林明徳[41]の研究以後にみられる清朝の対朝鮮政策を近代的な力の関係で理解しようとする見方があらわれている。

その後、延甲洙は朝鮮の執権層へのそれまでの消極的な評価を改め、「守旧派」・「親清事大派」として位置づけられてきた閔氏政権を「論理的にみても、驪興閔氏が自身の権力強化に役立てば西洋文物の導入に反対する理由はなく、外勢から自身の既得権を保護するために自主権を嫌がる理由もない[42]」とし、高宗・閔氏政権を「反清・自主政策」を推進した政権と評価した。ただ、高宗・閔氏政権は権力を独占する過程で政治的・社会的基盤がかえって縮小し、さらに一八九一年以降には清朝への経済的従属がそのまま政治的従属につながり「反清政策」は挫折したという見方を示す[43]。

延甲洙の研究は執権層に対する従来の見方を転換させ、その後、高宗は「開明君主」と評価されるまでになり、「反清・自主政策」についての具体的な研究も進んだ[44]。また、清朝の「宗主権強化」政策を近代的な植民地化政策に近いものとみる議論[45]、あるいは新・旧外交体制の併存・対立という構図から、朝鮮が新外交体制の存在を前提にして清朝に抵抗したという議論がなされた[46]。以下、「反清・自主」の代表的な事例として次の五点を挙げたい。

第一に「朝露密約交渉」についてである。朝鮮のロシアへの接近は、対清構図の中で朝露修好通商条約（以下、朝露条約）締結より前にすでに確認できる[47]。朝露条約締結後にも、メレンドルフや高宗が派遣した密使を通して、ロシアを引き入れることで清朝の朝鮮に対する影響力を弱めようとする動きがあったとされる[48]。しかし、朝鮮側の対露関係深化の動きは、ロシア側の消極的な態度や金允植らの反対によって成就することはなかった。何より、高宗自身の方針が固まっていなかったことが原因であろう[49]。当然、朝鮮政府が朝露密約に踏み切れなかったのは清朝との関係を懸念したためである。そうした点に留意すれば、朝露密約の交渉そのもの以上に、それに反対した外衙門督辦金允植が高宗に失脚させられたことへの検討も深める必要がある[50]。

第二に、朝鮮中立化構想が挙げられる。一八八四年からのアフガニスタン国境紛争に端を発する英露対立の高まりから、一八八五年三月にイギリス軍艦は英露戦争を見据え、極東ロシア海軍の基地であるウラジヴォストックを攻撃する作戦基地として朝鮮半島南端に位置する巨文島（英名 Port Hamilton）を占領する[51]。巨文島事件は、占拠から撤退に至るまで、イギリスが朝鮮よりも清朝との交渉を重視しており、天津条約体制を反映した事件でもある。それゆえ、そうした国際関係を受けて、朝鮮政府でも朝鮮中立化構想[52]が議論されるようになる。一八八五年二月一日、ドイツ副領事ブトラー（Herman Budler）は日清開戦の可能性を強調して、西洋のやり方にならい清朝・ロシア・日本と互いに「永遠保護」の条約を結ぶことを勧める函、いわゆる「ブトラーの朝鮮中立化案」を外衙門に送る。外衙門督辦金允植は日清開戦の可能性に否定的な見方をもっていたのでこれを受け入れなかったが、先行研究はそれをしばしば金允植の国際政治への暗さゆえとしてきた[53]。しかし当の金允植は、巨文島事件後にはドイツ総領事や日本代理公使に朝鮮がベルギーのような国となることに関心を寄せている旨を打ち明けており[54]、朝鮮中立化を対外政策の一つとして全く想定していなかったとは言い難い[55]。

第三に、国内の制度整備としては内務府の設置がある。前述したように、朝鮮政府が近代国際関係に対応するために設置した政府機構には内衙門と外衙門があった。このうち内衙門は、近代の文物・制度の導入と産業育成などの政策を推進し、人事面では親清派から徐々に閔氏戚族を多く登用するようにして閔氏戚族が国政の主導権を握る足がかりをつくった。他方、外衙門は対外関係を管掌して、条約や通商に関する業務、郵便・鉄路などの土木関係事業、そして外国語教育などの人材育成事業を担当した。

内衙門には朴泳孝・金玉均ら「独立党」は抜擢されず、甲申政変では内衙門を含む六曹以外の官庁廃止が政綱に盛り込まれた。そして甲申政変後の一八八五年五月二五日、内衙門は内務府と改称・改編される。内務府は、国王の意向を反映しやすい宮闕内に置かれ、国家機務を総察し、宮内事務を管掌する最高の国政議決・執行機構であった。内務府は、議政府や六曹、備辺司を超える位置づけで、人事面では閔氏戚族を中心にしつつ、外国人顧問官も加えることで、袁世凱の政策に対して開化・自強事業および反清・自主外交を展開しえたとされる[56]。反面、それだけこの時期の旧来の官僚制内には清朝の政治干渉に追従する勢力が形成され、国王・閔氏戚族の政治・社会的基盤が縮小していたともいえる[57]。

第四に、条約に即した在外使節の派遣がある。一八八六年一月三〇日、外衙門が啓言した駐箚日本辦理大臣に内務府参議の李鑢永を任命する人事を国王が下し、その後二月一一日に、外衙門が駐朝鮮日本公使館に宛てて、日朝修好条規第二条に従って駐日辦理大臣を派遣する照会を出している。しかし、初代駐日辦理大臣は実際には派遣されず、同年七月二〇日に外衙門は、副司果李源競を外衙門主事に任命すると同時に、二四日に李源競を在東京朝鮮公使館創設のため東京に派遣している。しかし李源競の真の派遣目的は公使館の創設ではなく、日本亡命中の金玉均・朴泳孝ら政治犯の引き渡し要求にあった[58]。その後、翌年五月二〇日には李鑢永の病を理由に、内務府協辦閔泳駿を駐日辦理大臣に任命し、六月八日に内務府を通して外衙門主事安駉寿を駐日通訳官とする人事が下され、一四日に駐日辦理大臣一行が日本に向けて出発した。

閔泳駿の派遣は、後に駐米全権大臣および駐英・独・露・伊・仏全権大臣を派遣するにあたり、日本にまず使節を派遣することで清朝の出方を探ろうとする「先派後咨」の名分獲得にあったとみなされている[59]。実際に、駐日公使一行が仁川を出航したのちの一八八七年六月二九日、アメリカに内務府協辦朴定陽を、イギリス・ドイツ・ロシア・イタリア・フランスに内務府協辦沈相学をそれぞれ全権大臣として派遣する伝教が下ると、八月六日に袁世凱は清朝に知らせる前に公使を派遣した「先派後咨」の件で朝鮮政府を批難する。これに対して議政府は翌日「朝鮮はこれまで先咨後派した例はなく、日本に辦理大臣を派遣した時も先に派遣し後に咨文で報告した」と返答しており、先行研究が、駐日辦理大臣の派遣を駐米全権大臣派遣の前史と位置づけるゆえんである。

さらに李鴻章は八月二四日、朝鮮の公使は①赴任国でまず中国使館に赴き中国の欽差の案内のもと赴任国の外部に行くこと、②朝会・公燕・酬酢・交際があるときは中国の欽差の後に随うこと、③重大な交渉や緊急事態があればまず中国の欽差と密商して指示を受けること、という三つの規則「三端」を課す。しかし、現地アメリカにおいて、朴定陽は駐米清公館を訪れないままにアメリカ国務長官との会見をすませてしまう。この「三端」違反を知った李鴻章と袁世凱は朝鮮政府を叱責し、それに対して朝鮮政府が抵抗をみせたため、先行研究は駐米全権大臣の派遣を反清・自主外交の中心的案件として注目してきた[60]。ただ、この問題は、東アジア国際関係のレベルからみれば、一八八二年以来規定されてきた「属国自主」のうち、西洋諸国に対する「自主」を「属国」との関わりの中でどの程度認めるかという問題であったことが分かる[61]。また、反清・自主外交の交渉の場では清朝と争いつつも、最終的には清朝が「微温的な対処[62]」に終始して朝鮮との関係決裂に向かわなかったことも、当時の宗属関係の機微を理解する上で重要な点である。

最後に、防穀令事件を挙げる。既に述べたように、一八九〇年代に入ると財政難もあって清朝への従属が深まり反清・自主政策は挫折したと解釈された。ただ、そのような中にあっても一八九〇年代に生じた案件として防穀令事件と神貞王后逝去時の勅使派遣問題は見落とせない。後者については第四章で論じるため、ここでは防穀令事件について概観したい。

一八八九年九月、咸鏡道における大豆の不作および道民の食糧不足を受け、咸鏡道観察使趙秉式は翌月から一年間の大豆輸出の禁止を決め、規定通り発令一カ月前の予報を行ったが、手違いにより日本領事への通告が間に合わないままに防穀令を施行するに至った。そのために生じた日本商人への賠償額をめぐって日本、朝鮮、そして清朝との間で交渉が難航した。日本代表の大石正巳公使、朝鮮側の政府顧問官リゼンドル（Charles W. Le Gendre）、そして袁世凱の間で行われた交渉は、朝鮮の「自主」を唱える大石とリゼンドル、それを牽制して宗主国の面子を保ちたい袁世凱という構図で行き詰まった。他方、朝鮮政府も賠償額については主張を行い、駐日朝鮮公使を通した交渉も想定するなど、交渉を袁世凱に完全に任せたわけでもなかった。最終的には、強硬な態度に出た大石の要求を袁世凱が朝鮮政府にのませることにより決着した。

防穀令事件をめぐっては、田保橋潔は交渉の最終局面で行われた伊藤博文と李鴻章の秘密交渉を評価し、高橋秀直も天津条約体制以後の朝鮮を対象とする日清の連携軸が有効に機能した事例として論じる。(63)他方、朝鮮政府の動きに注目する李穂枝は、日朝修好条規以後の朝鮮がとってきた宗主国・清朝を介入させる戦略的な事大主義政策に防穀令事件を位置づけ、それが機能しなかった事例として論じ、そのような宗主国の力の限界の先に日清開戦を見据える。(64)

（7）甲午農民運動と甲午改革

一八九二年末、東学が政府に教祖伸冤運動を起こすと、それへの漢城人民や外交使節らの不安を収めたのは袁世凱の手腕であった。そうしたこともあり、解散命令に応じない東学農民軍を鎮圧するため、国王は一八九三年三月の段階で既に清兵借兵を考えていた。この時は、大臣らの反対によって実行には移されなかったが、一年後に全羅道で一大農民蜂起が起こると、大臣らは民情に沿った内政改革を提案するも、国王・閔氏戚族は袁世凱との協議ののち清兵借兵を決める。[65]

清兵出兵の情報を入手した日本政府は、天津条約に基づいて朝鮮への出兵を決めると同時に、朝鮮政府への内政改革要求を行う。この頃から、朝鮮における清朝の影響力は低化の一途をたどる。駐朝鮮日本公使大鳥圭介は、六月一日（七月三日）に、外衙門督辦趙秉稷に内政改革五カ条を突き付けた。[66]それに応じるかたちで朝鮮政府は内政改革調査委員を任命し、いわゆる「老人亭会議」の場で大鳥公使・杉村濬書記官は委員らに具体的な「内政改革方案綱目」を説明する。[67]こうした背景に兪吉濬や金嘉鎮といった先の「独立党」を継承しつつも甲申政変には参加しなかった若手の新開化派が台頭しつつあった状況は見逃せない。[68]その後、内政改革実施のため六月一三日に校正庁が議政府に置かれ、二三日に日本軍が景福宮を占拠すると、二七日に軍国機務処を置き新政府発足に動き出す。朴宗根はこの新政権成立は開化派の主体的力量によるものではないとする一方で、柳永益は軍国機務処の改革活動時期を「甲午更張」として日本政府の直接関与を否定し開化派主導であることを強調する。[69]

七月一五日に公表された新官制は、朝鮮の政治機構を根本から一新するものであった。その政権は、中心に総理大臣金弘集、外務大臣金允植、度支部大臣魚允中といった守旧的大臣を据えつつ、その脇を新開化派が固めるというかたちをとった。このような政権構想は、先述した一八八五年の井上馨の「弁法八カ条」で既に示されており、甲午改革はそうした日本側の構想の体現であるともいえる。[70]しかし、改革は国王・閔妃の不満、朝鮮社会の反発、そして日本政府の対朝鮮政策の不徹底さゆえうまく進まず、大鳥公使は更迭され、九月に特命全権公使井上馨が赴任することとなる。

井上公使は、それまでの新開化派主導の政権を改めて、甲申政変にも参加した旧開化派ともいえる朴泳孝・徐光範らを中心に内閣を構成し、大鳥公使らが担ぎ出していた大院君に隠退を迫るとともに宮中・府中の区別を目指した。井上公使が推進した改革は、法律の整備や近代的な官僚制度の樹立に関しては一定の成果を上げたものの、内政改革の核心であった宮中の非政治化や朝鮮経済の対日従属化をはじめ、その他の政策はおおむねうまくいかなかった。その理由としては、改革の性急さ、朝鮮側の党派対立などによる改革推進能力の欠如、そしてロシアの朝鮮進出が指摘される(71)。重要な点は、甲申政変のメンバーであれ新開化派であれ改革を完遂できなかったことと、一八八五年に井上が提案した内政改革構想は実施可能な場を与えられたにもかかわらずうまくいかなかったことである。そうして、朝鮮における甲午改革への不信に、さらに一八九五年八月二〇日の日本公使館員を主犯とする閔妃殺害(乙未事変)への憎悪が加わり、日本への反発は大きくなるばかりであった。乙未事変後には、日本政府あるいは開化派が望んでいた政治とは別の方向に事態が動くことになる。

(8) 独立協会と大韓帝国の成立

高宗は、乙未事変後、自身の身を深く案じ、ロシア公使館に避難するいわゆる「露館播遷」を決める。そこで高宗は甲午改革を推進してきた総理大臣金弘集らを解任し、朴定陽を総理大臣臨時署理・内部大臣に任命して新政権を樹立する。この時、甲午改革は完全に終焉したといえる。そうして、還宮する一八九七年二月までの一年もの間、高宗はロシア公使館で政治を行うこととなる。

露館播遷が、高宗が李範晉を通してロシア公使館側に宮闕を出てロシア公使館に避難したい旨を伝え、それをロシア側が受け入れて可能になった経緯を踏まえると、[72]一八八〇年代に幾度となく試図しつつも清朝との関係を気にして実行に踏み切れなかった朝露密約交渉がここに結実したとみることもできる。高宗が宗主国としての清朝消滅後の「保護」を、日本ではなくロシアに依頼した事実は見逃せない。高宗は一八九七年二月にロシア公使館から還宮すると、八月に甲午改革時に改めた「建陽」から「光武」へと年号を改め、一〇月には圜丘壇にて明朝の皇帝即位儀礼にならった儀式により皇帝に即位し、[73]国号を「大韓帝国」に改める。

一方、甲午改革における近代国家形成の意志は独立協会に継承される。独立協会は、一八九六年七月二日に独立門と独立公園を創設する事業のために徐載弼・尹致昊・李商在などの開化派が中心となって結成された。独立協会の研究を先導してきた愼鏞廈は独立協会について、当時の帝国主義列強の植民地侵略の危機を前に独立協会だけが民衆の力によって自主独立国家を維持しようとしたと評価する。[74]愼鏞廈の独立協会への高い評価は、独立協会の解散を命じた高宗・大韓帝国政府が有した守旧的・外勢依存的性格への否定的な見方を前提としている。また、独立協会の機関誌といえる『独立新聞』が、朝鮮の「独立」を標榜して「国民」を創出する議論を展開する前提に、日清戦争と甲午改革による清朝との宗属関係の終焉があったという月脚達彦の指摘も重要である。[75]

近年、大韓帝国についての研究は、国内外の史料を駆使して質・量ともに重厚な蓄積があり、光武改革や大韓帝国の性格、独立協会との関わりなどについて様々な議論が深められ、近代性や民族性に関しても肯定的評価がなされている。[76]大韓帝国期には、既存の両班官僚が中心の政府大臣ではない高宗側近の宮内官たちが政治を主導したとし、側近勢力を緻密に分析する政治史研究が行われ、[77]『大韓国国制』、『大韓礼典』、議政府、中枢院、度支部、内蔵院、警察、裁判など大韓帝国を支えた各種制度についても詳細な分析を通して内政の多くが解明されている。[78]また、外交については列国を相互に牽制させることで大韓帝国の独立維持を図る「勢力均衡政策」や「中立政策」、あるいは日中韓の「三国提携」構想が注目されている。[79]

2　本書の課題

本書が扱う一九世紀末の東アジア国際関係は、「条約体制」や「朝貢体制」などという概念で議論されてきた。フェアバンク（J. K. Fairbank）[80]は、東アジアで一九世紀末に起源をもつ「条約体制」を基準として、それ以前を朝貢儀礼による中国を中心とした伝統的な対外秩序である「朝貢体制」という操作概念で整理した。このような「条約体制」と「朝貢体制」という枠組み、あるいはそれらの衝突という議論に対して、中国史の視点から、条約は中国の現状をいかに変えたのか、条約はそもそも機能していたのかという疑問が提起された。そうした中で、例えば濱下武志[81]は、東アジアに内在した秩序構造に着目して「朝貢システム」論を提起した。

こうした、東アジア在来の秩序構造をまず理解した上で、近代国際関係との相互作用を議論する方向性の研究によって、近年、東アジア国際関係史研究は発展してきた。「互市」や「交隣」、そして「属国自主」をめぐる研究の進展はその最たる成果である。ただ、重要な点は、坂野正高が指摘するように「朝貢体制」であれ「朝貢システム」であれ、それが全体として一つのシステムをなしていたものではなく、中国と個々の朝貢国との間にみられる「それぞれ別個の二国間関係の束」であったという点、そのため中国側からみた華夷思想（中華思想）を相手国がどう考えているかは別の問題であるという点である[82]。

坂野正高の指摘を朝鮮にも援用すれば、朝鮮からみた宗属関係が清朝からみた宗属関係と同じであったとは限らず、清朝と朝鮮それぞれにとっての宗属関係が、解釈の相違をはらみながら展開していたといえる。そうであれば、議論すべき問題は、宗属関係か条約体制かではなく条約関係をも包摂した宗属関係についてであるといえる。そのようにみれば、例えば一八八二年の朝米条約は、朝鮮の近代国際関係への本格的参入という見方だけでなく、清朝が求める宗属関係への対応という見方からの議論も可能となる。また、岡本隆司の「朝鮮政府が必要とし、かつ自主を侵さない、干渉ならざる保護だとみなしたなら、それをうけいれることもやはり可能だった」[83]という指摘も示唆に富む。「朝鮮にとっての宗属関係とは何であったのか」という問いは、実は朝鮮史において未だ十分に議論されていない。朝鮮からみた宗属関係の解明、これが本書の第一の課題である。

一八七六年の日朝修好条規に対して、朝鮮が近代国際法に基づいた条約を結んだとはいえ、交隣の再編として理解した背景には、「事大交隣」体制の堅持・護持にいきつく対外政策の方針があったことは既に指摘した[84]。ここでいう日本との交隣について、近年では従来の「日朝関係＝交隣関係＝敵礼関係＝対等関係」という図式だけではなく、朝鮮側の視点からみると、中国の伝統的な夷狄に対する統制・懐柔策である「羈縻交隣」という上下関係を有する、すなわち対等ではない関係の交隣であったことも指摘されている[85]。さらには、そもそも交隣とは上下関係に基づく対外関係の原理であるため、「敵礼交隣」と「羈縻交隣」の分類は不適切であり、交隣とは「羈縻交隣」のみを指すとの指摘もある[86]。

対等関係の「敵礼交隣」であれ上下関係の「羈縻交隣」であれ、交隣と事大、そして華夷思想や華夷秩序を統合的に理解するには、本来一つであった「事大交隣」が、近代外交を形成する過程で、清朝との事大と日本などとの交隣に分かれて顕在化したプロセスと意義を問わねばならない。事大と交隣の分岐は、一九世紀末に入り西洋化する日本や新たに関係を結ぶことになる西洋諸国の登場、そして事大の中身を国際環境の変化に合わせて変容させていく清朝の存在によって、より顕著となっていく。その際、背景として朝鮮の世界観ともいえる朝鮮にとっての中華があったことも見落としてはならない。

閔徳基がいうように交隣の究極的な目的は、日本などの周辺国を朝鮮が「中国」的に変化させることにあり[87]、その背景には夫馬進が指摘するように、朝鮮自らが小国として大国・中国から慈しみを受けるだけでは足りない、それだけに甘んずることはできないというプライドがあったといえよう。[88] これは朝鮮前期から続く華夷秩序観の自我意識としてのいわゆる「小中華意識[89]」であり、明朝の滅亡後には清朝に代わって朝鮮が中華を継承しているという「朝鮮中華意識[90]」ともいわれる。これらの議論からは、朝鮮は華夷秩序を内在化し、明朝への義理も加わって、自らを中華の継承者とするいわば「中華化の使命」が交隣を支える一つの理念となったと考えられる。[91]

一方、事大の対象の清朝に対しては、元々が夷狄とみなしていた女真族であったため、明朝を滅ぼした復讐心から中華文化の唯一の継承者としてのプライドを持ち、[92] 夷狄と君臣関係を結ばなければならないトラウマをもった。[93] しかし清朝の統治が安定・繁栄するようになると、例えば、清朝に学ぼうとする北学思想が生まれ後の開化思想の源流となったり、[94] 政治勢力としての清朝と中国の伝統を切り離して小中華意識をもつ朴趾源のような人物が登場したりする。[95] 事大的指向と普遍的な中華主義的指向という、対清観の二重構造を説明する朴忠錫の政治思想史[96]も示唆に富む。

朝鮮にとって清朝への事大は当時の政治的・状況的な対応であり、他方では文化的・理念的な核心として小中華思想をもち続けていたという、これら思想史研究の成果は外交史研究にも反映されるべきだろう。朝鮮にとっての事大の「大」とは状況的には清朝を対象としつつも本質は中華にあり、そのため事大が清朝の言いなりになったり、清朝に屈従したりすることとは異なる点は、これまでの研究からみても明らかである。つまり、朝鮮の対外関係は、公的な継承者である清朝が体現する中華と、正統な継承者を自任する朝鮮にとっての中華の、いわば「二元的中華[97]」を背景に展開されたといえるのである。この「二元的中華」という概念を用いることで、宗属関係が終焉する一八九五年の下関条約以後を「一元的中華」の時代と時期区分ができ、「二元的中華」から「一元的中華」への転換という中華の存在形態が朝鮮の対外関係の展開と外交の形成に深く関わっていた構造を浮かび上がらせることが可能となる。さらに、中華が一元化した後の外交やナショナリズムの形成についても、これまでの西洋近代を基準とした研究とは異なる新しい見方ができるだろう。

以上のような問題意識から、本書は一八八二年から九七年までの朝鮮近代史について、宗属関係存続期にあたる「二元的中華」の時代と、宗属関係が廃棄され自らが志向する中華に一元化される「一元的中華」の時代という操作概念で整理し、中華の存在形態に着目することで、朝鮮の対外関係から外交への転換を新たに捉え直してみたい。これが本書の第二の課題である。

その際、従来の研究で朝鮮の政治・外交の近代化の事例として切り取られた背景にある政策の構造やそれを成す思想・理念、また事例と事例の前後も継続して存続していた外政機構・外交実務のあり方といったものに着目したい。これが第三の課題である。本書が外交制度に着目する理由は次のようなところにもある。中国近代史研究で政治・外交史研究が発展した素地には、坂野正高をはじめとした緻密な制度史研究があったが、朝鮮近代史研究では体系的な制度史研究が十分になされてきたとは言い難い。そのような制度史研究の脆弱さが、朝鮮史研究の関心を政治・外交における西洋近代の受容に向かわせ、朝鮮史の研究枠組みが「『朝貢システム論』というよりは、むしろ『条約体制』論」[98]であるという指摘を受ける理由になっているのではないかと思われる。そうした点からも、本書では交渉と制度をあわせて論じることで、その背景にある政策の構造や思想的基盤を明らかにすることに注力したい。

また、そうした問題意識から時期区分を行うと、日清戦争に伴う「冊封体制の崩壊」という現象を清韓関係の消滅と再生という過程に置き換える視点[99]や、清朝からみた朝鮮の「属国自主」から「独立自主」への転換という視点[100]によって、東アジア国際関係の変容をみる議論は説得力をもつ。朝鮮にあてはめても、下関条約による「二元的中華」の消滅から「一元的中華」への転換という東アジア国際関係の変容が大韓帝国の成立につながるといえる。日清戦争・下関条約で時期を区切ってしまうと、大韓帝国成立時に高宗が明朝の皇帝に倣った即位式を行ったことについて、それまでの政策や制度との連続性から捉えることが難しくなる。

そのようにみてみると、甲午改革の挫折という状況変化の中で「成長する朝鮮ナショナリズムを背景として、その政治的リーダーシップを強化したのは、一人高宗のみであった」[101]という森山茂徳の指摘は、親政以後、高宗が行ってきた政治・外交の妥当性、およびそれへの一定の共感が得られていたことを背景にして位置づけることで重要性を増すだろう。また、『独立新聞』がかつての宗主国・清朝に対して憎悪に均しい認識をもち、「清からの独立」がナショナリズム形成の根幹になりえたという月脚達彦の指摘[102]は、宗属関係を有していた時期の朝鮮政府が要所で反清・自主政策を展開しても、最終的には清朝との関係を優先してきたことへの反動といえ、大韓帝国の「一君万民」体制についてもまた違った角度からの検討ができるだろう。以上、宗属関係から大韓帝国までの時間軸をとることが、第四の課題である。

最後に、第五の課題として「反清・自主政策」や「戦略的外交」といった議論と本書の立場を示したい。清朝が宗属関係を西洋近代的に再編したという議論は確かに説得力をもつ。しかし、その場合、朝鮮とて国際法を受容しつつその担い手として自らを任じようとしていたのであり、それゆえ清朝の「属国体制」の再構築は様々な困難に直面したという川島真の指摘[103]は見逃せない。清朝の対朝鮮干渉政策の近代的性格を指摘すればするほど、朝鮮の反清・自主政策もその近代的性格に目が行き、宗属関係の実態をみえにくくしてしまう。清朝の宗主権強化政策が近代帝国主義政策への転換ではなく、外交関係を考慮して「形式＝自主・実質＝介入」というかたちをとったことは指摘されて久しい[104]。このような清朝の対朝鮮政策がダブルスタンダード――近代国際関係と邂逅することで宗属関係を変容させるが、その変容の仕方は決して近代一辺倒ではなく、朝鮮に対しては「伝統的」な宗属関係を上位に据えつつ近代的な要素も使い分けるというダブルスタンダード――によるケースバイケースであったのに対して、朝鮮の対清政策は反清・自主という一貫性で果たして捉えられるのだろうか。

加えて近年では、朝鮮の「戦略的」な外交が議論されている。[105] これらの研究は、既存の研究で描かれてきたリアクション外交としての朝鮮外交像を修正したことに大きな意義をもつ。ただ、例えば「戦略的外交」や「戦略的事大主義政策」でいわれる「戦略」の中身は主に対清・対日交渉であり、それが何に基づいた「戦略」で、それを支えた理念はいかなるものであったのかという「政策」についての十全な議論はなされていない。ニコルソンは、「外交」のうち「政策」より「交渉」を重視したが、職業外交官が未発達の当時の朝鮮の状況からは「政策」にも関心を向けるべきだろう。また、そもそも外交において一定のリアクションはつきものである。そのようにみれば、今後議論すべき課題は、リアクション外交を生む政策の構造であり、朝鮮からみた「事大交隣」の解明である。それには、従前の研究がしばしば個別に論じてきた事大も交隣も包摂する、朝鮮にとっての中華を基軸とした政策方針や世界観を捉えなければならない。

3　本書の構成

第Ⅰ部「宗属関係の変容——二元的中華の時代」では、清朝が公的に継承する中華と、朝鮮自らを正統な継承者とする中華の「二元的中華」を有した時期を扱う。具体的には、朝鮮が清朝の属国でありながら、日本や西洋諸国との関係で自主であった一八八二年から日清戦争までを取り上げる。その際、先行研究の蓄積が少ない一八九〇年以降も意識する。開化派や高宗・閔氏政権が目指した近代化を、西洋近代を基準にして議論すれば、確かにそのような成果は一八八〇年代に集中している。しかし、この時期の朝鮮は日本のような近代化を追求してはいないし、朝鮮の近代化には変容する宗属関係への対応という側面もあったことを考慮すれば、先行研究が着目してこなかった一八九〇年代も意味をもつと考えられる。

第一章「宗属関係の中の条約関係――領選使から駐津大員へ（一八八三～八六年）」・第二章「宗属関係と条約関係の交錯――駐津大員から駐津督理へ（一八八六～九四年）」では、朝鮮政府が一八八三年に天津に派遣した使節を取り上げる。従来の研究では、一八八三年に天津に派遣された駐津大員が一八八六年に駐津督理通商事務（以下、駐津督理）へと名称が変わるとともに、西洋諸国の通例を参照した『駐津督理公署章程底稿』（一八八六年）が作られたことについて、史実の提示はするもののその変化の意味については立ち入った検討を行ってこなかった。そのため第一章では一八八三年から八六年に派遣された駐津大員について、第二章では一八八六年から九四年に派遣された駐津督理について、それぞれ分けて取り上げ、派遣経緯や使節の性格、実際の活動内容を分析する。そして、一八八三年段階では宗属関係の中で処理されていた駐津大員が、一八八六年に入ると宗属関係の要素を維持しつつ、近代国際関係を意識した領事のような性格をもつ駐津督理に改編されていく過程を論じる。

第三章「対外実務の条約関係への対応――統理交渉通商事務衙門の形成」は、朝鮮における対外関係から外交への変化の過程を外政機構から検討する。すなわち、一八八二年から九四年まで対外関係事務を管掌した外衙門の主事ら実務担当者の職務内容や勤務実態などの運営状況に迫ることで、外政機構の変容過程を検証する。とりわけ、先行研究が十分に論じてこなかった『統理交渉通商事務衙門続章程』（一八八七年制定、以下『続章程』）の制定背景と、『続章程』制定から甲午改革まで、特に一八九〇年代前半の外衙門の活動に重点を置く。

第四章「宗属関係の可視化と朝鮮政府――神貞王后逝去をめぐって」では、一八九〇年の神貞王后逝去時の朝鮮政府の対応と、漢城に駐在した各国代表のそれへの反応を取り上げる。これまでの研究は、国王が勅使派遣停止を清朝に嘆願したことに注目し、この問題から清朝の宗主権強化と近代外交を前提とした朝鮮の抵抗という構図を示してきた。しかし実際には、清朝は従来の勅使派遣ルートを変更して朝鮮側の財政状況に配慮し、国王は勅使が派遣されると宗属典礼に即して丁重に受け入れた。本書は神貞王后の逝去に際して生じた諸問題を、最終的には国王が宗属典礼を遂行したことを重視して、事実関係の精査・補充を行いながら再考する。

第II部「大韓帝国の成立――一元的中華の時代」では、日清戦争によって宗属関係が終焉し、朝鮮が志向する中華に一元化される時期を論じる。具体的には、宗属関係が朝鮮の対外関係に影響を与える最後の場面である日清開戦前夜から、清朝との関係が廃棄されたことで外政機構をより近代的に整え、そして「一元的中華」を具現化する大韓帝国の成立までを取り上げる。

第五章「朝鮮からみた日清開戦過程」では、日清両軍の朝鮮駐屯から王宮占拠までに朝鮮政府が行った交渉を通して、朝鮮政府の対外政策を探る。日清戦争は、朝鮮政府が東学農民運動の鎮圧を宗属関係に基づいて清朝に依頼したことが引き金となり、さらに日清戦争は朝鮮をめぐる日清の衝突であったにもかかわらず、これまでの研究では朝鮮政府の対外交渉や政策にほとんど関心が向けられてこなかった。そこで第五章では、朝鮮政府の視点から日清開戦を眺めることで、朝鮮が宗属関係と条約関係をそれぞれどのように理解し、日清開戦という危機的状況下でどのような対処をしたのか検討する。

第六章「対外実務の条約関係への特化――宗属関係の終焉」では、日清開戦過程および宗属関係の終焉という東アジア国際関係の画期のいわば「裏」で行われた甲午改革を取り上げる。第三章での外衙門についての議論を踏まえ、甲午改革の中でも外政機構の変遷を検討する。加えて、第三章同様、実務を担当した主事の活動に着目し、外衙門の改編後、外務衙門そして外部と変遷する中での主事の活動を通して対外制度の変化の実態に迫る。その際、日清開戦前夜に外衙門主事に再任された兪吉濬についても取り上げ、彼の思想と外政、勤務実態と制度運営についても議論を深める。

第七章「大韓帝国の成立と中華――一元化の帰結」は、大韓帝国が一八九七年一〇月一二日に成立した意味を、宗属関係の廃棄に着目して検討する。大韓帝国期については、膨大な研究があるものの、下関条約によって朝鮮が「独立」した後であることや、一八九九年九月に締結する韓清通商条約まで清朝との国家間関係が途絶えていることから、廃棄されているとはいえそれまでの宗属関係との関わりが等閑視されてきた。しかし、本書の関心に即してみれば、大韓帝国の成立こそ朝鮮が描いてきた対外関係の帰結といえる。そこで第七章では、「なぜ大韓帝国は一八九七年一〇月一二日に成立したのか」という、単純でありつつもこれまで注目されてこなかった疑問を通し、大韓帝国成立の意味をあらためて見直したい。

附章「朝鮮政治・外交の変容と朴定陽」は、他の章とは異なり、本書全体が扱うタイムスパンで朴定陽という人物のキャリア・行動・思想を通して議論を補足することを目的とする。朴定陽（一八四一～一九〇五）は、高宗親政期に政府要職を歴任した官吏で、高宗を取り巻く環境と目指した対外関係を探る上でキーパーソンとなる一人である。これを踏まえ、評伝としてではなく、あくまでも朝鮮政府の政治・外交の変容を映し出す鑑として朴定陽を論じてみたい。また、朴定陽のキャリアに着目することで、政治・外交史研究では断絶とみられる日清戦争前と甲午改革、そして大韓帝国の成立を連続性の中で再考することができると考える。

終章「中華のゆくえと朝鮮近代」では、「二元的中華」「一元的中華」という操作概念を用いて、各章で明らかにした交渉や制度の背景にある政策の構造や理念を再論する。

＊なお、本書では史料原文の漢字の旧字体は、引用に際し原則として新字体に改めた。日付は、原則として年は陽暦を月日は陰暦を用い、日清戦争以後は先行研究のほとんどが陽暦を用いているため、便宜のため陽暦も併記した。一八九六年一月以後は朝鮮政府でも陽暦の使用がはじまるため、陽暦を主とし適宜陰暦も併記した。

第Ⅰ部　宗属関係の変容

——二元的中華の時代

昌徳宮の高宗（1884 年）

出典）『100 년 전의 기억，대한제국』国立古宮博物館，2010 年。

第一章　宗属関係の中の条約関係
――領選使から駐津大員へ（一八八三～八六年）

はじめに

朝鮮がアメリカと朝米修好通商条約（以下、朝米条約）を締結した一八八二年は、中国と商民水陸貿易章程（以下、水陸章程）を締結した年でもあり、同年は、朝鮮が近代国際関係と深く関わりをもちはじめると同時に、宗属関係が変容しはじめる年といえる。この水陸章程で両国が相互に派遣し駐在させることが定められた「商務委員」が、本章と次章で論じる駐津大員（一八八三～八六年）・駐津督理通商事務（一八八六～九四年、以下、駐津督理）である。本章が論じる一八八三年から八六年までは、宗属関係をもちながら条約関係をもつようになるという複雑な国際環境に加えて、一八八四年の甲申政変や一八八五年の巨文島事件が起こるなど、まさに朝鮮をめぐる国際関係が激動する時期でもある。そのような中で、宗主国である清朝の天津に派遣された両使節について検討することは、朝鮮政府が宗属関係をどのように捉え、どのような対応をしていたかを検討することにもつながる。

既存の研究視角が朝鮮の近代国際関係への参入に着目してきたこともあり、先行研究では日本やアメリカに派遣された駐日公使や駐米公使については豊富な研究蓄積がある一方、当時宗主国であった清朝の天津に派遣された駐津大員・駐津督理の両使節に対する研究はほとんどなされてこなかった。しかし、朝米条約が清朝の勧めによって結ばれ、朝鮮の近代国際関係への参入には変容する宗属関係への対応も含まれていたことを踏まえれば、駐津大員・駐津督理は、宗属関係と条約関係が交錯する時期の朝鮮政府の対外関係を知る上で見逃せない事例といえる。そもそも、日本の東京やアメリカのワシントンに派遣された駐日公使や駐米公使と異なり、駐津大員・駐津督理が中国の、北京ではなく天津に派遣されたという点をみても、当該時期の対外関係を探るヒントが隠されていることが分かる。

駐津大員と駐津督理については、韓哲昊[1]と権赫秀[2]が、駐津大員南廷哲と李鴻章らとの筆談記録や、駐津督理の職務規定の草案である『駐津督理公署章程底稿』[3]（一八八六年）を駆使した研究を発表している。ただ韓哲昊も権赫秀も従来の研究視角、すなわち朝鮮政府が日本、アメリカ、ヨーロッパ五カ国（英・独・露・伊・仏）に派遣した公使について朝鮮の国際法受容や外交制度の近代化から理解しようとする研究視角と同様に、朝鮮が有した二つの関係のうち宗属関係よりも条約関係を重視し、駐津大員と駐津督理の性格を近代国際法の観点から理解しようとした。そのため、駐津大員・駐津督理は、属国（朝鮮）が宗主国（中国）に派遣した使節であるにもかかわらず、「朝鮮政府の国際法受容とその限界」という観点からの議論がなされた。例えば、韓哲昊は「最初の常駐外交使節団である駐津大員は、日本や西洋列強の北京駐在公使とは違い天津に駐在し、表面上は領事であったが実質上は公使の任務を遂行した[4]」と駐津大員を位置づける。しかし、駐津大員が領事というに等しい職務をもち、清朝および天津駐在の各国領事もそのように認識していたのかについて個々に実証しておらず、実質上公使とみることができるのかという疑問はいうまでもなく、表面上においても「駐津大員＝領事」とみなすことができるのか疑問が残る。同じ観点から、権赫秀が「朝鮮王朝最初の海外常駐外交使節[5]」という時に用いる「海外常駐外交使節」という表現も妥当かどうか、宗属関係との関わりの中で再検討する必要がある。さらに権赫秀は、駐津大員・駐津督理が派遣された時期を宗属関係から条約関係へと転換する「過渡期」と捉え、宗属関係が反映された事象を限界とみて批判的に評価している。今日から歴史をみれば、宗属関係は廃棄されているので、そのようにいえるのかもしれないが、当時の文脈から理解しようとすれば、二つの関係は「交錯期」にあり、どちらかの事象を限界とみることはできないのではないだろうか。

また韓哲昊も権赫秀も、駐津大員と駐津督理の名称の違いは指摘しても、それに伴う朝鮮政府内での位置づけや背景にある対外政策の変化を見過ごしてきた。後述するように駐津大員の職務規定には既存の「領選使節目」を援用したのに対し、駐津督理には先に挙げた『駐津督理公署章程底稿』の存在が示唆するように「駐津督理公署章程」なるものを新たに作成しようとしていた。このことからも、朝鮮政府内で両者の位置づけに違いがあったことは明らかである。したがって、駐津大員から駐津督理への改称・改編に着目して、駐津督理という名称が登場する一八八六年二月二一日より前を駐津大員、それ以後を駐津督理というように名称を厳密に区別し、その実態を個々に検討する必要がある。このような理由から、本章ではまず駐津大員を取り上げ、その性格と実際の活動について改めて検討を加える。そして次章で駐津督理を取り上げることとしたい。

1　駐津大員の位置づけ

駐津大員とは、一八八二年八月二三日に朝鮮と清朝の間で締結された水陸章程[6]第一条に基づいて朝鮮政府が天津に派遣した使節である。本節では、派遣当初における駐津大員の性格と派遣に至る過程から、朝鮮国内における位置づけを検討する。

（1）駐津大員は水陸章程に基づいて創設されたが、その職務規定には「領選使節目」を援用することが定められた。[7] 領選使とは、一八八一年九月に統理機務衙門が、西洋式の軍備を学ぶ留学生の引率のために清朝の天津に派遣した使臣である。[8] 領選使は金允植が務め、一行には官員一二名、随員一九名の他、「学徒」二〇名と「工匠」一八名で構成された留学生三八名も同行した。領選使派遣の背景には一八七六年九月に北洋大臣李鴻章が朝鮮に西洋式軍備の学習を勧めたことや、一八七九年七月に李鴻章が朝鮮の領議政李裕元への密函で西洋諸国との立約を勧誘したことなどが挙げられる。[9] 当初は李鴻章の提議に消極的であった朝鮮政府も、徐々に西洋式軍備の必要性を感じるようになり、一八八〇年九月に卞元圭を領選使派遣の事前交渉のため天津に派遣した。また直後の一〇月には、駐日清公使館参賛官黄遵憲が修信使金弘集に贈った『朝鮮策略』が朝鮮に持ち帰られ、朝鮮政府は「開国・勢力均衡・自強」を趣旨とするその議論に共鳴するようになる。このような流れの中で、朝鮮政府は李鴻章らとの協議の末、留学生を天津に派遣することを決め、その目的を「製器」・「購器」・「錬兵」とした。

領選使と留学生の派遣目的が「製器」・「購器」・「錬兵」であったことは、「領選使節目」をみても明らかである。領選使一行が天津に向かう途中の一八八一年一〇月二八日に「領選行中節目」一五条[10]が制定された。その内容は、互いに親しくなること（第一条）、学習には真面目に取り組むこと（第二条）、不真面目な者は「下罰」に処し「下罰」三回で本国に送還すること（第四条）、怠慢であったり約束を守らない者、争いを起こした者はその軽重によって「中罰」・「下罰」に処すること（第五・第一〇条）、責罰があっても改めない者と成果がない者は本国に送還すること（第一二・第一三条[11]）などであり、主に留学生の学習態度や日常生活についての規律および違反した際の罰則規定であることが分かる。ただ、領選使の活動実態をみると、派遣目的は留学生の引率であったが、それ以外に保定府や天津で李鴻章や津海関道周馥をはじめとする清朝側の要人と会談したりしている。会談内容は、魚允中ら朝鮮人官吏について、また一八八〇年末に新設された統理機務衙門についての情報交換、当時懸案であった対日問題や朝米条約締結に関する協議や互市に関する問題など、朝鮮の内政から外務、商務に至るまで多岐にわたっていた[12]。

領選使一行は朝鮮で壬午軍乱が起こったために一八八二年七月に一旦帰国したが、九月一七日に国王は再び領選使を天津に派遣することを決める。国王の北洋大臣宛の咨文と金允植への諭旨をみると、派遣の理由は留学生の監督および一部留学生の帰国、そして機器の講究と記されており[13]、ここでも領選使の主な目的が西洋式軍備の学習にあったことが確認できる。到着後の一〇月一四日に領選使は李鴻章・周馥と会談しており、その内容が「北洋衙門談草」として金允植の日記である『陰晴史』に記録されている[14]。この会談でも前回の会談と同様に、留学生や西洋式軍備の導入に関するものにとどまらない幅広い内容に関して話し合われている。後の駐津大員派遣との関連で重要な点は、この会談で駐天津朝鮮「公館」の設置が決まったことである。それまで、留学生の宿舎は天津機器局の東局と南局であり[15]、今回の二度目の派遣時には従事官金明均が同行していたが彼も東局に宿泊していた。これに対し周馥が、紫竹林に僧舎がありそれを修理して「公館」にしてはどうかと提案し、金允植が非常に喜んだので、李鴻章も同意した上で周馥がこの計画の一切を代行するといい、金允植も感謝しつつこの提案を受け入れている[16]。この案は実行に移され[17]、後に「公館」の建設費を統理交渉通商事務衙門（以下、外衙門）が陳樹棠を通して周馥に支払っている[18]。そして、この「公館」が後に派遣される駐津大員の宿舎（以下、駐津公館[19]）となるのである[20]。

以上より、領選使は西洋式軍備の学習を目的として派遣され、また天津到着後は李鴻章や周馥と諸般の事柄に関する意見を交換しており、従来の朝貢使節などとは役割が異なる使節であったことが分かる。さらに、壬午軍乱後に派遣された二度目の領選使は、李鴻章・周馥との会談の場で駐津公館の建設を決めており、駐津大員派遣への橋渡し的な役割も果たしている。ここから、朝鮮政府が領選使の延長上に駐津大員を位置づけていたことがうかがえ、駐津大員の職務規定に「領選使節目」が援用されたこともその一例であるとみられる。また、清朝は水陸章程に基づく「商務委員」派遣のために『派員辦理朝鮮商務章程』[21]を新しく作成し、朝鮮政府も次章で取り上げる駐津督理を派遣する際には『駐津督理公署章程底稿』を作成して、派遣使節の構成や国内外での位置づけ、職務内容および給料等を細かく規定して使節の性格を改めようとした。これらの新しく作成された規定に比べると、駐津大員に援用された職務規定は、留学生の学習態度や日常生活の規律および違反時の罰則規定である「領選使節目」であり、朝鮮政府が駐津大員を既存の領選使の延長として位置づけていたことが裏付けられる。さらに同時代の記録をみても、「金允植は既に帰国し、領選使を駐津大員に改称した。金声根〔金善根の間違いと思われる――引用者注。以下同様〕を駐津大員に任命し天津に赴任させた。この年より常態とした[22]」と記されており、駐津大員が領選使を改称した使節として把握されていることが傍証される。

それでは、領選使の延長とみなされた駐津大員はどのような職務をもち、どのような過程を経て天津に派遣されたのだろうか。以下で詳しく検討する。

（2）駐津大員の派遣過程

水陸章程第一条には、「今後、北洋大臣より商務委員を派遣して朝鮮の開港場に駐在させ、専ら本国の商民の世話をさせる。該員は朝鮮の官員と平行礼をとる。（中略）、朝鮮国王も大員を派遣して天津に駐在させるとともに、他員を中国の開港場に派遣して商務委員とする。該員もまた中国の道府州県などの地方官と平行礼をとる[23]」と記されている。ここでいう「大員」が本章で論じる駐津大員であり、後の駐津督理である。この規定をみる限り「自国商民の保護」という派遣目的が明確な清朝側の商務委員に比べ、朝鮮側の商務委員すなわち駐津大員には派遣目的が明記されていない。清朝側と朝鮮側の商務委員にこのような違いがあることは、次の二つの点から解釈することができる。

一つは、そもそも両者がもつ権限に違いがあって当然だという点である。水陸章程前文には「この章程は中国が属邦を優待する意から結ばれた」とあるように、水陸章程は朝鮮と清朝の地位の違いを前提とした宗属関係に基づいて締結された。そのため、例えば第二条で、清朝側の商務委員だけに裁判権が認められ、朝鮮側の商務委員にはそれが認められていないという権限の差異がある。[24] 清朝側の商務委員は被告あるいは原告が清朝側の人物であれば裁判権をもつのに対し、朝鮮側の商務委員は被告・原告の国籍を問わず清朝で裁判権は有さないことになっており、権限に違いがみられる。[25]

もう一つは、当時、朝鮮から清に行く商人の数が、清から朝鮮に行く商人の数よりも圧倒的に少なかったと考えられる点である。同年四月の水陸章程の締結交渉過程において、周馥は魚允中・李祖淵との筆談[26]の場で、将来、清朝が朝鮮に商務を処理する官員を派遣した場合、朝鮮がその官員に便宜を図り支障がないように迎えるべきものと思うと述べている。さらに、皇帝が朝鮮に「大臣」を「欽派」する場合と、北洋大臣が朝鮮に商務を処理する官員を派遣する場合とでは、朝鮮における職務内容や応接の方法が異なるなどと、使臣の派遣と受け入れに関しても具体的に言及している。つまりこの時、既に清朝側は、商務を処理する官員を朝鮮に派遣することを念頭に置いていたのである。ここから、清朝側は早い段階から朝鮮で商務を処理する常駐使節の派遣規定を水陸章程に盛り込む考えがあり、それだけ必要に迫られた事案であったことがうかがえる。一方、朝鮮側は同じ筆談の場で、賀謝・陳奏の事を掌る使臣を派遣して北京に駐在させる「派使駐京」[27]は主張しても、商務を処理する使臣の派遣・駐在は主張していない。また水陸章程の締結後をみても、章程に則って商務委員を直ちに派遣した清朝に比べ、朝鮮政府はなかなか商務委員を派遣しなかった。清朝は一八八三年六月に『派員辦理朝鮮商務章程』を定めて水陸章程にはなかった「総辦商務委員」を創設し[28]、八月には陳樹棠を総辦朝鮮各口商務委員に任命し、九月には漢城に派遣しており、水陸章程を迅速に運用している。これとは対照的に朝鮮政府は同年一〇月に駐津大員を任命するものの、新たに「駐津大員章程」などを設けることはなく、既存の「領選使節目」を援用することとした。さらに天候を理由に、実際に駐津大員を派遣するのは翌年三月末となり、[29]清朝の動きと比べると朝鮮側の動きはゆっくりしたものであった。このようなことから、清へ行く朝鮮商人の数が少なく、清朝ほど対応を迫られた商務がなかったという実情が考えられる。

以上から、清朝側の商務委員には水陸章程に明確な派遣目的が記された一方で、朝鮮側の商務委員にはそれがなかったという違いがなぜ生じたのかを指摘した。しかし、このような権限の違いや派遣目的の違いがあるにもかかわらず、水陸章程第一条に朝鮮側にも商務委員の派遣規定が挿入されたのはなぜだろうか。恐らく、清朝側が朝鮮に商務委員を派遣することを前提としていたために、これを派遣する北洋大臣と国王の対等性を強調し、清朝側商務委員のカウンターパートとしての位置づけを朝鮮側の商務委員にもたせるためであったのではないかと推測される。

このように創設された駐津大員、とりわけ初代駐津大員任命から派遣までの過程を『承政院日記』および『日省録』に基づいてまとめると次の通りである。一八八三年一〇月三日、領選使派遣を担当した統理機務衙門の後身の一つである統理軍国事務衙門（以下、内衙門）が工曹参判金善根を駐津大員とし、国王がこれを任命した。六日には、内衙門が駐津大員の職務規定に「領選使節目」を参照して節目を作成することとした。二三日には、同じく内衙門が礼曹参議南廷哲を参賛官に、外衙門参議卞元圭を協議官に、そして外衙門主事朴斉純を従事官とし、[30]これらを国王が任命している。三〇日になると駐津大員の出発許可が下りているが天候を理由に[31]金善根は派遣されず、翌年一月二五日に内衙門が駐津大員の代わりに機器局幇弁卞元圭を天津に派遣することとし、国王がこれを承認している。卞元圭の任務は、駐津大員の先行使節として天津の東・南局を視察し、[32]駐津公館の建設費用を支払うことであった[33]。その後、一月二七日に金善根が病気のため南廷哲が駐津大員に任命され、三月九日に承文副正字成岐運を書記官に任命するとともに一行の派遣が決まり、一七日に国王が一行を召見し、一九日に出発した。一行は、二八日に駐津公館に到着し、四月一日に周馥と面会した[34]。

最後に、朝鮮政府が当初、駐津大員をどのような職位として位置づけていたかについてみてみよう。まず、駐津大員に任命された金善根は従二品の工曹参判であり、実際に駐津大員として派遣された南廷哲は一八八四年一月一六日に工曹参判に任命され嘉善大夫に陞資したことから、堂上官クラスの人物が駐津大員に任命されたことが指摘できる。

以上をまとめると次の通りである。駐津大員は水陸章程第一条に基づいて創設されたが、「自国商民の保護」という派遣目的が明確な清朝側の商務委員に比べ駐津大員の派遣目的は明確ではなく、朝鮮側が商務処理のためにとりわけ必要とした役職ではなかったと考えられる。むしろ駐津大員は、清朝がかねてから朝鮮で商務を処理する官員を派遣し常駐させることを想定していたので、清朝側商務委員のカウンターパートとして創設されたと推測される。また、清朝は『派員辦理朝鮮商務章程』を作成して「総辦朝鮮各口商務委員」を漢城に常駐させ、朝鮮政府も後の駐津督理には『駐津督理公署章程底稿』を作成して使節の性格を改めようとしたが、駐津大員には既存の「領選使節目」を援用したことに鑑みると、朝鮮政府は駐津大員を領選使の延長として位置づけていたといえる。さらに、駐津大員の任命および節目制定を、統理機務衙門の二つの後身のうち、国内の軍国事務を担当する内衙門が行い、同じく後身の一つで対外事務を専掌する外衙門が関与しなかったことも[35]、朝鮮政府が駐津大員を外交使節や領事といった近代国際関係に基づく新しい使節とはみなさず、既存の使節の延長として理解していたことを傍証する。この点は、一八八六年に日本に辦理大臣を、一八八七年にアメリカとヨーロッパ五カ国（英・独・露・伊・仏）に全権大臣をそれぞれ派遣する際に外衙門が担当窓口となった点と対照的である。

2　駐津大員の活動

これまでにみたように、水陸章程によれば朝鮮の駐津大員と清朝の総辦商務委員は平行関係にあったが、総辦商務委員が漢城に常駐して自国商民の保護を目的に派遣されたのに対して、駐津大員は天津に派遣され既存の領選使を継承した使節とみなされた。では、駐津大員は領選使のどのような役割を継承したのか、また両者の位置づけに違いがあるとしたら、それはどのような点にあったのか。本章では駐津大員南廷哲の活動が分かる二つの筆談記録(36)をもとに、駐津大員の実際の派遣目的と活動内容を明らかにすることで、領選使や次章で扱う駐津督理との違いを検討する手はじめとしたい。

（1）第一回筆談『北洋衙門談草』

一八八四年三月二八日に天津に到着し、四月一日に周馥と面会した南廷哲は、四月一九日に李鴻章と初めて会談した。この会談の記録が『北洋衙門談草』（以下『談草』(37)）である。『談草』をみると、挨拶を終えた李鴻章がすぐに朝露陸路通商条約の締結問題について切り出している。また以下でみるように国王の書簡でもこの問題の処理が命じられていることから、駐津大員の今回の派遣目的が、ロシアとの陸路通商条約の締結問題について李鴻章と協議することにあったことが分かる。具体的な会談の内容は次の通りである(38)。

李鴻章は南廷哲に対し、漢城に向かった駐清ロシア公使と駐清イタリア公使について、ロシアは朝鮮との陸路通商締結を目論み、イタリアは英・米・独が朝鮮と結んだ条約に準じた条約の締結を望んでいることを述べている。さらに李鴻章は以前天津でロシア公使と面会した時のことを、「朝鮮は陸路通商を承諾しないだろうとの旨を伝えたので、ロシア公使も朝鮮が承諾しなければ強制しないでおこうと思ったであろう」と述べている。これに対して南廷哲は、今回賚奏官李用俊が天津に来たのは国王の書簡を受け、また国王の命を受けたためであるが、その国王の命とは、

ロシア公使から陸路通商の提議があれば交渉を担当する諸臣に何とかしてこれを阻止させ、万一やむをえず提議に応じなければならない時には、諸臣にまず立約だけをさせ、その後に担当官員を派遣して細則を協議させるつもりである。ロシア公使が今なお天津にいるのであれば、このことを李鴻章に詳しく話し、李鴻章からロシア公使に陸路通商条約の締結を婉曲に導いてもらわなければならない。提議が行われることを未然に防ぐことができれば、それが道理にかなっている。

という内容であったと述べている。続けて南廷哲は、しかし今やロシア公使は朝鮮に向けて既に出発してしまい、我々の到着が遅く、このことが間に合わなかったのは本当に残念であるが、今この教えを受け、閣下（李鴻章）がこの問題を代わりに先立って処理してくれたことは非常に嬉しく、国王もきっと喜ぶであろうと付け加えている。他方、李鴻章は南廷哲に対し、朝鮮政府は誰を派遣してロシアとの交渉を処理するのか、メレンドルフは頻繁に事に当たりうるのかと尋ねながら、自分は以前はメレンドルフととても仲が良かったが、今はメレンドルフが陰かにロシアのために力を出すのではないかと恐れていると述べている。これに対して南廷哲は、締約時には外衙門督辦と諸協辦が自ら事に当たり、メレンドルフはそれを補佐するに過ぎないだろうと答えている。

当時、メレンドルフは外衙門協辦であったが、外衙門督辦や他の協辦の考えとは異なり朝露関係の強化を望んでいた。(39) そのような状況にあって、この会談部分からは、朝鮮でのメレンドルフの動きが把握できずに秘密裏に陸路通商条約が締結されてしまうのではないかと不安がる李鴻章と、ロシア側の陸路通商要求について李鴻章を介入さ

せることで未然に防ごうとする朝鮮側の思惑が読み取れる。また国王が李鴻章に望んだことが、李鴻章がロシア公使と予備交渉をして、ロシアが朝鮮に対して陸路通商条約の締結を求めてこないようにすることであったのは見逃せない。これはいうまでもなく宗属関係を後ろ盾にした論理である。

このような宗属関係に基づいた論理は筆談の他の部分からも読み取れる。例えば、南廷哲は李鴻章に「朝鮮は中朝にとってみれば藩屏があるようなものです。昔、事変がない時であっても大小が互いに助け合い安全を保ってきたのだから、ましてや世界に事変が多いことでは昔とはるかに異なる今となっては、気脈を通じて相連なり、心を合わせて共に助け合わなければ憂いをなくすことはできません(40)」、「今、我が国の利益になるものは、すなわち上国を護るものでもあります。朝鮮が利益を求めるのはただ自国のために汲々としているのではありません。閣下〔李鴻章〕がこれを聞くことを願い、深く助けてくださるべきことであります(41)」、「中国と我が国との関係はまるで一室のようです。わたくしもその一室の内の人なのです(42)」などと述べている。これらは属国の立場からの常套句であったとはいえ、朝鮮と清朝の宗属関係を強調して両国がこれまで緊密な関係にあったことを確認し、その関係を維持・強化していくことで今回の問題を処理したいという考えを示している。朝鮮政府はロシアとの陸路通商条約の締結という対外問題を、宗属関係に基づいて李鴻章に代わりに処理してもらうことを望んだのである。

これに対し李鴻章は「今後、機密で重要な話があるときは随時進見して筆談をし、とりたてて機密でない事柄は津海関道に伝達しておくこと(43)」と返答している。後の部分で李鴻章が南廷哲に、商務に関しては津海関道と相談するように指示(44)していることをみると、李鴻章がいう「機密」の事柄とは今回のような対外問題を、「それ以外」は商務一般を示していると思われる。同時に、ここから李鴻章が駐津大員を商務だけではなく「機密」の事柄も扱う使節とみなしていたことがうかがえる。また、商務に関する事柄では、北洋大臣ではなく津海関道を駐津大員と対等関係に置いていることから、先に挙げた水陸章程にある「朝鮮の商務委員は中国の道府州県などの地方官と平行礼をとる」を規定通りに運用していることも確認できる。

この他に筆談では次のような内容を話し合っている。まず、壬午軍乱以降の朝鮮国内で陰謀を働かせようとしている者がいることを危惧する南廷哲に対して、李鴻章は自主に托して事大を壊そうとする者がいることを把握していると述べた上で、国王がこのような浮言に惑わされないことを願うと述べている[45]。次に南廷哲は、朝鮮において商務が名ばかりなことは李鴻章もご存じのところでしょうと述べながら[46]、李鴻章に対して朝鮮国内には商務をよく理解する者がまだ多くないので朝鮮の利益になるような商務規則や方略、あるいは商務に関して参照でき、倣い行うことができるような書籍があれば教示してほしいと依頼している[47]。さらに南廷哲は、これからは不法な商人が侵入することを禁じ、越境者には外衙門が「憑文」を発給し、その「憑文」は必ず公館が検査すべきであることや[48]、自分が天津に滞在している間に税務司や海関などを訪問して、清朝の商務・税務の措置や徴税について見学し、時には他の港に赴いて西洋諸国の様子を視察したいという希望を述べている[49]。加えて、大院君が一〇月に帰国するという噂の真偽についても問い合わせている[50]。

南廷哲は、これらの会談が終わるとすみやかに帰国していることから、駐津大員は派遣当初から常駐を想定していなかったことが考えられる[51]。従って駐津大員は、任地に常駐して在外国民の保護を担う近代的な領事とは性格が明確に異なる使節であり[52]、また清朝が漢城に派遣し常駐させた総辦商務委員とも性格が異なる使節であったといえる。

『談草』は右のような李鴻章との筆談の他に、五月一六日に行われた津海関道盛宣懐（周馥の後任）、五月二二日に行われた満洲人額勒精額[53]との筆談も収録しているが、ここでは具体的な議論は行われておらず挨拶程度の内容にとどまっている。その中で注目すべき点は、盛宣懐も額勒精額も会談の冒頭で朝鮮とロシアの陸路通商条約の締結問題に言及している点である。すなわち、今回の駐津大員の派遣目的が、李鴻章と朝露陸路通商条約締結の問題について議論することにあり、それが天津にいる清朝側関係者の間でも共有されていたことが分かる。

南廷哲は一八八四年七月四日に帰国し七月六日に復命している。復命内容をみると、国王は南廷哲に天津で外国領事と面会したかを問い、南廷哲は日・英・米・独・露の領事とは何度か会ったと答えており、国王が駐津大員と駐津各国領事との接触に関心をもっていたことがうかがえる。これ以上の具体的な言及がないので、実際にどのような面会をしたのかは分からないが、南廷哲が天津に駐在する領事たちを皆優れた人材であったと評価していることは興味深い。また大院君の様子を聞く国王に対して、南廷哲は従事官朴斉純が保定府へ行き大院君を見舞ったと述べている。この他にも国王の質問に対して、天津にある東・南局の武器製造の感想を「誠実にこれを行わない者はおらず、休むことなく熱心に働いていた」と、また北洋艦隊の視察の感想を「兵士の数がとても多いだけではなく指揮統制が厳しく整っており、まさしく強兵というべきものであった」とそれぞれ肯定的に述べている。[54]

以上から、駐津大員の主な活動は西洋式軍備の視察や朝露陸路通商問題への対応など、朝清間の時々の問題に関する協議であり、使節の活動は領選使と非常によく似たものであったことが分かる。一方、領選使と駐津大員の違いとしては、次の派遣が不確定であった領選使とは異なり、駐津大員は水陸章程によってその職位が常設となったことが指摘できる。その結果、漢城と天津、すなわち朝鮮政府が派遣する駐津大員と清朝の対朝鮮窓口である北洋大臣や津海関道の間で対話のチャンネルが確保できたといえる。李鴻章が「今後、機密で重要な話があるときは随時進見して筆談をし、とりたてて機密でない事柄は津海関道に伝達しておくこと」と決めたことがこの点をよく表しているし、駐津公館の建設も同様に解釈できるだろう。ただ、繰り返しになるが、南廷哲は清朝側との会談が終わるとすぐに帰国しており、朝鮮政府に駐津大員を近代の領事や清朝の総辦商務委員のように常駐させる考えがなかったことが指摘できる。このような点は、当時の朝鮮政府の対外政策を理解する上で重要な点である。

復命を終えた南廷哲は、七月一五日に冬至副使、一九日に吏曹参判、八月一八日に刑曹参判、九月五日に戸曹参判[55]にそれぞれ任命された。

（2）第二回筆談『乙酉正月北洋大臣衙門筆談』

一八八四年七月一五日に冬至副使に任命された南廷哲は、一〇月二〇日に朝鮮を出発し、北京を経由して天津を訪れる予定であったが、一〇月一七日に甲申政変が勃発したことによって延期せざるをえなくなった。しかし、直後の一〇月二九日に南廷哲は保定府にいる大院君を見舞う問候官に任命され、一一月六日には冬至使兼謝恩使の一員として朝鮮を出発した。そして南廷哲は一二月一三日に北京を訪問した後、二二日に天津に到着し、一八八五年一月二四日に李鴻章と二度目の会談を行っている。この二度目の会談は『乙酉正月北洋大臣衙門筆談』（以下『筆談』[56]）に加え、韓国国史編纂委員会に所蔵されている『南李対談記』[57]に記録されている。二つの史料を比較すると、会談の内容はほぼ同じであるが、『南李対談記』は会談記録を後に整理したもののようで、『筆談』にはない史料として「附義州商民訴状」「漢城開桟私議」および朝鮮国冬至正使金晩植・副使南廷哲の呈文二件などが附されている。また『筆談』の冒頭には、駐津大員の派遣日程に関する記録があるが、『南李対談記』にはその記録はない。

史料の分析に入る前に確認しておきたいことは、今回の派遣で南廷哲が、まず冬至副使として北京に赴いて任務を果たし、次に駐津大員として天津で業務を行い[58]、最後に問候官として保定府に赴き大院君と面会していることである[59]。従って南廷哲は、先の史料にある李鴻章との会談は駐津大員として行ったものであるが、その前後に冬至副使と問候官の役割も果たしたということである。このことがもつ意味を次の二つの側面から検討してみたい。

一つは、駐津大員が冬至副使を兼帯したことがもつ意味である。『清選考』[60]の「使价」の項目をみると、一六三七年から一八九四年までに、朝鮮政府が宗属関係に基づいて清朝に派遣した貢使（年貢使、冬至使、謝恩使、陳奏使、奏請使など）の記録が残されている。この他、『清選考』には「通信使」の記録と、朝鮮政府が条約に基づいて派遣した各国公使の記録である「駐箚日本」「駐箚美国」「駐箚英国」などの項目も設けられている。ここで注目すべき点は、領選使と駐津大員は「使价」の中に記録されているが、駐津大員を後に改称・改編した駐津督理は記録されていない点である。つまり、朝鮮政府が駐津大員を領選使の延長上に位置づけていたことは既に指摘したが、ここではもう少し踏み込んで、朝鮮政府が駐津大員を領選使だけではなく冬至使などの貢使と同様な使節として位置づけていたことが確認できるのである。また、先で駐津大員の派遣を内衙門が管轄したと指摘したが、「使价」の中に駐津大員の記録があることから、対外関係を専担する外衙門ではなく内衙門が管轄した理由も理解できる。つまり、宗属関係が廃棄されるまでの時期に朝鮮政府が清朝に派遣した使節は、当然、宗属関係に基づいた使節であり、駐津大員は冬至副使を兼帯できたのである。

もう一つは、駐津大員が複数の他の職務を兼任したことがもつ意味である。既にみたように、南廷哲は前回派遣の帰国後に、冬至副使、吏曹参判、刑曹参判、戸曹参判、問候官にそれぞれ任命された。このように在外に派遣される官吏が他の職務を兼務する背景には、経費節減の他、朝鮮の官吏昇進システムが国内の職位のみを対象とし、在外勤務は昇進が遅れる不利な勤務であったという問題がある。[61] そのため政府としても、当事者のキャリアに不利にならない派遣方法（兼務や短期派遣）を講究したと考えられる。

史料の分析に入ろう。二度目の派遣時に、駐津大員はどのような職務を遂行したのだろうか。『筆談』をみると、冒頭で南廷哲が甲申政変の事後報告をし、その後『筆談』全体の約半分を占める部分が甲申政変に関する内容である。その中で南廷哲は、甲申政変を激しく批難し、政変は金玉均らが起こしたことであるが、実際は駐朝鮮日本公使の竹添進一郎が引き起こさせたものであると指摘している。[62] また南廷哲は、朝鮮に駐在する各国公使・領事に甲申政変のことを説明すれば朝鮮側の見解を支持してくれ、彼らの「公議」には日本側も従わざるをえないだろうから、日本が金玉均らを引き渡すことになるだろうとみている。[63] これに対し李鴻章は、漢城条約の締結交渉の際に、朝鮮政府は金玉均らの引き渡しを要求しなかったのだから、今となっては各国も取り上げないだろうと答えている。[64]甲申政変の事後報告の後、議論は保定府に抑留されている大院君への送金問題に移る。『筆談』によると、朝鮮側は毎月五〇〇両の銀を保定府に送金すべきところ、毎月四五〇両程度しか送金しておらず、不足分の五〇両を毎月清朝側が補っていたことが記されている。[65]

その後、南廷哲は「国王は中江互市を国の財政と人民の弊害に関わる重要な問題であるとお考えで、私に副使を兼ねて行くことを命じ、自ら義州に行って情形を視察し、李鴻章にその結果を詳しくご報告申し上げ、救済の方法を講究するようにと命じました」と述べて、[66]商務交渉を切り出している。当時、「中江互市」については、「奉天与朝鮮辺民交易章程（一八八三年三月）」[67]によって新たな規則が定められたが、この頃それによる問題が生じていた。南廷哲は李鴻章に、義州商民数百名が連名の訴状をもって来たこと、また九連城での調査でも開市について皆が良く思っていないことを報告している。[68]義州商民の具体的な訴状の内容は、①先に税金を納めてから交易をすることの不便、②春先に匪類が出没して国境を犯すことへの取り締まりが難しいという憂慮、③高額な人参税の三点であった。[69]また、九連城での調査結果でも、『奉天与朝鮮辺民交易章程』で新たに定められた規定（柵門での年二回の開市から中江での随時開市への変更、奉天省商人の義州以外・朝鮮商人の中江以外での交易禁止、中江・義州間の商人往来の取り締まり強化）に対する「不便」が明らかになった。[70]そのため南廷哲は、もともと辺境商民の利益のために設けた開市に、今では両商民が不便を訴えており、これは人民の弊害に関わることなので考慮せずにはいられないと主張した。[71]これに対して李鴻章は、減税については朝鮮国王が上奏して懇請が可能であることを示唆しているものの、九連城の開桟（開設行桟）は奉天将軍の上奏によって新たな章程を定めたので改め難いと答えた。[72]

南廷哲は続いて漢城開桟の撤桟を主張し、城内より一〇里離れた場所における開桟を規定してほしいというが、李鴻章はこれに否定的な立場をとった。[73]漢城撤桟については、朝鮮側が作った「漢城開桟私擬」が『南李対談記』

に附されている。その中で漢城開桟の被害として、朝鮮人民の失業や漢城内で事件や窃盗が増発する不安など八項目にわたる「害」が指摘されている。[74] 先行研究は漢城撤桟について、水陸章程第四条の漢城開桟規定を改正して外国人の漢城内居住および通商権の廃止を目的とするもので、一八八五年末頃に始まった動きであると説明し、その根拠としては、金允植の『雲養集』にある「漢城開桟私擬―乙酉」を挙げてきた。[75] しかし、右で見たように一八八四年末に朝鮮を発った南廷哲が、翌年一月の李鴻章との筆談時に漢城撤桟を主張していることから、水陸章程の運用一年後の一八八四年には既に漢城撤桟の要求が朝鮮政府内で起こっていたとみてよいだろう。また「漢城開桟私擬」は、『雲養集』と『南李対談記』にあるもので内容はほとんど同じであるが、『南李対談記』では、「中国」「華商」と表記されている部分が『雲養集』では「清国」「清商」と表記されていることと、[76]『南李対談記』にある「聖天子小之《ママ》恩」（聖天子字小之恩）ではじまる宗主国に対する感謝の表記が『雲養集』では削除されている違いがある。[77] これらの違いに鑑みると、『南李対談記』の私擬がより当時の文章のままであり、『雲養集』の方は朝鮮が中国の属国であったことを故意に言及しないように金允植が後に修正したものではないかと考えられる。最後に、南廷哲は土門付近の清朝と朝鮮の国境線について調査を依頼して、会談を終えている。

以上が、二度目の派遣時に駐津大員が李鴻章と会談した主な内容である。[78] 会談の内容は、甲申政変の事後報告、大院君への送金問題、中江互市の問題、漢城撤桟といった多岐にわたるものであった。会談の内容から、まず二度目の駐津大員の派遣目的に着目すると、筆談の約半分の内容を占める甲申政変の事後報告に主眼が置かれていたことが分かる。さらに、駐津大員は派遣前には吏曹参判や刑曹参判をはじめとした他の職務を兼任し、派遣された先でも冬至副使と大院君の問候官といった他の任務も兼帯していた。このことは、清朝側の総辦商務委員が朝鮮国内に駐在して領事に類した職務に専念していたこと[79]と対照的である。従って、清朝側の総辦商務委員が商務処理という水陸章程の趣旨に沿って派遣・駐在したことと比較すると、[80] 朝鮮側の駐津大員は水陸章程の規定に基づいて創設・派遣されたものの、活動内容は水陸章程の趣旨に沿ったものというよりは朝露陸路通商条約締結問題や甲申政変の事後報告などその時々の国内事情を反映して随時決められたものであったといえる。ただこの点に関しては、そもそも水陸章程において、駐津大員の職務規定や派遣目的が明確ではなかったので、朝鮮政府の裁量に委ねられたとみられ、その裁量の結果とみることができる。

次に、駐津大員が担当した職務内容をみると、駐津大員が担当する地域は天津に限られることなく、朝鮮と清朝の間で生じた商務、具体的には中江互市と漢城撤桟を扱っていた。要するに駐津大員は、天津はおろか清朝で生じた商務問題を扱っているのでもなく、朝鮮国内および辺境で生じた清朝との商務問題を議論しているのである。先に、朝鮮から清に行く商人の数は清から朝鮮に行く商人の数よりも圧倒的に少なかっただろうと言及したが、それは朝鮮政府が駐津大員を天津に駐在させてまで清朝側と処理しなければならない商務がほとんどなかった実態からも推測される。また、水陸章程では朝鮮側も清朝の他の開港場に「他員」を派遣して商務委員とすることが規定されたが、実際には駐津大員しか派遣されなかったことからも傍証される。これに対して清朝側の商務委員は、朝鮮の各開港場の商務を統轄して仁川・漢城の商務を兼管する総辦商務委員に加え、釜山を管轄する釜山商務委員、元山を管轄する元山商務委員の三委員が駐在し[81]、朝鮮の各港で生じた商務を分担していた。このような実態の違いから、朝鮮政府が清朝で処理しなければならない商務が清朝側に比べると圧倒的に少なく、駐津大員一人を派遣することで間に合っていたと考えられる。同時に、朝鮮政府が水陸章程の規定にある他港への商務委員の派遣を行っていない点は、水陸章程の規程をこのような自国の状況に合わせて運用した結果とみられる。

最後に、二回目に派遣された駐津大員が冬至副使を兼帯し、および『清選考』の「使价」に記録されていたことから、駐津大員が宗属関係に基づいて派遣される貢使に近い性格であったといえる。この点からも駐津大員は、後に国際法を参照して派遣される駐日公使や駐米公使とは異なる性格の使節であった。

おわりに

朝鮮政府が一八八三年から九四年にわたって天津に派遣した使節である駐津大員と駐津督理については、これまで十分な研究が重ねられてこなかった。本章では、数少ない先行研究の成果をもとに、これまで用いられてこなかった史料もあわせて検討することで、駐津大員の性格と実際の活動を改めて検討した。その結果、明らかになった事実は次の通りである。

まず駐津大員の性格と派遣過程については次のようにまとめられる。駐津大員は水陸章程に基づいて創設されたが、同じく水陸章程によって創設された清朝側の商務委員と違って、その派遣目的は明確に規定されなかった。また、実際に派遣される段階になると、職務規定には「領選使節目」が援用され、また同時代の史料に「領選使を駐津大員に改称した」と記録されたように、駐津大員は領選使を継承した使節として位置づけられた。さらに、駐津大員は冬至副使や大院君問候官を兼任したり、「使价」欄に領選使とともに記録されたりと、朝鮮政府では宗属関係に基づいた既存の貢使に近い性格の使節としてみなされていたことも指摘した。この点は、『派員辦理朝鮮商務章程』を作成して水陸章程締結後に総辦商務委員を迅速に派遣・駐在させた清朝と異なる点であった。このような違いには清朝と朝鮮の宗属関係における地位の違いや、清に行く朝鮮商人の数が少なかった事情などが関係していると考えられる。

次に、李鴻章との会談記録を通してみた駐津大員の活動については、以下のようにまとめられる。駐津大員の一回目の派遣時には朝露陸路通商条約の締結問題を主に議論し、二回目には甲申政変の事後報告や中江互市の問題、漢城撤桟を議論しており、駐津大員が必ずしも天津もしくは清朝内で生じた商務のみに限定した派遣目的をもつ使節ではなかったことを指摘した。この点は、西洋式軍備の学習という主目的以外に、朝米条約締結の問題などの諸般の問題について李鴻章と議論をした領選使と共通する点でもあった。ただ、領選使と異なる点は、臨時的に派遣された領選使とは異なり、駐津大員が水陸章程に基づいて常設の職位となった点である。駐津公館を創設したのもそのためであった。駐津大員の常設によって、朝鮮政府が清朝側の朝鮮担当窓口（北洋大臣や津海関道）と対話ができる場をもったことが、領選使の機能を発展させた点として指摘できる。しかし、駐津大員は清朝の総辦商務委員のように常駐はしなかったし、後に各国との条約に基づいて派遣する駐日辦理大臣や駐米全権大臣とも朝鮮国内での位置づけが異なった。従って、右のような活動実態を合わせてみても駐津大員を「常駐外交使節」ということはできない。

以上から、駐津大員は宗属関係に基づいた既存の貢使や領選使を継承・発展させた使節であったといえる。その上で、日本やアメリカの首都に派遣された在外使節と異なり、なぜ天津に派遣されたのか、その意味を探ると次のようなことを指摘できる。すなわち、宗属関係の相手である清朝が、従来の冊封・朝貢に関わる儀式については引き続き北京の礼部を窓口とする一方で、近代国際関係に対応しようとする対外関係や通商に関する交渉については新たに天津の北洋大臣を窓口とすることにした。そのため、そうした清朝の政策的・制度的変化に応じるため、朝鮮も天津に使節を派遣せざるをえなくなったのである。この点は、一八八六年に『駐津督理公署章程底稿』が作成され駐津督理に改称される頃になると、使節の性格や活動実態にもより顕著な変化があらわれはじめる。この駐津督理については次章で論じることとする。

第二章　宗属関係と条約関係の交錯

——駐津大員から駐津督理へ（一八八六～九四年）

はじめに

本章が取り上げる一八八六年前後の朝鮮の対外政策は、先行研究では朝鮮の条約関係への対応が積極的に行われた時期であり、「外交の近代化」や「反清政策」が活発であった時期と捉えられている。一八八五年に新たに設置された内務府が、国王の強い指導力のもとで様々な近代化政策に着手し、そこで行われた駐日辦理大臣、駐米全権大臣、そして駐英・独・露・伊・仏全権大臣の任命および派遣は、清朝の宗主権強化政策に対して条約体制を盾にした抵抗の例であると注目されてきた。しかしそのような観点からの研究は、一八九〇年代前半には、清朝の強い干渉のもと「反清政策」は挫折せざるをえなくなったと、断絶を指摘する。確かに、朝鮮が清朝による宗属関係の変容に「抵抗」する場は一八八〇年代に生じたいくつかの事例で確認できる。一方で、当時の朝鮮が宗属関係からの離脱は考えていなかったことを踏まえれば、清朝が求める宗属関係の変容に対して、「抵抗」だけではなく「対応」していく側面も見逃してはならない。こうした点に着目すれば、一八九〇年以降下関条約までの時期も意味をもち、一八八二年以降の流れのなかに一八九〇年代前半を位置づけることもできるだろう。また、そうした観点による研究は、一連の対外政策の背景にある朝鮮政府の理念や思想的基盤についても検討する道を開くだろう。

第一章で、駐津大員は近代的な公使や領事ではなく宗属関係に基づいた既存の貢使や領選使を継承・発展させた使節であり、清朝側の制度面および政策面の近代的変容に対応するため天津に派遣されたことを指摘した。駐津大員は、一八八六年に駐津督理通商事務（以下、駐津督理）に改称・改編されるため、本章では前章で明らかになった駐津大員の性格や活動実態を踏まえた上で、駐津督理の性格と活動実態について検討したい。そして駐津督理についても前章と同様、朝鮮の近代国際関係への参入という観点よりも宗属関係と条約関係が交錯する中で朝鮮がいかにそれに「対応」しようとしたのかという観点に着目して議論したい。

まず、駐津大員と駐津督理に任命された者は次の表2-1・表2-2の通りである。

本章では、駐津大員から駐津督理への変化の過程をより明確にするため、表2-1にある最後の駐津大員朴斉純から、表2-2で実際に天津に派遣された駐津督理朴斉純、金明圭、李冕相のうち朴斉純と李冕相の活動を研究対象とする。金明圭については、活動を知ることができる史料が管見の限りないため、今後の課題としたい。

使用する主な史料は、駐津督理のために新たに作られた職務規定の草稿である『駐津督理公署章程底稿』（以下『底稿』）[1]である。その他、朴斉純については、後述するように代理商務大員となる一八八五年六月七日から翌年三月二〇日に駐津公館に往来した文書を記録した『咨文（二）』[2]を用いる。「咨文」とは同等官の間で用いる公文書の形式の一種である。李冕相の活動を知ることのできる史料は、赴任期間のうち前半の一八九三年三月一三日から八月一八日に駐津公館に往来した文書を記録した『咨文』[3]と、後半の一八九四年六月一三日から九五年五月三日に津海関道や平安道観察使とのやりとりを記録した『朝鮮商署函電録存』[4]がある。後半の時期は、日清開戦の時期にあたり、駐津督理の活動も平時ではなく戦時に対応した内容になっているため、駐津大員との比較に主眼を置き駐津督理の日常業務の解明を目的とする本章では、前半の時期に限って分析を行う。後半の時期の駐津督理の活動内容

表 2-1　駐津大員に任命された者

	姓名	在任期間	就任時の役職	従事官その他	備　考
1	金善根*	1883. 10. 3～84. 1. 27	工曹参判	1883. 10. 23 礼曹参議南廷哲を参賛官，統理交渉通商事務衙門（以下，外衙門）参議卞元圭を協議官，外衙門主事朴斉純を従事官	1883. 10. 6 『領選使節目』を職務規定 1884. 1. 27 病を理由に辞職
2	南廷哲	1884. 1. 27～86. 1. 29	〃	1884. 3. 9 承文副正字成岐運を書記官，1884. 閏 5. 19 畿沿海防衙門軍司馬朴斉純を従事官	1884. 3. 19 出発
3	朴斉純	1886. 1. 29～2. 21	副護軍／駐津大員従事官		1885. 6. 7 南廷哲帰国により代理商務大員

出典）『日省録』，『承政院日記』，韓哲昊「한국 근대 주진대원의 파견과 운영（1883～1894）」『東学研究』第 23 輯，2007 年 9 月，権赫秀『근대한중관계의 재조명』慧眼，2007 年。
注）* は派遣されなかった者。

表 2-2　駐津督理に任命された者

	姓名	在任期間	就任時の役職	従事官その他	備　考
1	朴斉純	1886. 2. 21～87. 8. 26	駐津大員	1886. 2. 21 書記官成岐運を従事官	『駐津督理公署章程』を職務規定（日付未詳）
2	李重七*	1887. 11. 14～88. 1. 27	護軍		1888. 1. 27 母の病を理由に辞職
3	李根命*	1888. 1. 29～89. 5. 12	吏曹参判		1889. 5. 12 病を理由に辞職
4	金明圭	1889. 5. 21～91. 5. 4	護軍	1889. 5. 21 兵曹正郎金商悳を従事官，仁川港書記官辺錫運を書記官	1889. 8. 2 出発
5	黄耆淵*	1891. 9. 17～92. 8. 30	漢城右尹	1889. 9. 17 修撰鄭敬源を従事官	1892. 8. 3 病を理由に辞職
6	李冕相	1892. 10. 4～95. 5. 3	〃	1892. 10. 4 校理徐相喬を従事官	1893. 3. 7 出発

出典）表 2-1 に同じ。
注）* は派遣されなかった者。

については、日清戦争の開戦過程における朝鮮政府の対応を論じる第五章で取り上げることとする。最後に駐津公館の継続的な機能を知る史料として、一八八六年から九四年までに駐津公館が朝鮮国内に宛てた毎月の電報件数を記した『朝鮮駐津署所発各処電報（一）（二）』[5]も併用する。なお管見の限り、『咨文』、『咨文（二）』、『朝鮮駐津署所発各処電報（一）（二）』は、駐津大員・駐津督理の研究においてこれまでに使用されていない史料である。

1　駐津大員から駐津督理へ

（1）最後の駐津大員朴斉純の活動

初代駐津大員に任命された金善根は病のため国王の許可を得て赴任せず、代わりに南廷哲が任命された。南廷哲の派遣に先立ち、書記官に成岐運、従事官に朴斉純がそれぞれ任命された。南廷哲は、一八八四年三月一九日に初めて駐津大員として天津に派遣され、第一章でみたように四月一九日に李鴻章と筆談を行った。その後七月四日に帰国したが、一八八四年一二月六日に再び派遣（冬至副使と問候官を兼任）され、翌一月二四日に李鴻章と二度目の筆談を行った。南廷哲は四月四日に復命し、二九日に駐津大員の辞職を上疏して許可される。しかし、南廷哲は五月二〇日に再び駐津大員に任命され、二八日にはロシア錬軍教師招聘問題とメレンドルフの解任を李鴻章と協議するため、従事官朴斉純とともに再び天津へ赴き、六月四日に李鴻章と面会し、九日に帰国している[6]。南廷哲の帰国に際して、六月五日に代理商務大員成岐運にも帰国命令が出たので、従事官として派遣されていた朴斉純が七日に代理商務大員として天津に残ることとなった[7]。この後、南廷哲は駐津大員として再び天津に派遣されることはなく、天津に残った朴斉純が一八八六年一月二九日に駐津大員に任命された。

代理の期間も含めた駐津大員朴斉純の在任期間にあたる一八八五年六月七日から八六年二月二〇日までに、駐津公館に往来した文書を記録した史料として『咨文（二）』があり、駐津大員の活動の一部を知ることができる。『咨文（二）』は、韓国ソウル大学校奎章閣韓国学研究院に所蔵され、後述する李冕相の在任期間の記録である『咨文』と同じ蔵書番号をもつ。両者ともに、駐津公館が北洋大臣や津海関道、各国領事との間に送受した咨文・照会・申呈などを集めたものである。全体を通して筆跡がおよそ統一されていることと、文書のうち日付順ではなく案件ごとに並べられているものがあることなどから、駐津公館の記録を後に書き写して冊子にしたものと考えられる。

『咨文（二）』の合計七八件(8)の文書は、駐津大員から駐津督理への改称・改編に着目し、二つに分けて検討する。本項では、まず朴斉純の代理駐津商務大員を含む駐津大員在任期間である一八八五年六月七日から翌年二月二〇日分まで（五六件）を扱い、次項で駐津督理任命（一八八六年二月二一日）後（二二件）を扱う。本項で扱う一八八五年六月七日から八六年二月一六日までに駐津公館に往来した五六件の文書の日付、文書形式、差出人と宛先、主な内容は表2-3の通りである。なお、国王と李鴻章との間のやりとりや宗属典礼の遂行など宗属関係と関わりのある内容の文書には●を、主に近代的な領事が行う業務に類する内容（着離任の報告、商務、通行・営業許可証の発給、自国民の保護など）の文書には◎を、両方に該当する文書には両方の記号をそれぞれ付けて分類した。

表2-3からは次の四点が明らかになる。第一に、文書形式は申報一件、照会一六件、函三九件である。第二に、差出人は朴斉純（関泳翊・金明圭との連名を含む）二九件、周馥二五件、ドイツ領事一件、不明一件である。第三に、受取人は朴斉純（関泳翊・金明圭との連名を含む）二七件、周馥二六件、李鴻章一件、関泳翊一件、ドイツ領事一件である。最後に、文書の内容をみると、宗属関係に関する文書が一六件、領事に類する業務の文書が三二件である。

以上から指摘できることは次の通りである。まず、朴斉純と李鴻章との直接的なやりとりは、朴斉純が代理駐津商務大員に就任したことを伝える文書で、下級者からの報告文書である「申報」の一件しかないことである。すな

表 2-3　駐津大員朴斉純在任期間の往来文書（1885. 6. 7～86. 2. 16）

	日付	文書形式	差出人	宛　先	主な内容
1	1885. 6. 7	申報	朴斉純	北洋大臣李鴻章	代理駐津商務大員就任報告
2	6. 7	照会	〃	津海関道周馥	〃
3	6. 10	〃	記載なし（欄外に「請見周道」の付箋あり）	朴斉純	代理駐津商務大員就任報告の受領報告
4	6. 8	函	朴斉純	周馥	代理商務大員就任挨拶のための訪問のうかがい
5	6. 9	〃	周馥	朴斉純	上記への回答
6	6. 17	〃	朴斉純	周馥	●齎奏官李応浚の函（総理各国事務衙門・礼部・北洋大臣宛の国王の咨文）の転送（咨文の内容は『中日韓』1030, 1031 文書）
7	6. 17	〃	周馥	朴斉純	●上記への回答
8	6. 28	〃	〃	〃	●北洋大臣の国王宛公文の転送
9	6. 28	〃	朴斉純	周馥	●上記の受領報告
10	6. 22	〃	〃	〃	◎駐津公館が朝鮮人金氏に送る手紙の速達依頼
11	6. 22	〃	周馥	朴斉純	◎上記への回答
12	6. 24	〃	〃	〃	◎上海海関道からの電報（関泳翊の行方調査依頼）の転送
13	6. 24	〃	朴斉純	周馥	◎上記への回答
14	7. 5	照会	周馥	朴斉純	●北洋大臣からの札（齎咨官李応浚の帰国日時の問い合わせ）の転送
15	7. 7	〃	朴斉純	周馥	●上記への回答
16	7. 7	函	関泳翊・金明圭・朴斉純	〃	駐津公館で行う宴会への招待
17	なし	〃	周馥	関泳翊・金明圭・朴斉純	上記への回答
18	7. 28	〃	〃	朴斉純	◎朝鮮機器局委員金鶴羽の面称（東局総辦潘梅園観察にモーゼル銃購入の件での連絡依頼）の伝達
19	7. 28	〃	〃	〃	◎上記への回答
20	7. 28	照会	〃	〃	◎中国人商人への護照発給依頼
21	8. 2	〃	朴斉純	周馥	◎上記への回答
22	8. 5	函	周馥	朴斉純	◎東局総辦潘梅園から届いたモーゼル銃の転送
23	8. 6	〃	朴斉純	周馥	◎上記受領の報告
24	8. 5	〃	周馥	朴斉純	●◎内閣大学士の伝諭（左宗棠の訃報を各国領事に手紙で連絡すること）の転送
25	8. 6	〃	朴斉純	周馥	●◎上記受領の報告

	日付	文書形式	差出人	宛　先	主な内容
26	8. 12	照会	周馥	朴斉純	◎北洋大臣の札（雲貴総督・雲南巡撫から，朝鮮人商人文大信ら5名が，交易が許されていない場所で無許可で交易を行ったために朝鮮に送還したと連絡をもらった。今後は章程に照らして，清に来て貿易をする者は会銜した執照を受けること）の転送
27	8. 14	〃	朴斉純	周馥	◎上記への回答
28	7. 28	函	〃	〃	◎朝鮮税務司メリルの器機購入費の立替え依頼
29	7. 28	〃	〃	〃	◎関泳翊が所持する資金を融通しようとしたが困難であることの報告
30	7. 29	〃	周馥	朴斉純	◎ 28 への回答
31	なし	〃	朴斉純	関泳翊	金允植からの手紙（税務司メリルの機器購入代金は朝鮮政府が支払う）の転送
32	8. 16	〃	〃	周馥	●朝鮮陳奏使兼問候官趙秉式が持参した北洋大臣宛の国王の公文の転送依頼（公文の内容は『中日韓』1064, 1065 文書）
33	8. 17	〃	周馥	朴斉純	●上記への回答
34	8. 17	〃	朴斉純	周馥	●超勇艦が届けた北洋大臣宛の国王の咨文の転送依頼
35	8. 18	〃	周馥	朴斉純	●上記受領報告
36	8. 20	〃	〃	〃	●北洋大臣からの国王宛の公文の転送
37	8. 21	〃	朴斉純	周馥	●上記受領報告
38	9. 6	〃	〃	〃	◎朝鮮通詞朴永祚への執照の発行依頼（『中日韓』1070 文書）
39	なし	〃	周馥	朴斉純	◎上記への回答（北洋大臣からの路引発給，北洋大臣の文一件の転送）（北洋大臣は総理各国事務衙門〔以下総理衙門〕に路引発給を『中日韓』1073 文書で報告している）
40	9. 21	〃	朴斉純	周馥	◎上記への回答
41	9. 23	〃	〃	〃	◎北洋大臣に対する賷奏官金嘉鎮等への路引発給依頼
42	9. 24	〃	周馥	朴斉純	◎上記への回答
43	9. 26	照会	〃	〃	冬季のため活動の自粛を促す伝達
44	9. 29	〃	朴斉純	周馥	上記受領報告
45	10. 10	〃	周馥	朴斉純	●北洋大臣の札（礼部から賷奏官金嘉鎮等の帰国日の問い合わせが来たため，金嘉鎮等の帰国日の確認）の転送
46	10. 12	〃	朴斉純	周馥	●上記への回答
47	10. 28	函	〃	〃	◎駐津公館がアメリカから火薬弾を購入したため，その通関依頼

（つづく）

	日付	文書形式	差出人	宛　先	主な内容
48	10. 29	函	周馥	朴斉純	◎上記への回答（専照添付）
49	12. 30	照会	〃	〃	◎北洋大臣の札（唐山県知県蔣思超から，朝鮮人と思われる趙向魁が歩賊に襲われ銀両人参等を奪われたため，趙向魁が朝鮮人かどうか，またなぜ執照なく内地に来て人参販売をしたのかについての問い合わせ）の転送
50	12. 30	〃	朴斉純	周馥	◎上記への回答
51	1886. 2. 4	〃	独領事樊	朴斉純	◎貝勒璫 A. Pelldram から樊（樊徳礼 Ch. Feindel か）への領事交代の報告
52	2. 6	〃	朴斉純	独領事樊	◎上記受領報告
53	2. 15	函	〃	周馥	◎駐津公館の跟役姜奉仁が鎮海兵船にて帰国するための船票発給依頼
54	2. 16	〃	周馥	朴斉純	◎上記への回答
55	2. 16	〃	朴斉純	周馥	◎駐津公館がアメリカから購入した火薬弾(47)を，今回鎮海兵船で跟役姜奉仁が持ち帰ることについての取り計らい依頼
56	2. 16	〃	周馥	朴斉純	◎上記への回答（専照添付）

出典）『咨文（二）』奎経古 327. 51, J249, 1885/1886.
注）●は宗属関係に関する内容の文書を，◎は領事業務に類する内容の文書を指す。

わち、李鴻章が朴斉純に用件があっても、その逆の場合でも、すべてのケースでやりとりは津海関道周馥を通している。そして、その際の文書形式は「函」か「照会」である。「函」は手紙のことで互いに隷属関係のない平行な文書を指し、「照会」も同等官の間で往復する平行な公文書のことなので、中国朝鮮商民水陸貿易章程（以下、水陸章程）第一条で決められた通りに朴斉純と周馥が対等関係にあったことが分かる。さらに、前任の駐津大員南廷哲が初めて天津に派遣された一八八四年四月に、李鴻章との間で機密事項以外は津海関道に伝達するという取り決め(9)が維持されていることも分かる。また表2-3の28（七月二八日の函）以降の文書は、朴斉純と周馥とのやりとりでは互いの名前が省略されている。駐津大員が名前を省略するほど、津海関道との間で頻繁に文書を交わしていたということだろう。

次に文書の具体的な内容をみると、五六件中三二件が領事に類する業務である。第一章でみたように、水陸章程は清朝側の商務委員には自国商民の保護という職務を明記した一方で、駐津大員には具体的な職務内容の規定がなかった。そして、南廷哲の実際の活動から、駐津大員は商務に限らずその時々の懸案問題全般を扱うもので、近代的な領事とは性格が異なるものであったことが分かった。しかしここへきて朴斉純の職務の大半が領事に類する業務となっており、清に行く朝鮮人がほとんどいなかったと思われる南廷哲の時とは違いがみられるのである。

領事に類する業務としては次の三つが挙げられる。一つは、清朝内における自国民の保護に関わる業務で朝鮮人・閔泳翊の行方調査（12・13[10]、以下、数字は表2-3の番号）、不法滞在する朝鮮商人の取り締まり（26・27[11]）、犯罪被害者が朝鮮人であるかの確認（49・50[12]）である。二つ目は、通行や営業のための許可証である「護照」や「執照」、「路引」発給（20・21、38〜42）に関する業務である。三つ目は、朝鮮側が購入したモーゼル銃や火薬弾の通関処理（18・19・22・23[13]、47・48・55・56[14]）といった商務に関わる業務である。

ただ同時に、朴斉純が宗属関係に関するやりとりも一四件行っていたことを見逃してはならない。例えば、賚奏官がもたらした国王の咨文の転送（6・7[15]）、李鴻章からの国王宛公文の受領（8・9[16]）がそれである。これらのやりとりからは、国王—賚奏官—駐津大員—津海関道—北洋大臣という文書の流れが読み取れる。この文書の流れ、つまり朝鮮政府と清朝側の対話のラインは、第五章で取り上げる日清開戦期にも大枠で継続され、朝鮮政府が清朝側にさらなる援兵派遣を求める際に活用される。清朝と宗属関係を有していた朝鮮にとって、宗主国・清朝の天津に駐在する駐津大員の職務には当然に宗属関係に関連する仕事が含まれたといえる。

最後に、以上のような駐津大員を、清朝側や天津に駐在する他国の領事はどのようにみていたのだろうか。清朝側の見方については左宗棠の訃報を伝える文書（24・25[17]）が示唆的である。左宗棠の訃報を伝える李鴻章からの文書には「函告各国領事」と各国領事に手紙で伝達するよう記されており、周馥がこの文書を駐津大員に転送したのは、駐津大員を慶弔時の伝達については他国の領事に準ずるものとみなしていたためではないかと思われる。一方、他国の領事の駐津大員に対する認識については、表2-3をみる限り朴斉純と天津駐在の各国領事との文書往来が一件しかなく、判断が難しい。ただこの唯一のやりとりであるドイツ領事が交代を報告する照会（51・52[18]）をみると、朴斉純の肩書が「理事官[19]」になっている。さらに、「照会」という同等官の間で用いられる平行文の形式から、ドイツ領事が駐津大員を対等な使節とみていたと考えられる。しかしながら、管見の限り、駐津大員・駐津督理が天津の領事会議に参加した記録はなく、駐津各国領事の駐津大員・駐津督理認識については今後の課題である。

（2）駐津督理の創設過程

一八八五年六月七日に代理商務大員に任命された朴斉純は、一八八六年一月二八日に承政院副承旨（正三品通政大夫）に昇進任命され[20]、二九日に駐津大員に任命された[21]。しかし、二月一一日に統理交渉通商事務衙門（以下、外衙門）が袁世凱に宛てた照会には、「本年正月二九日に国王の諭旨があり、前駐津商務大員従事官朴斉純に駐津督理通商事務を陞授し、天津に駐在して事にあたることを命じた[22]」とあり、「駐津督理通商事務」という職位が初めて登場する。すなわち、先の二九日の駐津大員への任命が駐津督理への任命に変わっている。また同じ二九日、朴斉純は「二品銜」に結銜された[23]。

袁世凱は右の照会に対して一二日「朴斉純は明敏で物事に熟達しており、商務を熟知していると聞く。きっと駐津督理通商事務の務めが果たせるだろう。この人事をすでに総理衙門と北洋大臣に報告し、以上文書をもって貴辦に照覆する[24]」と外衙門に照覆を送った。他方、朴斉純の「駐津督理通商事務」陞授を受け、二月二一日に内務府の啓言によって国王が改めて朴斉純を「駐津督理通商事務」に任命するとともに、書記官成岐運に従事官を陞授した[25]。

これまで駐津大員の人事は、統理軍国事務衙門とそれを引き継いで宮闕内に置かれ国王の強い影響下にあった内務府が行ってきたが、初代駐津督理の任命過程をみると、内務府は事後に形式的な啓言を行ったに過ぎない。そして駐津督理は、国王が朴斉純を駐津大員に任命した一月二九日から、外衙門が袁世凱に朴斉純の駐津督理陞授の照会を出す二月一一日までの間に創設された。管見の限り、この間のやりとりに関する史料は残っていない。ただ、外衙門が先の照会の中で一月二九日の国王の諭旨を引き、それを受けて内務府が駐津督理任命を啓言し、そして袁世凱が朴斉純の昇格をあっさり受け入れて総理衙門と李鴻章にすぐに報告していることから、政府内でも袁世凱においてもこれに異論がなかったといえる。

二月二一日に駐津督理に正式に任命された朴斉純は翌月三日に、従事官をして北洋大臣と礼部に咨文[26]を届けさせ、官印である関防の発給を受けた。そして四日に、闕の字を刻んだ位牌である闕牌[27]を置き、その前で拝して駐津督理の任命に対して恩を謝する儀式を行い慎んで任命を受けるとともに、天津・牛荘・烟台の海関道に駐津督理就任の照会を送った。以上の内容を同日に外衙門に報告し[28]、駐津督理就任が完了した。

2　『駐津督理公署章程底稿』の分析

右のように新設された駐津督理の性格は、駐津大員とどのように異なっていたのだろうか。本節では、駐津督理の職務規定の草稿と推察される『底稿』を用いて、駐津督理の性格や朝鮮政府における位置づけを検討する。

『底稿』は韓国ソウル大学校奎章閣韓国学研究院所蔵の史料である。『底稿』は、権赫秀と韓哲昊が初めて使用した史料で、両研究は『底稿』の韓国語訳を作成して詳細に紹介している[29]。従って、本節では『底稿』に関する基礎的な内容は先行研究によることとし、駐津督理の性格や位置づけが分かる部分に着目して『底稿』の内容の分析を行う。

ただ、『底稿』を扱う際に注意しなければならない点がある。それは『底稿』があくまでも「底稿」すなわち草稿に過ぎないという点と、作成した機関[30]と日時[31]が明らかでないという点である。先行研究は『底稿』に大きな比重を置いて駐津督理を論じてきたが、『底稿』を一次史料とするには不明な部分が少なくなく、駐津督理を検討する上では扱いに注意すべきである。ただ繰り返しになるが、第一章で論じたように、駐津大員の職務規定には留学生の学習態度や日常生活の規律・罰則規定である「領選使節目」を援用したのに対して、駐津督理には「駐津督理公署章程」なるものを新たに作成しようとしたことは大きな変化であり注目すべき違いである。このことは、駐津大員と駐津督理の性格や朝鮮内での位置づけの違いを考察する際の前提となる。

（1）駐津督理の位置づけ

『底稿』前文の冒頭には「本署は本国出使常駐の始まり[32]」とあり、駐津公館が最初の常駐使節とみなされている。韓哲昊が駐津大員・駐津督理を「我が国初の常駐外交使節団」といい、権赫秀が「事実上、近代韓国最初の海外常駐外交通商代表公館」というのは、この部分を参照し強調するためである[33]。確かに、駐津督理が創設される時期は、初代駐日辦理大臣（一八八六年）や初代駐米全権大臣（一八八七年）の任命・派遣が相次ぐ時期であり、国内では次章で論じるように、対外関係事務の繁忙によって外衙門が対外事務に限定した職務規定である『統理交渉通商事務衙門続章程』を制定する時期（一八八七年）でもある。換言すれば、駐津督理が創設された時期は、朝鮮政府が近代的要素を取り込んで対外関係を改編する時期と重なるのである。しかし同時に、これらの変化が宗属関係を有する中で行われたことも看過してはならない。そのため、『底稿』前文の「出使常駐」という表現を、近代的外交制度にのみ引き付けて解釈をするのではなく、宗属関係といかに整合性を保った上での表現かという点に留意して『底稿』を分析したい。

『底稿』では前文の後に一五項目(34)が列挙される。具体的な内容は、①駐津督理の位置づけと国内機関との往来文書の形式の規定、②駐津督理と従事官の職務規定、③書記官と繙訳官の職務規定、④駐津督理・従事官の随員および駐津公館の雇用人に関する規定、⑤督理就任時の就任報告に関する規定、⑥朝鮮が北洋大臣や礼部および総理衙門に公文を送る時の規定、⑦清朝に入境する朝鮮人への許可証の発給と天津を経由して北京に入る賫奏官・賫咨官への路引発給および伴送派遣の規定、⑧朔望日の国旗掲揚規定、⑨駐津公館の朝鮮国内とのやりとりは仁川監理署を通し費用は駐津公館が負担する規定、⑩督理をはじめ駐津公館職員の月給規定、⑪駐津公館の経費は総理大臣が随時審査して監税官が送金する規定、⑫三年一任の任期規定、⑬アヘン吸引時に対する罰則規定、⑭年末に報告書を提出する規定、⑮未詳事項は随時処理する規定、である。⑭の後に「この章程を総理大臣より国王に上奏し、裁可を受けた(35)」という文がある。

以上の『底稿』の形式および内容の一部からは、清朝側の商務委員の職務規定である『派員辦理朝鮮商務章程(36)』(以下『朝鮮商務章程』)との共通点を見出すことができる。『朝鮮商務章程』は、前文はなく一二項目が列挙され、具体的な内容は、ⓐ商務委員の人員構成、ⓑ問題が起こった時の処理方法、ⓒ公館の建設、ⓓ商務委員と清朝の往来文書の形式、ⓔ商務委員と朝鮮政府や各国公使領事との往来文書の形式、ⓕ朝鮮は中国の属邦であるので朝鮮国内で各国公使が会同する場では商務委員は上位に座すること、ⓖ各港の商民から控告があったときの処理方法、ⓗ月給規定、ⓘ「出使外洋之例」に照らして三年一任を任期とすること、ⓙ商務委員に係る費用は『出使外洋各国章程』に従うこと、ⓚ商務委員の経費支出および執行方法、ⓛ商務委員の水路貿易専管規定、の一二項目である。

『底稿』の①②③④の職務の位置づけについては『朝鮮商務章程』のⓐに、『底稿』の⑥の往来文書形式規定は『朝鮮商務章程』のⓓに、『底稿』の⑩の月給規定は『朝鮮商務章程』のⓗに、『底稿』の⑪の予算の作成および執行については『朝鮮商務章程』のⓙⓚに、『底稿』の⑫の三年一任規定は『朝鮮商務章程』のⓘの内容に、それぞれヒントを得ているのではないかと考えられる。さらに、『底稿』を作成する上で『朝鮮商務章程』を参考にしたのではないかと考えられるのは、次のような駐津督理を位置づける表現が、総辦商務委員を位置づける表現と類似しているからである。

水陸章程には、朝鮮が大員を派遣し天津に駐在させ、並びに他員を中国の開港場に分派して商務委員に充てる。難しい事件が起これば、駐津大員が南北洋大臣に詳請するとある。また章程には、該員は道・府・州・県などの地方官と平行礼をとるとある。朝鮮の委員を派遣して天津に駐在させるのは、各国に領事があるのと名目は異なるが体制は同じである。(37)

まず、駐津督理をあくまでも水陸章程に位置づけている点が重要である。次に、水陸章程が創設した駐津大員が、難しい事件が発生した時に「南北洋大臣に詳請する」立場にあり、清朝の「地方官と平行礼をとる」地位にある実態から、「査朝鮮之派員駐津、猶各国之有領事、名目雖異、体制相同」すなわち「朝鮮の委員を派遣して天津に駐在させるのは、各国に領事があるのと名目は異なるが体制は同じである」という。ここでいう「体制」は「制度」「しくみ」のような意味であろう。つまり、宗属関係に基づいて結ばれた水陸章程に条約関係の観点から解釈を加え、駐津大員を駐津督理に改称している。この時、朝鮮政府が駐津大員を駐津領事ではなく駐津督理に改称したのは、宗属関係を意識したためであろう。

一方、『朝鮮商務章程』では商務委員の位置づけにおいて「査朝鮮為中国藩服、委員前往駐箚、与出使外洋各国体制稍別、而情事略同(38)」、すなわち「朝鮮は中国の藩服であり、委員が前往して駐在することは、西洋各国に出使することと体制はやや異なるが、事情はほぼ同じである」となっている。この表現は、上の『底稿』にある駐津督理を位置づける表現と、とりわけ後半部分が非常に似ている。また文章の趣旨においても、清朝が宗属関係に基づいて結ばれた水陸章程によって派遣される商務委員に対して、宗属関係だけではなく条約関係の観点から解釈を加えつつも、各国と同様な「領事」という職名は用いず「商務委員」を用いたことは朝鮮が属国だからであり、属国に駐在させる上国の官員であることを強調するためといえる[39]。

このような駐津督理と清朝側商務委員の位置づけの類似性は、「駐津督理通商事務」と「総辦朝鮮各口交渉通商事務」あるいは「総理朝鮮交渉通商事宜」という職銜との類似性からもうかがえる。初代商務委員の陳樹棠は、華人の保護・管理と華人商人の朝鮮での交易に関する朝鮮との折衝などを行う中で、「商務委員」という職銜が各国公使・領事と交渉する上で不都合をきたしていることを痛感し「総辦朝鮮各口交渉通商事務」と職銜を改め、「交渉」の二字を入れることで外交代表としての身分と職責を明確にしようとした。次に派遣された袁世凱に至っては「駐紮朝鮮総理交渉通商事宜」と文字通りの意味は公使級の外交官であるが、英訳を“Resident”とすることで英領インドの藩王国に駐在するイギリスの「駐在官」をもじって、西洋諸国に向けて自身が宗主国の属国に対する代表であることを示唆した[40]。換言すれば、「総辦朝鮮各口交渉通商事務」も「駐紮朝鮮総理交渉通商事宜」も、宗属関係に基づいた水陸章程によって派遣された「商務委員」を近代国際関係でいうところの「領事」や「公使」、「駐在官」に読み替えた名称である。従って、朝鮮政府が水陸章程に基づいて派遣した「駐津大員」を「駐津督理通商事務」と改称して近代的な「領事」に読み替えたのは、このような清朝のやり方を模倣したものだとも考えられる。ただこれはあくまで朝鮮国内向けの論理である。改称した肩書に「駐津督理通商事務」と「通商」は入れても、清朝のように「交渉」までは入れなかったのは、清朝との関係に配慮をしたためだと思われる。

（2）駐津督理の性格——西洋諸国の通例の受容

以上のような経緯で改称された駐津督理はどのような性格をもったのだろうか。『底稿』前文には、「署内で日々の公務を行うにあたり定章がなく、（中略）後には各員が調べるところがない。ここに既に処理した前例をもとにし、各国の通例を参照して、章程を斟酌して定める[41]」とあり、『底稿』が駐津公館で既に行われていた職務内容をもとにして、各国の通例を参照しながら作成されたことが分かる。「領選使節目」が職務規定に援用された駐津大員に比べ、駐津督理はどのような「各国の通例」をどのように「酌擬（参照）」して職務規定（『底稿』）が作られたのであろうか。この点は、駐津督理の性格を知る上でも有益である。以下で順に検討する。

一つ目は、『底稿』②の「従事官は商務に随時協力するだけではなく署内の司庫も兼ねて処理する。西洋の例に照らすと、副領事が司庫の事務を兼ね理めることがあり、従事官は督理の副にあたり、各国の副領事の体制と同じである[42]」という内容についてである。西洋諸国の副領事の例を参照して、駐津公館の従事官が「商務に随時協力」し「署内の司庫も兼」ねる実態は、各国の副領事と同じだという。これは既にみた、駐津大員の機能が領事と同じなので名前は異なるが体制は同じだとする論理と相通じている。ただ、ここでも副領事と同じだといいつつも副領事には改称せず、従事官という職名を用いたところに朝鮮における西洋諸国との違いがみられる。

二つ目は、⑧の「各国は皆、礼拝日に国旗を掲げるが、本署は朔望日に国旗を掲げる[43]」という規定である。日曜日である礼拝日に国旗を掲揚する各国の例を「酌擬」して、駐津公館では「朔望日」、すなわち陰暦の毎月一日と一五日に国旗を掲揚することを定めた。そもそも「朔望日」は守令が闕牌を拝する儀式を行う日であった[44]。これは、西洋諸国の儀式を朝鮮の慣習に合わせて運用する例とみなせよう。

最後は、⑫の「公使・領事の公例は皆、三年一任である。すべての本署各員は、要事および実の病により解任されて帰国する外は、重職を守るため理由なく帰国できない[45]」という規定である。各国の公使・領事の任期が三年であることを「公例」として導入している。ここで「実の病」という表現が興味深い。表2−1・表2−2の通り、駐津大員・駐津督理任命者の一部が病を理由に辞職している。「実の病」という表現からは、重篤でない病を理由に在外赴任を断ったり途中で帰国したりする風潮を改革し、在外使節の三年一任の制度を根付かせようとする意図が読み取れる[46]。また、三年一任の制度は、既に清朝側が『朝鮮商務章程』で「出使外洋之例[47]」に照らして制定しており、こちらを参照した可能性もある。

以上の規定から、朝鮮政府が「各国之通例」、具体的には各国の公使や領事の業務を参考にして駐津督理に領事の要素を取り入れようとしたことが指摘できる。

（3）駐津督理の性格——宗属関係の反映

一方で『底稿』には、前文に「既に処理した前例をもとにし」とあったように、最後の駐津大員朴斉純が行っていた業務を明文化したと思われる項目もいくつか確認できる。これらは、「各国の通例」を「酌擬」したというよりは、宗属関係に基づくものである。その内容は次の通りである。

『底稿』⑤の督理就任時の他国への就任報告に関する規定には、南北洋大臣には「申呈」で報告して直ちに「拝謁」し、牛荘・天津・烟台海関道には「照会」で報告して「拝会」し、駐津領事には「函」で報告して「拝会」するとある[48]。駐津督理は清の官僚、とりわけ南北洋大臣に対する態度と、他国の領事に対する態度を明白に区別している。

次に⑥の「本国が北洋大臣に公文を咨送するときは、必ず本署が津海関道に函送して、それを代わりに送り届けてもらうように請う。北京の礼部および総理衙門に公文を咨送することがあれば本署官員がもっていくか、函で津海関道に、北洋大臣に代わりに送り届けてもらうよう取り次いでもらう[49]」は、宗属関係を反映した文書往来の手続きに関する規定である。これらは、表2-3の（6・32・34）で、既に行われていた業務である。すなわち、駐津大員が既に行っていた業務を、後任者がいちいち調べなくてもよいようにという『底稿』作成の趣旨に従って明文化された項目といえる。

最後に⑦には、駐津督理が宗属関係に則って朝鮮側と清側の仲介を行う規定が確認できる。

本国商民はこれまで勝手に中国内地に入り、随意に游歴し、新たな章程があることを知らなかった。今後、内地に入る者には、章程に照らして津海関道と連名署名し許可証を発給する。齎奏官・齎咨官が天津を経由して北京に赴くときは、章程に照らして津海関道に通知して北洋大臣に取り次いでもらい、路引を発給し伴送を派遣する。一般に、本国が別に派遣した人員は本署に来留し、本署が住まいを提供し身の回りの世話などするほか、一切の費用は当該人員が自前で用意する。(50)

引用の前半部分は、表2-3（26）の文書から、朝鮮商人が清で不法に貿易滞在したことが分かり、李鴻章が周馥を通して、今後は章程に照らして清に貿易滞在に来る朝鮮人は必ず駐津督理と津海関道が連名署名した許可証（執照）を受けるよう朴斉純に注意した内容を明文化したものである。中間部分の路引発給・伴送派遣も、表2-3（38〜42）の文書で、朴斉純が実際に行っていたことが確認でき、既に行っていた業務を明文化したものである。後半部分も、表2-3から朴斉純と齎奏官が連絡をとりあっていたことが確認できるので、新しく設けた規定ではなく既に行われていたことを明文化したものである。以上の内容から、朝鮮政府は宗属関係の維持も重視しており、宗属典礼を円滑に行うために駐津督理が朝鮮側と清朝側を仲介する役割を『底稿』に明文化したと指摘できる。

先に挙げた『朝鮮商務章程』のⓕ項目には、「朝鮮為中国属邦」と朝鮮との宗属関係を強調した文句があり、朝鮮で各国公使が会同する場では商務委員が「賓中之主」すなわち上位の座に位置することが示されていた。右のように『底稿』にも宗属関係を反映した項目があり、これらの存在は、両国ともに近代国際法や西洋諸国の在外使節を参照して商務委員・駐津督理を位置づけつつも、その職務規定には当時の清朝と朝鮮の関係が明確にあらわれており、宗属関係の存在が意識されていることが分かる。

（4）清朝側の駐津督理の受け入れ

以上から『底稿』が描く駐津督理は、新しく西洋諸国の領事の性格を取り入れながら、同時に従来の宗属関係を継続・維持する性格をも有するものであった。では、このような駐津督理を清朝側はどのように受け入れたのだろうか。

清朝側が駐津大員から駐津督理への改称や改編に干渉した記録は管見の限りみられない。その理由は、一八八六年以後も李鴻章が駐津督理を「大員」「駐津員」と呼ぶなど、(51) 駐津大員から駐津督理への改称とそれに伴う職務内容の改編を気に留めていなかったからである。したがって、礼部や総理衙門を巻き込む問題には発展しなかった。

しかし、一八九三年七月一九日に内務府の啓言に従って成岐運が「駐滬察理通商事務」に任命されると、袁世凱は朝鮮政府が成岐運を「駐滬総領事官」に任命したと李鴻章に報告し、報告を受けた李鴻章は水陸章程に基づく「商務委員」の派遣はよいが「総領事」の派遣は断じて許さないと答えている。(52)「駐滬察理通商事務」設置に関して朝鮮政府は、水陸章程によるものであるとしているので、(53) 袁世凱がなぜ「駐滬察理通商事務」を「駐滬総領事官」に読み替えたのか不明であるが、李鴻章が水陸章程に基づかない使節の派遣は許さないという態度を示していることが分かる。すなわち李鴻章は、朝鮮政府の日本や欧米への使節派遣と天津への使節派遣を別に扱い、駐津督理は水陸章程に基づく使節なので口出しをしなかったということである。(54) 既に指摘した通り、駐津大員から駐津督理への改称は、朝鮮内で領事を意識した使節の改編を企図したものであった。しかし駐津大員は駐津領事ではなく駐津督理に改称され、『底稿』の①でも駐津督理はあくまでも水陸章程に依拠した使節であることが明記された。朝鮮側のこのような措置は、実質的には駐津督理に領事に類する機能をもたせつつも、あくまでも水陸章程に基づく「商務委員」という形式をとることで、清朝側の反発を招かないようにしたのかもしれない。

3　駐津督理の活動

本節では、まず、駐津公館が発信した電報の料金請求史料から、駐津公館がいつどのぐらいの頻度で本国と連絡をとっていたのかを調べ、駐津公館がどの程度機能していたのかなど、その全体像を把握する。次に、実際に天津に派遣された駐津督理のうち、朴斉純と李冕相の天津での活動を検討する。

（1）駐津公館と本国の連絡頻度

駐津督理は在任期間中に朝鮮国内に宛てて頻繁に電報を発信していた。駐津督理の電報料金は、津海関道が袁世凱を通して外衙門と総辦朝鮮電報局に請求する仕組みになっていたため、袁世凱が外衙門と総辦朝鮮電報局に宛てた電報料金を請求する史料『朝鮮駐津署所発各処電報（一）（二）』[55]から、駐津督理が毎月発信した電報件数とその宛先をおおよそ知ることができる。

史料が残っている期間は、一八八六年九月から九四年二月までで、史料には毎月の電報を送った日、宛先、文字数が記録されている。駐津公館が本国に発信した電報件数と総文字数は、一八八六年（九月以降）二一件・八七二字、一八八七年五八件・一九〇五字、一八八八年七七件・二五五五字、一八八九年九九件・三一五七字、一八九〇年一六〇件・五五四三字、一八九一年一五二件・五九四三字、一八九二年六四件・二四〇七字、一八九三年六八件・二二六二字、一八九四年（二月まで）一一件・二六九字である。宛先は、一八八七年八月分までは多い順に内務府、外衙門、袁世凱である。理由は分からないが、九月分からは一律に「漢城」「仁川」などと地名のみが記され、かつ電報の内容も不明であるため研究上の難しさがでてくる。

ただ、一八八六年九月から日清戦争直前の九四年二月まで、駐津督理が天津に駐在せず従事官などが駐津督理の代理を務めた期間も含めて、駐津公館は継続して本国に電報を送っており、一定の機能を果たしていたといえる。また、一八九〇年と一八九一年は電報件数・総文字数ともに突出して多い。この時期は二年ぶりに駐津督理金明圭（一八八九年八月から翌閏二月八日まで天津に滞在）が駐在した時期である。この時期の駐津公館の実態については、金明圭の活動記録の発掘も含めて今後の課題である。

（2）初代駐津督理朴斉純の活動

一八八六年二月二一日に駐津督理に正式に任命され、三月四日に就任の儀式を終えた初代駐津督理朴斉純の活動実態は、先の『咨文（二）』からその一部が分かる。二月二一日から史料が残っている三月二〇日までの二一件の記録は表2-4の通りである。

表2-4をみると、全二二件のうち一二件が駐津督理就任の報告に関する文書であることが分かる。表2-3でみられる代理駐津商務大員就任の報告と比較すると、津海関道と北洋大臣のほかに、各国領事、南洋大臣、奉天・山東海関道に報告しているという違いがある。これは『底稿』の⑤に沿っており、送り先ごとの文書形式の違いも『底稿』の通りである。

その他は、ドイツ領事とのやりとり三件、国王咨文・国書・申文の転送依頼に関するやりとり五件、李鴻章との

表 2-4　駐津督理朴斉純在任期間の往来文書（1886. 2. 24〜3. 20）

	日付	文書形式	差出人	宛　先	主な内容
57	1886. 2. 24	照会	独領事連	朴斉純	◎樊（樊徳礼 Ch. Feindel か）から連（Dr. Retich か）への領事交代の報告
58	2. 26	〃	朴斉純	独領事連	◎上記受領報告
59	2. 27	函	独領事連	朴斉純	◎朴斉純との会談延期のお願い
60	3. 4	照会	駐津督理朴斉純	津海関道周馥	駐津督理就任の報告
61	3. 12	〃	周馥	朴斉純	上記受領報告
62	3. 5	函	朴斉純	各国領事	駐津督理就任の報告
63	3. 6	〃	米領事	朴斉純	62 の受領報告
64	〃	〃	英領事	〃	〃
65	〃	〃	独領事	〃	〃
66	4. 9《ママ》陽暦	〃	日領事	〃	〃
67	3. 6	〃	露領事	〃	〃
68	3. 7	照会	朴斉純	奉天山海関道広	駐津督理就任の報告
69	なし	〃	〃	山東東海関道方	〃
70	〃	申報	〃	北洋大臣	〃
71	〃	〃	〃	南洋大臣	〃
72	3. 5	函	〃	周馥	●国王咨文二件の北洋大臣・礼部への転送依頼
73	3. 7	〃	周馥	朴斉純	●上記転送の報告
74	〃	〃	朴斉純	周馥	●南洋・北洋大臣申報，牛荘・烟台海関道照会，計四件の転送依頼
75	3. 8	〃	周馥	朴斉純	●上記転送の報告
76	3. 9	〃	朴斉純	周馥	●国書二件，申文一件の北洋大臣への転送依頼および李鴻章に面会することの取り次ぎ依頼
77	3. 20	〃	周馥	朴斉純	李鴻章との面会日についての連絡
78	〃	〃	朴斉純	周馥	上記受領報告

出典）『咨文（二）』奎経古 327. 51, J249, 1885/1886.
注）●は宗属関係に関する内容の文書を，◎は領事業務に類する内容の文書を指す。

面会に関するやりとりが二件である。駐津督理には、領事に類する業務と、宗属関係を継続・維持する業務の大きく二つの性格があると既に指摘した。朴斉純は四月一三日[56]に帰国し駐津督理としての記録がほとんど残っていないため、駐津督理就任後の活動を具体的に分析することは難しい。ただ、残された史料内容から駐津督理も領事に類する業務と宗属関係に関する業務の二つの要素を兼ねた活動をしていたと推測される。

（3）駐津督理李冕相の活動

一八九二年一〇月四日に駐津督理に任命された李冕相は、任命後すぐには赴任せず、一〇月五日に宗正卿（従二品）や九日に刑曹参判（従二品）に任命されるなどし、翌年三月七日にようやく赴任した。李冕相は一八九三年八月二八日から病気治療のために一時帰国するが、一八九四年六月一三日から翌年五月三日まで再び天津に駐在した。

李冕相が天津に駐在した期間のうち、前半の一八九三年三月一三日から八月一八日までに駐津公館に往来した文書が『咨文』に記録されている。計七六件[57]の内容は表2-5の通りである。

表2-5から明らかになる点は次の四点にまとめられる。第一に、文書形式は申報二件、照会一一件、函六三件で、函が圧倒的に多い。照会・申報が用いられたのは、李冕相が駐津督理の着任および離任を知らせるもので、それ以外の日々のやりとりは函の形式で行われた。第二に、差出人は李冕相（辺竹師・徐従事との連名を含む）三一件、盛宣懐一六件、米領事六件、仏領事五件、日領事五件、英領事四件、露領事四件、独領事四件、天津知県一件である。第三に、受取人は李冕相四五件、盛宣懐一六件、外国六領事（米・露・英・仏・独・日）四件、李鴻章二件、天津知県二件、米領事二件、独領事二件、仏領事一件、日領事一件、滙豊行一件である。ここでも、駐津督理が文書往来を行う主な相手が津海関道であることに変わりがないことが確認できる。第四に、文書の内容では、宗属関係に関する文書が七件、領事に類する業務の文書は一六件（李冕相自身の着任・離任報告文書は除く）である。

表 2-5　駐津督理李冕相在任期間の往来文書（1893. 3. 13〜8. 18）

	日付	文書形式	差出人	宛　先	主な内容
1	1893. 3. 13	申報	駐津督理李冕相	北洋大臣李鴻章	駐津督理就任の報告
2	〃	照会	〃	津海関道盛宣懐	〃
3	〃	函	〃	〃	14 日の挨拶訪問のうかがい
4	〃	照会	〃	外六国	駐津督理就任の報告
5	〃	〃	盛宣懐	李冕相	2 の照会の受領報告
6	〃	函	〃	〃	3 への回答
7	〃	照会	独領事	〃	◎ 4 の照会の受領報告および独領事司艮徳（Baron Edwin von Seckendorff）の帰任報告
8	〃	〃	独領事司	〃	◎独領事司艮徳（Baron Edwin von Seckendorff）の帰任報告
9	〃	〃	李冕相	独領事司	◎上記受領の報告
10	3. 14	〃	仏領事拉	李冕相	仏領事拉福来（A. Raffray），4 の照会の受領報告
11	〃	〃	英領事壁	〃	英領事壁利南（Byron Brenan），4 の照会の受領報告
12	〃	〃	米領事栢	〃	米領事柏（柏頼克 William Breck か），4 の照会の受領報告
13	3. 13	函	露	〃	「露」とのみあり肩書・名前なし，4 の照会の受領報告
14	3. 14	〃	盛宣懐	〃	李鴻章との面会時間（17 日午前 9 時半）の連絡
15	〃	〃	李冕相	盛宣懐	上記への回答
16	3. 15	〃	〃	〃	●国王の函一件，礼物十種，礼単一紙を李鴻章に差し上げてほしいという依頼
17	〃	〃	盛宣懐	李冕相	●上記の転送報告
18	3. 17	〃	李冕相	盛宣懐	●上記へのお礼
19	〃	〃	盛宣懐	李冕相	李鴻章との面会時の筆談記録の送付
20	〃	〃	李冕相	外六国	19 日の挨拶訪問のうかがい
21	〃	〃	露領事来	李冕相	ロシア署理領事来覚福（P. A. Dmitrevsky），20 への回答
22	3. 18	〃	英領事壁	〃	20 への回答
23	〃	〃	日本領事荒川	〃	日本領事荒川巳次，20 への回答
24	〃	〃	米領事	〃	20 への回答
25	〃	〃	仏領事	〃	〃
26	3. 19	〃	盛宣懐	〃	21 日の答拝のうかがい
27	3. 21	〃	李冕相	盛宣懐	上記への回答

	日付	文書形式	差出人	宛　先	主な内容
28	3. 23	函	李冕相・辺竹師・徐従事	盛宣懐	26日に駐津公館で行う宴会への招待状兼清側招待客名簿
29	3. 23	〃	盛宣懐	李冕相・辺竹師・徐従事	上記への回答
30	3. 25	〃	日本領事	李冕相	26日の答拝のうかがい
31	3. 25	〃	李冕相	日本領事	上記への回答
32	4. 3	〃	盛宣懐	李冕相	◎●朝鮮は中国の属邦なので，本来は中国商人と一律に港を通過する税（碼頭税）を納税すべきであるが，それでは不都合なので朝鮮商人は優遇する旨の伝達
33	4. 4	〃	李冕相	盛宣懐	◎●上記への回答
34	4. 8	〃	〃	〃	10日に東局・水師学堂・南局を訪問し視察をしたいので，その取り次ぎ依頼
35	4. 9	〃	盛宣懐	李冕相	上記への回答
36	5. 20	〃	米領事	〃	◎領事帰国のため副領事が領事を兼務することの報告
37	5. 20	〃	李冕相	米領事	◎上記受領の報告
38	5. 20	〃	米領事	李冕相	◎領事帰国のため副領事が領事を兼務することの報告（36と重複か）
39	5. 20	〃	李冕相	米領事	◎上記受領の報告
40	なし	〃	〃	匯豊行	駐津公館の公費三千両は香港から閔泳翊が入金したことの確認
41	なし	〃	〃	天津知県	◎アヘン盗人と争って捕まった駐津公館の轎夫2名の釈放要求
42	なし	〃	〃	〃	◎再度，轎夫2名の釈放要求
43	なし	〃	天津知県	李冕相	◎上記への回答
44	なし	〃	仏領事	〃	◎病気療養が終わり天津に戻ったことの報告と6月2日に公館への招待
45	なし	〃	李冕相	仏領事	◎上記への回答
46	6. 9	〃	〃	盛宣懐	体調不良により，李鴻章に夫人の死に際し弔意を直接伝えられないため，その伝達の依頼
47	6. 10	〃	盛宣懐	李冕相	上記伝達の報告
48	なし	〃	李冕相	盛宣懐	外衙門督辦南廷哲（元駐津大員）が盛宣懐に宛てた手紙の伝達と，病のため直接会って伝えられないことへの恐縮
49	6. 28	〃	盛宣懐	李冕相	上記受領の報告
50	7. 12	〃	李冕相	盛宣懐	自身の病状の回復報告と明日午後2時に津海関に訪問することのうかがい
51	7. 12	〃	盛宣懐	李冕相	上記への回答

（つづく）

	日付	文書形式	差出人	宛　先	主な内容
52	7. 14	函	李冕相	盛宣懐	前日に盛宣懐と議論した『申報』の記事について，本国への連絡は見送る旨の報告（『申報』の記事とは光緒 19 年 7 月 13 日の「朝鮮近事」ではないかと推測される）
53	7. 16	〃	盛宣懐	李冕相	上記了解の回答
54	7. 20	〃	李冕相	盛宣懐	●本月 7 月 25 日の国王「千秋慶節」を祝う宴会（24 日午後 5 時半）への招待状兼清側の招待客名簿
55	7. 21	〃	〃	米・露・英・仏・独・日領事，副領事	◎本月 7 月 25 日の国王「万寿慶節」を祝う宴会（25 日午後 6 時）への招待状
56	7. 21	〃	盛宣懐	李冕相	● 54 への参加回答および参加者への招待状転送報告
57	7. 21	〃	英領事	李冕相	◎ 55 への参加回答
58	9. 2《ママ》陽暦	〃	日領事	〃	〃
59	7. 21	〃	米領事	〃	〃
60	なし	〃	露領事	〃	〃
61	7. 21	〃	仏領事	〃	〃
62	7. 24	〃	日領事	〃	〃
63	8. 17	申報	李冕相	李鴻章	病気治療のための帰国報告および従事官徐相喬の署理督理の引き継ぎ報告
64	8. 17	照会	〃	盛宣懐	〃
65	8. 17	函	盛宣懐	李冕相	上記受領の回答および李鴻章が 19 日午前 10 時に訪問することのうかがい
66	8. 17	〃	李冕相	外六国	病気治療のための帰国報告および従事官徐相喬の署理督理の引き継ぎ報告
67	8. 18	〃	〃	盛宣懐	65 の面会日時了解の報告
68	8. 17	〃	独領事	李冕相	国王の万寿慶節不参加のお詫びのため 19 日午前 10 時に訪問することのうかがい
69	なし	〃	李冕相	独領事	上記への日程変更（20 日午前 10 時）のうかがい
70	8. 17	〃	独領事	李冕相	66 の受領報告
71	なし	〃	仏領事	〃	〃
72	8. 17	〃	露領事	〃	〃
73	8. 17	〃	米領事	〃	〃
74	9. 27《ママ》陽暦	〃	日領事	〃	〃
75	8. 18	〃	英領事	〃	〃
76	8. 18	照会	盛宣懐	〃	64 の受領を報告する照覆

出典）『咨文』奎経古 327. 51, J249, 1891.
凡例）●は宗属関係に関する内容の文書を，◎は領事業務に類する内容の文書を指す。

次に文書の具体的な中身についてみると、全七六件中約半数が李冕相の駐津督理着任および離任に関する内容である。従って、これらの挨拶文書を除いた駐津督理の日常の活動が分かる文書は残りの約半数ということになり、表2-3の駐津大員朴斉純と比べると、活動そのものに対する分析が難しくなる。

駐津大員朴斉純の活動には、領事に類する業務と宗属関係の継続・維持に関する業務の大きく二つの役割があったが、表2-3と比較して李冕相の活動をみると次の通りになる。まず領事に類する業務のうち、自国民の保護に関する業務は、豊順という名の船に乗っていたアヘン盗人と対立して捕まった駐津公館の轎夫二名の釈放を求める文書（41～43[58]、以下数字は表2-5の番号）のみである。次に「護照」等の発給業務や通関業務の記録は見当たらない。ただ、商務関連では港を通過する税である碼頭税に関する文書（32・33[59]）がある。その他、独（7～9）・米（36～39）・仏（44・45）領事から着任・離任の挨拶を受けている。新たな業務としては、各国領事を呼んで国王の誕生日である「万寿慶節」を祝う宴会を行った（55[60]）ことが挙げられる。

次に、宗属関係に関する業務をみると国王の文書等を伝達する業務（16～18[61]）のみで、表2-3と比べると齎奏官の駐津公館への立ち寄りの記録がみられなくなった。もう一つの違いは、清朝側官吏を呼んで国王の誕生日である「千秋慶節」を祝う宴会を開催したことである（54[62]）。国王の誕生日を各国領事には「万寿慶節」といい、清朝側には「千秋慶節」といったこと、さらに二つの宴会の日時をずらしたことは重要である。月脚達彦によれば、朝鮮政府は一八八七年に起こった欧米各国全権大臣派遣問題を契機として、一八八八年から国王の誕生日慶祝宴の招待状の形式を変更し、清朝との間では「国王殿下」「千秋慶節」を使う一方、欧米・日本に対しては「陛下」「万寿聖節」を使用しはじめていた[63]。上述した駐津督理の活動は、この形式変更が漢城だけではなく在外公館でも行われていたことを示すものである。ただ、漢城では「万寿聖節」であった国王の誕生日が、駐津督理の記録では「万寿慶節」である点は興味深い。天津で清朝皇帝と同じ「万寿聖節」を用いなかったのは、清朝側がこの記録をみることがあったからかもしれない。

以上の内容をまとめると、駐津督理李冕相は依然として領事に類する業務と宗属関係の継続・維持に関する業務の両方を担っていたといえる。

おわりに

駐津大員から駐津督理への改称は単なる名称変更ではなく、朝鮮政府による西洋諸国の領事を意識した使節への改編であった。駐津大員南廷哲と異なり、最後の駐津大員朴斉純は宗属関係の継続・維持に関する業務も行いつつ、領事に類する業務も併行しはじめていた。この朴斉純の業務を明文化するかたちで、駐津督理の職務規定である『底稿』が作られ、『底稿』では駐津督理を領事と同じだとしつつも、あくまでも水陸章程に基づく使節と位置づけ、領事ではなく督理と改称した。これは宗属関係を意識してのことと考えられるし、清朝側商務委員の職務規定である『朝鮮商務章程』を参照した可能性も高い。そして駐津督理朴斉純と李冕相の活動からも、領事に類する業務と宗属関係に関する業務の両方が確認できた。従って、駐津督理は領事に類する機能のみをもつ使節ではなく、宗属関係と条約関係が交錯する中で、日本や西洋諸国が有する領事の機能を受容しつつも宗属関係を維持・継続させようとする使節であったといえる。

駐津督理が実際に行った領事に類する業務は、自国民の保護や商務に関する数件に限られた。本章でも指摘した通り、『底稿』は草稿に過ぎず、また駐津督理の文書の大半が就任・離任の挨拶であるため、史料の制約から駐津督理が行ったすべての業務を解明することはかなわなかった。さらに、天津に駐在する各国領事から就任・離任の挨拶は受けつつもそれ以上の関わりは確認できず、例えば領事会議への参加などの記録も管見の限り確認できない。そのため、商務委員である駐津督理が領事のような機能を果たすことの難しさがうかがえる。当時の朝鮮は中国の属国であり、また日本のように西洋近代化や主権国家化を積極的に志向していたわけでもなかったので、史料の残り方はこうした朝鮮の政治外交のあり様とも関わっているのかもしれない。ただ、そのような難しさにもかかわらず、駐津督理が領事の機能を受容した背景には、第一章でみた駐津大員南廷哲の時とは異なり、少数とはいえ朝鮮商人等の清への渡航がみられるようになり、さらにトラブルも生じていたため、現地でそれらの問題に対処する役人が必要であったことが考えられる。

もう一つは、前章で指摘したように、駐津大員・駐津督理の設置そのものが、変容する宗属関係への対応という側面を有したことである。清朝が朝鮮との関係において、近代国際関係に応じた政策的・制度的変更を行ったため、朝鮮も当然それに応じることとなったが、その具体的な対応は朝鮮政府の裁量に委ねられ、駐津督理の領事機能の受容などとしてあらわれたといえる。さらにそうした対応の一環として、朝鮮政府は外政機構に近代的要素を取り入れた改編を一八八七年前後に集中的に行っていることも考慮すべきだろう。駐津督理への改編はそうした外政機構の一連の制度変化の中にあったのではないかと考えられる。一八八七年頃を画期とした近代的な制度変化については次章で詳しく論じたい。

第三章　対外実務の条約関係への対応
——統理交渉通商事務衙門の形成

はじめに

第一章・第二章では、中国朝鮮商民水陸貿易章程（以下、水陸章程）に基づいて一八八三年に天津に派遣された駐津大員が、駐津督理通商事務（以下、駐津督理）へと名称を変え組織も改編する中で、宗属関係を継続・維持しつつも、近代的な外交制度にも対応していこうとする過程をみた。その具体的な時期は駐津督理への改称・改編が行われた一八八六年といえる。初代駐日辦理大臣が一八八六年に任命され、翌八七年に派遣されて、さらに同年、初代駐米全権大臣および駐英・独・露・伊・仏全権大臣の任命・派遣が行われたことを考えると、一八八六年・一八八七年は朝鮮政府において対外関係の一つの画期となる時期ではないかと推測される。加えて、一八八七年には対外関係を担当していた統理交渉通商事務衙門（以下、外衙門）の職務規定が改められ、『統理交渉通商事務衙門続章程』（以下『続章程』）が制定されたことも考慮しなければならない。すなわち、在外使節のみならず、国内の外政機構においても近代国際関係に対応しようとする変化があったと考えられるのである。

そこで本章では、対外関係を扱う官庁であった外衙門について、一八八七年の『続章程』の制定に着目し、かつ

『統署日記』等の基礎的史料から主事ら実務担当者の職務内容や勤務実態を明らかにすることで、どのような変化が起こっていたのかを詳細に分析したい。その際、先行研究が朝露密約問題や駐米公使派遣問題などの個別の外交案件から朝鮮と清朝の軋轢の場に注目してきたことに対して、本章では対外関係の日常業務に焦点を当て、一八八三年から九四年までの外衙門の運営実態を連続性に注目して検討したい。

外衙門とは、一八八二年一二月に設置された対外関係を管掌する正二品の官庁である。[1] 外衙門は、一八八〇年一二月に対外・通商事務と西洋式軍備の整備のために設置された統理機務衙門（正一品衙門）が、機務処を経て、一八八二年一一月に主に対外関係と通商事務を管掌する統理衙門と、主に軍事関係を管掌する統理内務衙門に分離したうちの前者を改称したものである。第六章で取り上げるように、外衙門は、一八九四年六月の甲午改革まで存続した。一方、後者の統理内務衙門は統理軍国事務衙門（以下、内衙門）に改称され、甲申政変直後の一八八四年一〇月に廃止されるものの、翌年五月に内務府として改称・改編された。

一八八二年から九四年までの時期の政府機構については、議政府や統理機務衙門、内務府に関しては豊富な研究蓄積がある一方、[2] 外衙門に関するまとまった代表的な研究は次の二つを挙げるのみである。一つは田美蘭の研究で、[3] 奎章閣所蔵の外衙門関係史料を駆使して外衙門の規則・組織・構成員等の基礎的事項を整理したものである。田美蘭は、外衙門が近代外交と通商を専門に扱う機関であったとしつつも、清朝との宗属関係を重視した機関であったと指摘し、外衙門を親清的とみる従来の見方に近い見解を示した。[4] もう一つは酒井裕美の研究で、[5] 甲申政変以前の外衙門の対国内活動や運営方式、構成員の分析を通して外衙門の実態の解明を試みたものである。酒井は、外衙門の対国内活動が地方官庁との有機的な連携の上で行われていたこと、また構成員の任用条件や兼職状況の分析から、外衙門が「近代」的か「親清」的かというどちらか一方の評価で割り切れるものではなかったことを指摘した。

両研究は、結局のところ外衙門の性格が「近代」か「親清」かのどちらかでは割り切れないという評価に行きつく。しかし、朝鮮において「近代」が宗属関係の変容とともにあった側面に着目すれば、「近代」と「親清」は相関関係にあり、宗属関係が実質的に機能していた甲午改革開始以前に外衙門がいかなる制度的変化を遂げたかを丹念に追うことが必要だろう。本章はその上で、なお検討の余地が残されていると思われる次の二点について、これまで十分に活用されなかった史料をも用いることで研究を深めることを目的とする。一つは、外衙門が『続章程』を定めた理由について十分に説明されていないことである。外衙門は創設当初に職務規定である『統理交渉通商事務衙門章程』(以下『章程』)を定めたが、一八八七年四月二七日にそれを『続章程』に改め、組織も改編している。『続章程』制定について田美蘭は、「一八八七年になると外衙門は外交と通商だけを専担する専門官署として改編された」[6]とし、いわゆる開化政策全般に対応していた外衙門の組織と機能が、『続章程』によって「外交と通商」に特化したとみる。しかし、田美蘭は『続章程』制定に関してはこれ以上に踏み込んだ解釈をしていないため、韓哲昊は「組織改編の原因を内務府と関連させて分析しないまま、単にその過程を叙述するだけに止まった」[7]と田美蘭の研究を批判し、一八八七年の外衙門改編の背景には一八八五年の内務府設置があり、内務府が外衙門の一部機能と重複したために外衙門の機能が有名無実化したと論じた。韓哲昊の議論は示唆に富むものの、自身も指摘するように『続章程』制定に関する研究は、未だ「単にその過程を叙述するだけ」の状況で、外衙門と他官庁である内務府との関係性を議論するだけの十分な研究蓄積がない。そのため本章では、『章程』と『続章程』の違いを外衙門の運営実態と合わせて考察することで、今後、内務府を含めた他の統治機構と外衙門の関係性を検討する上での基礎作業を行いたい。

もう一つは、『続章程』制定から甲午改革がはじまるまでの外衙門の活動実態が明らかになっていないことである。酒井の研究は「朝鮮政界の勢力図が大きく変わる」甲申政変以前に分析の時期を限っており[8]、田美蘭の研究は一八八七年頃までが中心で、それ以降は一八八七年以前の分析結果を敷衍して説明している箇所が少なくない[9]。従って本章では、一八八七年以降の外衙門の運営実態にも目配りをしながら、一八八三年から九四年までの期間を一貫して捉えて検討したい。そうすることで、朝鮮政府における対外関係の画期も捉えられると考える。

以上二つの問題を検討するために、これまで十分に活用されてこなかった史料として、奎章閣韓国学研究院所蔵の次の史料を用いた。一つは、一八八三年一月二一日から八九年一二月二九日までの『草記』と一八九〇年一月一四日から九四年一〇月五日までの『本衙門草記謄録』である。「草記」とは、それほど重大ではない政務上の事柄を簡単に記して国王に伝える文書のことである。もう一つは、本章の第三節で詳述する外衙門書吏が記した『統椽日記』（第一～第一六巻、一八八八年一月一日～九四年九月二〇日）である。

以下、第一節では、『章程』から『続章程』への変更点を改めて見直し、『続章程』制定の背景を探る。続く第二節では、『章程』から『続章程』への最も大きな改訂点である主事について、その勤務実態を中心に検討する。最後の第三節では、『統椽日記』の分析と総務導入に関する考察を通して、一八八七年以後の外衙門の実態解明に重点を置く。

1　『続章程』の内容の再検討――『章程』との違いを中心に

（1）『章程』[10]の内容

『章程』と『続章程』それぞれの内容については、先の田美蘭の研究が既に詳しく紹介しているので、本節では本章の趣旨に沿って『章程』から『続章程』への改訂内容に着目してまとめることにとどめたい。『章程』の作成日時は明記されていないが、外衙門創設とほぼ同時期とみられている。全二三条からなる『章程』は、冒頭で「外

表 3-1　外衙門四司一学の組織と業務内容

部署名	業　務　内　容
掌交司	条約に関する業務（交渉，使臣派遣，条約の改訂）
征榷司	海関・辺関に関する業務
富教司	利源の開拓業務（貨幣鋳造，開鉱，製造，招商社）および蚕桑・牧畜業務
郵程司	土木業務（電報・駅伝・鉄路・水陸通行路）
同文学	人材の養成（外国語，政治，理財の学習）

出典）『章程』奎 20515，田美蘭「統理交渉通商事務衙門에 関한 研究」『梨大史苑』第 24・25 合輯，1990 年 6 月，224 頁。

表 3-2　四司の構成員とその職務内容

役職名	人員	職　務　内　容
督　辦	1	四司と同文学を総括する総責任者*
協　辦	4	四司を代表する責任者で督辦の補佐も行う者
参　議	4	各司で協辦を補助する者
主　事	8	各司に属し，文書の記録・作成及び受け取り・発送を担当する者で，宿直による警備も担当
掌印官	1	鈐印と公文を管理する者

出典）『章程』奎 20515，田美蘭前掲「統理交渉通商事務衙門에 関한 研究」227-235 頁。
注）＊督辦には会辦一人を補佐としてつけることが記されている。これは馬建常のために設けられた役職であったとみられるが，馬建常が実際に出勤した記録はないため，どのように機能していたかは不明である（酒井裕美『開港期朝鮮の戦略的外交——1882～1884』大阪大学出版会，2016 年，45-47 頁）。

衙門の設置は、今日の要務を講究し改変すべき事柄を斟酌すること」を目的とし、「利国利民の政」のために四司と同文学を置くとしている。[11] この四司一学の組織と業務内容は表3-1の通りである。表3-1から、設立当初の外衙門の業務内容が対外関係（掌交司）と通商（征榷司）、そして近代文物の受容に関するいわゆる開化事業（富教司・郵程司・同文学）の三本柱から成っていたことが分かる。

次に、四司の構成員とその職務内容をまとめたのが表3-2である。

四司一学の総責任者であった督辦は正二品に該当し、一八八二年一二月から九四年六月までに一四名が任命されたが、督辦ではなく署理督辦が執務する場合が少なくなく、在任期間は一年未満が多かった。[12] 各司の長である協辦は正二品から従二品に該当し、一八八二年一二月から

表 3-3　外衙門四司一学主事の職務内容

部署名	人員	職　務　内　容
掌交司	1	外交担当
	1	使臣派遣計画担当
	另設	開港場で通商事務を担当
征榷司	1	海関
	1	辺関
	另設	各関に関長一人を設け，徴税及び外衙門への収入・支出の報告を担当
富教司	1	鋳造・官銀号担当
	1	招商・開鉱・製造担当
	1	蚕桑・牧畜担当
郵程司	1	本国地図・土木工事担当
同文学	不明	掌教の補佐

出典)『章程』奎 20515，田美蘭前掲「統理交渉通商事務衙門에 関한 研究」232 頁。

九〇年一二月までに二九名が任命された。メレンドルフのような外国人外交顧問も含まれ、在任期間は一年未満が多いが、協辦のうち五名が督辦に昇進した。協辦を補佐する参議は正三品堂上官に該当し、一八九二年までに二四名が任命され、このうち相当数が協辦や督辦に昇進した。以上、堂上官（正三品以上）の就任者について細かく分析すると、驪興閔氏と老論の優勢というこの時期の権力構造に対して、老論が優勢でありつつも驪興閔氏の就任者が多いわけではなく、外衙門堂上官の人事が他の政府機構のそれとは異なる特徴をもつことが指摘されている[13]。

次に、各司で実務を担当した主事は五品から六品の者が多く、進士・幼学から任命される者もおり、官僚としての経歴がない者もいたが、代わりに外国語能力や海外渡航経験などを有していた[14]。主事は同一官庁における堂上官と堂下官の総称である「堂郎」に含まれ、正三品から正六品に該当する中堅官僚で、決して地位の低い職位ではなかった。

表3-3の通り、主事には『章程』で具体的な職務内容が定められた。しかし表3-3をみると、計八名の主事の各司への配置状況は分かるものの、各主事の職務内容については各司の業務内容をまとめた表3-1の内容と大きな違いはなく、この段階では主事の職

務内容が後にみる『続章程』のそれに比べると明確でなかったことが分かる。ただ『章程』で、督辦・協辦・参議にはない具体的な職務規定を主事にだけ定めていることは重要で、主事の実務は外衙門の運営に直接関わるものと想定されていたと考えられる。

(2)『続章程』[15]の内容

全一三条から成る『続章程』には作成日が「光緒十三年四月二十七日」と明記されている。さらに『続章程』を作成した理由が『草記』に記され、「本衙門の事務は繁忙を極め、最初に定めた章程には規則に省略された部分が多いので、よくはかり考えて状況に合わせて改変し、永く確定したきまりとしなければならない。ゆえに続章程を作成し納めることを申し上げる[16]」とある。すなわち、外衙門の事務が忙しくなり『章程』では対応しきれない実務が増えたので、そのような実態に合わせるために『続章程』が作成されたというわけである。そして『続章程』は同年閏四月一日に施行されている[17]。

では、具体的に『章程』のどの内容が実務に追い付かなくなったのだろうか。『章程』と『続章程』の内容を比較して考えてみたい。第一条督辦、第二条協辦、第三条参議の職務規定は『章程』から『続章程』で大きな改訂箇所はない。ただ、督辦の指揮監督対象に「在外公使領事[18]」が新たに加えられたことは注目すべき点であり、後述する。

『章程』から『続章程』への重要な改訂点は、続く第四条の主事の人員、第五条から第一〇条までの主事の職務内容にあらわれる。まず第四条に「主事二十四人は各司に所属し、筆記・裁定を司る[19]」とあり、主事の人員がこれまでの八名から二四名に大幅に増員したことが分かる。次に第五条から第一〇条で各司への主事の配置と、各司の主事の職務内容が記されている。ここでの最も大きな変更点は、外衙門の組織が四司一学から六司に改編された点である（表3-4参照）。従来の組織は、対外関係を司る掌交司と通商を司る征榷司、そして開化事業を司る富教司・郵程司・同文学の三つに分けられていたが、『続章程』では対外関係を扱う総務司・交渉司・繙訳司・記録司と、通商関係を扱う通商司・会計司の二つに分けられた。

先行研究は『続章程』制定によって、「外交と通商だけを専担する専門官署として改編された[20]」、「外衙門の組織が過去よりも一本の筋が通り業務がより一層具体化した[21]」などと評価している。『章程』よりも『続章程』のほうが「業務をより一層具体化」したことは重要で、それは主事の職務内容にはっきりとあらわれる。先に、『章程』では各司の業務内容と主事の職務内容に大きな違いがなかったと指摘したが、『続章程』では主事の職務内容がより具体的に示されている。例えば、第五条「総務司」は『章程』の「掌交司」の業務を引き継いだものと思われるが、「掌交司」の職務内容が「外交担当」と簡単にまとめられていたことに比べ、「総務司」では「外衙門の政務の訓令書および各国公使館往復文書を起草して督辦に上奏し、許可を得て発行・施行する」とある。これは恐らく、『章程』はこれから行おうとする職務内容を記したのに対して、『続章程』は既に行っている職務内容を参考にして明文化したからだろう。

図3-1は『統署日記[22]』をもとに、外衙門が漢城に駐在していた各国公使・領事とやりとりした文書件数をまとめたものである。図3-1の通り、『統署日記』で確認できる分[23]だけでも毎月約四〇件以上のやりとりがあり、これらが総務司の手続きに則って行われていたと推測される。また図3-1から明らかなように、各国公使・領事の漢城駐在[24]がはじまる一八八四年以降は往来文書件数が急増しているので、『章程』制定時にはそれほどの量を想定していなかった外交文書の処理業務が、『続章程』制定時には外衙門の中心業務の一つになっており、職務内容を明文化する必要が生じたことが考えられる。他にも『統署日記』には、交渉司が扱うこととなる各国公使・領事の陛見や宴会、そして「護照」の発給、繙訳司が扱うこととなる外交文書の往来や毎月数名の外国人来訪者の記録、通

表 3-4　外衙門六司主事の職務内容

部署名	人員	職務内容
総務司	1	外衙門の政務の訓令書および各国公使館往復文書を起草して督辦に上奏し，許可を得て発行・施行
	1	各国条約および通商章程，外国人との交渉事例の謄刊・交付
	1	条約を改訂する場合，万国公法などを斟酌し改訂可否を検討
	1	外衙門官員および外国に派遣する公使・領事等の全権証書・委任状奉諭
	1	外衙門の所轄内外の官員の職務履歴，賞罰，宿直・休暇の許可などの管理
通商司	1	外国人の朝鮮内地買い付け，朝鮮人の外洋貿易および海関・辺関の一切の商務
	1	外国に派遣した領事の赴任・解任事務と規定手数料の徴収
交渉司	1	外国交際官の陛見と宴会の事務
	1	朝鮮駐在の各国公使館館地と各港領事館館地および居留租界の事務
	1	朝鮮駐在各公使・領事の氏名・爵位・勲等およびその赴任・就任・解任・帰国の年月日の証明書への詳記，並びに外国官吏と人民の賞勲に関する事務
	1	朝鮮駐在の各港領事の認可状の事務
	1	私的に外国人を雇用する際の管理
	1	朝鮮人が外国旅行する際の護照，外国人が朝鮮国内を游歴する際の護照並びに憑験の発収
繙訳司	1	各国公使館往復交信の翻訳
	1	各公使および外国人の外衙門訪問時の通訳
記録司	1	外衙門交渉文書の謄本作成
	1	条約・国書・外交往復文書の保存
	1	外衙門の各司の文書・簿冊の分類・編集
	1	在外公使・領事の報告書の保存・管理
	1	外衙門が所蔵する国内外図書の管理
会計司	1	陸海関税の毎月の歳入・歳出を計算し，外衙門の経費として会計
	1	外衙門所管の税収や米・穀の歳入から外衙門堂郎・下級官員の月給，在外公使・領事館および宴会費用の用意，並びに歳出総額の管理
	1	海関・辺関の関税額の出入の計算

出典）『続章程』奎 15323.

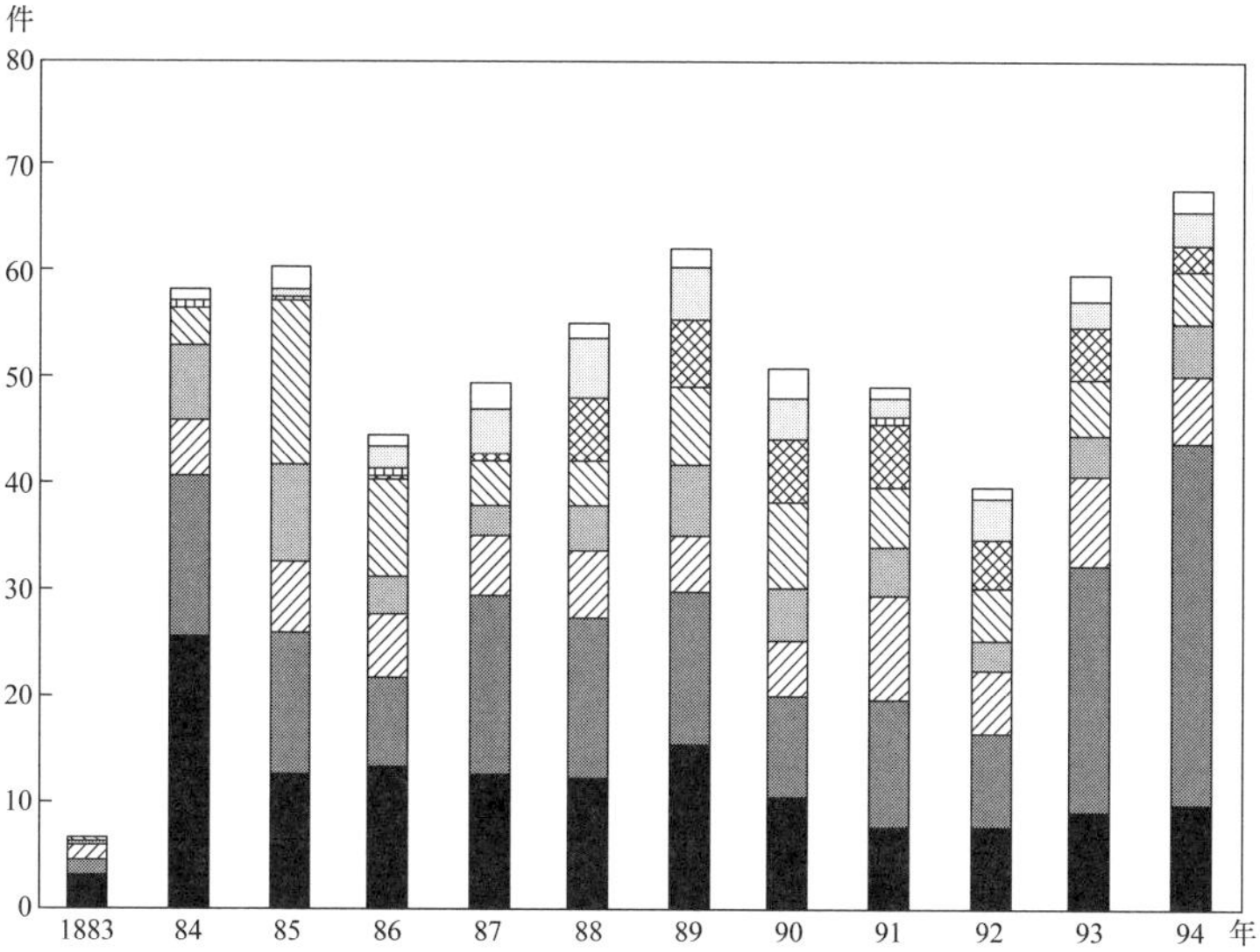

図 3-1　外衙門と各国の往来文書の年平均件数（1883〜94）

出典）『統署日記』。
注）少数点第 2 位を四捨五入。

商司や会計司が扱うこととなる総税務司とのやりとりなど、『章程』制定時にはほとんど行われていなかった職務が、『続章程』が制定される前にはいくつか記録されている。従って、『続章程』はこれら外衙門が既に行っていた業務を明文化する目的があったことが確認できる。

同時に、『続章程』には近い将来に行う業務も含まれていた。既述したように、「第一条督辦」の職務には『章程』にはなかった「在外公使領事」の指揮監督業務が新たに加わっていた。そのため、『続章程』制定時は第二章で扱った駐津督理通商事務しか在外使節はいなかったが、近く公使・領事も派遣し、それを外衙門が指揮・監督すると決められていたことが分かる。[25] 換言すれば、『章程』では掌交司の「使臣派遣計画担当」業務として「計画」であった在外使節派遣が、『続章程』制定時には運用段階に入ろうとしていたということである。これに伴って主事の職務内容にも「在外公使領事」に関連する新たな業務が加わっている。具体的には、①総務司の「外衙門官員および外国に派遣する公使・領事等の全権証書・委任状奉諭」、②通商司の「外国に派遣した領事の赴任・解任事務と規定手数料の徴収」、③記録司の「在外公使・領事の報告書の保存・管理」、④会計司の「在外公使・領事館および宴会費用の用意」がある。

最後に、『續章程』で定められた既に行っている業務や近い将来に行う予定である業務は、朝鮮が各国と結んだ条約や章程で決められた事柄であることも見逃せない。開港場の管理や条約締結国の外交官や領事の受け入れ、条約締結国への公使・領事の派遣がその代表である。つまり『章程』から『續章程』への改訂には、各国との条約や章程で決められた仕事を円滑に行う目的があったといえる。ゆえに『續章程』制定に関しては、組織が四司一学から六司へ改編されたという表面的な理解にとどまらず、条約や章程で決められた事柄を遂行するための主事人員の増員と職務内容の変更があったという本質に目を向けた理解が必要である。

2　主事の勤務実態

主事は、他の役職とは違い具体的な職務内容の規定があり人員も多い。また『統署日記』に記される日々の出勤者をみると、督辦・協辦・参議は出勤しない日が多々ある一方で、主事は必ず誰かが出勤している。このような点から、主事は外衙門の日々の運営に直接関わっていたと推測される。以下では、主事の勤務状況の分析を試みる。

(1)　主事の任命・在任・勤務状況

一八八二年一二月四日に統理衙門から外衙門に改編されると翌五日に堂上官が任命され、年が明けた一月二〇日から主事の任命がはじまる。一八八三年一月二〇日から甲午改革の直前である九四年六月二九日までに主事に任命された者の姓名・本貫・在任期間・生年・就任年齢・就任前の主な職位・就任中および就任後の主な職位をまとめたものが本章末の表3-7である。

表3-7をみると、主事に任命された者は二二四名で、一人が複数回任命された場合もあるので延べ人数では二七三名となる。このうち二回以上主事に任命された者は三九名なので、全体の約六分の一が主事に複数回ついていたことになる。次に、在任期間の横に△が付いている者は、『統署日記』で外衙門への出勤が確認できない者である。ここから一日でも外衙門に出勤したことが確認できる者は、主事に任命された二二四名のうち一〇二名、延べ人数では二七三名のうち一〇六名になる。要するに、主事に任命はされても一度も外衙門に出勤しなかった者が半数以上いたということである。このうち、外衙門運営の前半期に着目すると、△が付いた者の就任前・就任中・就任後の主な職位が仁川や釜山などの開港場であることから、主事としての俸給はもらうものの、実務は外衙門にはなく開港場などで働いていたことが分かる。一方、外衙門運営の後半期である一八九〇年前後、とりわけ一八九二年以降になると△が付いた者の在任期間が短く、就任前・就任中・就任後の主な職位からも、出勤しなくても俸給をもらう冗官であることがうかがえる。主事が何らかの政治的任命であったことを示唆するものである。

他方表3-7の在任日数からは一〇〇〇日以上、中には三〇〇〇日以上の在任期間をもつ主事がいたことが分かる。さらに『統署日記』から個人の出勤日数を計算すると、右で指摘した冗官や一日しか出勤していない李相采や李時翼などがいる一方で、丁大英二〇九〇日、秦尚彦一六六五日と二〇〇〇日近い出勤日数を数える主事も確認できる。この他、鄭万朝・李鶴圭・尹顕求・李喬憲・徐相奭・朴世煥・沈啓沢等の出勤日数も多い。

主事に複数回任命された者が全体の約六分の一を占める実態や主事の勤続日数の長さから、主事が上級職に昇進できなかったことが推測できる。事実、主事の中で参議に昇進した者は尹致昊・金思轍・南廷哲・徐相雨・兪吉濬・李鶴圭・鄭秉夏の七名で、このうち協辦に昇進した者は南廷哲・徐相雨の二名、さらに督辦まで昇進した者は南廷哲だけであった。既に指摘した通り、主事には就任前は進士や幼学であるが海外経験などを買われて登用された者が少なくないので、登用はされても堂上官に昇進することは難しかったと考えられる。

では昇進することが稀であった主事は、主にどのような職位間で異動したのだろうか。表3-7の主事の「就任前の主な職位」、「就任中・就任後の主な職位」をみると、主事に就任する前後に済衆院主事や博文局主事、機器局委員・司事という旧来の官庁にはなかった、いわゆる開化事業に伴う新しい職務に就いていた者が多く登用されていることが分かる。また、同じく新設された内務府の主事や副主事を務める者もいる。あるいは釜山・元山・仁川港監理署幇辦や書記官を経験する者が多いことや、日本やアメリカの公使館に派遣された者も確認できる。これらの多くは、朝鮮が日本やアメリカと条約を結ぶことによって生じた職務であり、外衙門が管轄する職務であったので、主事は外衙門が管轄する職位間で異動することが多く、別言すれば外衙門が管轄する職位間で主事を回していたといえる。その典型的な例として、開港場監理署書記官と外衙門主事の人事異動が挙げられる。外衙門主事が釜山・元山・仁川港監理署書記官の職位を兼任したり、主事が開港場の書記官を専任し、任期満了になると主事に戻ったりしている。[26] さらに一八八九年頃からは、開港場監理署の業務が忙しくなった状況を受けて、一八八九年一〇月二四日に開港場に派遣された主事はそこで任期満了まで勤務し、その後に外衙門主事に戻る規則を設けている。[27]
以上から、外衙門および開港場の実務は主事が中心となって対応していた実態が浮かび上がってくる。

(2) 月当たりの主事の出勤人数の変化

『統署日記』にはその日の出勤者が、督辦・協辦・参議・主事の順に記載され、同じ役職内では勤続年数が長い者から順に記録されている。督辦・協辦・参議は出勤しない日が散見されるが、主事は毎日必ず誰かが出勤してい

表 3-5　一日当たりの主事出勤人数の月平均（1883. 8～94. 6）

（人）

	1	2	閏2	3	4	閏4	5	閏5	6	閏6	7	8	9	10	11	12
1883	／	／	／	／	／	／	／	／	／	／	／	7	7	6	7	7
84	6	7	-	7	6	-	5	5	6	-	7	6	5	7	9	9
85	10	10	-	9	11	-	12	-	11	-	12	13	11	10	13	14
86	13	13	-	12	15	-	14	-	12	-	11	13	13	12	12	11
87	11	15	-	13	15	17	15	-	16	-	14	9	11	11	10	10
88	9	10	-	10	10	-	9	-	9	-	11	10	8	9	10	8
89	9	12	-	12	11	-	8	-	9	-	11	9	8	6	8	7
90	10	10	11	13	＼	＼	＼	＼	＼	＼	＼	＼	＼	＼	＼	＼
91	8	6	-	7	7	-	7	-	6	-	6	6	6	5	4	5
92	4	6	-	8	11	-	10	-	10	7	8	7	8	8	8	8
93	8	8	-	8	8	-	8	-	8	-	7	6	7	8	7	9
94	7	6	-	8	8	-	8	-	9	-	第六章表 6-5 参照					

出典）『統署日記』。
注）小数点第 1 位を四捨五入。／は『統署日記』の記録が始まる前のため記録がない時期を，＼は浸水により記録がない時期をそれぞれ示す。

た。そこで、一日に何人の主事が外衙門に出勤したのか、一日当たりの主事出勤人数の月平均を計算して、その月平均の推移をまとめたものが表3-5である。

表3-5をみると、主事の人員は『章程』で八名、『続章程』で二四名（各司に配置された人員は二三名）と定められていたが、規定通りの人数の主事が出勤した日はほとんどないことが分かる。(28) まず『続章程』制定以前の時期をみると、一八八四年半ば頃までは出勤人数が規定の八名に満たないことも少なくなかったが、一八八四年一〇月一八日に一一人の主事が出勤をしたことを皮切りに出勤人数が増えはじめ、毎日一〇～二〇人程度の主事が出勤するようになり、一日当たりの出勤人数の月平均人数も一〇～一五人を記録するようになる。この時期の出勤人数の増加は、図3-1でみた各国公使・領事の漢城駐在の開始とそれに伴う往来文書の急増を反映したものと考えられる。

一八八四年末頃からの外衙門事務の繁忙は次の二つの事例からも検証できる。一つは、主事より下位の役職で、『統署日記』には出勤が記録されない「司官」

や「司事」が主事を代行している事例である。一八八四年四月二一日の『草記』には、外衙門司官三人と博文局司事三人が主事の仕事を行うことが記されている[29]。このような司官・司事の主事代行は主事の不足のためと考えられる。もう一つは、参議が「入直」(宿直)した事例である。主事の職務内容の一つに宿直があり[30]、『統署日記』にはその日の日記の最後に宿直者名が記録されている。宿直者は新任の主事ほど頻繁に宿直する傾向があるものの、宿直は「輪番制」であるためベテランの主事でも月に一度は宿直をしている。このような中で、一八八四年一一月二一日から二三日に参議が主事とともに宿直した記録があり、これも主事の不足のためと思われる。このような事例から、先に引用したように、「本衙門の事務は繁忙を極め、最初に定めた章程には規則に省略された部分が多いので、よくはかり考えて状況に合わせて改変し、永く確定したきまりとしなければならない」という外衙門『草記』にある『続章程』の制定理由は、名目上のものではなく、実際に事務が忙しく、八名の主事では人員が不足した実態を反映したものと考えられる。

しかしながら、『続章程』が制定されてからは主事の出勤者数が減少していく。表3-5は月平均の人数をまとめたものなので、日々の具体的な出勤人数は示してはいないが、『続章程』制定直前の一八八七年一月二六日、二八日、二月六日、二四日、四月四日は二〇名以上の主事が出勤し、それ以外の日も一二名以上の主事が出勤する日がほとんどであった。『続章程』制定直後も二〇名前後の主事が出勤する日が多く確認できるが、一八八七年七月二五日に二一人の主事が出勤したのを最後に出勤人数が徐々に減りはじめる。そして一八九一年頃からは出勤人数は大幅に減少し、『続章程』が定めた二四名という定員の半分にも満たなくなる。この原因は不明で、引き続き検討していかなければならないが、出勤する個々の主事に着目すると、一八九二年秋頃から出勤メンバーが固定化してくることが確認できる(この固定メンバーについては次節で後述する)。一方、この時期に各国公使・領事との往来文書件数などに大きな減少はみられず(図3-1参照)、主事が処理しなければならない実務量に大きな変動はなかったとみられる。

（3）勤務実態の事例――「日曜日」概念を中心に

最後に、主事の勤務実態の一つの事例として、外衙門における「日曜日」の導入について検討したい。『章程』では、外国の例に倣って官吏が七日に一日休む制度の導入を提案している。[31]「外国の例に倣って」とあるように、「日曜日」の導入は外衙門における西洋文化受容の一例であった。では、実態はどうであったのか。

一八八三年八月一日から記録がはじまった『統署日記』には、八月二日の欄に早速「日曜」の記載があり、以後ほぼ七日に一度「日曜」「曜」「曜日」の文字が欄内もしくは欄外に記されている。さらに「日曜なので出勤なし」などの記録[32]や、日曜日に当たる日は通常よりも少ない一～三名の主事が出勤していることから、『章程』の提案が実際に運用されたことが分かる（ただし、宿直は日曜日も行われた）。その後、『続章程』では「外国の七日に一日休日をとる例を援行し、官衙の休日を示す[33]」と規定され、『章程』で提案された「七日に一日休む」という勤務形態が「官衙の休日」として定められた。しかし『続章程』と前後して、「日曜日」を休日とする勤務実態が確認できなくなる。まず、「日曜」に官吏が出勤しなかった記録や普段より出勤人数が極端に少ない記録は、一八八六年末頃からみられなくなる。次に、『続章程』制定に前後して『統署日記』に「日曜」の記録がされない日が目立ちはじめる。そして、「日曜」の記録は一八八九年三月二九日の日曜日以後は記録されなくなる。[34]

以上から、『章程』で提案された「七日に一日休む」という制度は、一八八三年から八六年頃にかけて定着しつつあったが、一八八六年末から動揺しはじめたことが指摘できる。そして一八八七年に作成された『続章程』は、「日曜日」を外衙門の休日とすることを定めたにもかかわらず、却ってそれは機能しなくなっていった。この理由は、そもそも朝鮮では陰暦の日付を用いていたので、西暦[35]に基づく「日曜日」を併用することで混乱が生じたからかもしれないし、外衙門だけ「日曜日」だからといって休んではいられないほど業務が繁忙していたからかもしれない。いずれにせよ、外衙門が導入を試みた「日曜日は休む」という習慣が定着しなかったことについては、今後の検討課題である。なお、『統署日記』における「日曜日」の記載は、甲午改革後の一八九四年一二月一八日から再びはじまる。甲午改革以後の外衙門、外務衙門の運営については第六章で論じる。

3　『続章程』以後の外衙門の運営実態

一八八七年から甲午改革がはじまるまでの時期の外衙門については、研究蓄積がほとんどなく不明な点が多い。しかし甲午改革で設置される外務衙門を研究する上でも、『続章程』で改編された組織が甲午改革までどのように維持され、運営されていたのかについて知ることは重要である。そこで本節では、一八八七年から九四年までの外衙門の実態を明らかにする目的で、『統椽日記』[36]と「総務」の選出について取り上げる。

（1）『統椽日記』の分析――『統署日記』との違いを中心に

『統椽日記』は、一八八八年一月一日から九四年九月二〇日までに外衙門の書吏が記録した日記である。[37]書吏とは、漢城の各官庁に置かれた下級官吏で書冊の保管や記録の任務を担当し、任期は二六〇〇日であった。一八八八年一月一日から九四年六月二九日までに『統椽日記』を記した書吏は計一七名で、このうち任期満了まで務めた書吏はなく、朴弘錫（二三六二日）と崔奎成（二三六三日）の二人がそれに近いのみであった。また、書吏は主事とは違い人員に大きなバラつきはなく、毎日四～七名体制[38]で在任中はほとんど休まずに出勤した。

『統椽日記』は、『統署日記』と同じく日付・天気・出勤者名・往来文書の順に記録されている。『統椽日記』の記載事項を『統署日記』と比較すると、次の四つの特徴がある。一つ目は、外衙門と朝鮮に駐在する外国公使・領事、総税務司や朝鮮政府が派遣した在外使臣との間の往復文書は『統署日記』には記録されているが、『統椽日記』には記録されていない点である。二つ目は、外衙門と漢城府（漢城の市政および裁判を管掌）や吏曹など漢城内の他官庁との往復文書、そして外衙門の『草記』の内容は『統署日記』と『統椽日記』の両方に記録されている点である。三つ目は、外衙門と地方官庁との往復文書は『統署日記』には一部もしくは文書の要約が記録されているが、『統椽日記』には吏読表記を含めたほぼ全文が記録されている点である。四つ目は、電報によるやりとりは相手を問わず『統署日記』には記録され、『統椽日記』には記録されていない点である。

『統椽日記』に記録されている外衙門と地方官庁の往来文書形式は、一八八四年以前の『統署日記』を用いて酒井裕美が明らかにした外衙門と地方官庁の往来文書形式と大きく異なるところはなく[39]、一八八八年以降も同様の文書形式が継続されたことが分かる。具体的には次の通りである。地方官庁から外衙門へは、観察使や守令レベルの地方官庁（下級官庁）から外衙門（上級官庁）に送られる文書形式である「牒報」や、各道の観察使が「啓」を奏上する際に外務に関する内容は謄本を作って外衙門に送る「謄報」が用いられた。また各道の兵営や監営から外衙門へ「回移」も用いられた。他方、外衙門から地方官庁へは「関」の形式を使用し、観察使以下守令クラスに直接、もしくは「八道四都」「九道」「二都七道」や「沿路」「沿途」の「各官」に一斉に送られた。開港場監理にも「関」の形式を使用し、各港あるいは「三港」に一斉に送られた。このような文書形式の連続性から、外衙門の業務の繁忙のために一八八八年に新たに『統椽日記』を設けた可能性がある。一方で、現在までに確認できていないだけで、それ以前にも書吏の日記として『統椽日記』が存在していた可能性も否定できない。

一八九〇年になると各開港場の監理署で、事務管理のための職員を増員して独立官署として機構を拡大したため[40]、外衙門とのやりとりもそれに伴って増加した。折しも、同時期の一八八九年末頃からは電報[41]による地方との連絡が増えはじめ、なかでも電線が整備されていた各港監理署とのやりとりは大部分が電報に転じはじめる。この電報によるやりとりは『統椽日記』ではなく『統署日記』に記録することになっていたようで、元々『統椽日記』の多くを占めていた釜山・元山・仁川監理との文書記録が減少するようになる。そのため一八九一年頃からの『統椽日記』には、出勤した書吏の名前のみが記録され、往来文書の記録がない日が目立つようになる。

(2)「総務」の選出

本章第2節(2)では、表3-5を用いながら一八九一年頃から主事の出勤者数が減りはじめ、さらに一八九二年秋頃からは出勤メンバーが固定化されてきたことを指摘した。この固定メンバーは丁大英・秦尚彦・朴世煥・金永汶・李鉉相・丁大有・李応翼・兪箕煥・李康夏・金炳勲の一〇名であった。一八九二年九月一七日に外衙門は、この一〇名を総務司に選び、その他二三名の主事は、陪隷の駆価(官員が俸禄以外に私用隷属の給料として受ける金・穀・布・帛類)は受け取るけれども宿直は行わないという章程を作成した[42]。この「その他二三名の主事」は冗官であった可能性が高く、総務選出以降の主事就任者が外衙門に全く出勤していない(表3-7参照)事実からも、既に指摘した通り、何らかの政治的任命があったと考えられる。

一方、一〇名は一〇月一日に正式に総務司に就任した[43]。一一月一八日には、外衙門が吏曹に出す「関」の中で、「本衙門は外交の重要な場で、処理しなければならない事案は、みな急を要する重要な公務ばかりである。もしも業務に熟練・熟達していなければ、その場にふさわしい業務を誤りやすいので、ここに熟達した主事一〇人をえりすぐり、別に総務と定め、常に責任をもって業務に従事させる」とし、さらに「任期満了前に他の官庁に転任させないよう」にと付け加えている[44]。ここから、この一〇名が対外事務に熟練していた者であることがうかがえる。また他の官庁への転任を禁じたことは、外衙門の官吏には他官庁の職務を兼務する者が多く、[45] 外衙門が登用したい人材を他官庁が登用している弊害があったため、[46] 総務に関しては外衙門専属の官吏にしようとする狙いがあったことが指摘できる。外衙門は対外事務の熟達者の確保を望んでいたのである。そして、一八九二年一二月二七日に外衙門は「総務司節目」[47]を新たに制定する。その後一八九三年一月二三日には金永汶と李鉉相の辞職に伴い趙性協と金夏英が総務に、一八九三年一二月八日には兪箕煥の代わりに李鶴圭が総務にそれぞれ就任しているが、[48] これ以外では一八九二年九月一七日から甲午改革がはじまる九四年七月までに総務の人員に大きな入れ替わりはなかった。[49]

ところで『続章程』で定められた総務司の主な職務内容を振り返ると、

①各国公使館往復文書の作成・施行
②条約・章程・交渉事例の謄刊・交付
③条約改定の可否の検討
④外衙門官員・在外公館員の全権証書・委任状の奉諭
⑤外衙門所轄内外官員の管理

であったが（表3-4参照）、総務の職務内容はいかなるものであったのだろうか。『続署日記』で一八九二年九月一七日以後の出勤者名をみると、総務に任命された一〇名以外に出勤者は確認できず、宿直も総務が輪番している。さらに、『続署日記』に記録された外衙門の業務内容をみると、一八九二年九月以降もそれまでと同様の業務が行われている。具体的には、

①通商司あるいは会計司の管轄業務と思われる釜山・元山・仁川監理との電報によるやりとりや総税務司とのやりとり
②記録司（赴任・解任などは「通商司」）の管轄業務と思われる在外使節とのやりとり

③交渉司の管轄業務と思われる各国公使・領事を招いた宴会、憑票・護照の発給
④繙訳司の管轄業務と思われる外衙門を訪問した外国人への応対

などであり、恐らくこれらの業務を出勤した総務が行っていたと推測される。ゆえに、「総務司節目」の制定をもって、総務が『続章程』で定められたすべての業務を担当するような組織に外衙門が改編された可能性も考えられる。しかし、本章で扱った史料だけでは明らかにすることはできず、総務選出をめぐる主事の実態については、「総務司節目」の発掘も含めて今後の課題としたい。

最後に、対外実務処理に熟達しているとされた総務経験者が、総務の職務後についた主な職位について表3-6で概観する。一八九二年九月一七日に総務に就任した丁大英・秦尚彦・朴世煥・金永汶・李鉉相・丁大有・李応翼・兪箕煥・李康夏・金炳勲の一〇名の他、一八九三年一月二三日に金永汶と李鉉相の辞職に伴い就任した趙性協と金夏英、同年一二月八日に兪箕煥の代わりに総務になった李鶴圭の計一三名が総務経験者となる。

表3-6をみると、総務経験者のうち金炳勲を除く一二名は、総務を経た後にも政府内の役職に就いていることが分かる。とりわけ外交関係の職については、兪箕煥が駐日本公使館書記官（一八九四年三月二六日）、丁大有が外部参書官（一八九六年一月一七日）、李応翼が外部交渉局長（一八九八年三月二八日）、李康夏が駐日二等参書官（一八九五年九月一六日）、趙性協が外務衙門参議（一八九四年九月一日）・外部通商局長（一八九五年四月一日）、金夏英が外衙門参議（一八九四年六月二四日）、李鶴圭が外衙門参議（一八九四年六月二三日）についていることが分かり、職務内容の連続性および対外関係を扱う職位内での昇進が確認できる。この他、外国とのやりとりも多い開港場での業務を担当したとみられる仁川港や元山港への異動、甲午改革によって新設された法部、学部、裁判所等への異動も、総務在任中に旧来の官僚業務とは異なる近代国際関係に基づいた新しい業務を経験したことの延長上にあると考えられる。

表 3-6 「総務」の甲午改革以後の進路

	姓名	本貫	生年	総務就任日	総務退任日あるいは最終勤務日	総務退任後の主な職位
1	金永汶	善山	1849	1892. 9. 17	1893. 1. 23	1895. 2. 5 法務衙門主事，4. 1 法部会計局長五等，9. 16 農商工部参書官
2	李鉉相	井邑	1865	〃	〃	1895. 12. 3 宮内府通訳官，1899. 9. 8 江原道金城郡金鉱検察官，1902. 6. 24 仁川府尹正三品，1904. 5. 19 農商工部技師
3	兪箕煥	杞渓	1858	〃	1893. 12. 8	1894. 3. 26 駐箚日本公使書記官，4. 19 内務主事，1895. 6. 25 宮内府参書官兼任外事課長
4	丁大英	羅州	1837	〃	1894. 7. 6	1894. 7. 14 抱川縣監
5	秦尚彦	豊基	1857	〃	1894. 8. 5	1894. 8. 7 釜山監理，1895. 6. 18 仁川郡守，1897. 4. 25 突山郡守，5. 6 三和郡守，8. 17 務安監理兼務安府尹，1910. 7. 21 内閣外事局長正三品
6	朴世煥	務安	1846	〃	1894. 7. 19	1894. 8. 7 仁川監理，1895 閏 5. 10 徳源郡守，7. 5 仁川府観察使，1896. 12. 26 漢城裁判所判事
7	丁大有	羅州	1852	〃	1896. 2. 29	1896. 1. 17 外部参書官六等，1897. 2. 25 平安北道観察府主事，11. 25 外部通商局長，1905. 12. 25 農商工部商務局長
8	李応翼	延安	1855	〃	1894. 6. 29	1894. 6. 23 工曹参議，6. 25 軍国機務処会議員，7. 20 学務参議，1895. 4. 1 学部学務局長三等，5. 5 学部漢城師範学校長兼参書官，1896. 1. 12 法部民事局長，2. 14 漢城裁判所判事，6. 26 洪州郡守，1897. 3. 30 中枢院議官，1898. 3. 28 外部交渉局長
9	李康夏	全州	1860	〃	1895. 3. 8	1895. 9. 16 駐日公使館二等参書官，1899. 12. 15 内部参書官，12. 26 法部参書官
10	金炳勲	安東	1856	〃	1894. 6. 21	記録なし
11	趙性協	咸安	1852	1893. 1. 23	1894. 8. 29	1894. 9. 1 外務衙門参議，1895. 4. 1 外部通商局長三等，1899. 4. 2 沃溝監理兼沃溝府尹，1902. 8. 23 外部参書官
12	金夏英	原州	1861	〃	1894. 6. 29	1894. 6. 24 外衙門参議，6. 25 軍国機務処会議員，7. 2 電報総局主事，8. 7 元山港監理
13	李鶴圭	洪州	1852	1893. 12. 8	1894. 6. 23	1894. 6. 23 外衙門参議，9. 19 平安道肅川府使，1899. 9. 13 平理院検事，1902. 9. 7 中枢院議官，1904. 8. 8 度支部司計局長，1908. 1. 6 中枢院参議

出典）『統理交渉通商事務衙門主事先生案』奎 18156，『日省録』，『承政院日記』，『高宗実録』。

おわりに

本章では、朝鮮の外政機構である外衙門で日常の対外業務を担った主事の実態を明らかにする作業を通して、一八八三年から九四年までに大きく二つの対外関係における画期があったことが分かった。

一つは、一八八七年に前後する時期である。一八八七年に制定された『続章程』は、一八八四年末以降続いた主事人員の不足を解消するために人員を増やし、また朝鮮が結んだ条約や章程で決められた事柄を円滑に行うために職務内容を具体化した職務規則であった。その背景には、漢城に各国の代表が駐在するようになり、文書の往来や外衙門を訪れる外国人が増えたことがあった。そしてこの一八八七年前後は、駐日辦理大臣や駐米全権大臣などの任命・派遣が続く時期であり、さらに第一章・第二章で論じた駐津大員が近代国際関係に対応するよう駐津督理へと改称・改編された時期でもあった。よって『続章程』制定による外衙門の制度変化は、こうした在外使節の変化や新設と連動したものであるとみられる。

もう一つは、一八九二年に前後する時期である。『続章程』が制定されると、主事の出勤者数は次第に減りはじめ、出勤メンバーが固定化するようになり、一八九二年には固定化した出勤メンバー一〇名を総務と改称した。総務の誕生は、対外関係を扱う専門家の萌芽であり、対外事務に熟達した総務が責任をもって外衙門の実務を継続して担当する体制が整えられたといえる。

ただそもそも、外衙門の設置が日本や西洋諸国との交渉を円滑に行うためのものであり、そのような外交関係の構築が清朝の指導によるものであったことを考えれば、これら二つの時期にわたる外衙門の変化も変容する宗属関係との関わりの中で検討する必要がある。在来の秩序をなるべく保ちながら制度面では条約関係に対応しようとする外衙門のあり様は、外衙門に先立って設立された清朝の総理各国事務衙門に通じるものでもある[50]。一方、第六章で論じるように、甲午改革期には日本の制度を参考にして外務衙門そして外部へと改編する。したがって、外衙門の性格については、同時代の清朝や日本の外政機構との比較を通しても議論を深めることができるだろう。

者一覧（1883. 1. 20〜94. 6. 29）

就任前の主な職位	就任中・就任後の主な職位
幼学	有身病減下
司成	83年6月25日龍岡縣令
副司果	83年3月22日同文学主事，10月22日礼曹参議，90年3月協辦，93年3月28日督辦
副司果	84年11月4日参議
副校理	有身病減下，84年10月20日参議，27日協辦
假注書	有身病改差
検書官	83年4月29日有頉，85年7月9日仁川港監理書記官，8月1日内務府主事
副司果	83年3月22日征権司主事，85年6月21日内務府職制司主事
幼学 前主事	有身病改差，6月報聘使 94年6月22日参議陞差
幼学 重来	有身病減下 内務府主事
幼学	減下，84年3月29日統理軍国事務衙門主事
進士 副司果	有身病減下 89年1月30日宗廟令・陰城縣監，6月6日春川府使，12月26日外任
長興主簿 仁川港幇辦瓜満（586日） 平市主簿	85年4月23日敦寧判官，8月6日平市令，89年11月5日幇辦仁川港通商事務 91年6月28日平市主簿，7月29日思陵令 94年7月14日抱川縣監
幼学	83年10月23日駐津大員書記官，84年10月7日在外減下
検書官 内務府主事	85年1月14日刑曹正郎，7月9日西営軍司馬 94年6月23日参議
訓練判官	88年1月29日鉄山府使，2月13日電務委員
副司果	有身病減下，12月29日副校理
〃	博文局，85年1月22日兵曹正郎，86年7月6日副校理
幼学	掌交司，86年5月12日陰竹縣監
注簿，司官陞差	86年1月27日外衙門主事昇進
注簿，司官陞差 釜山港幇辦瓜満（585日） 禁府都事	86年1月27日外衙門主事昇進，89年11月6日幇辦釜山港通商事務差下 92年1月27日交渉主事，93年1月19日機器局司事
幼学 還差 尚瑞主簿 元山港幇辦瓜満（586日）	有身病減下 敦寧主簿 幇辦元山港通商事務差下 95年1月11日度支衙門主事
幼学	88年1月29日内務府主事
〃	軍国衙門主事
副司果	90年10月29日尚瑞別提，94年8月7日釜山監理
〃	礦務局主事
〃	内務府主事，89年11月20日兼総税務司幇辦・駐麻浦稽察
司勇	改差
博文局司事 前主事	有身病減下 博文局同文学主事，90年2月22日電報局主事
機器局司事	転運郎庁
仁川港書記官	帯仁川港監理書記
幼学	内務府副主事
〃	〃
郵征総局司事	

（つづく）

表 3-7　歴代主事任命

	姓　名	本貫	在任期間	生年	就任年齢
1	尹致昊	海平	1883 年　1 月 9 日～85 年 1 月 16 日	1865 年	18 歳
2	金思轍	延安	1883 年　1 月 20 日～6 月 25 日	1847 年	36 歳
3	南廷哲	宜寧	1883 年　1 月 20 日～10 月 22 日	1840 年	43 歳
4	鄭憲時	草渓	1883 年　1 月 20 日～84 年 11 月 4 日	1847 年	36 歳
5	徐相雨	大丘	1883 年　1 月 20 日～84 年閏 5 月 29 日	1831 年	52 歳
6	尹起晋	坡平	1883 年　1 月 20 日～84 年 7 月 9 日	1854 年	29 歳
7	金嘉鎮	安東	1883 年　1 月 20 日～4 月 29 日	1846 年	37 歳
8	高永喆	済州	1883 年　1 月 20 日～84 年 11 月 5 日	1853 年	30 歳
9	兪吉濬	杞渓	1883 年　1 月 20 日～3 月 10 日 1894 年　5 月 20 日～94 年 6 月 22 日	1856 年	27 歳 38 歳
10	鄭万朝	東萊	1883 年　1 月 20 日～84 年閏 5 月 29 日 1885 年　1 月 16 日～89 年 3 月 2 日	1858 年	25 歳 27 歳
11	池運永	忠州	1883 年　1 月 20 日～4 月 29 日	1858 年	25 歳
12	李源競	全州	1883 年　3 月 10 日～84 年閏 5 月 29 日 1886 年　7 月 20 日～89 年 12 月 26 日	1849 年	34 歳 37 歳
13	○丁大英	羅州	1883 年　4 月 29 日～89 年 11 月 5 日 1891 年　5 月 29 日～8 月 29 日 1892 年　3 月 20 日～94 年 6 月 29 日 **	1837 年	46 歳 54 歳 55 歳
14	朴斉純	潘南	1883 年　4 月 29 日～84 年 10 月 7 日	1858 年	25 歳
15	○李鶴圭	洪州	1883 年　5 月 1 日～85 年 7 月 9 日 1893 年　8 月 21 日～94 年 6 月 23 日	1852 年	31 歳 41 歳
16	李建鎬	全義	1883 年　7 月 15 日～88 年 2 月 1 日	1855 年	28 歳
17	金寅植	清風	1883 年　7 月 15 日～10 月 27 日	1856 年	27 歳
18	呂圭亨	咸陽	1883 年　10 月 27 日～89 年 5 月 22 日	1848 年	35 歳
19	李種元	徳水	1883 年　10 月 27 日～86 年 5 月 12 日	1849 年	34 歳
20	朴永旒	密陽	1884 年閏 5 月 28 日～90 年 1 月 10 日	1863 年	21 歳
21	鄭秉岐	温陽	1884 年閏 5 月 28 日～89 年 11 月 6 日 1891 年　5 月 29 日～92 年 11 月 14 日 1894 年　4 月 15 日 *	1861 年	23 歳 30 歳 33 歳
22	尹顕求	海平	1884 年閏 5 月 29 日～85 年 2 月 15 日 1885 年　4 月 10 日～87 年 10 月 30 日 1888 年　6 月 14 日～89 年 11 月 5 日 1891 年　5 月 29 日～92 年 8 月 17 日	1841 年	43 歳 44 歳 47 歳 50 歳
23	趙秉承	豊壌	1884 年閏 5 月 29 日～87 年 8 月 25 日	1851 年	33 歳
24	邊樹		1884 年閏 5 月 29 日～7 月 2 日	1861 年	23 歳
25	○秦尚彦	豊其	1884 年　7 月 9 日～94 年 6 月 29 日 **	1857 年	27 歳
26	丁学教	羅州	1884 年　7 月 10 日～87 年 5 月 19 日	1832 年	52 歳
27	李㙖	星州	1884 年　10 月 9 日～86 年 7 月 15 日	1859 年	25 歳
28	朴載陽	潘南	1884 年　11 月 5 日～87 年 12 月 21 日	1848 年	36 歳
29	張博	仁同	1884 年　11 月 5 日～85 年 12 月 1 日 1885 年　9 月 12 日～90 年 2 月 22 日	1849 年	35 歳 36 歳
30	李庚稙	韓山	1885 年　1 月 16 日～87 年 3 月 20 日	1852 年	33 歳
31	邊錫運	原州	1885 年　5 月 1 日～85 年 6 月 20 日	1856 年	29 歳
32	厳柱興	寧越	1885 年　5 月 1 日～85 年 6 月 22 日	1858 年	27 歳
33	兪性濬	杞渓	1885 年　5 月 1 日～85 年 6 月 22 日	1860 年	25 歳
34	安宗洙	広州	1885 年　7 月 9 日～86 年 4 月 10 日	1849 年	36 歳

就任前の主な職位	就任中・就任後の主な職位
監役	87 年 3 月 23 日内務府主事
幼学	土們勘界従事官
幼学 仁川港書記官・還差	85 年 9 月 30 日三港口，86 年 1 月 27 日仁川海関監理署書記官 仁川港書記官
幼学	85 年 9 月 30 日三港口，86 年 1 月 27 日元山海関監理署書記官
〃	85 年 9 月 30 日三港口，86 年 1 月 27 日釜山海関監理署書記官
済衆院主事	有頉
司事	博文局同文学主事，88 年 6 月 7 日副司果
〃	博文局同文学主事，87 年 6 月 29 日尚衣主簿
司果	博文局同文学主事
〃	〃
進士	博文局同文学主事，86 年 8 月 30 日済衆院主事減下
幼学	博文局同文学主事，86 年 8 月 30 日博文局主事有頉
〃	博文局同文学主事
〃	〃
司勇 仁川書記官	86 年 5 月 28 日仁川港書記官 89 年 1 月 29 日駐劄日本辦事大臣書記官
幼学	身病改差
司勇 仁川港書記官 仁川幇辦	仁川港書記官 幇辦釜山港通商事務，89 年 7 月 14 日釜山港幇辦，16 日麻浦査験官還任釜山幇辦，89 年 11 月 12 日釜山港書記官 93 年 4 月 29 日駐劄日本辦事大臣書記官，5 月 4 日仁川港幇辦
判官	仁川港書記官
司果	釜山港書記官
司勇 仁川港幇辦	釜山港書記官，90 年 2 月 20 日電報局主事，91 年 4 月 15 日仁川港幇辦，19 日駐劄日本辦事大臣書記官 94 年 7 月 2 日内務府参議
司勇	
〃	元山港書記官
〃	元山港書記官，89 年 11 月 20 日関北監理署書記官，90 年 9 月 9 日釜山港書記官
〃	元山港書記官
済衆院主事 還差	有身病改差 有関，89 年 1 月 29 日駐劄日本辦事大臣随員
司官	主事昇進，5 月 11 日鉱務局主事
〃	主事昇進，6 月 17 日改差
〃	主事昇進，89 年 9 月 19 日参議
仁川海関監理署書記官 仁川港書記官・還差	仁川港書記官 転運委員
幼学 還差	減下 内務府主事
副司果	改差
会寧監理署書記官 器機局司事	関北監理書書記，88 年 8 月 10 日身病改差，17 日関北監理署書記，90 年閏 2 月 22 日機器局司事 94 年 6 月 24 日参議
掌簿官	関北監理署書記官，87 年 6 月 3 日掌簿官
元山港書記官	元山港書記官
典獄主夫 漢城主簿	済衆院主事
元山港書記官	元山港書記官

（つづく）

	姓　名	本貫	在 任 期 間	生年	就任年齢
35	金永完	光山	1885年　7月9日～88年4月5日	1844年	41歳
36	趙昌植	横城	1885年　7月24日～7月30日△		
37	金益昇	慶州	1885年　8月7日～9月30日 1886年　10月28日～88年1月25日△	1848年	37歳 38歳
38	安寗洙		1885年　8月7日～9月30日△		
39	申載永	平山	1885年　8月7日～9月30日△	1863年	22歳
40	朴準禹	密陽	1885年　8月9日～87年8月19日	1844年	41歳
41	呉容黙		1885年　9月12日～88年6月7日	1854年	31歳
42	金基駿	義城	1885年　9月12日～87年6月29日		
43	李命倫	安山	1885年　9月12日△	1856年	29歳
44	秦尚穆	豊其	1885年　9月12日△		
45	李赫儀	全州	1885年　9月12日△	1854年	31歳
46	権文燮		1885年　9月12日△		
47	鄭万教	東萊	1885年　9月12日△		
48	李鴻来	慶州	1885年　9月12日△	1867年	18歳
49	崔名煥	全州	1885年　10月8日～86年5月28日△ 1887年　8月3日～89年1月6日	1848年	37歳 39歳
50	成舜永		1885年　10月8日～86年1月9日		
51	○兪箕煥	杞渓	1885年　10月8日～86年5月28日 1887年　10月24日～88年1月29日 1891年　4月14日～92年1月27日	1858年	27歳 29歳 33歳
52	張在斗		1885年　10月8日～86年5月28日△		
53	閔建鎬	驪興	1885年　10月28日～86年5月28日△		
54	権在衡	安東	1885年　10月28日～86年5月28日△ 1891年　6月7日～93年5月5日△	1855年	30歳 36歳
55	兪公煥		1885年　10月29日＊△		
56	尹秉秀		1885年　10月29日～86年5月28日△		
57	鄭顕哲	草渓	1885年　10月29日～89年11月20日	1859年	26歳
58	朴義秉	密陽	1885年　10月28日～86年5月28日△	1853年	32歳
59	孫鵬九	〃	1886年　1月9日～87年閏4月20日 1887年　12月21日～88年11月8日	1852年	34歳 35歳
60	李時濂	陝川	1886年　1月27日～87年5月29日	1843年	42歳
61	康載倫	昇平	1886年　1月27日～86年6月17日	1839年	47歳
62	鄭秉夏	温陽	1886年　1月27日～88年7月26日	1839年	47歳
63	禹慶善		1886年　3月15日～86年5月28日△ 1886年　10月28日～88年4月29日△		
64	金彰鉉	光山	1886年　3月25日～88年7月12日 1888年　11月13日～89年1月24日	1858年	28歳 30歳
65	宋伯玉	礪山	1886年　3月30日～7月15日△	1837年	49歳
66	○金夏英	原州	1886年　4月20日～5月28日△ 1890年　3月8日～94年6月29日＊＊	1861年	25歳 29歳
67	金喬栄		1886年　4月20日～5月28日△		
68	朴羲洙		1886年　4月26日～86年5月28日△		
69	李好根	完山	1886年　5月12日～7月29日 1890年　2月13日＊	1856年	30歳 34歳
70	高永憲	済州	1886年　5月26日～86年5月28日△	1862年	24歳

就任前の主な職位	就任中・就任後の主な職位
副司果	91年5月29日幇辦釜山港通商事務，93年11月23日典設主簿
副司果 都政禁都	尚瑞別提 〃
幼学 還差	関北監理署書記官 歙谷縣令
尚瑞院別提 仁港書記還差	博文局主事 92年6月1日機器局主事，93年4月27日済衆院主事
釜山港書記官	釜山港書記官
仁川港書記官	仁川港書記官
仁川港繙訳官，内務府副主事，地理司 駐箚日本辦事大臣随員	87年11月29日駐箚日本書記官，88年1月25日仁川港書記官 有身病改差
前監察	身病改差
幼学	仁川港書記官
幼学	88年5月27日朴奎源に改名，89年3月17日内務府副主事
漢城判官	尚衣主簿
	87年6月8日繙訳官，有身病減下
済衆院主事	内務府主事，10日還来，9月22日機器局司事，91年5月29日幇辦元山港通商事務
博文局主事 漢城主簿	漢城主簿 91年4月9日尚瑞主簿，94年8月7日仁川港監理
副司勇	済衆院主事
義州書記官	減下
幼学	〃
会寧書記官	関北書記官，89年7月16日麻浦査験官
掌簿官	関北書記官
修撰	
機器局司事，司饔別提	尚瑞主簿
司饔主簿	改差
副司果 賓主	氷庫主簿 氷庫別提
博文局主事 引儀	引儀 有関
済衆院主事	92年閏6月13日龍潭縣令，95年2月19日駐日本公使館参賛官
釜山港書記官	釜山港書記官
睿陵令	改差
永禧令	刑曹正郎
副主事	95年2月5日法務衙門主事
元山港掌簿官	元山港書記官
繙訳官	繙訳官
駐日書記官	91年3月28日監察 95年2月5日法務衙門主事
仁川港書記官	仁川港書記官，95年12月22日外部主事
司勇	92年7月17日済衆院主事，21日還来，92年閏6月12日元山港派遣，95年12月3日宮内府通訳官
幼学	96年1月17日外部参書官六等
〃	改差，90年閏2月2日仁川港書記官，92年2月3日済衆院主事
典獄署参奉	改差，93年12月7日電報局主事
義州監理書記官	義州監理書記官

（つづく）

	姓 名	本貫	在任期間	生年	就任年齢
71	全容黙	完山	1886年 6月17日～92年9月17日	1846年	40歳
72	尹致恒	海平	1886年 7月15日～87年6月29日 1889年 1月30日～90年3月20日	1839年	47歳 50歳
73	宋達顯	礪山	1886年 7月15日～88年8月10日 1888年 8月17日～89年7月29日	1854年	32歳 34歳
74	李喬憲	咸平	1886年 7月29日～87年11月27日 1890年 9月22日*	1860年	26歳 30歳
75	金炳徹		1886年 10月8日～88年1月25日△		
76	任午準		1886年 10月8日～88年1月25日△		
77	洪禹観	南陽	1886年 10月28日～88年1月25日△ 1889年 12月26日～90年2月7日	1866年	20歳 23歳
78	片永基	浙江	1887年 2月17日～8月3日	1847年	40歳
79	姜華錫	晉州	1887年 3月15日～87年11月8日△	1845年	42歳
80	朴正源	密陽	1887年 3月20日～89年3月17日	1847年	40歳
81	趙復永	豊壌	1887年 3月23日～88年6月14日	1835年	
82	安駉寿	竹山	1887年閏4月19日～11月23日	1853年	34歳
83	徐相奭	大丘	1887年 5月19日～90年8月8日	1842年	45歳
84	○朴世煥	務安	1887年 5月19日～90年2月13日 1890年閏2月3日～94年6月29日**	1846年	41歳 44歳
85	李容夏	全州	1887年 6月29日～11月24日	1828年	59歳
86	洪憲祖	南陽	1887年 8月19日～92年5月9日△	1838年	49歳
87	李漢儀		1887年 8月19日～28日△		
88	李斗煥		1887年 8月28日～88年1月25日△		
89	陳洪九		1887年 8月28日～88年1月25日△		
90	李義鳳	韓山	1887年 10月4日～90年3月30日*	1837年	50歳
91	沈相老	青松	1887年 10月30日～88年6月14日	1866年	21歳
92	兪致秉	杞渓	1887年 11月17日～90年4月17日	1842年	47歳
93	韓憲教	清州	1887年 11月23日～88年1月29日 1888年 6月14日～90年1月29日	1845年	42歳 43歳
94	尹宅善	海平	1887年 11月29日～88年1月29日 1888年 6月14日～11月13日	1863年	24歳 25歳
95	李台稙	韓山	1887年 11月29日*	1857年	30歳
96	李玄稙		1888年 1月25日～12月27日△ 1893年 1月22日*		
97	鄭敬源	延日	1888年 1月29日～90年2月15日	1851年	37歳
98	曺斗煥	昌寧	1888年 1月29日～6月14日	1848年	40歳
99	○金永汶	善山	1888年 2月1日～93年1月23日	1849年	39歳
100	申珩模		1888年 5月6日～89年7月14日△		
101	金器寀		1888年 5月6日～89年7月14日△		
102	安吉寿	竹山	1888年 5月6日～91年1月13日 1891年 4月9日*	1851年	37歳 40歳
103	李秀岳	韓山	1888年 6月3日～89年7月14日△	1823年	65歳
104	○李鉉相	井邑	1888年 7月12日～93年1月23日	1865年	23歳
105	○丁大有	羅州	1888年 7月26日～94年6月29日**	1852年	36歳
106	鄭載錫		1888年 9月27日～11月13日△		
107	李在正	羽渓	1888年 10月15日～90年7月2日	1846年	42歳
108	高永善	済州	1888年 10月23日～24日△	1850年	38歳

就任前の主な職位	就任中・就任後の主な職位
副司果	89年5月24日趙競夏に改名，97年6月11日宮内府種牧課主事
釜山港書記官	釜山港書記官，91年9月8日済衆院主事
仁川港書記官	仁川港書記官
〃	〃
〃	仁川港書記官，90年11月28日釜山港書記官
釜山港書記官	釜山港書記官
博文局主事差	
司事 都政以監察 氷庫別提	90年1月29日工曹正郎・交渉主事，9月27日監察 引儀，6月30日尚衣別提 94年6月23日工曹参議，98年3月28日外部交渉局長
幼学 前主事	改差 95年4月1日繙訳官（六等）
幼学	89年7月29日宣伝官，92年7月20日平市主簿
刑曹正郎 機器局司事，思陵令	順昌園令 繕工別提 宗廟令
幼学	
慶興書記	減下
掌簿官	〃
慶興書記	91年9月23日関北監理署掌簿官，減下
機器局司事，繙訳官	減下
会寧書記官	改差
	〃
釜山港書記官	関北監理署書記官，95年8月13日学部主事
禁府都事	91年7月29日懿陵令・交渉主事
副司果	身病，91年2月1日元山港書記官移駐麻浦査験官
南営文案	
前参奉	身病減下，90年2月22日済衆院主事
前監役	身病減下
西部令 尚瑞主簿 社稷令	90年9月13日機器局司事，19日尚瑞別提 92年5月26日尚衣主簿 93年1月21日尚瑞別提，7月28日南部令，9月9日済衆院主事
社稷令	90年3月8日典設主簿，11月2日典設別提，91年8月27日内務府主事
幼学	引儀
〃	明陵参奉，93年5月1日機器局委員
司饔主簿	90年9月25日尚瑞別提，27日交渉主事，94年9月1日外務参議，95年4月1日外部通商局長三等
副司果	93年1月19日監察
永禧殿令 掌樂主簿 還来	90年8月13日守門將，91年12月28日禁府都事，92年3月12日漢城主簿 閏6月16日尚衣主簿 93年5月1日本陵令，94年1月28日機器局司事
内務府主事，引儀 引儀	92年11月21日機器局司事 94年5月17日礦務主事
副司果	92年6月10日典牲主簿 94年4月19日典牲判官
〃	
〃	91年3月6日済用判官
監察	改差 91年9月10日済衆院主事

（つづく）

	姓　名	本貫	在 任 期 間	生年	就任年齢
109	趙競夏	豊壌	1888年 11月13日～89年12月12日	1863年	25歳
110	崔鎮泰	忠州	1889年 1月11日～7月14日△	1850年	39歳
111	黄猷淵		1889年 1月11日～7月14日△		
112	兪競煥		1889年 1月11日～7月14日△		
113	洪在箕	南陽	1889年 3月10日～7月14日△	1857年	32歳
114	李承建		1889年 3月10日～7月14日△		
115	韓喆重	清州	1889年 3月21日～5月12日	1853年	36歳
116	○李応翼	延安	1889年 3月21日～90年9月27日 1890年 10月29日～91年3月28日 1892年 4月7日～94年6月29日**	1855年	34歳 35歳 37歳
117	申泰茂	平山	1889年 6月3日～91年12月29日 1894年 4月17日～94年6月29日**	1868年	21歳 26歳
118	沈啓沢	青松	1889年 6月3日～92年7月20日	1865年	24歳
119	李昌世	全義	1889年 7月29日～90年8月10日 1890年 9月10日～12月28日 1891年 11月6日～92年3月20日	1851年	38歳 39歳 40歳
120	李相采		1889年 8月25日～93年3月14日		
121	朴逸憲		1889年 8月26日～92年5月7日△		
122	韓灌錫		1889年 8月26日～92年5月7日△		
123	崔永祉		1889年 9月2日～92年5月7日△		
124	梁宗彦	南原	1889年 9月2日～92年5月7日△	1848年	41歳
125	金錫龍	彦龍	1889年 9月2日～91年4月15日△	1857年	32歳
126	李時栄		1889年 11月4日～12月12日		
127	閔泳五	驪興	1889年 11月26日～90年9月8日△		
128	張華植	仁同	1889年 12月12日*	1852年	37歳
129	邊錫胤	原州	1889年 12月12日～91年1月29日	1855年	34歳
130	秋秉記		1890年 1月14日△		
131	宋秉翼		1890年 1月18日～2月7日△		
132	金好錫		1890年 1月18日～2月7日△		
133	鄭応夔	奉化	1890年 1月29日* 1891年 3月22日* 1893年 1月2日*	1832年	58歳 59歳 61歳
134	金華埴	瑞興	1890年 1月29日～3月3日*	1847年	43歳
135	魚命麟	咸従	1890年 2月7日～92年5月	1871年	19歳
136	金永淑	光山	1890年 2月10日～12月28日*	1866年	24歳
137	○趙性協	咸安	1890年閏 2月20日～94年6月29日**	1852年	38歳
138	閔膺鎬	驪興	1890年 4月17日～92年9月5日 1893年 3月26日*	1837年	53歳 56歳
139	林正洙	羅州	1890年 6月9日* 1892年閏 6月7日* 1892年 7月2日*	1832年	58歳 60歳 60歳
140	金泳圭	安東	1890年 8月8日～92年3月25日 1894年 3月19日*	1846年	44歳 48歳
141	閔丙益	驪興	1890年 8月9日△ 1893年 7月28日△		
142	閔両益	〃	1890年 8月11日	1854年	36歳
143	閔東爀	〃	1890年 9月29日～91年1月21日	1839年	51歳
144	李寅栄	慶州	1889年 10月18日～11月4日 1891年 2月18日～93年2月8日	1865年	24歳 26歳

就任前の主な職位	就任中・就任後の主な職位
幼学	改差 9月24日済衆院主事
監察	91年4月15日幇辦元山港通商事務，95年11月23日内部参書官
元山港繙訳官	
穆陵令	92年閏6月7日済衆院主事
尚瑞主簿 尚衣主簿	済用別提 93年1月29日寧陵令
太廟令	91年3月28日内務府主事
監察	92年3月2日睿陵令
博文局主事，会寧監理署書記官	92年8月4日鍾城府使
幼学	
済用主簿，監察	92年閏6月17日徽慶園令
尚瑞主簿	92年閏6月7日泰陵令
副司果	92年6月禁府都事，同8日交渉主事，7月6日宗廟令
幼学	
副司果	引儀
済衆院主事，尚瑞主簿	93年6月29日交渉主事，8月21日済衆院主事，94年7月5日外部参議
典圜局委員，司果	92年10月30日監察，11月5日東部都事
進士	92年1月25日奉陵参奉，94年7月12日済衆院主事
機器局委員，景碁宮令	平市主簿，92年7月15日内務府主事
済衆院主事，永陵令	
泰陵参奉 禁府都事	引儀，92年3月28日内務府主事，5月13日繕工別提 監察，92年7月6日機器局司事
幼学	減下
〃	〃
〃	有身病改差，禁府都事
監察	95年9月16日駐日公使館二等参書官
禁府都事	93年1月8日禁府都事
内務府主事	甕別，7月6日還来
副司直	92年7月2日引儀，12月29日済衆院主事
監察	92年6月29日掌楽主簿，閏6月16日済衆院主事，93年1月29日機器局司事
敬陵令	7月2日典設主簿，6日尚衣主簿 7月21日引儀，12月18日尚瑞主簿 93年7月28日尚衣主簿，10月28日済衆院主事
博文局主事，義州書記官	減下
判官，釜山港書記官	〃
済衆院主事，温陵令	典圜局司事
機器局司事，司甕院別提	92年10月9日司甕院別提，93年3月26日済衆院主事
仁川海関繙訳官	減下
〃	〃
釜山港海関繙訳官	減下，93年2月6日釜山港繙訳官
〃	減下
済衆院主事，釜山港書記官	94年7月2日移差
博文局主事，済衆院主事，礦務主事	93年6月25日引儀，7月28日済衆院主事
駐箚日本公使署繙訳官	派在駐日本公署，94年7月2日釜山港繙訳官
機器局司事	10月17日軍資判官

（つづく）

	姓　名	本貫	在 任 期 間	生年	就任年齢
145	趙星鎬		1890年　11月 9 日～12日△ 1892年　9 月12日＊△		
146	玄檃	延州	1890年　11月12日～91年4月9日	1860年	30歳
147	李用両		1890年　12月 4 日＊		
148	李政翼	延安	1890年　12月28日～91年6月16日	1845年	45歳
149	柳興弼	文化	1891年　1 月25日～92年1月27日 1892年　3 月 3 日～10月30日	1852年	39歳 40歳
150	曺鎮百	昌寧	1891年　3 月 6 日～19日	1829年	62歳
151	沈相弼	青松	1891年　3 月28日～92年3月1日	1843年	48歳
152	金栄浩		1891年　4 月19日～92年5月7日△		
153	李恒冕	完山	1891年　4 月25日～92年9月16日	1844年	47歳
154	申慶秀	平山	1891年　6 月 7 日～9月22日	1833年	58歳
155	韓鎮泰	清州	1891年　6 月20日～92年6月8日	1829年	62歳
156	李秀敦	全州	1891年　11月 5 日～92年7月6日	1833年	58歳
157	鄭日鉉		1891年　11月 5 日～92年5月7日△		
158	呉鼎善	海州	1891年　12月22日～92年6月29日	1844年	47歳
159	金経夏	慶州	1891年　12月28日～92年3月12日	1855年	36歳
160	安鼎寿	竹山	1891年　12月29日～92年8月8日	1840年	51歳
161	李輔漢	完山	1891年　12月29日～92年1月14日	1874年	17歳
162	金宗植	清風	1892年　1 月27日～5月13日	1851年	41歳
163	趙鐘万	漢陽	1892年　1 月27日～10月29日	1858年	34歳
164	宋秉穆	恩津	1892年　1 月30日～3月20日 1892年　6 月 8 日～閏6月6日	1843年	49歳 49歳
165	李秉久		1892年　2 月 6 日～5月7日△		
166	盧相説		1892年　2 月 6 日～5月7日△		
167	韓学洙	清州	1892年　2 月24日～3月24日	1858年	34歳
168	○李康夏	全州	1892年　3 月20日～94年6月29日＊＊	1860年	32歳
169	朴時秉	密陽	1892年　3 月25日～9月28日	1835年	57歳
170	○金炳勲	安東	1892年　5 月13日～7月3日	1856年	36歳
171	李文栄	龍仁	1892年　5 月26日～7月3日	1850年	42歳
172	任起鎬		1892年　6 月 6 日～22日		
173	李応達		1892年閏 6 月17日 1892年　7 月17日 1892年　12月25日～93年7月29日		
174	李根永	水原	1892年閏 6 月18日～7月7日△	1856年	36歳
175	洪淳旭	南陽	1892年閏 6 月18日～7月7日△	1859年	33歳
176	金善一	水原	1892年閏 6 月23日～7月17日	1854年	38歳
177	韓応一	清州	1892年　7 月 2 日～9月10日	1841年	51歳
178	沈魯漢		1892年　7 月 7 日～8月19日△		
179	金宜鉉		1892年　7 月 7 日～10月25日△		
180	李重元	全州	1892年　7 月 7 日～8月19日△	1856年	36歳
181	姜鳳欽		1892年　7 月 7 日～8月19日△		
182	李尚万	徳山	1892年　7 月17日～93年4月22日	1861年	31歳
183	尹栄斗	豊壌	1892年　7 月30日～93年2月5日	1855年	37歳
184	金洛駿	光山	1892年　8 月19日～10月25日△	1845年	47歳
185	李時翼		1892年　9 月11日～25日		

就任前の主な職位	就任中・就任後の主な職位
幼学	有身病改差，94 年 1 月 28 日済衆院主事
〃	93 年 2 月 3 日駐箚美国公使館書記官
済衆院主事，機器局委員	94 年 1 月 28 日監察，2 月 5 日機器局司事
駐箚日本辦事大臣書記官	
副正字	93 年 6 月 27 日咸鏡道慶源興地方商務委員，10 月 4 日内務府主事
幼学	減下
進士	〃
幼学	〃
〃	〃
〃	〃
〃	〃
〃	〃
〃	〃
康陵令	93 年 11 月 15 日尚衣別提，30 日機器局司事
幼学	93 年 9 月 27 日尚衣主簿
副司果	93 年 7 月 28 日済用別提
機器局司事，刑曹佐郎	93 年 7 月 28 日平一令
典圜局委員，掌楽主簿，義禁府都事	94 年 10 月 3 日新溪縣令
機器局司事，社稷令	93 年 7 月 28 日漢城主簿，12 月 12 日機器局司事
機器局司事，電報主事，西部令	94 年 7 月 19 日掌楽主簿
幼学	減下
〃	〃
〃	〃
釜山港繙訳官	減下，94 年 7 月 2 日釜山港書記官
釜山港掌簿官	減下，97 年 10 月 22 日中枢院三等議官
元山港監理署書記官	減下，97 年 5 月 1 日中枢院議官
義州監理署書記官	減下
進士	1902 年 1 月 21 日外部繙訳官補
幼学	減下
〃	96 年 9 月 3 日議政府主事
〃	
礦務主事，機器局司事，東部令	94 年 4 月 30 日斉陵令，6 月 18 日厚陵令
済衆院主事	94 年 1 月 28 日禁府都事，99 年 6 月 8 日法部参書官
思陵参奉	94 年 2 月 30 日済用別提
幼学	96 年 6 月 15 日温陵参奉，98 年 9 月 11 日宮内府参書官
引儀	1904 年 11 月 9 日中枢院議官
進士	98 年 6 月 24 日外国語学校教官

記』，『日省録』，『国朝文科榜目』，『朝鮮時代雑科合格者総覧』。

からない者。** は 1894 年 7 月以降も勤務する者。正確な在任期間が分からない者は，『統署日記』で確認で

	姓　名	本貫	在任期間	生年	就任年齢
186	安琦善		1893年　1月22日～94年1月25日△		
187	張鳳煥	仁同	1893年　1月22日△	1856年	37歳
188	尹奎燮	坡平	1893年　4月27日△	1847年	46歳
189	金思純		1893年　5月2日*△		
190	李啓弼	咸平	1893年　6月15日～12月29日	1860年	33歳
191	尹滋参	坡平	1893年　6月26日～28日△	1840年	53歳
192	李冕九		1893年　7月10日～12日△		
193	金泰秀		1893年　7月10日～12日△		
194	金成喜	慶州	1893年　7月10日～12日△	1847年	46歳
195	白南奎	水原	1893年　7月10日～12日△	1876年	17歳
196	朴鏞和	密陽	1893年　7月27日～8月3日△	1871年	22歳
197	尹轍炳		1893年　7月27日～8月3日△		
198	崔秉吉	全州	1893年　7月27日～8月3日△	1859年	34歳
199	丁台植		1893年　7月29日～11月3日△		
200	閔徳行		1893年　7月29日*△		
201	申鶴均		1893年　7月29日*△		
202	閔景勲	驪興	1893年　7月29日*△	1844年	49歳
203	金宅圭	安東	1893年　7月29日*△	1871年	22歳
204	沈聖沢		1893年　7月29日*△		
205	黄裕永		1893年　7月29日*△		
206	金商愚		1893年　7月29日*△		
207	金堯璇		1893年　7月29日*△		
208	朴永稷		1893年　8月12日～15日△		
209	柳海昇		1893年　8月12日～15日△		
210	金一河		1893年　8月12日～15日△		
211	玄采	川寧	1893年　9月5日～6日△	1856年	37歳
212	丁若臨		1893年　9月5日～6日△		
213	朴義秉	密陽	1893年　9月5日～6日△	1853年	40歳
214	卞興植	草溪	1893年　9月5日～6日△	1859年	34歳
215	金奭永	文化	1893年　9月9日*△		
216	金錫仁	金海	1893年　9月9日～12日△	1834年	59歳
217	韓永福		1893年　9月14日*△	1867年	26歳
218	崔文換		1893年　11月3日*△		
219	安教弼		1893年　12月2日*△		
220	李虎栄	慶州	1894年　1月25日*△	1869年	25歳
221	洪慶杓		1894年　1月29日*△		
222	李龍珪	韓山	1894年　2月29日*△	1859年	35歳
223	安琦良		1894年　3月19日*△		
224	金弼熙	慶州	1894年　4月14日*△	1872年	22歳

出典）『統署日記』，『統理交渉通商事務衙門主事先生案』，『草記』，『本衙門草記謄録』，『承政院日

注）○は「総務」就任者。△は『統署日記』から外衙門に出勤した記録がない者。*は退任日が分きる最初の出勤日を就任日，最後の出勤日を退任日とした。

第四章　宗属関係の可視化と朝鮮政府
――神貞王后逝去をめぐって

はじめに

前章までで、朝鮮政府において近代国際関係に対応する二つの制度変化の画期がみられたことを指摘した。一つ目の画期は一八八六～八七年にかけての時期で、条約を運用するための諸制度が整えられ、二つ目の画期は一八九二年頃で、統理交渉通商事務衙門（以下、外衙門）において対外事務に熟練した「総務」が実務を担当する体制が整えられた時期であった。本章では、この二度目の制度変化の過程にあたる一八九〇年代前半の対外関係を取り上げ、一八九〇年以降の外政機構の変化と対外政策がいかに関わっていたかを考察する。一八九〇年代前半の対外政策を分析することは、従来の研究が「反清・自主政策」の観点から一八八〇年代に集中し、一八九〇年代前半についての分析が十分でない状況の改善にもつながるものである。そのような問題意識のもと、本章は一八九〇年代前半の朝鮮政府の対外関係がうかがえる重要な案件であるにもかかわらず、これまであまり注目されてこなかった大王大妃神貞王后趙氏（他に、神貞大王大妃や趙太妃などの呼び名があるが、本章では朝鮮の史料の表記に従って「神貞王后」を用いることとする）逝去時に生じた諸問題を取り上げる。

神貞王后は第二三代純祖の子・孝明世子の妃で、一八九〇年四月一七日に死去するまで四朝にわたって宮中におり、晩年は長老として存在感を示していた。当時の国王高宗とは血縁はないがとても親しい間柄で、高宗は神貞王后のことを心から慕っていた。それは、彼女が哲宗の代に大王大妃に進封され、王族宗家内部で最上位者となり、高宗即位の道を作った人物だからである。(1) また、朝鮮近代の対外関係を論じるにあたって、いわゆる鎖国政策をとっていた大院君の執権から日本との修好に踏み切る高宗親政への転換は重要な意味をもつが、この高宗親政の立役者の一人である朴珪寿の政界進出にも神貞王后は大きな役割を果たしたといわれている。(2)

繰り返しになるが、当時の朝鮮は、新しく日本や西洋諸国との間で結んだ条約関係の他に、清朝との間に東アジア在来の中華秩序に基づいた宗属関係も有していた。そのため、朝鮮政府は国王や王妃、王大妃、大王大妃などが逝去した際には、宗主国である清朝にその死を伝える告訃使を送り、勅使の派遣を請うのが慣例であった。勅使とは、死者を弔う皇帝の諭旨をたずさえた使節のことである。従って、皇帝が特派する勅使に対して、国王は臣下としての礼を尽くさなければならず、属国にとって怠ることを許されない義務であった。その儀礼には、勅使が入京する直前に、慕華館に国王自ら出向いて迎接し（迎勅）、次いで王宮に戻り、その正殿において詔・勅に拝礼してから、これを受け、宣詔官または宣勅官にこれを宣読させ、さらに勅使に拝礼する儀式を行い（宣勅）、勅使が帰るときにも国王自ら慕華館にいたって勅使を見送る（送勅）ものなどがあった。(3)

しかし神貞王后の逝去に際しては、告訃使が皇帝に対して勅使の派遣停止を請うたため、当時の朝鮮と清朝の関係を検討する上で関心が寄せられてきた。最初にこの問題を取り上げた林明徳(4)は、清朝の朝鮮に対する宗主権の強化という枠組みからこの問題を論じ、「独立の意図」から勅使の派遣中止を要請する朝鮮と、宗属関係では高圧的な手段が取れず形式上の改変しかできなかった清朝の立場を論じた。その後の研究でも、清朝の「宗主権強化」の中身や朝鮮の「抵抗」の論理に対する解釈に違いはみられるものの、おおよそ清朝の宗主権強化に対する朝鮮の抵抗という構図でこの問題は議論されてきた[5]。

他方、月脚達彦[6]は朝鮮の外交儀礼から対外態度を考察する中で、朝鮮の「対清自尊意識の形成過程」の一つとしてこの問題を位置づけた。さらに月脚は、アメリカ兵が神貞王后の霊輿を班送した事実を初めて挙げ、漢城に駐在する各国代表の葬礼時における対応を含めてこの問題を考察する必要性を指摘した。それまでの研究が、清朝側の史料を活用して袁世凱や李鴻章の視点からこの問題を議論してきたことに対し、月脚の指摘は朝鮮側の史料や朝鮮国内の事情に目を向ける必要性を示唆しており重要である。また大澤博明[7]は、天津条約の運営実態を明らかにする中で、天津条約が機能不全に陥った一つの例として、このアメリカ兵の漢城入城問題に対する日清の反応を論じた。

以上は、各研究の論拠の一つとして神貞王后逝去時の諸問題を取り上げており、さらに史料の不足も相まって、事実関係を精査し、この問題から当時の時代状況を描き出すという専論ではない。これに対して、東アジア世界における朝鮮の位置づけといった観点からあらためてこの問題を捉え直したのが岡本隆司[8]である。岡本は勅使が著した『奉使朝鮮日記』の分析を通して勅使一行の様子を明らかにするとともに、そのような史料が書かれた背景としての朝清関係、さらにはそれへの西洋諸国の反応も論じた。岡本は清朝側の立場を軸に議論を展開し、朝鮮側から検討すべきいくつかの課題についても提起しており、本章も示唆を得た。

したがって、本章は神貞王后の逝去に際して生じた諸問題について、朝鮮側の史料を中心にして朝鮮の立場から検討することを目的とする。具体的には、第一に、月脚の問題提起を受けて、神貞王后の逝去後におけるアメリカ公使の海兵隊派遣と、それに対する各国代表の反応について事実関係を整理・補充する。第二に、告訃使が勅使派遣停止を懇請したことについて、それが先行研究のいうように近代的な国際関係を考慮した清朝への抵抗だったとしても、朝鮮政府がそれを押し通すことはせず、いざ勅使が派遣されるとそれを受け入れたことに着目し、その意味を考えたい。

1　神貞王后の逝去前の情勢

（1）朝鮮における懸案事項

神貞王后が逝去するかもしれないことについては、以前から国内外の関心を集めていた。フランス公使プランシー（V. Collin de Plancy）は、一八九〇年一月一七日（陽暦二月六日）の段階で既に、何度か神貞王后の逝去が発表されては取り消されている状況を受けて、神貞王后の逝去によって生じるだろう二つの問題を外務大臣に報告している。[9] 一つは経済的な困窮に関する問題で、もう一つは中国皇帝が派遣する勅使に関する問題である。経済的な困窮に関しては、「高齢の王后の逝去の可能性が高まる中で、国王は子供としての悲しみよりも国葬を執り行う経費を用意することができない状況を心配しているようです[10]」と指摘し、その背景として日本と清朝の商人が漢城に定住することによって朝鮮人商人の生活が苦しくなっている状況に言及している。具体的には「商人たちは神貞王后が逝去してもこれまでのようには朝廷に資金協力をしないことを示し、自分たちがどれだけ悪い状況に置かれているかを伝えるために、既に外衙門に何度か訴えているように、漢城に店舗を所有する日本人と中国人の追放を督辦に請願しました」という。[11] 日本と清朝の商人の漢城定住による漢城人民の生活苦、およびそれによる暴動の危機は、当時大きな問題であった。それは、日本の新聞でも取り上げられ、『横浜毎日新聞』は漢城の人民の暴動惹起を危惧した「朝鮮京城将に変乱あらんとす」（一八九〇年二月一五日、一六日）という社説を書き、他にも『朝野新聞』の「朝鮮京城の粉擾」（一八九〇年二月一二日、一五日）や『日本』の「朝鮮論、韓商の愁訴」（一八九〇年二月一〇日）でも同様の社説が発表された。[12]

フランス公使が先の報告で指摘したもう一つの問題は、勅使派遣問題であった。それは、西洋諸国と対等な条約関係を有する朝鮮の国王が、清朝皇帝が派遣する勅使に対して属国の王として応じなければならない問題である。同じ報告書の中でフランス公使は「今日、朝鮮は様々な国々と条約を締結し、独立国として認識されることを熱望しています。国王はこの昔からのしきたりで規定された屈辱的な慣例に従うのでしょうか」とし「中国は国王がどのような態度をとるのかみたがっています」と結んでいる。[13]

神貞王后が亡くなる三カ月前に出されたこの報告は、神貞王后が逝去した後に起こる一連の騒動の要点を的確に予想している。すなわち、経済的困窮を背景とした葬礼時の暴動の危機と勅使への国王の対応の二点である。そのため、神貞王后逝去に対する朝鮮政府の対応を理解するためには、これまで先行研究が注目してきた勅使派遣問題だけではなく、財政難を背景とした葬礼問題も合わせたこの二つの問題を把握する必要がある。

（2）袁世凱の思惑

総理朝鮮交渉通商事宜袁世凱は神貞王后が逝去することに早くから関心を寄せ、三月二〇日には「神貞王后の逝去は近いですが、人参を用いて延命しています」[14]と李鴻章に報告している。その理由は、未だ神貞王后の逝去が発表されていないうちから、「神貞王后が死去した模様です。未だ喪は発せられていませんが明日にはあるでしょう。朝鮮で大喪があれば弔使を派遣するのが習わしでありますが、漢城に各国代表が駐在し、国王は自主の体を守ることを望んでいますので、中国が欽使を派遣することを望まないでしょう。しかし、この機会を利用して体制を明確にし、各国に示すべきです」[15]と袁世凱が打電したことからも分かるように、袁世凱は神貞王后逝去に対する勅使派遣を通して、清朝と朝鮮の宗属関係を各国にみせつけようという意欲をもっていたからである。[16]

神貞王后はその後何度か生死の境をさまようも四月一七日、遂に息を引き取った。同日、国王の使者が袁世凱にそれを伝えている。それを受けて袁世凱は、李鴻章に神貞王后の逝去を伝えるとともに、翌一八日に「今回の大喪の費用は巨額なため、朝鮮政府は未だ計画できず人民に督促しようとして大変騒ぎになっている」ことを伝えている。[17] 神貞王后の逝去によって漢城内の情勢が不安定になったのは、先のフランス公使の予想通りである。

また同じ一八日に袁世凱は、アメリカ公使ハード（Augustine Heard）が神貞王后の逝去を受け、各国公使が行う弔意に関して協議する会議を開くと伝えてきたが、中国は朝鮮との間に定められた儀制があるので各国と同じではないと答えたと李鴻章に報告している。[18]

2　神貞王后の逝去

（1）アメリカ兵の漢城入城

神貞王后の逝去を受けて、一八日にアメリカ公使館で開かれた公使・領事会議では、三日間の半旗掲揚と外衙門への弔問（二〇日）が決まった。[19]

一方で、アメリカ公使は漢城に海兵隊の派遣を行った。[20] 神貞王后が逝去した一七日夕刻に、国王の命を受けたという閔氏戚族の一人が公使館を訪れ、神貞王后が亡くなり人民が暴動を起こす可能性があるため王宮に軍隊を派遣してほしいと嘆願した。これに対してアメリカ公使はアメリカ兵を王宮護衛のために派遣することはできないと一旦は断ったが、公使館護衛のための派遣を約束し、自らの責任で済物浦に停泊している軍艦スワタラ（*Swatara*）号艦長大佐に派遣命令を出した。翌早朝にも同じ朝鮮人が公使館を訪れ、アメリカ兵の王宮への派遣をあまりに信じきった様子でいるので、公使は大佐に対して派遣がまだであったら待つようにと再び打電している。しかし、大佐自らと海兵隊五〇名は既に出発してしまっていた。このような経緯から、アメリカ兵はアメリカ公使館護衛のために漢城に入城することとなり、一九日午後には国王から感謝の意がアメリカ公使に伝えられた。

アメリカ公使の漢城へのアメリカ兵派遣については、先の公使・領事会議でも議論されたのだろうか。二〇日付フランス公使の本国宛報告[21]をみると、神貞王后逝去を受け四月二八日に開催された外交官たちの会議が終わる頃に、アメリカ公使ハードが、漢城で起こりうる混乱に備えて、停泊中のスワタラ号の艦長に五〇名から成る分遣隊を遅延なく派遣するように促したと語ったことが記されている。そして、まだ一週間しか駐在していないハード公使は下級官吏を通して宮闕から伝達された機密の話を真に受けたと思われること、国王は警戒心が強いので、陰謀を恐れていると話した可能性はあるものの、これは朝廷のいつもの反応なので我々各国代表はそれほど心配していなかったことも報告している。さらに同公使の二四日の報告[22]でも、アメリカ海兵隊五〇名が漢城に到着した事実に対して各国代表が皆、非常に驚いたことを記している。さらに、あらゆる調査をしても依然として漢城で混乱が生じる気配はないため、ハード公使が朝鮮人に騙され、朝鮮人は公使の経験不足を利用して微妙な問題に介入させたと思われるとしながら、今回の事態に対して私同様にわけが分からないという反応を示している中国・イギリス・ドイツ代表と何度も話し合った結果、ハード公使だけが何らかの機密を宮闕から得たのであろうという結論に至ったと結んでいる。これらのフランス公使の文書から、アメリカ兵の派遣がアメリカ公使単独の判断による行動であり、公使・領事会議で決まった事柄ではなかったことが分かる。さらにアメリカ公使のこのような行動を彼の経験不足にあるとして、中国・イギリス・ドイツ代表らとともに冷ややかにみていたこともうかがえる。

(2) 袁世凱の反応[23]

フランス公使の報告からもうかがえるように、袁世凱はアメリカ公使の行動を把握していたが、はじめは静観していたようである。しかし、いざアメリカ兵が漢城に入城し、さらに二三日に総理各国事務衙門（以下、総理衙門）

から、朝鮮政府が神貞王后の逝去によりアメリカ兵五〇名に入宮・護衛を要請したことについて調査するよう命令が届くと[24]、袁世凱は翌日すぐに「国王は閔周鎬などをアメリカ公使館に派遣して機密を商議させているようです。私は西洋人・朝鮮人に何度か偵察を頼んでいますが要領を得ません[25]」と報告している。同時にアメリカ兵がアメリカ公使館の近くで連日訓練をしていること、国王はそれに官員を派遣して手厚く供応し、随時軍隊を王宮に移動させるつもりのようであることを伝えている。さらに二五日の報告では、朝鮮は中国の属国であるので、朝鮮がアメリカ兵に侍衛を請うことを中国が放任すれば、その計画を許すことになるとし、またアメリカ兵派遣は国王が依頼したものであるが、軍隊が入城して他国がそれに続くことを恐れていると述べている[26]。この他、袁世凱はアメリカ人顧問デニー（Owen N. Denny）が国王に「朝鮮の大喪に中国が勅使を派遣する例は極めて国体を損なう」と進言したことも報告している[27]。

袁世凱はアメリカ公使館に派遣された密使が閔周鎬であることや、アメリカ兵派遣要請の背景についても具体的に言及しており、当然のことながら他の国の代表よりも朝鮮政府の内情について多くの情報を把握していたようである。そして、他国代表がアメリカ兵派遣そのものを問題視し議論していたのに対し、袁世凱は、本来上国のみ有する「保護」をアメリカ公使のアメリカ公使が行うことがもたらす朝清関係の変質を恐れていた。その変質とは、アメリカ兵が朝鮮の侍衛を行うことによって、西洋諸国に対して清朝と朝鮮の宗属関係の意味が薄れ、西洋諸国が朝鮮と清朝が対等な関係であると認識してしまうことである。袁世凱は、朝鮮政府がそのようなたくらみをもち、かつ実行しようとしていると解していたのである。

そのために袁世凱は、上述したように、神貞王后の逝去に対する勅使派遣という機会を利用して、宗属関係を西洋諸国にみせつけたいと思っていた。ゆえに、駐津督理通商事務の代理である署理督理通商事務金商悳が国王の命を受けて李鴻章に「各国から弔問が来たらそれをもてなす余裕がないので、順付（詔・勅を朝鮮から派遣される使節に付託すること）の先例に従う配慮をしてほしい」と要請したことに対して、袁世凱は乾隆の時代まで遡ってそのような「先例」がないことを調べ上げ、かつ西洋各国に「弔使」を派遣する例がないこと、さらに朝鮮政府は使節をもてなす費用を平安・黄海道から徴収しており、それはまだ使われず残っているので余裕がないというのは嘘であると返答している[28]。また袁世凱は「閔妃は、中国が使節を派遣し国王がそれを郊迎することを外国がみて、朝鮮が中国の属国であることが露わになり、自主の体面を損なうことを恐れている。財政難のために告訃使も未だ派遣していない。先日も朝鮮の使臣が順付を相談に来たが、私は先例に照らして処理するようにいった」とも報告している[29]。

以上の清朝側の史料のうち、特に袁世凱の報告からは、朝鮮は西洋諸国がみている中で宗属典礼に則った勅使を迎える儀式を行うと「自主」の体を損なうことになるので勅使派遣を嫌がっている、という論理が成り立つ。この論理は、しばしば先行研究でも指摘されているが、留意しなければならない点は、これがあくまでも宗属関係を各国に顕示したい袁世凱の立場からの見解であり、朝鮮からみた解釈ではないことである。

（3）告訃使の派遣

それでは朝鮮政府の動きはどうだったのであろうか。

神貞王后が逝去した四月一七日には国恤の際に行うべき様々な儀式を『国朝五礼儀』や先例に従って行うことが決められ、翌日に告訃使についても前例の通り吏曹に候補者を選ばさせ、義州府からも旧例に従い訳学を定めて送り、まず鳳凰城に伝達するよう平安道の道臣と義州府尹に命じることが決められた[30]。そして翌一九日に告訃使洪鍾永、書状官趙秉聖が任命され、二七日に告訃使を派遣する日を占い、五月二四日に出発させることが決まった。さらに五月一〇日に平安道から外衙門に届いた報告によると、訳学金錫煥が告訃使派遣を伝える礼部回咨一道と盛京礼部回咨一道を鳳城将に伝達して戻ってきている。(31) 五月一三日午刻に李鴻章に届いた電報の中で袁世凱は、朝鮮政府は財政難のために告訃使を未だに派遣していないと伝えていたが、この流れから、朝鮮政府は早い段階で、先例通りに告訃使派遣を決め、実際にそのように動いていたことが確認できる。

しかし、告訃使が出発する直前の五月二〇日に国王は安民綸音を出す。この綸音で、神貞王后が生前大切にしてきたことは「安民」であったとし、その遺志を仰ぎ見習い、葬礼時に行う人民からの物資調達を一切免除すると伝えた。(32) 国王は綸音を出した理由をこのように説明しているが、実際は神貞王后の国葬によって漢城の人民の負担が増え、暴動が起こることを防ぐためであったと考えられる。国王はこの綸音の他に、五月三〇日と七月一九日にも人民の苦労を思いやる伝教を下している。

安民綸音が出された四日後の五月二四日に漢城を出発した告訃使と書状官は、八月八日、北京に到着し、翌日礼部に赴いて神貞王后の逝去を報告した。この時、告訃使は朝鮮の財政難を理由に勅使派遣を取り止め、諭祭文を順付することを請願したのである。朝鮮側は、少なくともこれまでに二度（署理督理通商事務金商悳が津海関道を通して李鴻章に、朝鮮の使臣が袁世凱に）順付を懇請して却下されていたものの、告訃使は礼部に直接勅使の派遣中止を求めている。(33) このことは、先の李鴻章や袁世凱からは却下されても、礼部に直接申し出ればかなうかもしれないという思いがあったのかもしれない。また、国王の安民綸音を受けて人民の負担が増える勅使の受け入れはどうしても避けたいという思いを強くしたのかもしれない。

先行研究が告訃使の勅使派遣中止要請について、財政難は口実で、朝鮮政府の近代国際関係を前提にした清朝への抵抗であると解してきたことは既に述べた。確かに、袁世凱の報告にもあるように、朝鮮内には条約関係を意識して「自主」の体を守るため清朝に抵抗する動きがあり、こうした主張は説得力をもつ。しかし同時に、四月一八日の袁世凱の報告やアメリカ兵の派遣要請、そして安民綸音やその後の人民への伝教などをみると、国王および政府が漢城内における人民の暴動を非常に不安視していたことも事実である。また、国王にとって神貞王后は、自らを廟堂に招き入れてくれた大切な人物であり、そのような神貞王后の逝去に際しては彼女のためにすべての儀式を精確に遂行したい思いがあったことは想像に難くない。上述したように、神貞王后の逝去直後に朝鮮政府はあらゆる儀式を「先例通り」に行うことを決めていたことは、そのような国王の思いによるものかもしれない。ゆえに、神貞王后を弔う勅使の派遣中止を要請するに至ったということには、袁世凱やブランシーといった外部の目からみえる以上の理由が朝鮮国内にあったと考えられる。

従って勅使の派遣中止要請は、朝鮮政府が日本や西洋諸国に対して近代国家としての体面を守ろうとする問題だけにとどまらず、安民綸音でわざわざ神貞王后との思い出に触れて人民が置かれた苦況を思いやっているように、財政難による漢城情勢の不安定化への対処という問題も含まれていたと解釈したほうが全体の状況をより実態に近く理解できると考える。このような財政難の深刻さは、神貞王后の一周忌の祭祀の費用調達において、一万一〇〇〇元を準備するよう指示する外衙門に対して税収が不足しているのでまず三〇〇〇元しか調達できないという釜山港監理の報告書（牒呈）や、三周忌の祭祀の費用一万元を日本銀行から借款したという釜山港監理の報告書（牒呈）からもうかがい知ることができる。[34] 告訃使が中国皇帝に対して理由として挙げた財政難は、単なる口実に過ぎないと言い切るには余りある厳しい財政状況があったと考えられる。

告訃使の勅使派遣中止要請に対して八月二五日、皇帝は派遣の取り止めは認められないが財政難を考慮して勅使を水路で派遣することを命じ、九月二日に正使続昌と副使崇礼を任命した。さらに出発前には、勅使一行に対して朝鮮側が提供する銀貨・物品のすべてを受け取ってはいけないという諭旨も下している。皇帝がこのように朝鮮側の訴えを一部聞き入れて、勅使派遣に関する規定の一部を変更したことは、規定通りの儀礼遂行をいいつけた袁世凱の態度と比較しても重要で、[35] 勅使派遣中止は認められなかったものの、先の李鴻章や袁世凱に申し出た際には提案すらなかった朝鮮側の費用負担軽減のための措置をがとられることになった。
その後、勅使は九月一七日に北京を出発し、二一日に天津を出発している。

3　神貞王后の葬礼――アメリカ兵による霊輿の班送

八月一七日に袁世凱は李鴻章に対して、「アメリカ公使が手紙で、今月の二八日に一緒に東門の外まで行き神貞王后の棺を待って見送り、国王にも謁見して礼を行うのはどうかと伝えてきましたが、中国と朝鮮は従来の旧章があるので同行できないと断りました」と伝えると同時に、「内務府と外衙門に手紙を書いて、城の外まで棺を見送らせてほしいと願い出ようと思いますが、いかがでしょうか」と伺いを立てている(36)。袁世凱がいうアメリカ公使からの手紙は確認できないものの、七月二八日にアメリカ公使は外衙門に出殯を見送りたいと伝えているので(37)、これが受理され、形式的に袁世凱も誘ったのではないかと思われる。一方、電報を受け取った李鴻章は袁世凱の提案を受け入れたようで、袁世凱は内務府に出殯・発靷時の班送を申し出ている。しかし袁世凱は、内務府から丁寧な断りを受けると、今度は八月二一日に外衙門に同じ申し出をしている。外衙門から返信がないと、袁世凱は発靷直前の二七日にも再度霊輿班送の申し出をしている(38)。

婉曲に袁世凱の提案を断った朝鮮政府であったが、アメリカ兵が霊輿を送ることは受け入れた。袁世凱が外衙門に班送を名乗り出た二一日、外衙門はアメリカ公使に「先に問い合わせをされた輦輿祗送時に道路の左辺に並んで敬礼を行う件について允旨を受けました」と伝えている(39)。「先に問い合わせをされた」とあるので、記録は残っていないものの、朝米間で事前に何らかの交渉があり、アメリカ公使が外衙門に霊輿班送を申し出る形式的なやりととりをしたとみられる。その後アメリカ公使は外衙門に、二六日にアメリカ公使館で公使・領事会議を開き霊輿祗送の件について露・日・仏・英・独代表が合意したと伝え、発靷後の九月二日には、外衙門がアメリカ公使に宛てて霊輿発靷時にアメリカ兵数十名が護送したことに感謝する照会を送った。[40] 当時漢城内では、神貞王后の葬礼を前に、葬礼時に国王の行く先を妨害する陰謀が発覚したり葬礼の予行練習の際に暴動が起こったりしており[41]、不安定な状況であった。そのため、朝鮮政府は神貞王后の逝去直後と同様に、アメリカ公使にアメリカ兵の派遣を要請したとみられる。ここで注目すべき点は、神貞王后の逝去直後のみならず葬礼時にも、朝鮮政府は清朝ではなくアメリカ公使に「保護」（王宮周辺の護衛や発靷時の護衛）の要請をしたことである。

霊輿発靷時のアメリカ兵の派遣について月脚達彦は、各国代表が何らかの合意をしたとして「袁世凱と駐ソウル外交団との対立」と整理している。[42] 確かに上述したように、アメリカ公使は外衙門に各国の合意をとりつけたことを伝えている。しかし実際のところ、公使・領事会議では各国代表の合意はおろか、朝米間の協議に関する詳しい説明もなされなかった。そのことは次の二つの史料から読み取ることができる。一つは、発靷前日の二八日に、アメリカ兵一五〇名の入城を聞きつけた駐朝鮮日本代理公使近藤真鋤が、アメリカ公使にその真偽を問い合わせている史料である。[43] 朝鮮に駐在する公使・領事に対して、アメリカ公使が事前に十分な説明をしていれば、このような問い合わせは生じなかったと思われる。

もう一つはフランス公使の記録である。フランス公使は八月一〇日の本国への報告で、神貞王后の逝去直後に国王が不安になってアメリカ公使に助けを求めたことを指摘しながら、もしフランス艦隊が朝鮮沿岸に停泊していると、八月二九日の葬礼時に同様の援助要請が入り、似たような状況が再現されることになるだろうから、事態が極度に緊迫し、フランス国民の生命に危険が及ばない限り、このような措置をとってはならないと述べている。[44] さらに発靷時の様子についても九月三日の文書で詳細に報告している。[45] それによると、公使・領事が集まる約束の時間である午前二時半に、ハード公使がおよそ三〇名の兵士の護衛を受けながら現れ、後にその理由についてハード公使は、もし暴動が起き通信が途絶えたときに自分を護衛するためだったと認めたことが記されている。そして、ドイツとイギリス代表はこれについて言及することをやめたものの、中国の駐在官と日本代理公使は漢城条約に照らして外衙門督辦に説明を求め、外衙門督辦が、アメリカ公使自らが指揮した儀礼的な振る舞いに過ぎないと述べたことも記されている。

以上の史料をみる限り、アメリカ公使が外衙門に伝えた「公使・領事会議で各国代表の合意を得た」ということの程度は疑わしく、日本代理公使やフランス公使をはじめ、ドイツとイギリスの代表、そして袁世凱までもが神貞王后の発靷時にアメリカ兵が護衛することを十分に把握していなかった状況がうかがえる。当然ながら、このアメリカ兵が発靷時に霊輿を護衛したことに最も憤ったのは袁世凱であった[46]。今回の件で袁世凱は、朝鮮政府とアメリカ公使に対してさらなる疑念を抱き、袁世凱の考える宗属関係の強化およびその誇示の必要性をより強く感じることとなる。

4　勅使の迎接

（1）朝鮮政府内での勅使受け入れをめぐる議論

袁世凱が目論んでいた西洋諸国に対する宗属関係の誇示の機会が遂に訪れる。清朝からの勅使派遣である。勅使の派遣から朝鮮到着後の儀式の詳細は、岡本隆司が既にまとめているので、本章では岡本の研究を参照しつつ朝鮮政府内での勅使受け入れをめぐる議論に着目して事実関係を再検討する。

まず、勅使の派遣決定から復命までの経過は次の通りである[47]。九月二日に勅使の派遣を決定し正使続昌と副使崇礼を任命、一七日に勅使が北京を出発、二〇日に天津に到着、二二日に天津を出発、二四日に仁川着、二六日に漢城に到着し「致祭」、二八日に南別宮で「茶宴」、二九日に漢城発、一〇月三日に仁川発、五日に天津に到着して一六日に復命という流れである。

この間、清朝側の史料には九月五日に、署理駐津督理通商事務金商悳が王命として、勅使が上陸する場所を済物浦ではなく馬山浦に変更できないかと申し出たと記されている[48]。しかし朝鮮側の史料では、勅使の水路での派遣を知らせる連絡が届いた記録は九月六日以前には確認できない[49]。管見の限り、朝鮮政府は九月六日に受けた告訃使からの電報で、勅使が既に派遣され、さらに勅使は通常の陸路ではなく水路で来るために、もう間もなく朝鮮に到着することを知った。そして朝鮮政府はその電報を受けると直ちに、漢城府判尹沈履沢を遠接使に、大護軍李承五を館伴に任命するなど、勅使を迎える準備を進めた[50]。

特に八日には、勅使を迎える準備を急ピッチで進めている様子がうかがえる[51]。第一に、問礼官を近例により該当する道臣が道内の文臣堂下官の守令から定めること、芸文館校理の職銜を借啣（実際に勤務することはなく臨時にその職名を借りること）すること、儀註（国の典礼に関する手続きを注解して記録した書物）は遠接使がもっていくことが決まる。第二に、謄録によると勅使の迎接を明政殿で行ったが、今回は勤政殿で行うことが決まる。第三に、勅使迎接は親臨し郊外で迎接した事例もあり、単に百官が郊外で迎接した事例もあるが、今回はこれまでの例によること、そして水路で来るため場所は崇礼門の外で準備することが決まる。第四に、謄録によると内喪を弔問する勅使には賜祭だけがあり賜弔はないので今回もその例に倣うことが決まる。第五に、謄録によると勅使には宴享を開かず茶礼のみを行っているので今回もその例に倣うことが決まる。ただ、この時には第三の「迎勅」について、国王自ら行うのかあるいは百官のみ郊迎する例に倣うのかについて、国王が断言していないところが重要である。

そして一三日、勅使が水路で来ることなどについて国王は大臣らと次のような対話を行っている[52]。

国王：今勅使に関する消息を聞くと水路で来るという。
金弘集：勅使が水路で来ることは初めてであり、また期日が迫っているので出迎え時に困難が多いのではないかと予想されます。
国王：陸路を通さなければ弊害を少なくすることができるのか。
趙秉世：勅使が陸路ではなく水路で来ることは実に想像もできませんでした。このことをもう少し早く聞いていれば黄海道と平安道の人民の弊害を減らすことができたでしょうが、今は勅使を受け入れるほとんどの準備を終えているので、仮に水路で来るといっても何の費用の削減がありましょうか。
国王：正使である続昌は以前に来たことのある人物だ。
金弘集：一八八四年の冬に呉大澂と一緒に来ています。
国王：告訃使が伝えてくるところによれば、彼は古い規則を堅く守り、議論をしにくい性格だそうだ。
金弘集：彼は慎重な性格なのでそのように考えられます。
国王：二度目の訪問であれば不案内なところはないだろう。

公式の記録では、国王はこの時初めて勅使が水路で来ることについて言及している。大臣らとの対話からは、勅使が規定通りに陸路で派遣されることを見越して、既に一定程度の準備がなされていたこともうかがえ見逃せない。また、告訃使は国王に正使が続昌であることを報告するとともに、彼の人となりについても言及している点も重要である。この対話に先立って朝鮮側は、勅使の上陸地点を済物浦ではなく馬山浦に変えてほしいという申請や、国王の郊迎に関する旧例の変更を示唆しているため[53]、告訃使が国王に続昌の人となりについて触れたのは勅使を迎える儀礼の改変が難しいことを暗に伝えていると読み取れる。国王は少しの儀礼の変更であれば清朝も認めてくれるだろうとみていたようであるが、恐らく、このやりとりを契機に、国王は先の八日には保留にしていた「迎勅」を自ら行うことを決める。一六日には、国王は遠接使沈履沢を召見して、準備するものはあらかじめ準備して粗相がないようにし、また外国人を応接するのは非常に難しいことなので十分に礼を尽くすよう命じている[54]。

以上から、朝鮮政府の二つの動向が確認できる。一つは、先例を調べながら勅使を受け入れる準備を着々とそして規定通りに行っていたこと、もう一つは、勅使の上陸地や郊迎の儀礼など清朝側が定める規則に対して変更の要請をしていたことである。後者の勅使の受け入れを嫌う態度は、先行研究がつとに指摘したように、朝鮮が西洋諸国の目を気にして独立の体面を守ろうとしたためであろう。ただ、それには、これまで清朝が近代国際関係を考慮して宗属関係を変容させてきた経緯があり、国王・政府もどの程度の変更なら受け入れられるのか清朝の出方をうかがっていたようである。そのため同時に前者のような準備もしており、後者の要請がうまくいかないと分かると国王はとりたてて意志を通そうとはせず、先例に従って儀礼を遂行する。保留にした「迎勅」についても、勅使が到着する二日前の二二日とその翌日には、国王が自ら臨むことが政府内で共有されており、兵曹と次のようなやりとりをしている[55]。

兵曹：これまでの勅使迎接のための動駕では、出宮し還宮する門路は崇礼門としたこともあり、敦義門にしたこともあり、近年に勅使を迎接した際には出宮する門路は崇礼門で、還宮する門路は敦義門です。今回はどのようになさいますか。

国王：すべて敦義門にしなさい。

兵曹：今回、勅使迎接のための動駕では、伝教の通り出宮と還宮する門路をすべて敦義門にしました。勅使を餞送するための動駕では、出宮と還宮する門路はどこにいたしましょうか。

国王：やはり敦義門にしなさい。

この時、国王が勅使を迎える際の出宮門路が近年では崇礼門であるという兵曹に対して、すべてを敦義門にするよう指示している以外は、目立った変更は確認できない[56]。そしてこのあと、二四日午刻に済物浦に到着した勅使は、翌日麻浦に至り洗心亭で休んでから、二六日に漢城に向かった。国王は敦義門の外まで赴き勅使の迎接を行い、勤政殿の前で旧章通りに二度膝をつき、頭が地につくほどの八度のお辞儀を行い、さらに膝をついたままで弔意文を受け取るなどした。二八日午後にも旧章通り、国王は勅使を館舎まで問安に赴き、翌二九日も敦義門の外まで勅使を見送った。その後、勅使は一〇月一日に洗心亭に到着したが、悪天候のために三日辰刻に麻浦を出発し、翌日出航したのである。

ところで、勅使が到着してからの一行の動向については、神貞王后逝去以後の朝廷内の対応を細かに記載してきた『承政院日記』の他に、第三章で取り上げた『統椽日記』にも詳細な記録がみられる。この点は、外衙門が対外政策を実行するために各地方官庁に具体的な指令を出し、各地方官庁は外衙門に報告を上げる情報伝達ラインが整備されていたことを裏付ける[57]。『統椽日記』には、勅使一行がいつどこに到着して何をしたかなどの外衙門宛報告が記録されている。この時期は『統署日記』が残っていない時期なので、『統署日記』を記す主事のもとにも同様の記録が残っていたのか、『統椽日記』を記す書吏のもとだけに残っていたのかは分からないが、勅使一行の迎接方法や準備など儀礼遂行については朝廷で議論され、現場の状況についてはまず外衙門が把握していたとみられる。

（2）漢城に駐在する各国代表の反応

朝鮮政府が勅使を迎える準備を旧例に従って行い、実際に国王が旧章通りに勅使を迎え入れたことによって、袁世凱が狙ったような朝鮮の「自主」の体の損傷はあったのだろうか。

朝鮮に残る記録、例えば『承政院日記』のような政府の公式記録では、属国である朝鮮が中国に対して反抗したり意見したりするような記録は記せないという事情がある。例えば、告訃使洪鍾永は復命時に、朝鮮側の各種要請が清朝側に受け入れられなかったことに対する非難はおろか、朝鮮の事情を考慮して勅使を水路で派遣し、さらに勅使が賜物を受け取らないように皇帝が決めてくれたことは「上国の顧念」で感謝に堪えないと述べ[58]、本心はうかがえない。当然、清朝側とりわけ袁世凱の史料をみても、袁世凱の目に映った朝鮮の姿しかみえてこず、他の史料も突き合わせた立体像の創出が必要である。

そのため、朝鮮政府内に勅使の受け入れに関して、肯定的な意見と否定的な意見の二つの見解が併存していたという西洋諸国の目に映った朝鮮の姿も有益になる[59]。*Japan Weekly Mail* には、勅使の迎接をめぐって、旧章通りの儀礼を行うべきと主張する保守派（Conservative Party, Pro-Chinese Party）と、国王が中国皇帝の臣下として振る舞うことに問題提起をする進歩派（Progressive Party）の間で議論がおこっていたという記事がある[60]。ただ、後者は漢城の外交官を中心とした少数派であるという。同様に、当時の清朝の洋関総税務司ハート（Robert Hart）の記録にも、朝鮮独立を望むアメリカ人のグループ（The American or want-Corea-independent Party）は国王に勅使を受け入れないこと、もし受け入れるとしても儀礼は行わないように迫っており、もう一方のグループは朝鮮と中国の宗属関係を対外的にアピールしようとしたと記されている[61]。

『承政院日記』と袁世凱の報告、そして第三者の英文による記録を突き合わせて考えると、『承政院日記』は英文でいう Conservative Party に近い記録であり、朝鮮政府が宗属典礼を守らないのではないかと恐れる袁世凱の報告にある内容は、The American or want-Corea-independent Party に近い朝鮮人から仕入れた情報をもとにしているのではないかと考えられる。このような二つの見解は、先に指摘した朝鮮政府内の二つの動向、つまり勅使を旧章通り受け入れその準備をする動きと、清朝側に儀礼の変更を要請する動きと重なるものである。結果として国王が、勅使の受け入れ準備をすすめる大臣らの動きに沿う行動をしたことは、自ら勅使に応じることで朝鮮の「自主」の体が損われるかもしれないという懸念や西洋諸国との関係よりも、宗属関係を優先したことを意味し、重要である。

しかし、国王が旧章通りに勅使に応じる様子をみた西洋人は、袁世凱の狙い通り、中国と朝鮮の宗属関係を目の当たりにして驚きを隠せなかった[62]。例えば、イギリス領事ヒリヤー（Walter C. Hillier）は、勅使到着以前には「国王は使者と面会することを極力避けようとし、一方で中国は規定通りの儀式の完全な遂行に妥協しないだろうから、どちらが勝つのか興味深い[63]」と述べ、清朝と朝鮮の間における決定的な地位の違いを認識していなかったような書き方をしているが、勅使の到着後には「国王が皇帝からの手紙とそれを届けた使者に取る従順な態度は、朝鮮が内政と外交において独立しているといういかなる見方があろうとも、中国の朝鮮への宗主権を明確にするものである[64]」と、書き方のトーンが変わる。イギリスのこのような考えは日清戦争まで変わることがなかった[65]。

また、アメリカ公使ハードの場合は[66]、皇帝の威厳の象徴や勅使に対して国王が取った従順な態度そのものは、西洋における屈服と変わるところはないが、朝鮮の場合は清朝への政治的な従属というよりは宗教的な敬意からくるものであると述べている。他方で、朝鮮は清朝に比べると非常に弱く躊躇なく清朝の力に頼っているので、国王の地位は特殊で難しいものであり、このような朝鮮が独立国として振る舞い、また改革を導入したいという時、西洋諸国はどのように扱えばよいのだろうかと困惑している。ハードの態度は駐北京公使やアメリカ本国とも異なるもので、アメリカ政府が朝鮮に対して何らかの積極的な行動を起こすことはなかった[67]。

日清戦争に至るまでの東アジアにおける朝鮮の位置について、最も的確に指摘しているのがフランス公使プランシーの報告である。[68] そもそもフランス公使は、清朝に朝鮮が毎年朝貢する事実以外に、朝鮮国王に課される事大の実態が何であるのかよく知らなかったが、調べてみると、清朝の朝鮮に対する保護の儀式として冊封と特使の応接があり、これは主権に抵触する行為であることが分かったという。そして、今回の件が正にそれに該当するもので、朝鮮の事大に疑問の余地がない事例であると述べている。ただ、そのような宗属関係の実態を目の当たりにしつつも、フランス公使は本国政府に、国王と朝鮮政府の勅使への応接に対して「公式的には知らないふりをした」と報告していることは興味深い。

清朝と朝鮮の宗属関係について「公式的には知らないふりをした」という態度は、フランス公使に限らず、漢城に駐在する各国公使にも通じる態度であり、当時、各国が属国・朝鮮の姿について「知らないふりをする」ことで、朝鮮を取り巻く東アジア情勢は絶妙なバランスを保っていたといえよう。

おわりに

本章では、一八九〇年代の朝鮮の対外政策を研究する目的として、この時代の代表的な対外問題である神貞王后の逝去に際して生じた諸問題について、朝鮮政府の立場に注目しながらその事実関係を整理・補充した。この問題を論じた岡本隆司が「清韓関係をみるとき、もっともみえにくいのが、清朝に対する朝鮮側の態度と行動、そしてその動機である」[69] と述べたように、また第二章の「おわりに」でも言及したように、当時の朝鮮は中国の属国という立場から史料の記録の仕方や残り方に様々な制約があった。そのため、本章の議論から朝鮮側の態度や思惑のすべてが明らかになったわけではない。しかし、先行研究がこれまで中心的に依拠してきた清朝側の史料に朝鮮側の史料からの見方も加えることで、より整合的に全体像が把握できるようになったのではないかと思われる。

神貞王后の逝去によって生じる問題は大きく分けて二つあった。一つは、財政難を背景にした漢城内の治安維持についてで国王が不安をもっていたことである。当時、漢城では日本と清朝の商人の活動により朝鮮の商人の生活が困窮し、いつ暴動が起こるか分からない不安定な情勢であったため、神貞王后の葬礼に際して、人民が物資の徴収を拒んで暴動が起こる可能性が考えられた。そして、それを国王は非常に恐れていた。そのため国王は、安民綸音を出して葬礼による人民の負担を減らして暴動が起きないように努めるとともに、神貞王后の逝去直後と葬礼の発靷時の二度にわたってアメリカ公使にアメリカ兵による「保護」を依頼した。これは、あくまでも朝鮮政府の依頼に基づいた「保護」であり、近代的な意味での保護ではない。

もう一つの問題は、神貞王后が逝去することによって、宗主国である清朝から勅使が派遣され、国王がそれに対して属国としての儀礼を行わなければならなかったことである。朝鮮は、清朝に対しては属国であったが、日本や西洋諸国に対しては条約に基づく対等関係にあり、当時の朝鮮には既に多くの日本人・西洋人がいたために、国王は彼らの目を意識して勅使に対する儀礼を行うことに躊躇した。さらに、勅使を受け入れる儀式には多くの費用がかかるため、財政難の状況では厳しいという事情もあり、朝鮮側は清朝側に勅使派遣を取りやめてほしいと申し出た。ただ、袁世凱にとって勅使派遣は、漢城に駐在する各国代表に朝鮮が中国の属国であることを誇示する絶好の機会であり、宗属典礼に即した儀式を遂行させたい思いがあった。結局、皇帝は朝鮮の財政状況を考慮して費用負担を減らすため、勅使を水路で派遣し賜物は受け取ってはならないと決めた。朝鮮内にはそれまで勅使受け入れの儀式を変更しようとする動きがあったが、それはこれまでの清朝側による宗属関係の変容を踏まえたもので、結果として清朝側が朝鮮にはそれを認めないことが分かると、国王は宗属典礼に即して勅使に対する儀礼を遂行した。

第三章で論じたように、一八九〇年代の外政機構は、電報による地方とのやりとりが増加したり各開港場の監理署を拡大したり、なにより対外事務の熟練者である「総務」が固定化しはじめた時期であり、近代的な外交制度への対応が進展していた。そのような中で、朝鮮政府が神貞王后の逝去に際して、近代国際関係を考慮しつつも、結局は清朝との宗属関係を優先する対応を行ったことは、制度の改編との対比で重要である。

他方、劉パダは、勅使に対する国王の旧章に倣った一連の行為を挙げ、「これがまさに先行研究で強調されてきた高宗の反清自主論の素顔であった」[70]と指摘するが、本書の議論に照らせば、朝鮮政府は対清関係においては宗属関係を優先してきており、これまでの政策の流れに位置づけられる。むしろ、ここで重要な点は、そうした「素顔」を目の当たりにした条約関係国の朝鮮に対する対応である。国王の勅使に対する儀礼をみた各国代表は、朝鮮における清朝の宗主権は否定できないことを改めて認識した。しかし、だからといって宗属問題に介入してこの問題を解決しようとすることはなく、むしろ「知らないふり」をすることで、朝鮮をめぐる東アジア情勢の絶妙なバランスを保っていた。そのバランスが崩れるのは、宗属問題を真正面から取り上げる日本の登場による。東アジアの国際関係が大きく変動する中で、朝鮮は国家としてどのようなあり方を選ぶのか。第Ⅱ部で検討したい。

第II部　大韓帝国の成立

——一元的中華の時代

圜丘壇（20 世紀初頭）

出典）『100 년 전의 기억，대한제국』。

第五章　朝鮮からみた日清開戦過程

はじめに

日清戦争は世界史の分水嶺といわれる。それは、東アジアには中国を中心とした在来の秩序と、国際法に基づいた近代国際関係の二つが存在していたのに対し、日清戦争における日本の勝利は前者の公的・法的廃棄をもたらし、東アジア世界が後者の体制に一元化されるとみられるからである。第Ⅰ部で論じてきたように、清朝との宗属関係と日本や西洋諸国との近代国際関係の間で苦悩してきた朝鮮にとって、日清戦争と下関条約が宗属関係を規定したことは国際関係のみならず、国内政治においても大きな変化をもたらした。

第Ⅰ部では、朝鮮政府が近代国際関係に対応するために近代的外交制度を受容しつつも、対外政策の様々な場面で近代国際関係よりも清朝との関係を優先させてきたことを論じた。朝鮮政府が条約に基づいた外交制度を整えていった背景に、清朝による近代国際関係を参照した宗属関係の変容があったことも指摘した。しかし、この宗属関係は日清戦争後に締結された下関条約によって公的・法的に廃棄されることとなる。そのため、別の見方をすれば、日清開戦過程は朝鮮がこれまで優先させてきた宗属関係が実質的に機能していた最後の時期となり、宗属関係と近代国際関係が交錯する状況における朝鮮政府の対外政策・交渉を検討することができる最後の場面であるといえる。もちろん、当の朝鮮政府は、この時に宗属関係が廃棄され近代国際関係に一元化されるような世界になるとは想像していなかった。ただ、両秩序の交錯から一二年あまりが経つ一八九四年において、朝鮮政府の対外政策の理念や交渉のあり方がいかなる変化を遂げたのかを知る上で日清開戦は重要な事例となるだろうし、同時に、宗属関係廃棄後の時代を検討するにあたっても有益な前提となるだろう。

日清戦争開戦過程を扱った先行研究は膨大な量にのぼり、それらを整理していくことは筆者の能力を超えるものであるし、本章の目的とも異なる。以下、最新の研究動向を適切にまとめている大谷正の論考を参考にして概観してみたい(1)。大谷の整理によると、日清戦争開戦過程の研究史は、信夫清三郎や藤村道生が論じた政府・外務省と軍部の対立による「二重外交」論から、中塚明による政府と軍部の合議による明確な開戦意図があったとする「開戦意図」説を経て、高橋秀直や大澤博明が論じる日清開戦を非計画的・偶然的結果とみる「非開戦意図」説に至る流れをとる。今日、主流となった「非開戦意図」説に従うと、従来の研究で日本政府は遅くとも甲申政変までに朝鮮・中国への武力侵略を国家目標として固めており日清開戦はそれまでの政策の自然な帰結であると解されてきたことに対し、日本政府は開戦の直前まで対清協調をとる東アジア政策を展開してきており開戦前夜の朝鮮出兵段階においても開戦は意図していなかったということになる。それにもかかわらず開戦してしまった背景には、伊藤博文首相が内政を考慮して政策を転換したからだとされる(2)。ただ、開戦直前まで続いていた対清協調路線の裏には、伊藤首相によって抑えられてはいたものの、陸奥宗光外務大臣や陸軍の対清強硬論が存在していた。さらに駐朝鮮日本公使館員らも陸奥に近い対清強硬論を唱えており、とりわけ開戦前夜に断行された景福宮占拠は、日本政府が朝鮮現地への統制力を失っていたために公使館員の裁量に委ねられた結果起こった事件だと説明されている(3)。これらの研究の関心は、日本国内の政策形成過程にあるが、近年では日本外交のあり様から東アジア国際関係の変容を論じる研究もある。(4) そこでの研究射程は、朝鮮と清朝の宗属関係に留意して下関条約ではなく大韓帝国成立までを一区切りとするもので、本書の問題関心とも重なる部分が多い。

朝鮮史から日清開戦過程をみても、駐朝鮮日本公使館員の対清強硬論は、清朝と朝鮮の宗属関係を背景にしており、朝鮮に対する清朝の立場は看過できない重要問題であった。田保橋潔が「日清戦争の誘因」として金玉均暗殺事件を挙げるように、(5) 駐朝鮮日本公使館員の対清強硬論は日清開戦の約半年前に起こった一八九四年二月の金玉均暗殺事件による日本の対清・対朝鮮観の悪化、さらにはその遠因として一八八五年に日清間で結ばれた天津条約を背景にする。別言すれば、金玉均暗殺事件は、天津条約締結以来、朝鮮・日本・清朝のみならず欧米各国もが「知らないふり」をしてきた宗属問題をあらためて俎上にのせ、朝鮮と清朝の宗属関係を廃棄させて朝鮮を名目・実質ともに独立国にしようとする動きを再び起こさせる端緒を開いたのである。

田保橋が「日清戦争の誘因」として金玉均暗殺事件を挙げる具体的な理由には次のような事情が影響した。一つは、日本に亡命していた金玉均の暗殺とその死体運搬および死体への残虐な刑罰の執行、および暗殺者洪鍾宇の引き渡しなどに対して日本政府や駐朝鮮日本公使館が関与できないまま、宗属関係を有する朝鮮と清朝の間で問題が処理されてしまったことである。もう一つは、殺害された金玉均は福沢諭吉などとも親交が深く、日本の近代化をモデルとして甲申政変を起こし、甲申政変失敗後は日本に亡命するなど日本との関わりが深い人物であったため、金玉均暗殺は単なる朝鮮人の殺害を意味するのではなく、多くの日本国民も同情する衝撃的な出来事となったことである。そのような事情から、大井憲太郎・井上角五郎・岡本柳之助らが中心となって執り行われた葬儀（遺体は引き取れなかったために遺髪のみを埋葬）には参列者も多く、盛儀であったという。(6) さらに朝鮮との関係でみれば、金玉均暗殺事件は福沢諭吉が主宰する『時事新報』でも大きく取り上げられるとともに、一八八五年以後は久しく論じられてこなかった朝鮮の「野蛮」や「未開」を論じる論調が再び復活することになった。(7)

金玉均暗殺事件が再燃させた朝鮮と清朝の宗属関係に対する否定的な感情が生まれた背景に、天津条約とそれに基づく日清関係があったことは否定できない。天津条約は、そこで規定された日清の対等性は文面上の形式的なものに過ぎず、実際は日本が清朝の朝鮮に対する宗主権を黙認することとなった。天津条約締結直後にイギリスが巨文島を占拠した際には、宗属関係を背景に清朝とイギリスの間で交渉が行われ、また「総理朝鮮交渉通商事宜」として袁世凱が朝鮮に駐在して内政への関与を強めており、実質は朝鮮に対して清朝が日本よりも圧倒的に優位な立場にあり、その「国際的通用力」[8]も有していたのである。そのため、日本政府は従来の対清協調路線を継続して、朝鮮政策においては「放任政策」[9]をとらざるをえなくなり、朝鮮をめぐる東アジア情勢において日本の地位はますます後退し、宗主国としての清朝の影響力が確固たるものとなっていた。

このような日本の地位に対する現地（朝鮮）の不満が、後に、駐朝鮮日本公使館員が中心となって景福宮の占拠を断行する「独自的な政策」[10]の背景にあったと考えられる。つまり、駐朝鮮日本公使館一等書記官（当時は臨時代理公使）の杉村濬が、「当時余ノ希望ハ朝鮮ニ於ケル日本ノ地位ヲ回復シテ清国ト同等ナラシメ、併セテ朝鮮ノ内政ヲ改革セシメント欲スルニ在リテ日清開戦シテ雌雄ヲ決セントスル迄ニハ至ラザリキ」[11]と、「日本の地位を回復して清国と同等ならしめたかった」と述べているように、日清開戦までは望まなかったにせよ、天津条約締結以後の朝鮮において清朝が宗主国として振る舞うことで、朝鮮における日本の地位が清朝よりも劣勢に置かれていく現実に対する不満が現地でくすぶっていたことを確認しておかなければならない。

以上のような事情が、田保橋をして「日清韓三国の人心を極度にまで昻奮せしめた金玉均暗殺事件も、二週間を経て、表面的には平和理に解決を告げた。けれども日本と清韓両国間に激成せられた感情は、容易に沈静に帰することが期待され[12]」ず、「日清戦争の誘因」となったと指摘させる所以であり、朝鮮史における日清戦争を検討する上で見逃せない点である。

このように日清戦争は日本と清朝との間の戦争であるが、朝鮮で起こった朝鮮をめぐる戦争であり、研究者によっては日清戦争を「第一次朝鮮戦争」と呼ぶものもあるほどである[13]。しかし先行研究の関心は、あくまでも戦争の遂行者である日清の対立に寄せられるものが多く、そこにおける朝鮮の立場を論じる研究は多くない。朴宗根[14]が、初めて日清戦争と朝鮮の関係に着目した研究を行い、王宮占拠事件を取り上げて論じた意義は大きい。ただ、当時の朝鮮史研究の趨勢もあり、朴宗根がいう「朝鮮の主体性」は朝鮮人民の抗日運動もしくは反帝運動に焦点が当てられており、政府や甲午改革を遂行した「開化政権」の主体性は看過されている。そのため、日清開戦過程において朝鮮政府がどのような対外政策を策定して交渉を展開したのかという問題については関心を示していない。一方、厳燦鎬[15]は、日清戦争における朝鮮の対応を明らかにする目的で開戦過程を朝鮮の立場から論じ、清兵への借兵要請が日清戦争の端緒となり、それは「親清事大官僚の安易な振る舞いと高宗の間違った判断による[16]」ものであると評価した。研究の主眼は、日清両軍に対する撤兵要請および日本の内政改革と戦争への同調強要に対する抵抗に置かれ、結局は朝鮮政府が日本の論理に取りこまれてしまい甲午改革における親日政権の樹立につながると結論づける。ゆえに、厳燦鎬の研究は日清戦争における朝鮮政府の清朝や日本への抵抗を分析することに力点が置かれており、当時の国際関係の中で朝鮮政府がいかなる対外交渉を展開し、それはそれまでの対外政策といかなる関係性にあるのかという点については、さらなる研究の余地が残されている。

以上のような先行研究を踏まえ、本章では、朝鮮政府が宗属関係に基づいて東学農民運動の鎮圧を清朝に依頼したことが日清戦争の引き金になったことに留意し、清兵借兵要請以後に朝鮮政府がとった対外政策を明らかにする。まず、清兵借兵要請の過程について先行研究をもとに整理したのち、朝鮮政府が宗主国である清朝および条約関係国である日本・西洋諸国とどのような交渉を行ったのかを検討する。

1　宗属関係における交渉

（1）清兵借兵要請と閔泳駿

東学の信徒が政府への抗議運動を起こしたのは一八九二年末であった。[17] 一八九三年には既に、政府内で東学党と農民軍の報恩集会を鎮圧する目的で清兵借兵が議論された。しかし、領議政沈舜沢や右議政鄭範朝などは清朝に借兵した際の軍餉調達の難しさを理由に反対した。その後、断続する東学党の動きに対して政府は国王の綸音による宣撫と軍事力によって切り抜けていた。しかし、一八九四年三月下旬になり、全羅道で一大農民蜂起が起こっているとの報告を受けると、政府は二つの方法を議論した。一つは、時原任大臣会議での趙秉世の主張のように、民情に沿う大改革を行う方法である。これは内政改革によって、朝鮮人民が弊害と感じているものを取り除き、農民軍を懐柔し、徐々に鎮圧しようという方法であった。しかし、内政改革を行うことは閔氏戚族を政府内から追い出すことにもつながるので、簡単には受け入れられなかった。もう一つの案が、当時閔氏戚族の中心人物であった閔泳駿が主張した清兵借兵であった。閔泳駿が多くの反対にもかかわらず、清兵借兵を希望したのは、閔氏戚族にとって不利な内政改革法案の代案になりうると考えたからである。

政府は洪啓薫を両湖招討使に任命して、壮衛兵八〇〇名を帯同させて農民運動を鎮圧させるべく全羅道に派遣した。当初は、東学党は京軍の到着をみて自発的に解散すると思われていたが、招討使が到着しても解散しないどころか、進んで官兵を攻撃した。招討使が全州に入城するも、優勢な東学党と農民軍に圧迫されて逃亡兵が相次いで全羅道南西部が無政府状態になると、国王・閔氏政権は招討使の兵力による討伐を疑いはじめ、外国軍とりわけ清朝への援兵要請を検討しはじめた。この時、袁世凱は、危険が漢城・仁川に及んだ際に宗主国の代表者として外国人の生命財産を保護する責任があることを名目にして、比較的少数の清兵によって東学党と農民軍を討伐することで宗主国の威信を確立しようとする目論見があった。そのため、袁世凱と閔泳駿は極秘裏に清兵出動に関する協議を行い、その内容は国王にも報告していた。

ここで登場する閔泳駿[18]は、それまで閔氏戚族の中心人物であった閔台鎬や閔応植を継いで一八九〇年春頃から世道の中心になる人物である。閔泳駿は一八八七年一月に従二品に進み、都承旨や吏曹参判を歴任し、駐箚日本辦理大臣（一八八七年）、平安道観察使（一八八七～八九年）などの要職を務め、江華府留守を経て一八九〇年二月に中央に戻った。他方で、一八八六年には内務府参議に任命され、協辦を経て、一八九一年に督辦に昇進していた。閔泳駿が中央に戻った一八九〇年から九四年の日本軍の景福宮占拠までの時期には、礼曹・工曹・刑曹・吏曹・兵曹の判書を歴任し、左賛成に至り、宣恵庁堂上や議政府有司堂上、親軍経理使なども歴任した。

延甲洙は閔泳駿の経歴に対して、次のような指摘をする。閔泳駿は一八九一年二月には、統禦営に所属する総戎庁の軍額を使って新設した経理庁の経理使にもなり、八月には統衛使も兼任して軍事力をも掌握していた。一〇月には、統禦営と経理庁は漢城の治安業務も管掌するようになっていた。しかし、閔泳駿が内務府督辦の地位を得た上に、さらに財政と軍事までをも掌握したからといっても、それは政権の背後で実質的な影響力を掌握したに過ぎず、公的な政治権限は有していなかった。そのため延甲洙は、閔泳駿のこのような政界内の地位は、国政を主導する個人としては責任のないもので、当時の勢道家の地位が政局主導者から最大利権獲得者へと低下したことを意味すると指摘した[19]。

また具仙姫は閔泳駿について、彼が「上国」と「小国」という「属邦」体制の構造を論理的根拠にして袁世凱に東学党と農民軍の鎮圧を要請したことを挙げて、このような論理は袁世凱を政治的後援者としていた閔泳駿にとっては当然のことであったと、清兵借兵要請以前から閔泳駿と袁世凱が通じていたことを指摘している[20]。このような事情があったとすれば、延甲洙が指摘するように、閔泳駿がもてなかった公的な政治権限の部分を、袁世凱との関係が補っていたとみることができるのかもしれない。一方、朴宗根は、貪官汚吏を任命して東学党と農民軍が抗議するほどの荒廃した国内状況を黙認していたのは閔泳駿であるとし、閔泳駿の政治的能力のなさを強調している。[21]

しかし、糟谷憲一は、[22]延甲洙が見過ごした閔泳駿の前記の経歴、礼曹・工曹・刑曹・吏曹・兵曹の判書を経て、左賛成に至っていることを明らかにしている。また、閔泳駿の世道期には、それまで世道の中心にいた閔応植も閔泳煥も排除されていたわけではなく、高位の地位を維持して、かなりの勢力を有していたとも指摘する。そのため、閔氏政権は短期的な変動を含みつつも、王妃の近親や王妃の信任が厚い者を頂点として結束した政権を維持していたという。これまでの研究では、閔氏政権の崩壊を招いた閔泳駿に対して否定的な評価がされてきたが、閔泳駿についても一八七三年に始まる閔氏政権の展開の中であらためて捉え直す必要があるだろう。

四月一九日に洪啓薫は、東学党と農民軍の鎮圧が厳しいことを伝えるとともに、壬午軍乱・甲申政変の例によって清兵の出兵を請願する。これに対して大臣たちは、宣撫ではなく武力による鎮圧の方針を不穏当であるとして、政府の信望の厚い高官をまず派遣すべきであって、外国兵の派遣に反対した。そして、清兵借兵の問題点として、①国家の基礎を成す人民が殺害されること、②全国的に人民の動揺が助長されること、③各国が公使館保護を名目にして出兵する恐れがあることが議論された。この頃になると、一八九二年から東学党の鎮圧方法をめぐって潜在的に対立してきた政府の「主流派」の閔泳駿と、「非主流派」の安東金氏・豊壌趙氏の対立が顕著になっていった。[23]「主流派」は、東学党と農民軍の運動を邪教である東学の扇動と匪徒（農民）の蠢動と捉えて、京軍や清兵借兵による鎮圧の路線をとり、「非主流派」は、東学党と農民軍の運動を守令の貪虐に対する良民の抗議と捉えて、そのような守令の処分と大改革の路線をとって借兵反対を主張した。また、これに加えて、安駉寿や金鶴羽といった開化派も借兵反対派として位置していた。[24]このような対立の中で国王は諸大臣の意見に従い、借兵は行われなかった。

しかし、四月二七日に全州陥落の報告を受けると状況は一変する。諸大臣は天津条約に照らして清兵が出兵すれば日本兵も必ず朝鮮に出兵してくるので、後患を考えて決断を下すように提議する。金弘集は清兵請援をやむなしと答え、金炳始は自重論を説いた。しかし、閔泳駿は高宗と協議して、金炳始の自重論よりも金弘集のやむをえないという意向を重視して清兵借兵に踏み切る。その後、国王の内命を受けた閔泳駿は袁世凱との間で清兵借兵について交渉し、翌日にはその同意を得て、そして四月三〇日には内務府参議の成岐運に命じて袁世凱を訪問させ、議政府照会をもって出兵を請求させるに至るのである。

以上から指摘できるのは、先行研究が、日清開戦とそれによる朝鮮国内の混乱の原因を朝鮮の清兵借兵要請にあるとみなし、その借兵要請を積極的に勧めた閔泳駿について、彼の経歴もあわせて論じることでその責任を強調していることである。このように、日清開戦の契機となる東学農民運動鎮圧のための清兵借兵要請を、実際にその働きかけをした閔泳駿の責任に帰そうとする考えは、当時からあったようである。朴宗根によると、清兵借兵直後に洪鍾宇が「今者大監ノ援兵ヲ清国ニ請ヒシハ大失計ナリ」と閔泳駿を批判していたこと、金炳始も名指しこそはしないものの閔泳駿に対する政治責任の追及と閔泳駿が国王・閔妃と結びついて勢道政治を行わせたことをいさめ、他の大臣らも閔泳駿に対して厳しい批判をしている[25]。すなわち、当時においても後の研究においても、東学農民運動の鎮圧のための清兵の借兵要請という一時的な事象に着目し、それを行った閔泳駿を批判しているのである。

このような議論は、日清開戦前夜に閔氏政権に対する不満が高まっていた政治状況を示唆し有益である。しかし、結果として清兵借兵で政治外交が動いた事実を重視すれば、借兵要請に至るまでの対外政策の流れの中にこの問題を位置づける長期的な視野に立った議論が求められる。実際に、朝鮮政府は「壬午・甲申」にならって「中朝」に借兵要請をしており、これを受けた清朝は「我朝保護属邦旧例」にならって兵を派遣して援助すると述べている[26]。朝鮮政府は一八八二年に西洋諸国と条約を締結して近代国際関係も有するようになったが、それから一〇年以上が経ってもなお対外政策においては宗属関係を優先させてきた。これはすなわち、宗属関係は上位のものとして捉えつつ、時と場合によって条約関係を併用してきたとみることができる。そのため朝鮮政府の清朝への借兵要請について、閔泳駿が袁世凱と結託することで自らの保身を目指そうとしたものであるとみると、その背景にある対外政策の重要な流れを見落としかねない。それは、なぜ清朝に依頼したのかが重要であって、条約関係と宗属関係が交錯する中で朝鮮政府が宗属関係に依拠して清朝に借兵要請をしたことが、当時の対外政策としては現実的かつ当然・自然な選択肢であるとみられた点である。そのような流れを踏まえて、むしろ着眼しなければならない点は、甲申政変以後「反清・自主政策」などによってそれまで曖昧にしてきた朝鮮の「保護」のゆくえを、宗主国である清朝が担当するという方向で一致させ、それを清朝に対して表明したことである。「清・韓で『保護』のゆくえが一致したことが、かえって破局をもたらした[27]」という岡本隆司の指摘を朝鮮側の論理から見直す必要がある。

（2）清兵借兵後の「保護」要請——駐津督理通商事務の活動

朝鮮政府は借兵要請を行った後にどのような対外政策を展開したのか、朝鮮の対外政策の基軸である宗属関係への対応からみてみたい。第一章で既にみたように、一八八四年に朝露陸路通商条約の締結交渉に際して、駐津大員が宗属関係を利用して李鴻章にロシア側に条約締結を諦めるよう伝えてほしいと依頼していた。また、第二章で明らかにしたように、駐津督理通商事務（以下、駐津督理）は近代的な領事を参考にしつつも宗属関係を継続・維持する性格を有していた。さらに第四章では、神貞王后逝去に際して派遣される勅使受け入れについても、西洋諸国に対する国家の体面護持を気にしつつも、最終的には宗属関係を優先し、宗属典礼に即して受け入れたことを確認した。本書で論じたこのような朝鮮政府の対外政策の流れに鑑みれば、東学農民運動の鎮圧に際し宗属関係を利用して清朝に借兵要請をしたのは、閔泳駿一個人の失策というよりは、むしろこれまでの対外政策の延長上に位置づけられるといえる。(28) その上で、借兵後に朝鮮政府が清朝との間でどのような交渉を展開したのか、以下でみていきたい。

まず、清兵借兵決定の後、日本政府は天津条約に基づいて朝鮮への出兵を決めると同時に、朝鮮政府への内政改革要求を行った。後者の内政改革要求に着目すると、駐朝鮮日本公使大鳥圭介は、一八九四年五月二五日（陽暦六月二八日）に統理交渉通商事務衙門（以下、外衙門）督辦趙秉稷に宛てて朝鮮は清朝の属国なのか否かを問いただす照会を出して宗属関係を壊そうとする端緒を作る一方で、六月一日（七月三日）には同じく趙秉稷に宛てて内政改革五カ条を突き付けた。(29) 朝鮮政府はこのような内政改革要求を突き付けられても、既に袁世凱は帰国準備をしているような状況で意見を仰ぐことはできなかった。そこで朝鮮政府は六月五日（七月七日）に署理駐津督理徐相喬に打電し、李鴻章に近い津海関道盛宣懐に事情を訴えて介入を要請した。(30) 日本の朝鮮に対する影響力が強まる中において、宗主国である清朝に外交運営を頼ろうとする姿勢は、後の日清開戦時にも確認できるもので、朝鮮政府の対外政策を検討する上で見逃せない点である。あわせて、清朝の干渉を引き出すこの交渉で、第一章・第二章で取り上げた駐津督理が利用されていることも重要である。駐津督理はこの後、しばしば朝鮮政府と清朝側の「仲介役」を担うこととなる。朝鮮政府は、駐津督理を通して李鴻章に交渉の調停を要請するものの、日朝間の差し迫った状況は打開できず、結局、日本公使の指示に従って国王は内政改革調査委員三名（督辦内務府事申正熙・協辦内務府事金嘉鎮・曹寅承）を任命し、これら委員たちと日本公使館側との間で具体的な内政改革に向けて協議することを伝えた。そしてその後、いわゆる「老人亭会議」がもたれることとなる。

次に、日本政府の朝鮮出兵についてである。日本政府が天津条約に基づいて派兵した先発大隊は五月一〇日（六月一三日）に漢城に到着し、残りの部隊も五月一三日（六月一六日）までには漢城に到着していた。日本政府は、清兵撤兵後に撤兵するとしたため、朝鮮政府は日本兵を撤兵させるために李鴻章に働きかけようと、駐津督理を介した交渉を行った[31]。当時の駐津公館[32]では徐相喬が署理駐津督理を務めており、一八九四年六月四日（七月六日）に駐津督理李冕相[33]が天津に向けて出発している[34]。李冕相は天津到着後の六月二九日（七月三一日）、平安道監司閔丙奭から三通の電報を受け取っている[35]。

一通は、日本が清朝の動向を密かに探ろうとしていること、衛汝貴が義州に到着し明日か明後日には平壌に到着するであろうこと、そして馬統領（馬玉崑か）が歩兵二〇〇〇名を率いて昨日出発したことが記されている。また、漢城内は全く「寒心痛哭」の状態であることを伝えるとともに、袁世凱はいつ戻るのかという問い合わせをしている。二通目は、日本がこの地に兵がないことを探知すれば、平壌西南の大同江左岸にある保山鎮に汽船を停泊させるだろうから、平壌を守ることが難しくなるだろうということを伝えている。三通目は、先の二〇〇〇名が出発して既に安州で船の出港を待っていることを伝え、同時に食料不足の中での軍餉米の調達方法を問い合わせている。

これら三通の電報を受け取った李冕相は、閔丙奭に対して李鴻章が各軍の迅速な前進を厳しく命令しており、近いうちに平壌に到着するであろうと伝えている[36]。その後さらに閔丙奭は李冕相に電報を出し、日本の景福宮占拠を報告し、斥候一一名が黄州に至っているため平壌に来るのも時間の問題であり、これはまさに緊急事態で早急の援兵派遣が必要であると要請している[37]。さらに李冕相は、盛宣懐と筆談を交わしており[38]、「平安道監司―駐津督理―津海関道」という情報伝達ラインが確認できる。筆談が行われた正確な日時は分からないものの、景福宮占拠（陰暦六月二一日、陽暦七月二三日）の報を伝える閔丙奭の電報が一部引用されていることから、閔丙奭の電報を受け取った後で、史料の記載（「光緒二十年六月底」）通り六月末と推測される[39]。

（上略）

李冕相：葉軍〔葉志超〕が牙山で勝利し水原で善戦しているようだと聞き、非常に喜ばしく、気力が湧き出てきます。牙山より漢城は二〇〇里で、水原より漢城は八〇里であり、急ぐべきでしょう。宵の口に直進すれば、二日かからず漢城に到着すると思います。

盛宣懐：兵があまりに少ない。

李冕相：ただまだ分かりませんが、大隊の後続が来るのでしょうか。私は兵法を解しませんが、進退には余裕があり必ず勝利を得られるものと信じます。牙山の熊浦・南陽の馬山の開港場では海軍を整えることが許されれば、日本軍の攻撃を防げるでしょう。

盛宣懐：日本の軍艦は既に駐屯しており、海軍は攻撃するのが難しい。

李冕相：牙山・水原の両地に大軍を駐屯させて守れば、西方・南方の要害の地を防ぐことができ、また敵兵にも備えることができるでしょう。

盛宣懐：葉軍は四〇〇〇人だけであり、両地へ分けるのは難しい。

この筆談では、盛宣懐の発言が非常に短いため、発言通りなのか後に修正されたものなのか判断がつかない。ただ、この史料から盛宣懐の発言を読み取る限りにおいては、李冕相と盛宣懐の間で日清両軍の衝突に対する明白な温度差が読み取れる。すなわち、李冕相が清軍の活躍を喜び、希望的観測を述べて清軍による日本軍の駆逐を楽観的に展望する一方で、盛宣懐は現実を客観的に把握し李冕相の発言に否定的な見解を示している。このような盛宣懐の反応は、清兵の朝鮮へのさらなる派遣ではなく、列国の調停による日本軍撤兵に期待をかける李鴻章の窮地を踏まえてのものだろう。[40]逆にみれば、李冕相は本国での戦闘状況について十分に把握しておらず、李鴻章の置かれた立場についても十分な理解をしていない。これは、李冕相には現状が知らされなかったためなのか、李冕相が情報収集を怠ったためなのかは分からないが、朝鮮の在外公館の位置づけを知る上で貴重な例である。

さらに同じ六月末には、李冕相が盛宣懐に宛てた手紙の中から、国王の命を奉じた密使が変装してイギリス人に随行して天津に来たので、彼からの情報を伝えるとともに、李鴻章の指示を仰いでほしいと頼んでいる[41]。日本による王宮占拠の後に、天津に派遣された密臣は閔尚鎬であり、彼が訴えた内容について李鴻章は次のように総理各国事務衙門（以下、総理衙門）に伝えている。「五百余年にわたり中朝から賜わったものを日本は尽く持ち去り、兵庫に数十年間所蔵していた買い置きの洋式銃や兵器を全部奪い去ってしまいました。あらゆる政令は、日本に功のない人を退けて日本に功のある人を用いており、国王のあずかり知るところにありません。このことを天朝に詳しく伝え、ただただ忠誠な心でこのことを明らかにして救援を賜わることを乞います」[42]。閔尚鎬の発言がこの通りであれば、国王およびその周辺では、日清両軍が出兵し朝鮮で日清間の戦闘が繰り広げられる状況においても引き続き宗主国である清朝の援助に期待を寄せていたことが確認できる。また、「中朝」・「天朝」という表現が用いられているのは、清朝を「中朝」・「天朝」とし、「事大字小」の論理から朝鮮への「保護」を引き出そうとしているからである。朝鮮政府が従来有していた二元的な中華をここでは敢えて一致させ「保護」を依頼するのである。さらに李鴻章は同じ総理衙門への電報の中で、朝鮮総税務司ブラウン（John Mcleavy Brown）の言として「朝鮮の官民は華〔清朝〕を上国としたいと思っている者が多く、朝鮮の自主を願う者は数人しかいない。また援助して調停してやろうというアメリカ人もいる」と記し、多くの朝鮮人が中国を上国とすることを望んでいる状況を付け加えている。なお、ここでのアメリカ人への言及（並有美国人幇助議事）は、次節で論じるアメリカ公使と書記官の勧めによって朝鮮政府がアメリカ大統領に調停を依頼しようとしたことに関するものではないかと推測される。

さらに、朝鮮による「中朝」への「保護」要請は、以下のような（閔丙奭・）李冕相と盛宣懐のやりとりからも確認できる。七月一日（八月一日）と二日（八月二日）に閔丙奭が李冕相に宛てて[43]、まず六月二五日（七月二七日）に発表された政令の内容を報告しながら新しい平安道監司が誰なのかはまだ分かりませんが、日本に内通する者でありましょうと伝えている。そして、日本人がなお王宮を包囲しており国王の安否が分からず通哭の極みであることも述べている。翌二日には、平安道監司に金晩植がついたと報告し、また日本兵が続々と来ていてじきに川も渡ってくるだろうが、清軍はやっと安州に着いたところでいつ平壌に着くのか分からないとして、清朝の援兵派遣を切実に訴えている。

このような閔丙奭からの要請を受けた李冕相は、盛宣懐に手紙を送り、諸軍が朝鮮を援助する電命を望んでおり至急軍隊を派遣して平壌を救ってほしいと伝えた(44)。恐らくこの閔丙奭の要請に対するものだろう、李鴻章は七月三日(八月三日)、「大軍を派遣し朝鮮を援けようとしており、その軍隊は既に平壌に到着したであろう。あなたは今まで通り真面目に奉職し、天兵の将領に随同し、一切の要務を相談すること」という内容の返信電報を出している(45)。

さらに七月初旬(八月初旬)に行われた李冕相と盛宣懐の筆談(46)でも、李冕相は清兵の速やかな増兵と袁世凱の漢城帰任を強く要望している。この筆談で特に目を引くのは、李冕相が「日本が朝鮮を独立させようとしているのは、朝鮮を凌蔑するのみでなく天朝を侮ることでもあります(47)」と述べたり、「朝鮮は檀君から今に至る四千年あまり、一度として自主などありません(それは我が朝鮮王朝がそうであるだけではなく、四千年の間同様でありました)(48)」と述べたりしているところである。宗属関係を強調し、その維持・強化を訴える文脈である。同時に清朝の立場にも立ち、朝鮮を護らないと属国が滅んでしまう危機感を喚起するのである。ところで、この筆談で李冕相がいっている「一度として自主などない」というときの「自主」の意味内容は、先の朝鮮総税務司ブラウンの言にあった数人の朝鮮人が願っている「自主」に通じるもので、「属国自主」の「自主」ではなく日本が企図する「独立自主」の意味の「自主」に近いと考えられる。

第一章でみたように、駐津大員南廷哲は朝露陸路通商の条約交渉に際して李鴻章と筆談を交わした時に、清朝と朝鮮の宗属関係を強調して宗属関係を維持・強化していくことで問題を処理しようとする立場をみせていた。先の李冕相と盛宣懐の筆談で清兵の派遣を要請する際に、朝鮮を護ることは「上国」である中国を護ることになるなどと宗属関係を強調する交渉は、駐津大員南廷哲と李鴻章の筆談で既にみられた交渉のやり方と似ている。このような朝鮮側の発言には、宗主国・清朝に対する「パフォーマンス」を差し引いても、わざわざ宗属関係に言及して交渉しているところは、宗属関係の理念を不変なものとして対外政策を繰り広げる朝鮮政府の対外関係のあり方が垣間みられるところである。

以上、日清開戦における駐津督理の史料からは、平安道監司閔丙奭が駐津督理李冕相に朝鮮の情勢や清兵の派遣要請を伝え、それを受けた李冕相が津海関道盛宣懐に手紙や筆談の形式で伝達している流れが把握できる。一方、しばらくした七月二〇日（八月二〇日）には李鴻章が、閔丙奭から受け取った国王からの密電を総理衙門に伝えている。それによると国王は「我が朝は運がなく、謀叛を企む臣下がおり、日本と謀って改革を脅迫し、天朝に罪を犯します。現今の危急、差し迫る状況を天陛に転奏し、人民を救うために、宗社を取り戻し、朝鮮が復することを強く願います[49]」と記している。ここでも「天朝」と清朝を敢えて一致させ、朝鮮の回復のために清朝を利用しているところは重要である。しかし、あわせて注目すべきことは、この国王の密電の内容が、後に日本政府から「一方ニハ対清戦闘ノ盟約ヲ結ヒ置キナカラ、裡面ヨリ窃カニ清ニ通スルト云フ不徳義の行」と咎められ、金弘集を通して「陛下ニハ深ク後悔被成如何ニモ不相済事ト思召シ」と「御詫」をすることになる「密函」の内容と類似していることである[50]。

この年の一〇月、井上馨公使は甲午改革を推進させるために大院君を失脚させようと、日本軍が押収した大院君の閔丙奭宛密函を、外務省を通して漢城に郵送させていた[51]。「密函」は、「国王・大院君・李載冕、平壌支那将官ニ伝意セヨト云フテ平壌監司ニ送レル書簡[52]」四通であった。大院君が七月二八日（八月二八日）に閔丙奭に宛てた一通、同日に大院君の子・李載冕（宮内府大臣）が閔丙奭に宛てた一通は、日本軍の重圧により、宗社が危険に瀕している事情を述べ、清朝大軍の来援により速やかに日本軍を剿討して宗社を克復し、日本に阿附する党派を追い払うことを清軍将領に懇請するよう依頼するものであった。もう一通は発信者不明で閔丙奭に宛てたもので、宗社の安否は平壌に来着した清朝将領に恃むほかないがゆえに、清軍陣営に伺候して問安し、幸いにも袁世凱が到着すれば、この間の事情を詳細に説明して、国家人民の安寧を懇請するよう指示した内容であった。そして最後の一通は、総理大臣金弘集が閔丙奭に宛てた信函で、朝鮮が日清両強国間に介在する苦衷を述べ、閔丙奭の戒心を促す内容であった。

日本軍が押収した「密函」の原本が確認できないため、内容の比較・検討を行うことは難しいが、四通の「密函」のうち、大院君および大院君側の人物である李載冕が閔丙奭に宛てた密函二通は、清軍の来援により日本軍によって攻撃された宗社の回復を要請しており、日付は異なるものの、七月二〇日までに李鴻章が閔丙奭から受け取った「国王からの密電」の内容と類似している。そのため、とりわけ朝鮮政府から閔丙奭へと至るやりとりに関しては、朝鮮政府のアクターとして国王の他、大院君や大院君派の人物の関与も含めて考慮すべきだろう。

ところで、右でみられた「朝鮮政府―平安道監司―駐津督理―津海関道（―北洋大臣―総理衙門）」という情報伝達ラインを活用した朝鮮政府から清朝への「保護」要請は、第一章・第二章で論じた駐津公館設置の意味を確認するものでもある。すなわち、駐津公館の設置は清朝が朝鮮政府との交渉窓口を天津の北洋大臣にしたこと、また近代国際関係との関わりに応じて変容する宗属関係に対応するためであった。例えば、閔泳駿も平壌から駐津督理李冕相に電報を出して、袁世凱が漢城に戻るよう李鴻章に頼んでほしいと伝えている(53)。また、駐朝鮮日本公使館の記録にも「天津督理李冕相赴津ニ付、大ニ清国政府ニ談シ援兵ヲ請ハントス(54)（読点は引用者）」という記述が残っている。朝鮮政府が清朝側の窓口である北洋大臣と交渉する上で駐津督理が「仲介役」の機能を果たしたのである。

2　近代国際関係における交渉

朝鮮の対清交渉では、清兵借兵を要請した後も継続して清朝からの「保護」を引き出そうと、宗属関係を強調した交渉の展開がみられた。そこでは、従来は二元的に分けて考えていた「中朝」や「天朝」と清朝を敢えて一致させることで、「保護」を求める論理としていた。宗属関係とあわせて近代国際関係に基づく国家関係も有していた朝鮮は、宗属関係に即した右のような交渉をする一方で、日本や西洋諸国との間でいかなる交渉を行い、いかなる対外関係を望んでいたのだろうか。朝鮮政府の対清交渉だけでなく、近代国際関係に基づいた国家間との交渉についても検討することで、宗属関係と近代国際関係が交錯する状況下での朝鮮の対外政策が浮かび上がってくる。

（1）各国への調停依頼――周旋条項と「保護」

五月一五日（六月一八日）に外衙門は、アメリカ・イギリス・ドイツ・ロシア・フランス代表に東学農民軍の蜂起を収拾したことを伝えた[55]。その後五月二一日（六月二四日）に朝鮮政府は、蜂起が終息したにもかかわらず日清両軍、とりわけ日本軍が朝鮮に駐留している状態は万国公法に違反していると批判し、条約に照らして両軍の撤兵のための調停を求める照会をアメリカ・イギリス・ドイツ・ロシア・フランス・イタリアの代表に送った[56]。この照会は、朝鮮政府の対外政策の特徴を知る上で非常に重要な照会である。内容は以下の通りである。

本督辦は我大君主陛下の勅旨を謹んで奉じ、茲に本国の現在の情形を各国の公使・領事に照会し、有約各国政府に稟を転送できるようにする。今、中・日両国の軍隊が朝鮮内に駐屯している。中国軍については、我政府が先に近ごろの土匪を討伐するよう要請した。日本軍については、要請していないにもかかわらず来たので、朝鮮政府はしばしば拒んできた。日本によれば朝鮮にいる日本人に危害が加わらないように保護するためだという。現在、両国軍隊は均しくここに駐屯する必要はない。もし日本が撤兵を了承したら、中国官員は現在の時勢に照らして、撤兵するという。しかし、日本官員は中国軍の撤回が先であるといって撤兵を受け入れない。両国の同時撤兵を協議したが、日本は受け入れようとしない。今のような平和の時にあって、大軍が駐留し、馬兵砲隊が上陸し、とりでを築き大砲を撃ちやすくし、沿途の要所を均しく守っていると、今後各国がこの例に倣ってしまうのではないかと非常に恐れている。今の状態は平和な時勢を妨げ、我大君主陛下の管轄する疆宇を害するものである。よって本督辦は各国使臣に請問し、並びに政府に意見を請う。日本と朝鮮は均しく平和で憂いがないというのに、日本が重兵を朝鮮に駐留させている。これは万国公法に違うものである。本督辦は我大君主陛下の勅旨を奉じ、謹んで声明に遵い、上記のような情形をいち早く各国公使・領事の了解するところとするものである。条約に照らし、間に立って方法を講じ、調停することを切望する。

この照会で朝鮮政府は、「これは万国公法に違う（寔与万国公法違背）ものである」と万国公法に照らして平時における日本軍の朝鮮駐屯を批判し、「条約に照らし、間に立って方法を講じ、調停する（請按条約、従中設法、善為調処）ことを切望する」と各国と締結した条約にある「周旋（good office）」条項を根拠に調停を申し出ている。この照会に対して、田保橋潔は、送付の背景にはアメリカ公使シル（John M. B. Sill）と書記官アレン（Horace N. Allen）の勧めによって朝鮮政府がアメリカ大統領に調停を依頼しようと決めたことがあると指摘する。(57) 朝鮮政府がアメリカ大統領に単独調停の依頼をすると「関係列国の感情を害することも懸念されたので」、各国に調停を要請する照会を送付したというのである。つまり、この照会にある各国による調停はあくまで形式的なもので、朝鮮政府の本意はアメリカ一国による調停であったというのである。

しかし、そもそもアメリカ公使館側と朝鮮国王の親密な関係はこの時に突然始まったものではない。朝米修好通商条約（以下、朝米条約）第一条にある周旋条項を背景に朝鮮政府はアメリカに対して好意を抱いていたし、[58] 初代駐米全権大臣朴定陽の派遣およびその後の清朝とのやりとりにおいてもアレンやデニーといったアメリカ人顧問の関与が確認されている。[59] 第四章で論じた神貞王后の逝去時も、逝去直後と葬礼の二度にわたって漢城内の混乱を憂慮した国王がアメリカ公使ハードにアメリカ兵による護衛を要請していた。そのため、他国に比して親密であった朝米関係を関係列国が周知していたことは容易に考えられ、朝鮮政府がアメリカへの単独調停によって「関係列国の感情を害する」と「懸念」したことが先の照会作成の第一義にあったとは言い切れない。もちろん、そのような意図が全くなかったというわけでもないだろう。次項で後述するように、朝鮮政府はこの時、調停におけるアメリカ公使のイニシアティブに期待していた。ただ仮に、上の照会が形式的なものであったとしても、そこから読み取れる朝鮮政府の外交交渉のあり方は重要で、詳しく分析する必要がある。

なぜなら、上の照会で用いられた論理、つまり万国公法を引き合いに出してそれへの違背を主張するとともに、各国と締結した条約の第一条にある周旋条項に依拠して調停を依頼する交渉手法は、一八八四年の甲申政変の善後処理の時に既に用いられているからである。周旋条項とは、各国と締結した条約の第一条にある「従中善為調処」の規定で、朝米条約では「若他国有何不公軽藐之事、一経照知、必須相助、従中善為調処、以示友誼関切（If other Powers deal unjustly or oppressively with either Government, the other will exert their good offices, on being informed of the case, to bring about an amicable arrangement, thus showing their friendly feelings)」、イギリス・ドイツ・ロシア・イタリアなどとの修好通商条約では「彼国日後倘有与別国相岐之処、此国一経彼国相約、応即設法、従中善為調処（In case of difference arising between one of the High Contracting Parties and a third Power, the other High Contracting Party, if requested to do so, shall exert its good offices to bring about an amicable arrangement)」となっている表現である。[60] 徐賢燮によれば、同じ"good offices"であっても朝米条約と朝英条約の漢文原文の表記は異なり、朝米条約では「不公軽藐」「必須相助」「以示友誼」の部分が、朝英条約ではそれぞれ「相岐之処」「応即設法」「(言及なし)」になっているので、朝英条約では政治性が大幅に弱められてイギリスに何ら義務を負わせない単なる外交辞令に過ぎないものとなっているという。[61]

徐賢燮の指摘については、当時の国際法や条約締結交渉の綿密な分析も含めて検討する必要がある。さらにその上で、朝鮮政府が、朝米条約には政治的な同盟条項のような意味合いがあるが、朝英条約・朝独条約・朝露条約・朝伊条約にはそれがないと理解していたかをみなければならないが、その判断も難しい。実際に行われた外交交渉をみれば、表現の違いはあるにせよ、朝鮮政府としては「従中善為調処」という語句に注目し、外交問題が生じた際の列強による「調停」を、「保護」してもらうことのように捉えていた可能性が高い。[62]

この点は、ちょうど一〇年前の一八八四年、甲申政変直後の一〇月一九日に外衙門が日本およびアメリカ・イギリス・ドイツの各公館に、周旋条項に依拠して調停を要請する照会を送っていることからも確認できる。[63] すなわち朝鮮政府は「もし一方の国が不公平で非道な目に遭うことがあれば、それを通知して、間に立って調停することで友好関係を示す」という条項に従って、アメリカやイギリス、ドイツの各代表には「各国公使が共に会して日本の行動を調査し処理してほしい」と依頼する同文の照会を出し善後処理の調停を依頼しているのである。[64] 他方、日本公使には「朝鮮は各国と均しく保護の条約を有しているので、既に各国公使に会同して協議することを依頼した」と記した照会を、清朝には日本宛とほぼ同じ内容の照会をそれぞれ出した。[65] ここで注目すべき点は、朝鮮政府が条約に従って行われるべきであると考えていた「調停」を、列強の朝鮮に対する「保護」と同義に捉えていたという点である。

このような朝鮮政府の行動に対して日本公使は照会にある「朝鮮は各国と均しく保護の条約を有している（各国

均有保護之約)」という表現に着目した（この表現はアメリカ・イギリス・ドイツ宛照会にはなく、「尚希貴大臣約同各国公使、準明酌理核辦賜覆、実為公便」となっている）。そして朝鮮政府に宛てて、「朝鮮が各国と保護の条約を結んでいるのであればその条約をみせてほしい」と記した照覆を出している。[66]それを受けて朝鮮政府は「当時は妥当を欠いた」との照会を出して弁明しているが、[67]翌五日の『統署日記』には次のような、「未送秩」と記された日本公使館宛照会の記録がある。『統署日記』で「未送秩」と記された照会が他には確認できないため、どのような状況・事情をあらわすものなのか分からないものの、『旧韓国外交文書』「日案」にも収録されておらず、日本公使館からの照覆も確認できないことなどから、実際には日本側に送られなかった草稿であると思われる。

日本公使館へ照会（未送秩）、本月二日の照会を受け取りました。（中略）本国とアメリカが定めた条約の第一条には、もし他方の締約国が不公平で蔑視を受けるようなことがあったならば、通知をすれば、必ず助け、間に立って調停することによって友誼を示すとある。またイギリス・ドイツ両国と定めた条約の第一条にも、他国と争ったならば調停するとある。本大臣はこの意味を詳しく検討したところ、「相助」といい、「調処」といい、「保護」の意味にほかならない。かつ我が大君主がかつて各国公使を引見して「是非が判明すれば当然保護してくれるべきだ」といったときも、各国公使は別に拒まなかった。これが保護の条約でないのであろうか。ただ、いわゆる保護とは、貴大臣のように誤って、乱臣が詔勅を改ざんし、みだりに軍隊を宮殿に入るのを許すことではない。[68]

この史料からは、朝米条約や朝英・朝独条約の第一条にある「相助」や「調処」という意味を朝鮮政府が「保護」の意味で把握していたことが分かる。ただしこの時、朝鮮政府がいう「保護」とは、軍事力によって第三国を打ち払ってもらうことや、どこかの国の国際法的な「保護国」になるなどといった意味での保護ではないことはいうまでもない。岡本隆司の言葉を借りれば「朝鮮政府が必要とし、かつ自主を侵さない、干渉ならざる保護[69]」ということになろう。

このような意味での「保護」は、むしろ宗属関係における「事大字小」の「字小」、「小を字《いつく》しむ」という意味での「保護」に近いだろう[70]。先に挙げた甲申政変時の一八八四年一〇月一九日付各公使館宛照会でも、朝鮮政府は自らが行った清朝への借兵について、「本国転托中国駐防之保護兵、入内保護」（日本宛）・「転托中国駐防営、由外保護」（米・英・独宛）と日本軍が攻めてきたので中国に「保護」を頼んだこと、そして「擅入我宮、脅我殿下、戮我大臣、戮我保護之兵」（米・英・独宛）と清軍のことを「保護之兵」であると表現している。ここでいう「保護」は、清朝との宗属関係における「事大字小」に基づく朝鮮が依頼した「保護」を指しており、同じ照会内で用いられている列強が行うであろう「保護」、すなわち周旋条項に基づく「従中善為調処」にも同様の意味での「保護」を敷衍しているのではないかと考えられる。

その他、先の一八八四年一〇月一九日付のアメリカ・イギリス・ドイツ宛の照会の受け取り側の反応としては、イギリス総領事アストン（W. G. Aston）が一一月九日に、『万国公法』第三巻第二章第一八節「中保之例」（漢文）を添付して、朝英条約がいう“good offices”とは協約国が行うもので個人の公務で行うものではないと指摘しているものがある[71]。「中保之例」は、紛争当事国である「両国」に「別国」が「仲立ちをすること」とあり、「国家」を行為者としている。また、この周旋条項は、第三国が紛争当事国の直接交渉による解決を勧告したり、交渉のための便宜を提供するかたちで和解のための斡旋をしたりすることであるが、第三国はその義務を負うことはなく、周旋も勧告の性質にとどまるもので拘束力は有しないとされる。しかし朝鮮政府は、このある種の外交儀礼である周旋条項に対して、拘束力を有するものと自国に都合のよいように解釈していたとされる[72]。そして、その理由として、周旋条項の挿入がアメリカを通してロシアと日本を牽制しようとする李鴻章の「以夷制夷」政策の反映であったため、条約締結当初から朝鮮側が周旋条項に期待をもってしまうような状況にあったことが指摘されている[73]。あるいは、李鴻章の政策があったにせよ、朝鮮政府の国際法への理解不足からくるものだと解される[74]。

確かに、朝鮮政府は周旋条項に着目して外交交渉を行っていた。さらにその後の対応をみても、イギリス総領事の助言に従って周旋条項に対して国際法に照らした講究を行ったり解釈を修正したりしたことなどは確認できず、巨文島事件に際しても同様の照会を清朝・日本・ドイツ・アメリカの各公館に出している。一八八五年五月一三日、巨文島の占拠を受けて朝鮮政府は上記各公館に「此係公法所無、断不能行、請煩査照、冀示公允之論」と国際法に依拠してイギリスの行為を非難し公平な議論を求める照会を送る[75]。しかしこれでは主張が弱いと感じたのか、朝鮮政府は翌々日、一三日の照会の繳還（差し替え）を求め、先の照会にある「断不能行」以下を、「此係公法所無、断不能行、除照会各公使、請煩転稟外、相応備文照会、請煩貴〔総辦・代理公使・総領事〕按査和約第一款、日後倘有与別国相歧之処、此国一経彼国相約、応即設法従中善為調処之意辦理、並祈賜覆云[76]（傍線は引用者）」と加筆・修正したものを送っている。すなわち、傍線部の通り、朝鮮政府は一三日の照会にある「公平な議論を求める」という語句を、朝英（朝独・朝露・朝伊）条約第一条にある周旋条項を引用したものに変更することで、より具体的に各国の調停を要請しているのである。

さらに、一八九四年六月二一日（七月二三日）の日本による景福宮占拠の際にも朝鮮政府は周旋条項に依拠した調停依頼を列強に対して行っている。朝鮮政府はアメリカ・ロシア・イギリス・フランス・ドイツ・イタリアの各国公使・領事に対して「茲本督辦欽奉大君主陛下勅旨、商請貴大臣曁政府、並行設法排解紛難、以表睦意、而符約旨、得保我邦之和、克副大君主陛下所深望可也[77]」と、周旋条項そのものの引用はないものの、条約の趣旨に沿った周旋条項に基づく調停要請をしている。

このように朝鮮政府は、列強との条約締結の直後から日清開戦前夜まで、大きな外交問題が生じるたびに周旋条項に基づいて列強に調停依頼をしていることが確認できる。このような朝鮮政府の周旋条項の活用は「国際法の理解不足」や「周旋条項への過度な期待」などといった今日的な観点からの解釈だけではなく、当時の朝鮮政府の対外政策の理念や思想的基盤にも関わる問題としても解釈すべきではないだろうか。例えば、考慮すべき背景として、朝鮮が日本や清朝とは異なり、各国と締結した条約の「不平等」性よりも「平等」性をより重視していた点も見逃せない(78)。日本の近代国際関係への参入は、列強による「不平等条約体制」への組み込みであり、その「不平等」性に関心が集まり「不平等」条約改正への過程が注目される。しかし朝鮮の場合は、それまでの中国との関係が「不平等」であり上下関係が「礼」に適った関係であると理解していたので、近代国際関係への参入は、主権国家間は「平等」であるという関係そのものが、西洋近代的な新しい知識として受け入れられた。ゆえに関心も集まった。そのため、朝米条約以後に各国との条約に挿入された「従中善為調処」は、その「平等」関係の象徴として外交問題のたびに注目され活用されたと考えられる。一方、条約条項の運用に当たっては、対等な国家間であれ、外交問題が生じれば形勢が不利な一方を他方が「字《いつく》しむ」ように「保護」すると理解していたのではないだろうか。そしてその「保護」は、あくまでも形勢が不利な国が依頼してはじめてなされるもので、朝鮮が上国である中国に依頼してはじめて「保護」を受ける宗属関係の論理が敷衍される。朝鮮の近代的外交制度の受容には、当然、日本や清朝とは異なる「不平等条約体制」への理解があり、その背景として東アジア在来の国際秩序と近代国際関係における朝鮮の位置、それが朝鮮の対外政策の理念や思想的基盤に与えた影響などについても考察を深めていかなければならない。日清開戦における朝鮮政府の対外交渉からは、朝鮮が位置した中華世界と近代国際関係の相互作用の様相、宗属関係との関わりの中で近代国際関係をいかに捉えたのか、その上で近代国際関係にいかに関わっていこうとしたかなどが垣間みられる貴重な事例である。

(2) 在外使節の交渉——駐米公使と駐日公使の活動

本章第一節では、朝鮮政府が宗属関係に基づいて清朝に援軍派兵を要請する際、天津に派遣されていた駐津督理が朝鮮政府と津海関道・北洋大臣をつなぐ仲介役の機能を果たしていたことを確認した。当時、朝鮮政府は天津の他に、アメリカのワシントンと日本の東京にも在外使節を派遣していた。これら近代国際関係に基づいて派遣された両使節は、当時、いかなる交渉を担ったのか。まずは駐米公使の活動からみてみよう。

田保橋潔は、日清開戦前夜における列強の調停を詳述する中で、アメリカの調停について「アメリカ合衆国政府が調停を試みるに至ったのは、朝鮮国王の要望に従い、且道徳的見地より出発したものである」と記し、駐米公使を介した朝鮮政府とアメリカ政府とのやりとりに触れている[79]。田保橋の関心は、アメリカ政府の日清間の調停への動きにあり、朝鮮政府や駐米朝鮮公使の動きには立ち入った分析がなされていない。そこで本項では、駐米朝鮮公使李承寿がアメリカ国務長官に送った照会、およびそこに添付されている朝鮮政府から李承寿への訓令について分析を行うことで、朝鮮政府がアメリカ側に対してどのような依頼をしたのか、田保橋の議論を深めながら朝鮮政府の対外交渉の特徴を検討したい。

田保橋は、「列強は日清両国の主張を聴くに急にして、朝鮮国の利益を度外視した傾向があった。合衆国辦理公使シルが朝鮮国王の要望に従って、調停に起ったのは寧ろ当然であろう」とし、先述した五月一五日(六月一八日)に、外衙門がアメリカ・イギリス・ドイツ・ロシア・フランスに対し東学農民軍蜂起の収束を伝えたのと同時に、日清両軍の同時撤兵のための調停をアメリカ合衆国大統領に依頼することを決め、朝鮮政府はシル公使とアレン書記官の勧めのもと、アメリカ公使館を経由して、駐米朝鮮辦理大臣李承寿に電命したと記している[80]。五月一五日前後の『統署日記』には駐米朝鮮公使館に電報を打った記録がないため、田保橋の指摘通り、駐朝鮮アメリカ公使館を経由して電命した可能性がある。さらに田保橋は、この命を受けた李承寿はアメリカ国務長官グレシャム(Walter

Q. Gresham）と会見して朝鮮政府の訓令を以て調停を依頼し、それを受けて国務長官はクリーブランド大統領（Grover Cleaveland）に稟申の上で朝鮮国王の要望を受け入れることに決め、国務長官臨時代理ユール（Edwin F. Uhl）がシル公使にそれを電命した流れを説明するとともに、そのようなアメリカ公使単独の動きを背景に、前項で取り上げた五月二一日付の各国宛の調停依頼の照会を、「関係列国の感情を害することも懸念」して発せられたと位置づける。(81)

一八九四年六月三日（七月五日）付の駐米朝鮮辦理大臣李承寿はアメリカ国務長官グレシャムに宛てて以下のような照会を送っており、恐らく先の電報と思われる電報の内容も引用されている。

私は以下の電報を受け取りました。

「ソウルで各国代表が会議を開催した。日本公使は日本軍の撤兵を拒否した。どうか、アメリカ大統領にこの苦境を解決する方策を尋ねてほしい」。

朝鮮問題に関する情報を受け取ったら、どんな情報でも直ちに知らせてほしい。(82)

朝鮮政府が、アメリカ公使等の勧告のもと李承寿に送った電命は、日本軍撤兵を拒否した日本公使の対応を受けアメリカに調停を依頼するものであったことが確認できる。さらに、この照会文には政府（The Korean Government）からの一八九四年五月二五日（六月二八日）付の電報（「同封一」）と日付が記載されていないもの（「同封二」）の二通も同封され、発信元は“THE PALACE”となっている。具体的な内容は以下の通りである。

「同封一」

今日、日本公使が私を宮殿に呼び、総理大臣あるいは外衙門督辦と協議して朝鮮の内政改革を指揮するよう求めてきた。これは重大な事態であり、日本公使は日本軍の撤兵を拒否した。国務長官をすみやかに訪問し、衝突を避けてこの難局を解決するための強力な会議の重要性を説明しなさい。[83]

「同封二」

清朝と日本の軍隊は朝鮮に駐留したままである。各国代表は今日の問題について会議を開催するようである。清朝・日本・朝鮮に駐在する代表にいかなる衝突も防ぐ努力をするよう指示を出し、日清両国の軍隊を可能な限り速やかに撤退させることをアメリカ政府に謹んで頼みなさい。[84]

第一に、「同封一」の電報が作成された五月二五日は、大鳥圭介公使が外衙門督辦に宛てて朝鮮は清朝の属国なのか否かを問いただす照会を出して宗属関係を壊そうとする端緒を作った日で、朝鮮政府にとっては回答に苦悩した日である。第二に、内政改革要求については、日本政府の朝鮮国内政改革案が五月一二日に閣議決定されているため[85]、この時、大鳥公使から既に何らかの情報が朝鮮政府に伝えられたのかもしれない。第三に、「同封一」の電報にある、日本政府が日本軍の撤兵を拒否したこと、この事態を解決するために朝鮮駐在の各国代表による協議が必要であるという内容は、前項で確認した五月二一日（六月二四日）付の各国宛調停依頼の照会に通じる内容である。この同文通牒とは別に右のような依頼をアメリカ政府にしたことは、各国の調停でアメリカ政府のイニシアティブを期待していたとみなすこともできる。

しかし、アメリカ政府は駐朝アメリカ公使に対して、“instructed to use every possible effort for the preservation of peaceful conditions”[86]と朝鮮国内の平和維持に努力するよう命じただけであった。一方、アメリカ公使は国王や一部政府高官のアメリカ公使館への一時的避難を受け入れる考えをもつほどであったので[87]、先の五月二一日（六月二四日）の各国宛調停依頼の照会の後、イギリス・ロシア・フランス・ドイツの代表をアメリカ公使館に招致し、連名の照会を日本と清朝の代表に送付して両国軍の同時撤兵を要求しようと提議した。[88] このようにアメリカ公使とアメリカ政府では朝鮮政策に対する温度差があるものの、朝鮮政府としては、李承寿よりもアメリカ公使との交渉を主としていたため、アメリカ政府の動きを正確に摑むことはできないまま、アメリカ公使が主導する条約に基づく調停が行われることを希望していたとみられる。

日付の付されていない「同封二」では、アメリカ公使主導による各国代表会議に触れるとともに、駐清・駐日・駐朝鮮アメリカ公使が連携して日清衝突の回避に尽力することを求めている。この頃、ロシアとイギリスによる干渉が始まろうとしており、[89] 清朝に有利な動きをするロシアと、日本に有利な動きをするイギリスの構図が形成されつつあったが、朝鮮政府は、依然としてアメリカの動きを重視していた。このような朝鮮政府の動きは、ロシアの外交に部分的に影響を与えたとされる。[90]

しかし、駐米日本公使建野郷三が、五月二六日（六月二九日）付で陸奥宗光外務大臣宛に送った電報（本文は英文）には「六月二十二日ノ貴電接受ノ後、本使ハ米国々務大臣ニ面会シ、公然トナク朝鮮ニ於ケル事情ヲ陳辨セリ。本日同大臣ト面会ノ折、其談話ノ大要ニハ、朝鮮公使ヨリ清国ニテハ其兵ヲ撤退スル事ヲ望ムト雖トモ、日本ハ朝鮮政府ノ更迭ヲ要求シ撤兵ヲ拒絶セリトノコトヲ述ヘテ、米国ノ調停ヲ乞ヘリト。米国政府ニテハ朝鮮問題ニ付、中間ニ立ツ事ハ為サヽルベケレトモ、本使ハ今少シ帝国政府ノ意向ヲ詳ク承知シタシ[91]（句読点は引用者）」とある。すなわち、建野公使は李承寿が国務大臣に対して行った先の調停要請の事実（the Corean Minister has asked intervention of United States）を国務長官から聞いたとした上で、アメリカ政府は朝鮮問題においては仲裁しない（the United States will not interpose in the Corean question）とはっきり述べており、[92] アメリカ政府は朝鮮政府の要請を受け入れた調停をする意思をもたなかった。

アメリカ政府の消極的な態度に加え、既にロシアとイギリスが日本と清朝に対して調停に乗り出していたので、これ以上、駐米朝鮮辨理大臣李承寿を通したアメリカ政府との交渉は確認されず、朝鮮政府が希望したアメリカ公使主導の調停要請も日清開戦をめぐる国際関係に影響を与えるものとはならなかった。

他方、もう一つの在外使節である駐日朝鮮公使はどのような交渉を担ったのであろうか。駐日公使の活動については韓哲昊の研究があるため、本項では韓哲昊の研究を参照しつつ、適宜史料を引用しながら日清開戦過程の駐日公使の動きを整理する。(93)

清兵借兵要請が要因となって日本も朝鮮に出兵することが分かると、朝鮮政府は五月五日（六月八日）、駐日朝鮮辨理大臣金思轍に「王師は全州で大勝し、首魁を斬り、城は極めて安静である。聞くところによると、日本政府が兵を派遣し公館を保護しに来るという。こちらは平穏であるので、日本政府の派兵はこれを乱すものである。日本外務省に対して、既に派兵したようであれば、直ちに召回すべきであること、派兵から既に数日たっているのに電報での連絡がないことは訝るべきものであることを言明するように(94)」という電報を送っている。

これに対して、金思轍は五月七日（六月一〇日）、「全勝は幸いであります。日本政府を訪問しましたら、清国が出兵の照会を出してきたので出兵したといいます。しばらく大鳥からの電報を待って商議をまとめることとなりましょう(95)」という返信の電報を送っている。その後五月一一日（六月一四日）にも、金思轍は外務省へ行き、三〇分間の陸奥外務大臣との会談を行っている。(96)この時の会談内容については、金思轍の外衙門への報告記録が確認できないので分からないが、外衙門が再度五月一五日（六月一八日）に金思轍に電報を送り「巡辺使李元会の電報によると、匪賊の頭は既に滅び、他の者も武装解除し、既に帰化しており、これによって内務府が巡辺使の召回を奏明した。全羅道は安静である。日本公使に照会し、撤兵を力めて請うた。日本政府と商議し、日本公使に公使館の護衛兵の撤兵を電飭するよう伝えよ(97)」と命じていることに照らすと、金思轍と陸奥外務大臣との間の協議に進展がなかったことがうかがえる。

韓哲昊の研究によると、駐日朝鮮辨理大臣金思轍は当時、外衙門より東学農民軍の全州占領に関して十分な連絡をもらえなかったために、五月二日（六月五日）に帰任する大鳥公使を新橋まで見送りながら、彼の帰任理由を尋ね、朝鮮に到着したら状況を連絡して欲しいと伝えたほどであったという[98]。朝鮮政府が駐日公使に東学農民軍の蜂起の状況を詳しく伝えていなかったのはなぜだろうか。前節で取り上げた駐津督理李冕相も、朝鮮政府と清朝側の「仲介役」としての役割は果たしていたものの、本国での日清衝突の状況は正確に把握していなかった。駐日公使の場合は、財政難により通信費の負担がかかるやりとりが頻繁に行えなかったことや、朝鮮政府自らが朝鮮に駐在する杉村濬代理公使や大鳥公使らと直接、頻繁にやりとりが行えていた事情もあるのかもしれない。同様のことは、先の駐米朝鮮辦理大臣李承寿に関してもいえると思われる。

在外使節派遣からおよそ一〇年が経とうとする日清開戦期に、近代外交でいうところの在外公使の機能が十分に果たせていたとは言い難い状況は、朝鮮政府の対外政策を論じる上で見過ごせない事柄である。そもそも、何のために朝鮮政府は在外に使節を駐在させていたのだろうか。日本やアメリカと条約を結び、それに適う儀礼として使節を置いたのか。駐米公使・駐日公使が継続的に担った役割や本国政府との関係が、駐津督理に比べると、はっきりとは浮かび上がってこない。今後は、これまでの研究における、朝鮮が独立国であることの象徴としての駐米公使・駐日公使という見方から進んで、任地での活動および本国政府との連携といった実質的機能についても考えていかなければならない。

おわりに

朝鮮政府は日清開戦前後においても、宗属関係を主に据えながら近代国際関係を副として交渉するこれまでの対外政策を取り続けた。

東学農民運動の鎮圧に際し、壬午軍乱や甲申政変にならって清兵に借兵要請をしたのは、朝鮮政府の対外関係の基軸に宗属関係があったことを確認できる事例である。先行研究が指摘してきたように、清朝への借兵要請が日清開戦の端緒を開くことになったからといって、このことを閔泳駿一人の失策という一時的な政治判断のミスとして片づけてしまっては、朝鮮政府の対外政策の本質を見過ごしかねない。清兵借兵要請は、一八八二年以降の宗属関係と近代国際関係が交錯する状況において、宗属関係は優位なものとして継続・維持させる朝鮮政府の対外政策の延長上に位置するものである。そのような一二年間の対外政策の流れからみれば、宗主国である清朝への借兵要請は至極真っ当な選択であり、自然な政策の流れであった。

その後、朝鮮政府は日清両軍（特に日本軍）の駐屯に対しては「平安道監司―駐津督理―津海関道（―北洋大臣―総理衙門）」という情報伝達ラインを活用して、清朝に援兵派遣を求め朝鮮へのさらなる「保護」を求めた。ここで、駐津督理が宗属関係を強調して津海関道に援兵要請をしたこと、その要請が正しい戦況把握に基づいていなかったことなどは、駐津督理の性格を理解する上で重要である。また、駐津督理が朝鮮政府と津海関道の「仲介役」の機能を果たしたことは、駐津公館を天津に置いた意味をあらためて確認できる場面である。しかし、結果的には清朝からの援兵派遣はかなわないまま戦局は日本の優勢で展開した。

他方、朝鮮政府は甲申政変や巨文島占拠の時の対応と同様に、万国公法や条約第一条にある周旋条項を引き合いに出して、日清両軍の撤兵のための調停を各国に要請した。その際、朝鮮政府はアメリカ公使のイニシアティブに期待したとみられる。このような朝鮮政府の動きはロシア政府の動きに一時的に影響を与えたが、既にロシアとイギリスが日本と清朝に対して調停に乗り出していたため、日清開戦をめぐる国際政治に影響を与えるものではなかった。日清開戦過程の在外使節の活動としては、駐米朝鮮辦理大臣李承寿が一部アメリカ政府との交渉を担ったものの継続的な外交活動は確認できず、また駐日朝鮮辦理大臣金思轍においては、日本外務省との交渉が確認できるものの交渉内容や成果については明らかとなっていない。そのため、朝鮮政府と清朝側との「仲介役」の機能を果たした駐津督理に比して、外交交渉における機能が浮かび上がらず、朝鮮政府が条約に基づいて派遣した在外使節の位置づけが課題として残った。

以上でみた朝鮮政府の対外交渉の展開は、清朝が既に行っていたある種のダブルスタンダード、つまり宗属関係を優位に据えつつも近代国際関係にも対応しようとする交渉と類似している。さらに、そうした交渉が、朝鮮においては「保護」という概念で結びついたことも興味深い。宗属関係と条約関係という一見相反する二つの関係が、「保護」という概念で通底する論理として捉えられていたことは重要である。清朝に対しては宗属関係でいう「事大字小」の「保護」を、西洋諸国に対しては条約文にある「従中善為調処」が、朝鮮にとっては「小を字しむ」という意味の「保護」を受けるという点で通じていた。これは、近代的な意味での国際法上の保護とは当然異なり、「朝鮮政府が必要とし、かつ自主を侵さない、干渉ならざる保護[99]」であったといえる。

宗属関係の理念と実践を不変のものとして捉える朝鮮の考えは、可能であれば宗属関係を廃棄して朝鮮を条約体制のみに組み込もうとする日本の考えや、宗属関係を近代的に再編させつつも朝鮮を「属国」として保持し続けようとする清朝の考えとも異なるものである。このような朝鮮の対応は、朝鮮「独自」の政策であるとか、宗属関係と条約関係の「主体的」な運用という解釈も成り立つのかもしれない。しかし、日本政府が対清協調路線をとりつつもなし崩し的に日清開戦に至ったことや、清朝が近代国際関係と中華秩序を両立させる論理を、問題が生じるたびに考案していたことなどと同じように、朝鮮も宗属関係という在来の秩序をなるべく保ちながら、時と場合に応じて条約を運用する方法をとっていたとみられる。そのようにみると朝鮮・日本・清朝三国の近代国際関係への参入は、一貫した論理に基づいた外交の帰結というよりも、既存の秩序・体制をなるべく保ちつつ、その時々の問題に対処する対応の積み重ねによってなされていったとみられる。そして、そのような点に三国の共時性や共通性がみいだせるのではないだろうか。

第六章　対外実務の条約関係への特化
——宗属関係の終焉

はじめに

前章までで、朝鮮は宗属関係が現存する状況で、一八八六〜八七年および一八九〇年代はじめに対外制度を近代国際関係に対応するものへと変革した一方、政策面では宗属関係を優位に据え場合に応じて条約を運用する方法をとってきたことをみた。その上で、前章では日清開戦過程における朝鮮の対外政策・交渉の展開をみた。日清開戦に際しても、朝鮮は宗属関係を優位に据えた政策をとっていたが、そこには当然この後も宗属関係が存続するという見方があったからである。しかし日清戦争は日本の優勢で展開し、日本と清朝は一八九五年三月二三日（陽暦四月一七日）に下関条約を調印して朝鮮の「完全無欠なる独立自主国たること」を確認した。宗属関係は、ここに法的・公的に終焉したのである。では、このような日清開戦に伴う東アジア国際関係の変容過程において、朝鮮政府ではどのような制度の変革が生じたのであろうか。本章では、前章で扱った日清開戦時における朝鮮政府の対清・対西洋交渉の、いわば「裏」ではじめられていた甲午改革について取り上げる。とりわけ、甲午改革の時期に宗属関係が法的・公的に終焉するので、宗属関係によって最も大きな影響を受けた対外関係を掌る外政機構のあり様がいかに変化したのかをみていきたい。

ただ、甲午改革の期間や評価も研究者間で一致しない中[1]、広範にわたる内政改革すべてを議論することは本書の趣旨から離れてしまう。そのためここでは、第三章で明らかにした統理交渉通商事務衙門（以下、外衙門）の運営実態との比較に留意して議論を進めたい。外衙門は、甲午改革期に外務衙門に名称を変え、さらに一八九五年四月には外部と称する新しい官制に整備される。また、第三章でも指摘したように、制度変革における外政機構の変遷を検討する上では、形式的な役割をもつことが多い上級役職者[2]についての研究以上に、日々の実務を実際に担当する「主事」の活動実態の分析がより有用であると考える。したがって、本章では外衙門から外務衙門、そして外部へと外政機構が改編していく中での主事の職務内容の変化に着目し、対外制度の変化の実態に迫ってみたい。

1　日清開戦過程の統理交渉通商事務衙門

（1）統理交渉通商事務衙門「主事」への兪吉濬の抜擢

第五章第二節(1)で取り上げた一八九四年五月二一日（六月二四日）の外衙門から各国代表宛の調停依頼の照会が作成された前日の五月二〇日（六月二三日）、兪吉濬が外衙門の「主事」に任命されている。

兪吉濬（一八五六～一九一四）とは、字は聖武、号は矩堂、本貫は杞渓で[3]、「旧韓末の開化期を前後した社会の激動の渦中にあって一〇本の指に数えられるほどの先覚者」で、「優秀な政治家で経世家であり、立派な学者で志士」と評される人物である[4]。彼は老論系の名門両班の出身で科挙の準備をしつつも、朴珪寿と出会うことで開化思想に触れ、新学問に目覚めていく。一八八一年、朝鮮政府が日本に派遣した「東莱府暗行御史」（いわゆる朝士視察団・

紳士遊覧団）の一人、魚允中の随員として日本の政府機関を視察した兪吉濬は、視察団の帰国後も日本に残って、福沢諭吉の援助を受け慶應義塾で学んだ。日本留学からの帰国後、兪吉濬は外衙門主事に任命され、開化事業の一つである国漢文混用体の新聞『漢城旬報』の発刊に尽力するも、漢城判尹朴泳孝が職を解かれて新聞刊行事業が中断すると、兪吉濬もその職を辞した。その後一八八三年に朝鮮政府が朝米修好通商条約締結に伴って報聘使をアメリカに派遣することになると、兪吉濬は正使・閔泳翊の随員として同行した。そしてここでも兪吉濬は、報聘使一行の帰国後もアメリカに残り、勉学に励む機会を得る。閔泳翊の計らいだった。マサチューセッツ州セーラム市のエドワード・モース宅で英語を学び、その後、同州のサウス・バイフィールドのガヴァナー・ダンマー・アカデミーで大学入学の準備をした。ところが、この時、朝鮮で甲申政変が起こる。開化運動の先輩である金玉均・洪英植などが、自分の後援者である閔泳翊と政治的に対立し、閔泳翊に重傷を負わせたのである。一八八五年末、兪吉濬は学業を中断して帰国し、捕盗大将韓圭卨の家に拘禁される。

この軟禁期間の兪吉濬については、甲申政変を引き起こしたグループの一員とみなされて監禁されたと解釈されてきた。しかし、甲申政変派の人物とみなされたのになぜ兪吉濬は極刑に処されなかったのか、また兪吉濬は帰国前に甲申政変派の人物を支持しないことを明らかにし、国王と政府はそれを受け入れて帰国させているのに、なぜ幽閉・監禁されたのかなど説明できない点があった。これに対して柳永益(5)は、清朝の宗主権強化政策およびそれによる袁世凱の内政干渉という当時の政治的状況に言及し、兪吉濬は袁世凱によって処刑される可能性が高かったため、高宗と袁世凱が妥協することで幽閉・監禁という異例の処罰になったと指摘した。そして、兪吉濬は幽閉・監禁の身にありながら、袁世凱が監視していた正式な外交ルートではない高宗の機密外交ルートを処理する韓圭卨の隠れた参謀役となったと論じるのである。なぜなら、その機密外交ルートにはアメリカ人外交顧問のデニーらがいたため、英語に通じており国際法にも明るい兪吉濬が必要とされたというのである。

袁世凱が「総理朝鮮交渉通商事宜」として漢城に着任したのは一八八五年一〇月一一日で、兪吉濬が済物浦に到着したのが一一月一六日である。また袁世凱がいわゆる宗主権強化政策を展開しはじめるのは、一般に一八八六年の第二次朝露密約事件や一八八七年の駐米全権大臣派遣およびそこでの「三端」違反の過程で確認でき、着任間もない袁世凱が直ちに宗主権強化政策を実行し、さらには兪吉濬を処刑しようとしたとみるのは清朝や袁世凱が朝鮮に対してもっていた権限を過大に評価するものではないだろうか。ただ、兪吉濬がこの軟禁期間に『西遊見聞』を執筆して朝鮮に近代的な知識を普及させようとしたこと、「中立論」（一八八五年）や「国権」（一八八八年）で朝鮮の国際的な位置づけを議論したこと、さらに朴定陽の「三端」違反を詰問する袁世凱に照覆を作成（一八八九年）したことなどを考慮すると、幽閉・監禁というかたちのもとで袁世凱の干渉を避け、高宗・閔氏政権の対外政策を支えていたというのは説得力をもつ。しかし、そうであるとすれば、日清開戦前夜の未だ袁世凱の影響力が残る外衙門においてなぜ兪吉濬が再び「主事」に任命されたのか、説明が難しくなる。

第三章で明らかにしたように、外衙門では一八九二年一〇月以降はそれまで「主事」として出勤していた者は「総務」に改称されて総務として出勤していた。兪吉濬の他に主事として出勤したことが確認できる者は申泰茂くらいで、一八九四年四月一七日に主事に任命され、兪吉濬と同じ六月一二日に出勤している。そのため、当時は外衙門のすべての業務を総務が担当しており、事実上主事が担当していた職務はなくなっていたとみてよい。もちろん、第三章表3-7の通り、一八九二年一〇月以降にも主事に任命された者は申泰茂以外にもいたが、彼らは外衙門に出勤した記録はなく、何らかの政治的意味での任命を受けた冗官であった。

しかしながら、六月一二日（七月一四日）の外衙門の出勤記録をみると、督辦、協辦、参議、総務の次に主事として出勤した兪吉濬の名前が記録され、続けて「主事申泰茂・兪吉濬、粛命より後、毎日出勤」(6)とわざわざ記されている。申泰茂と兪吉濬の主事任命後の五月二〇日から六月一二日までの彼らの出勤記録は残されていないが、主事任命後から毎日出勤していたことが強調されているのである。実際に、六月一二日以後六月二二日（七月二四日）までは兪吉濬が主事として毎日出勤したことが『統署日記』を通して確認できる。主事への任命が冗官に過ぎなかった当時の状況に鑑みると、毎日出勤する兪吉濬（と申泰茂）の主事任命は、それまでの流れとは異なる、特別な意図をもつものであったことが分かる。柳永益によると、兪吉濬と金嘉鎮は安駉寿の推挙で閔泳駿によって五月二〇日に外衙門の主事と参議にそれぞれ起用され、五月八日に漢城に入城した大鳥圭介公使の内政改革圧力を宥和する外交任務を課せられたという[7]。

また、『統署日記』の出勤記録をみると、督辦、協辦、参議、総務の次に主事が記録されていることから、主事は総務よりも下の職位であることがうかがえる。しかし、第三章でみたように、主事あるいは総務のとりわけ新人が担当する仕事に「入直」（宿直）があったが、主事就任後の兪吉濬（と申泰茂）はこれを担当していない。さらに、兪吉濬は甲午改革初日にあたる六月二一日に参議に昇進している。外衙門で主事から参議に昇進した者は第三章でみたように、兪吉濬を含め僅か七名しかいなかったので、兪吉濬が主事就任からわずか一〇日ほどで参議に昇進したことはまさに異例である。ましてや兪吉濬は甲午改革期に内部大臣に就任する人物であるので、日本政府との関係も考慮すべきだろう。

（2）「両截体制」の実践

杉村濬の回顧録によれば、五月二七日（六月三〇日）に兪吉濬は、法律顧問グレートハウス（C. R. Greathouse）や袁世凱らの意見を参考にしながら日本宛の照会を作成している[8]。これは、五月二五日（六月二八日）に日本側が外衙門に対して「清国公使ノ称スル保護属邦ノ四字ハ朝鮮政府ニ於テモ之ヲ認ムルヤ否」[9]を問う照会に対する照覆である。すなわち、日本政府は朝鮮政府に対して、清朝の朝鮮派兵事由の照会にある「我朝保護属邦旧例」という文句を引き合いに出して、清朝側のいう「保護属邦」を朝鮮政府においても認めるのかどうかを問いただす照会を送っていた。[10] この照会に対する回答期限は翌日であったが回答に窮した朝鮮政府はそれを引き延ばし、翌々日に照覆を出した。内容は次の通りである。

丙子〔一八七六〕修好条規第一款には、朝鮮は自主の邦にして日本国と平等の権を保有するという一節を載せている。本国は立約以来、あらゆる両国交際や交渉事において均しく自主平等の権に照らして処理してきた。この度の中国に派兵を依頼したこともまた我国自由の権利である。朝日条約と少しも違うところがなく、本国は朝日条約を遵守し真面目に実行している。また本国の内治外交が自主であることは中国もまた素より知るところである。中国の汪〔鳳藻〕大臣の照会の内容と大きな隔たりがあるかどうかについては本国の関係するところではなく、本国は貴国との交際の道を両国の条規に照らして処理することをただ認めるだけである。[11]

この照覆は杉村濬をして「巧ニ其鋒ヲ避ケタルガ如シ」といわしめるものであり、大鳥圭介公使はこれを受け、「朝鮮政府ハ六月三十日正午公文ヲ以テ江華島条約第一条（即チ自主ノ国タル事ヲ証明スルモノナリ）ヲ確証スル旨申越セリ」と陸奥宗光外務大臣に回答している。[12] 朝鮮政府は、清朝とは属国自主の関係でありながら日本とは独立自主の関係である状況について、巧みに後者にのみ言及したのである。[13]

また、右の照覆の議論は、兪吉濬が『西遊見聞』「邦国の権利」（一八八九年脱稿、一八九五年刊行）で論じた「贈貢国独立論」すなわち国際法的にみて「贈貢国」は独立国であるという議論に通じるものである。劉パダの議論によれば、兪吉濬は敢えて「贈貢国（Tributary State）」と「属国（Vassal State）」を区別して、「半主権国（Semi-Sovereign State）」の範疇に含まれる「贈貢国」を独立自主国とみなし、制限的であれ主権（Sovereign）が付与されている属国を事実上の植民地（Colony）とみなした。[14] 重要なのは、これが兪吉濬独自の解釈で『万国公法』の解釈とは異なる点である。[15] また、兪吉濬は「属国は締約する権がないが、贈貢国は他の独立主権国と同等の修好航海及通商条約を議定」するとして、主権の有無に条約締結権を重視し、「贈貢国」であれば条約締結権が自動的に付与されるとみなし、国際法的に「贈貢国」に適用されうる宗主権を無視していた。[16] そして兪吉濬がいう「贈貢国」とは恐らく朝鮮のことである。であれば、朝鮮は一時的に宗主国である中国の「保護」を受けることがあっても、一方で条約に照らして各国との間で自主平等の権を行使しているので、まさに兪吉濬の理論では独立自主国なのである。[17]

兪吉濬は、宗属関係と条約関係の併存において、ときに朝鮮にとって国際法で当然認められるはずの主権が宗属関係によって制限されるという事象や状況に着目し、「両截体制」、すなわち宗属関係と条約関係は相互に矛盾するしくみであると批判する議論を『西遊見聞』（第三編「邦国の権利」）で展開した。[18] この「両截体制」という用語は、当時の朝鮮が置かれた位置を適切に表現している用語として、兪吉濬の思想研究だけではなく、朝鮮近代の政治・外交史研究でもしばしば援用されるほど注目されてきた。[19] しかし兪吉濬が、「贈貢国」・「独立主権国」をめぐる議論や「両截体制」を論じることができたのは、当時では珍しく日本とアメリカで学問を学び、さらに執筆時に朝鮮政府内では役職についていない自由な立場にあったという特殊な経歴ゆえである。従って、兪吉濬がいう「両截体制」という見方が当時の政府で共有されていたとは言い難く注意が必要である。ただ、朝鮮政府が宗属関係と条約関係を分けてそれぞれに対応する交渉を展開してきたことは前章まででも確認してきた。

兪吉濬の「両截体制」を対清独立とみるか対清協調とみるかで研究上の議論が分かれているが、[20] 兪吉濬の本心は別として、清朝との関係をあからさまに否定しない彼の文章ゆえ、政府はこれまでの政策の延長上で彼を主事に再任用したとも考えられる。[21] 兪吉濬がアメリカからの帰国直後に執筆した「中立論」では、清朝を盟主にした朝鮮中立化を論じつつも原稿の欄外に「この議論は大きな計画だというべきだが、人目に入れるのは大いに差し障りがあるので、しばらく削除するのがよいが、家蔵しておくなら削除する必要はない[22]」と書き記している。兪吉濬は袁世凱の存在、すなわち清朝との宗属関係を常に考慮して外交政策を論じており、それは朝鮮政府と共有される観点であった。

ところで、上の照覆を送った五月二七日（六月三〇日）に兪吉濬が外衙門に出勤した記録はないが、六月一二日（七月一四日）の記録をみると、五月二〇日（六月二三日）の主事就任以後は毎日出勤していることになっているので、杉村濬がいうように彼が照会作成に主導的な役割を果たしていてもおかしくない。このような兪吉濬の勤務状態と彼の対外姿勢から考えると第五章で取り上げた五月二一日（六月二四日）の各公館宛調停依頼の照会およびその「附送洋文」、また景福宮占拠に際して六月二四日（七月二六日）に各公館に送付した照会の作成にも関わっていた蓋然性が高くなる。いずれにせよ、兪吉濬の主事への再任用は、外衙門への「親日派」の引き込みという甲午改革だけに引き付けた解釈にとどまらず、外衙門の運営の流れの中に位置づけて検討すべき問題である。外交事務の専門家である総務が実務を担っていたにもかかわらず、兪吉濬を再び主事として招いたことは特別な意味をもつ。日清開戦過程において、留学経験者として語学能力の高さだけではなく、日・米それぞれに通じ、国際法にも明るい兪吉濬が主事に抜擢された。別言すれば、それだけ朝鮮政府にとっては日清開戦過程の対外交渉を難しい外交局面として捉え、緊要さをもって対応していたといえるだろう。

2　外政機構の改編

(1)『外務衙門官制』とその内容

以上のような兪吉濬の外衙門主事への就任は、日清開戦前夜に内政改革に応じて外衙門の組織が変容していく過渡期に位置づけることもできる。本節では、先行研究の成果をもとに、外衙門から外務衙門、そして外部へと外政機構が変遷する中で、第三章同様とりわけ主事がどのように変化していったのかに着目して制度改編の流れを確認する。

一八九四年六月一日に大鳥圭介公使が外衙門督辦に内政改革五カ条を突き付けたことは既に言及したが、これを受け朝鮮政府は内政改革調査委員（督辦内務府事申正熙・協辦内務府事金嘉鎮・曹寅承）を任命する。一八九四年六月八日・九日・一三日（七月一〇日・一一日・一五日）の三日間にわたって南山の老人亭で、三名の内政改革調査委員と大鳥公使・杉村書記官が会談し、内政改革案五カ条に基づき「内政改革方案綱目」を説明した。詳細な内容は田保橋潔が既に明らかにしているので[23]、ここでは外政機構の運営と関わりがある部分にとりわけ注目したい。それは「冗官廃止」「官吏の整備」に関する項目である。「内政改革方案綱目」は「甲　三日以内に議定し十日以内に実行すべきもの」「乙　六箇月以内に実施すべきもの」「丙　二年以内に実行すべきもの」の三つに分けられ、全二七項目が掲げられたが、このうちの「乙　六箇月以内に実施すべきもの」に「冗官を淘汰すること」「官吏の俸給を増額し、生活の安定を図ること」という項目がある。第三章で既にみたように、一日でも外衙門に出勤したことが確認できる主事は、主事に任命された二二四名のうち一〇二名、延べ人数では二七三名のうち一〇六名で、主事に任命はされても半数以上が一度も出勤せず、出勤しなくても俸給をもらう冗官であった。一方で、主事に任命された者は、就任前は進士や幼学であるが海外経験などを買われて登用された者が少なくなかったため、登用されても堂上官に昇進することは稀で、主事として一〇〇〇日以上ほぼ毎日出勤する者もいた。日本公使館が提案した「内政改革方案綱目」はまさにこのような状況にメスを入れようとするものであったといえる。

それでは、外衙門がどのように制度改編をしていくのか、以下で三つの段階に分けて検討したい。

第一段階は、六月二八日（七月三〇日）に制定され、七月二〇日（八月二〇日）に施行・公布された『外務衙門官制』についてである。これは六月二一日（七月二三日）に大鳥公使・杉村書記官が中心になって大院君を担ぎ行った景福宮占拠の後、六月二五日（七月二七日）に新政権が発足するまでの暫定的機構として設置した軍国機務処が公布した新官制案である。『官制』と題された各府新官制には、議政府、内務衙門、外務衙門、度支衙門、法務衙門、学務衙門、工務衙門、軍務衙門、農商衙門が置かれ、議政府および八衙門より成る政府がつくられた。田保橋は新官制について、「立案者が大典会通による旧制度を原則的に保存し、近代法治国に於ける内閣制度と調和せしめるに多大の苦心を払ったことが看取し得られる」と指摘している。(24) 外政機構に着目すれば、外衙門が外務衙門に改称されたこと、そして議政府や他の七衙門と並んで位置づけられたことが注目に値する。従前の外衙門は正二品衙門で議政府や内務府といった正一品衙門より政府内の位置づけは下位にあり、朝鮮政府においては議政府や内務府といった国内事務や宗属関係を扱う官庁に比べ、近代国際関係に対応する外交事務の位置づけが低かったことを反映していた。しかし、甲午改革においては「近代法治国に於ける内閣制度」に合わせ、外務衙門も他の官庁と同等の位置づけに改編されたのである。この時定められた『外務衙門官制』の各条項は表6-1の通りである。

外務衙門と改称された外交担当機関には、大臣一名・協辦一名・参議五名・主事二〇名の人員が配置され、総務局・交渉局・通商局・繙訳局・記録局・会計局の六局が置かれた。第三章表3-4でみた『統理交渉通商事務衙門続章程』（以下『続章程』）では、督辦一名、協辦・参議は人員数が記されず、主事は二四名で、総務司・通商司・交渉司・繙訳司・記録司・会計司の六司が置かれていた。そのため、『続章程』と『外務衙門官制』を比べると主事人員が二四名から二〇名に減少しているものの、六司構成はそのまま六局に内容共々引き継がれていることが分かる。また、『続章程』での主事の配置は総務司五名、通商司二名、交渉司六名、繙訳司二名、記録司五名、会計司三名であったので、『外務衙門官制』での総務局二名、交渉局四名、通商局二名、繙訳局四名、記録局六名、会計局二名という主事の配置は、ほぼ『続章程』でとられた比重の付け方を継承しているようで、外交交渉を扱う部

表 6-1 『外務衙門官制』

外務衙門は交渉通商事務を掌り，公使・領事等の官を監督する	
大臣一員・協辦一員・参議五員・主事二〇員を置き，左の各局を分置する	
総務局	総務局は未だ設置に及ばざる各局の庶務を掌る 参議　一員 主事　二員，秘書官を兼ねる
交渉局	交渉局は外交事務を掌り，兼ねて万国公法・私法を審査する 参議　一員 主事　四員
通商局	通商局は通商・航海の事務を掌る 参議　一員 主事　二員
繙訳局	繙訳局は外国公文・公牘の翻訳を掌る 参議　一員 主事　四員
記録局	記録局は条約書を保管し，外交文書の保存を掌る 参議　一員，繙訳局がこれを兼ねる 主事　六員
会計局	会計局は本衙門出納の財簿を掌る 参議　一員 主事　二員

出典）『官報』1894 年 6 月 28 日，田保橋潔「近代朝鮮に於ける政治的改革（第一回）」『朝鮮史編修会研究彙纂 第一輯 近代朝鮮史研究』朝鮮総督府，1944 年，203–205 頁。

門と外交文書の保管をする部門に人員を厚くしている。一方、外務衙門では繙訳局の人員を増やしている。

職務内容を詳細にみると次のような点が指摘できる。第一に、『外務衙門官制』で定められた内容は『続章程』「第一条」で定められた督辦の職務と重なる。すなわち、『続章程』第一条では「本署堂郎、海陸税関監理および在外公使領事」の監督・指揮が督辦の職務として規定されたが、『外務衙門官制』でも外務衙門は「交渉通商事務」を掌り、「公使・領事等の官」を監督することが決められた。第二に、『続章程』では総務司の職務内容として、①政務訓令書や各国公使館往復文書の起草、②条約や章程等の謄刊・交付、③条約改定時の万国公法斟酌、④公使・領事の全権証書・委任状奉諭、⑤官員の管理、が挙げられ、続いて一八九二年一二月二七日には「総務司節目」が制定されていた。第三章3(2)でみたように「総務司節目」の詳細は分からないものの、「総務」の職務内容から『続章程』で定められたおよそすべての業務を担当していた可能性が高かった。しかし、『外務衙門官制』の総務局の職務内容をみると、「未だ設置に及ばざる各局の庶務を掌る」とあり明確な職務内容は定められていない、いわゆる「庶務」担当の部局となっている。第三に、『続章程』の交渉司では、主だった職務として①外国交際官の陛見・宴会事務、②在朝鮮各国公館領事館館地・各港領事館館地・居留租界事務、③駐朝鮮公使・領事に関わる事務、④各港領事の認可状事務、⑤私的雇用の外国人の管理、⑥護照等の発給、があったが、『外務衙門官制』の交渉局の職務内容は「外交事務を掌り、兼ねて万国公法・私法を審査する」となり、従前の交渉司の職務に加え、総務司の職務の一部も担当するような内容となっている。第四に、『続章程』の繙訳司は翻訳と通訳の二つの業務があったが、『外務衙門官制』の繙訳局の職務内容には通訳がなくなり「外国公文公牘の翻訳」のみになった。その他、『続章程』から『外務衙門官制』への改編で、通商司から通商局、記録司から記録局、会計司から会計局については、おおよその職務内容が引き継がれているようである。

第三章で指摘したように、一八九一年頃から外衙門の実務に熟練・熟達した総務が既存の主事の業務を行い、一八九二年末には「総務司節目」が制定され一〇名の主事が総務になっていたことを指摘したが、『外務衙門官制』では再び主事が用いられていることも注目すべき点である。このように外政機構の実務担当者の変遷を振り返ると、総務は朝鮮政府が近代国際関係に対応する過程において独自に誕生したものであること、しかし総務は外務衙門に引き継がれることはなく主事に戻ったことが分かる。

なお、七月一五日（八月一五日）に外務大臣に金允植が、一九日に外務協辦に金嘉鎮、外務参議に金夏英・李鶴圭・陸鍾允・権在衡・金容元が任命された。

（2）『外部官制』とその内容

『外務衙門官制』に続く第二段階の改編は、一八九四年七月一日（八月一日）に軍国機務処で改正された品級および七月一四日（八月一四日）に定められた「各府各衙門通行規則」についてである。まず品級改正で、勅任官である大臣は従一品で品俸月額二〇〇元、協辦は正・従二品で品俸月額一五〇・一二〇元、奏任官である参議は三品で品俸月額八〇元と定められた。主事は奏任官と判任官に分けられ奏任官主事は四品・五品・六品で品俸月額四〇元・三五元・三〇元、判任官は七品・八品・九品で品俸月額二五元・二〇元・一五元と定められた。[25]次に、「各府各衙門通行規則」では局長が創設された。第二〇条に「各局の参議は局長となり、四品主事は次長となる、局長あらば次長を置かず、次長あらば局長を置かず」、第二一条に「局長は大臣の命令を受け、其職権を行い、各課の事務を管理す」と定められた。[26]

最後は、一八九五年三月二五日（四月一九日）に制定された『外部官制』である。これは一八九四年九月二八日（一〇月二六日）に着任した井上馨公使が、財政不足により停滞していた内政改革を促進すべく日本からの借款契約を成立させた後に閣議決定された内閣および各部官制をはじめとした関係法令の一部である。詳細は表6-2の通りである。

外務衙門は外部と改称され、組織はこれまでの六局から交渉局・通商局の二局に改編された。また、外部大臣のもと、参書官三名、繙訳官二名以下、繙訳官補三名以下、主事一二名が置かれた。繙訳官および繙訳官補が新しく設けられた一方、主事人員は二〇名から一二名におよそ半減した。注目すべき点は、従来の交渉局が一等局、通商局が二等局となり、二局体制となった点である。このような簡便な二局体制に整理された背景には、中国との宗属関係がなくなり、朝鮮が日本やイギリス、ロシア、アメリカ、フランスなどといった近代国際関係に即した国家とのみ外交するようになり、[27]国際関係が整理されたことと深く関わるだろう。また、これまで独立した記録司（『続章程』）・記録局（『外務衙門官制』）が担当していた条約書保管業務、繙訳司（『続章程』）・繙訳局（『外務衙門官制』）が行っていた翻訳業務、そして会計司（『続章程』）・会計局（『外務衙門官制』）が行っていた会計業務をすべて

表 6-2　『外部官制』

第一条	外部大臣は外国に関する政務を施行し，外国にある本国商事の保護に関する事務を管理し，外交官および領事官を監督する
第二条	大臣官房に於いては，官制通則に掲げる者の外，左開する事務を掌る 一　条約書保管に関する事項 二　文書翻訳に関する事項 三　本部所管経費および諸収入の予算決算並びに会計に関する事項 四　本部所管官有財産および物品の管理並びに其帳簿調製に関する事項
第三条	外部専任参書官は三人を以て定員となす
第四条	外部に左開する二局を置く 交渉局 通商局
第五条	交渉局は一等局，通商局は二等局とする
第六条	交渉局に於いては，外交に関する事務を掌る
第七条	通商局に於いては，通商航海に関する事務を掌る
第八条	外部に繙訳官二人以下を置き奉任とし，文書の翻訳に従事する。外部に繙訳官補三人以下を置き判任とし，繙訳官の事務を助ける
第九条	外部主事は十二人を以て定員とする
第十条	本令は開国五百四年四月一日より施行する

出典）田保橋潔前掲「近代朝鮮に於ける政治的改革（第一回）」240-241 頁。

「大臣官房」が担当し、『外務衙門官制』で「庶務」を担当することが決められた「総務局」がなくなったことも注目される。この交渉局・通商局、そして大臣官房には後にさらに詳しい分課規程が定められた。

表6-3を見ると大臣官房には秘書課・文書課・繙訳課・会計課の四課が置かれ、『外務衙門官制』の総務局の職務内容が秘書課に、記録局が文書課に、繙訳局が繙訳課に、会計局が会計課にそれぞれ引き継がれ、その原型は『続章程』の総務司、記録司、繙訳司、会計司でそれぞれ確認できる。もちろん、加筆・修正された点もあり、例えば第三条第七項にある電報に関する規定は時代の変化を反映した加筆である。一方、『続章程』で交渉司・通商司の職務としてあった内容については、おおよそ交渉局・通商局に引き継がれているものの、交渉司の職務を通商局が担当することになったり、大臣官房秘書課に引き継がれたりしており、職務内容がより細分化されたことが分か

表6-3 『外部分課規程』

第一条	大臣官房に左開する四課を置き，その事務を分掌する 秘書課，文書課，繙訳課，会計課
第二条	秘書課では左開する事務を掌る 一　機密に関する事項 二　官吏の進退・身分に関する事項 三　大臣官印および部印の管守に関する事項 四　御親書と国書と領事官の委任状および認可状に関する事項 五　王国に駐在する各国外交官の謁見と待遇および諸儀式に関する事項 六　外国人の叙勲・謁見に関する事項
第三条	文書課では左開する事務を掌る 一　条約書・批准書・諸国書および外交文書の保管に関する事項 二　公文書類および成案文書の接受・発送に関する事項 三　統計報告の調査に関する事項 四　公文書類の編纂・保存に関する事項 五　図書の保管および刊行に関する事項 六　王国にある外国公使館雇人給牒に関する事項 七　電報の起草と接受・発送に関する事項
第四条	繙訳課では左開する事務を掌る 一　諸外国文書の国語翻訳に関する事項 二　国語文書の外国語翻訳に関する事項
第五条	会計課では左開する事務を掌る 一　本部および在外公館の経費および諸収入の予算・決算に関する事項 二　本部および在外公館の金銭出納に関する事項 三　本部所管官有財産および物品並びにその帳簿調製に関する事項
第六条	交渉局に左開する二課を置き，その事務を分掌する 第一課，第二課
第七条	第一課では左開する事務を掌る 一　外交政務に関する事項 二　各般条約の解釈に関する事項 三　外交官の職務および権限に関する事項
第八条	第二課では左開する事務を掌る 一　王国にある外国人および外国人居留地に関する事項 二　犯罪人交送に関する事項 三　外国人の内地旅行憑単に関する事項
第九条	通商局に左開する二課を置き，その事務を分掌する 第一課，第二課
第十条	第一課では左開する事務を掌る 一　通商・航海に関する事項 二　領事官の職務および権限に関する事項 三　通商報告に関する事項
第十一条	第二課では左開する事務を掌る 一　外国に出業する者に関する事項 二　海外旅券に関する事項 三　外国にある王国臣民に関する事項

出典）『官報』1895年4月16日。

表 6-4　統理交渉通商事務衙門交渉司・通商司の職務内容の外部における担当部局

統理交渉通商事務衙門	職務内容	外部
交渉司	外国交際官の陛見と宴会の事務	大臣官房　秘書課
	朝鮮駐在の各国公使館館地と各港領事館館地および居留租界の事務	交渉局　第二課
	朝鮮駐在各公使・領事の氏名・爵位・勲等およびその赴任・就任・解任・帰国の年月日の証明書への詳記，並びに外国官吏と人民の賞勲に関する事務	大臣官房　秘書課 交渉局　第二課
	朝鮮駐在の各港領事の認可状の事務	通商局　第一課
	私的に外国人を雇用する際の管理	なし
	朝鮮人が外国旅行する際の護照，外国人が朝鮮国内を游歴する際の護照並びに憑験の発収	交渉局　第二課 通商局　第二課
通商司	外国人の朝鮮内地買付け，朝鮮人の外洋貿易および海関・辺関の一切の商務	通商局　第一課 通商局　第二課
	外国に派遣した領事の赴任・解任事務と規定手数料の徴収	通商局　第一課

出典）第三章表 3-4 および本章表 6-3。

る。具体的な内容は表6-4の通りである。
以上のような外政機構の改編の流れをみると、『続章程』で決められた六司の職務内容を原型としつつ、実際の外交業務に対応するため、より精緻に細分化していることが分かる。逆にみれば、それだけ『続章程』は既に近代国際関係に対応した規則であったということである。すなわち、一八八七年に制定された『続章程』は、西洋諸国との交際が新しく増え業務が繁忙となったために、朝鮮政府がそれ以前の『統理交渉通商事務衙門章程』を改め、職務規定を増やして職務内容も細分化するなど大きな変更を施したものであったが、それが後の『外部官制』に引き継がれるほど実際の外交業務に対応した内容であったのである。その後、『続章程』から『外務衙門官制』、『外部官制』へと近代国際関係との関わりに応じて職務内容が整理・集中していく過程は、まさに外衙門から外務衙門、そして外部へと近代外交に特化する機関となっていく過程を改めて確認させてくれる。元々、外衙門は宗属関係ではなく、日本や西洋諸国との条約関係を処理するために新設された衙門であった。そのため、宗属関係が実質的に機能しなくなった甲午改革期に、条約の運用だけを目的とした機構への改革がしやすかったということでもある。以上のような官制の改編を踏まえ、次節で外衙門から外務衙門、そして外部へと至る過程の主事の活動実態を検討する。

3　主事の勤務実態

外政機構に督辦（大臣）・協辦・参議（局長）といった役職がある中で主事の実態に着目する理由は、第三章で既に述べた通り、上級役職者は出勤しない日が多々ある一方で、主事は必ず誰かが出勤しているため、主事の活動が当該時期の外政機構の運営実態を反映していると考えられるためである。

本章末の表6-6は、第三章の表3-7で分析した主事任命者の続きとして、一八九四年七月一日から、高宗が皇帝に即位し大韓帝国が成立する月である一八九七年一〇月三一日までに、主事に任命された者の姓名・本貫・在任期間・生年・就任年齢・就任前の主な職位・就任中および就任後の主な職位をまとめた。使用した主な史料は、高麗大学校亜細亜問題研究所が編纂した朝鮮政府の外政機構の職務日記である『旧韓国外交関係附属文書』第五巻（『統署日記』三）と第六巻（『外衙門日記』）である。『統署日記』三は一八九二年一〇月一日から九五年閏五月二日までを、『外衙門日記』は一八九五年閏五月一日から九九年一〇月一三日までをそれぞれ採録している。既述したように外衙門は一八九四年七月二〇日（八月二〇日）から外務衙門に改称され、一八九五年四月一日（四月二五日）に外部に改称された。そのため、高麗大学校亜細亜問題研究所が編纂した職務日記の題名と実際の外政機構の名称が一致しない期間があるが、本章では史料名をそのまま引用することとする。

表6-6をみると、主事に任命された者は六〇名で、このうち丁大英・秦尚彦・金夏英・朴世煥・丁大有・李応翼・申泰茂・趙性協・李康夏の九名は一八九四年六月以前からの勤務者で、申泰茂を除く八名は「総務」であった。しかし七月一七日以降、外衙門の職務日記である『統署日記』でそれらは「主事」と表記されるようになる。一八九四年七月以降に任命された五一名のうち、九名は以前に主事に任命されたことがある者であった。次に、在任期間に△の記号が付いている者は、出勤が確認できない者であった。第三章で指摘したように、一八九〇年前後以降の主事任命者には冗官も多くいたと考えられるが、表6-6をみると、七月二〇日に出勤が確認できない一〇名が任命された以外、他の任命者は出勤が確認できる。これは先に、大鳥圭介公使が「内政改革方案綱目」で掲げた「冗官を淘汰すること」を意識した改革であると思われる。また、七月二〇日に一度に一〇名が主事に任命され彼らの出勤が確認できないことは、軍国機務処会議にて冗官の淘汰による失業両班の氾濫を防ぐ対策がこの時期に行われていること[28]と関係があると考えられる。他方、一八九四年六月以前は主事に任命されても開港場勤務であったが、同年七月以降の再任命では外衙門で勤務している玄采（元釜山港書記官）・兪競煥（元仁川港書記官）・朴義秉（元元山港書記官）・李秀岳（元仁川港書記官）などの例もある。また在任日数も、一八九四年七月以降勤務者の五一名はまとまった日数を勤務しており、おおむね二〇〇日程度は勤務していることが分かる。

第三に、昇進についてみると、一八九四年六月以前からの勤務者で総務であった金夏英は外衙門参議（一八九四年六月二四日）に、趙性協は外務衙門参議（一八九四年九月一日）に、丁大有は外部参書官（一八九六年一月一七日）に昇進している。その他でも「繙訳官」への昇進が確認できる。前項でみたように、繙訳官は一八九五年四月一日に施行された『外部官制』で創設された六等官である。姓名の前に◎の記号が付いている申泰茂・彭翰周・玄映運・李宜冊・朴鎔奎の五名が主事から繙訳官に昇進している。また、繙訳言語については、就任前後の職位などから申泰茂・玄映運は日本語、彭翰周・李宜冊・朴鎔奎は英語であったと推測される。

表6-5　一日当たりの主事出勤人数の月平均（1894.7～97.10）

（人）

	1	2	3	4	5	閏5	6	7	8	9	10	11	12
1894	第三章表3-5参照							6	11	15	17	18	16
95	14	16	14	12	13	12*	／	13	16	12	15	14**	×
96	11	11	10	11	12	－	12	12	13	13	12	11	11
97	11	11	13	14	13	－	12	11	11	12	11	＼	＼

出典）『統署日記』，『外衙門日記』（1895年閏5月1日以降）。なお1896年1月1日から陽暦。

注）小数点第1位を四捨五入。

*1895年閏5月は1～17日までの平均値。閏5月から6月末までは腐蝕により記録がない（「以下至六月末日日記原文が腐蝕」『統署日記』3，高宗32年乙未閏5月17日，13頁）。

**1895年11月17日からは陽暦使用となり1896年1月1日になるため，1895年11月は1～16日の平均値である。

／は腐蝕により記録がない時期を，×は陽暦使用により存在しない時期を，＼は大韓帝国成立後の本章では扱わない時期をそれぞれ示す。

第四に、第三章表3-5同様、一八九四年七月から一八九七年一〇月までに毎日何人の主事が出勤したのか、一日当たりの主事出勤人数の月平均の推移をまとめたものが表6-5である。出勤人数の計算にあたり、表3-5との違いで特筆すべきは次の三点である。まず、日曜日などの「停公」日で出勤者がない日でも「入直」（「伴直」のいる場合は二名）の名前は記されているので、その者を出勤者としてカウントした。次に、一八九五年四月一日から創設された繙訳官二名も、身分およびその職務内容が従前の主事業務と重なるので主事出勤者数に含めた。なお、繙訳官は最大二名で、二名ともに出勤する日、一人のみ出勤する日、そして日曜日を中心に出勤者がいない日もあった。最後に、一八九六年五月以降に登場する「分署」「新署」への出勤者もカウントした。一八九六年四月二六日の『外衙門日記』に「分署進」という表記がはじめて登場し、五月からはほぼ毎日一～七名の繙訳官・主事が分署に出勤しはじめる。一八九六年七月一日からは分署に加え新署という表記も登場し、二名ほどの繙訳官・主事が新署に出勤するようになる。同時に、既存の外衙門を「旧署」と表現するようにもなる。ただ、これらの表記は七月四日を最後に終わる。一八九六年二月のいわゆる「露館播遷」以後、高宗はロシア公使館で執務を行っていたため、分署・新署はそれに伴うものと推測されるが、詳細は分からず今後の課題である。

表6-5をみると、主事は『外務衙門官制』(一八九四年七月二〇日)の二〇名、『外部官制』(一八九五年四月一日)の一二人(+繙訳官二名)の人員がほぼ規定通りに出勤していることが分かる。規定通りの主事人員が出勤しなかった表3-5と対照的である。とりわけ一八九四年一〇月から一二月は一日一八～一九人の出勤者があり、甲午改革初期の業務繁忙が推測される。また、一八九五年四月一日以降は主事人員・繙訳官人員もほぼ規定通りに出勤して、宿直に当たる入直も一八九五年四月五日からは一人体制になり、規定が厳格に運営されている印象を受ける。

また、『外部官制』に先立つ一八九四年一二月二七日に「議政府令第一号」[29]で勤務時間が、「一・三月一〇日から五月晦日まで午前九時から午後四時まで」「二・六月一日から七月晦日までは午前八時から正午一二時まで」「三・八月一日から三月九日までは午前一〇時から午後四時まで」と定められ、また「開国紀元節七月一六日、大君主誕辰七月二五日、誓告日一二月一二日、除夕前日から正朝三日までを休暇」とし、さらに「日曜日は全日休暇とし、土曜日は正午一二時から休暇とする」ことが決められた。先に述べたように『統署日記』および『外務衙門日記』で日曜日が「停公」「停仕」と表記され、出勤者がいないのはこうした規則が守られていることを示すものである。なお、一八九七年三月一一日には議政府が「政府職員は毎日午後四時議政府にて会し、毎週火曜日・土曜日は『定期開議』を行うこと」、もし「公共の他事」で欠席する場合は連絡するようにと定めて外部に通知している[30]。すなわち、外衙門が外務衙門、外部へと変遷する中で、近代的な外交官庁としての体裁を人員運営とあわせて整えていったことが指摘できる。

以上のような外政機構の変遷をみると、日清戦争が東アジア国際関係の変容に与えた影響は、宗属関係を終焉させた下関条約だけではなく、清朝と朝鮮の関係再生までを視野に入れて考えなければならないことが分かる[31]。朝鮮から対清関係の消滅・再生を見通す場合、下関条約で宗属関係が終焉するより前に、宗属関係の存在を考慮しなくてよい外政機構で既に変革が生じ、そこで整えられていった制度のあり方や人員運営の方法は大韓帝国の成立まで維持されていく。またこの時、朝鮮政府は日本政府からの内政改革要求という形式のもと、近代的な外交制度の整備を行っていったが、それは、近代国際関係のみに対応する機関として条約を有する国家との外交業務を円滑に行えるように改革することが求められたためであった。そして一方で、少なくとも制度上は、従来の中華世界に即した官制が骨抜きにされていった。

第三章で指摘した通り、外衙門の時代には、清朝が近代国際関係を参照して変容させる宗属関係に対応せざるをえなくなり、その範囲で近代国際関係に対応した近代的外交制度の整備が行われた。その際、朝鮮政府にとって宗属関係は近代国際関係より優位にあったため、日本や西洋諸国との外交に対応するためのこれらの改編は漸進的であった。また、主事の「冗官」がなくなることもなかった。一方、外衙門から外務衙門、そして外部へと変遷する過程では宗属関係の存在は考慮されなくなり、日本政府が要求する近代外交に対応する外政機構として抜本的な改革が行われた。そのため、外務衙門・外部の運営において朝鮮政府が旧宗主国の清朝をどのような位置に置いたのかが問題となる。しかし、外務衙門・外部の清朝との公的な交渉・関わりは、次章で触れるように、韓清通商条約の締結交渉過程においても確認できず、一八九九年の条約締結を待たなくてはならない。さらに、清朝においても一九〇一年に総理各国事務衙門が外務部に改編される[32]。ここでようやく新しい清韓関係が本格的に展開していく外政機構が両国ともに整うこととなる。しかし、この時には既に日本帝国主義の足音が近づきつつあった。

おわりに

宗属関係が終焉に向かう時期の外政機構の制度変化をみると、第三章で論じた外衙門が外務衙門から外部へと改編していく過程で、近代外交に特化した外政機構としての制度を整えていったことが指摘できる。

日清開戦前夜には、日本とアメリカの両方に通じ万国公法にも明るい兪吉濬を「主事」に任命し、難解な外交交渉を切り抜けようとした。兪吉濬にとって主事として難所を切り抜ける外交文書の作成に関わることは、まさに彼が議論した「両截体制」への対応を実践する場であったといえる。こうした点で、日清開戦過程の兪吉濬の主事任命は、思想史と外交史を交差させて研究を深めていける場でもある。一方で、朝鮮政府としては、当時の外衙門で外交事務を担当していた総務ではなく、総務以上に近代外交に明るいと思われた兪吉濬に外交交渉を担当させるほど、日清開戦過程の外交交渉を重視していたとみられる。

宗属関係が実質的に機能しなくなる甲午改革期には、駐朝日本公使館と甲午改革推進派の「協調」によって、近代国際関係に対応した外政機構の抜本的な改革が行われた。すなわち、宗属関係が現存した時期には、朝鮮政府は清朝の求めに応じるかたちで外政機構を漸進的に改編していったが、甲午改革期には宗属関係を考慮しなくてもよくなったために従来の中華世界に即した官制は骨抜きにされ、条約関係のみに対応する近代的な外務制度を整備する改革が行われた。また、一八九四年七月から大韓帝国が成立する九七年一〇月までの外衙門・外務衙門・外部の主事の勤務実態をみると、冗官は淘汰され、「官制」を守り、毎日勤勉に勤務する近代的な官僚の姿が浮かび上がる。これは、第三章でみた、近代的な制度を取り入れつつも主事には冗官があふれ、二度にわたって規則（『統理交渉通商事務衙門章程』と『続章程』）が作成されたにもかかわらず規定の人員運営にはならなかった状況などと比べると、大きな変化である。本章の「はじめに」でも言及したように、政策に比して、制度は宗属関係が存続していた時期にも近代的な変革が漸進的であれ行われていた。その変革は、日清開戦・宗属関係の廃棄という国際関係の変化に伴い、甲午改革で近代外交に特化した制度のあり方や人員運営が整えられる抜本的改革に結びつく。では、この政策と制度の変化はどのような帰結に至るのだろうか。それが次章の課題である。

一覧（1894. 7. 1～97. 10. 31）

就任前の主な職位	就任中・就任後の主な職位
長興主簿 仁川港幇辦瓜満（586 日） 平市主簿	幇辦仁川港通商事務 94 年 7 月 14 日抱川縣監
副司果	90 年 10 月 29 日政尚瑞別提移去，同日重来，94 年 9 月 1 日監理代差下
会寧監理署書記官 器機局司事	関北監理書書記，88 年 8 月 7 日身病改差，17 日関北監理署書記，90 年閏 2 月 22 日機器局司事 94 年 6 月 24 日外衙門参議，25 日軍国機務処会議員，7 月 2 日電報総局主事，95 年 1 月 8 日元山港監理
博文局主事 漢城府主簿	漢城主簿 91 年 4 月 9 日尚瑞主簿，94 年 8 月 7 日仁川港監理
幼学	96 年 2 月 29 日外部参書官六等
前司事 幼学	90 年 1 月 29 日工曹正郎去，同日重来，司憲府監察 引儀，92 年 4 月 7 日政永別来 94 年 6 月 23 日工曹参議，25 日軍国機務処会議員，7 月 2 日仁川港主事，95 年 4 月 29 日学務局長，95 年 5 月 5 日学部漢城師範学校長兼参書官
幼学 前主事 主事	改差 95 年 4 月 1 日繙訳官（六等） 96 年 3 月 24 日元山港知事，27 日徳源府尹
司饔主簿	94 年 9 月 1 日外務衙門参議，95 年 4 月 1 日外部通商局長
監察	95 年 9 月 16 日駐箚日本公使館参書官
幼学	95 年 11 月 29 日興陽郡守，12 月 20 日康翎郡守
典獄参奉 電郵総局主事	改差 95 年 8 月 24 日法務協辦
釜山港繙訳官 釜山港書記官	減下 95 年閏 5 月 21 日外国語学校副教官
龍安縣監	
假監役	
定清直長	
幼学，監察	
奎章閣検書官	97 年 2 月 24 日麟蹄郡守
廟司訓錬参軍	
副司果	
靖陵令	
司勇 仁川書記換	仁川港書記官 仁川港書記官，89 年 8 月 2 日駐日書記，仁川港書記官還差 96 年閏 5 月 3 日全州府参書官（六等）
	95 年 3 月 29 日慶安察訪
進士	95 年 4 月 1 日繙訳官補（四等），96 年 4 月 18 日駐箚日本公使館参書官
	95 年 4 月 1 日主事（五等）
	95 年 4 月 1 日主事（五等），97 年 11 月 20 日度支主事
	95 年 3 月 29 日青丹察訪
元山港書記官，仁川港書記官 主事	繙訳官 99 年 2 月 13 日駐箚英・独・伊公使館参書官
副正字 転運主事，雲山郡守，副正字，副校理	93 年 6 月 27 日咸鏡道慶源興地方商務委員，10 月 4 日内務主事

（つづく）

表 **6-6**　歴代主事任命者

	姓　名	本貫	在任期間	生年	就任年齢
1	○丁大英	羅州	1883年　4月29日～89年11月5日 1891年　5月29日～8月29日 1892年　3月20日～94年7月6日	1837年	46歳 54歳 55歳
2	○秦尚彦	豊其	1884年　7月10日～94年8月5日	1857年	27歳
3	○金夏英	原州	1886年　4月20日～5月28日 1890年　3月8日～94年6月24日	1861年	25歳 29歳
4	○朴世煥	務安	1887年　5月19日～90年2月13日 1890年閏2月3日～94年7月19日	1846年	41歳 44歳
5	○丁大有	羅州	1888年　7月26日～96年2月29日	1852年	36歳
6	○李応翼	延安	1889年　3月21日～90年9月27日 1890年　10月29日～91年3月 1893年　12月2日～94年6月29日	1855年	34歳 35歳 38歳
7	◎申泰茂	平山	1889年　6月3日～91年12月29日 **1894年　4月17日～95年3月30日** 1895年　4月1日～96年3月19日	1868年	21歳 26歳 27歳
8	○趙性協	咸安	1890年閏2月20日～94年8月29日	1852年	38歳
9	○李康夏	全州	1892年　3月20日～95年3月8日	1860年	32歳
10	卞鼎相	密陽	1894年　7月2日～96年1月14日	1861年	33歳
11	李在正	羽渓	1888年　10月15日～90年7月2日 1894年　7月2日～94年7月19日	1846年	42歳 48歳
12	玄采	川寧	1893年　9月5日～6日 1894年　7月2日～95年3月29日	1856年	37歳 38歳
13	崔復栄	全州	1894年　7月20日△	1819年	75歳
14	沈宜奭	青松	1894年　7月20日△	1827年	67歳
15	韓鳳晩	清州	1894年　7月20日△	1870年	24歳
16	朴仁寿	密陽	1894年　7月20日△	1874年	20歳
17	鄭基恒	東萊	1894年　7月20日△	1854年	40歳
18	高宅鎮	長澤	1894年　7月20日△		
19	鄭寅穆		1894年　7月20日△		
20	閔致貞		1894年　7月20日△		
21	洪承禄	豊山	1894年　7月20日△	1868年	26歳
22	李大永	全州	1894年　7月20日△	1834年	60歳
23	崔名煥	〃	1885年　10月8日～86年5月28日 1887年　8月3日～10月25日 1894年　7月28日～95年閏5月4日 *	1848年	37歳 39歳 46歳
24	朴琦桓		1894年　7月29日～94年8月25日		
25	高羲敬	済州	1894年　8月2日～95年5月25日	1873年	21歳
26	張起淵	丹陽	1894年　8月2日～97年10月31日 **	1864年	30歳
27	印東植	喬桐	1894年　8月9日～97年10月31日 **		
28	朴琮烈		1894年　8月10日～95年3月12日		
29	◎彭翰周		1894年　8月15日～95年閏5月17日 * **1895年　7月1日～97年10月31日 ****		
30	李啓弼	咸平	1893年　6月15日～12月29日 1894年　8月19日～96年2月4日	1860年	33歳 34歳

就任前の主な職位	就任中・就任後の主な職位
駐日書記官 前主事	改差 95 年 4 月 1 日主事（二等），閏 5 月 3 日甲山府参書官六等
幼学	87 年 11 月 18 日仁港書記官加差下，88 年 1 月 25 日主事減下 95 年 2 月 2 日移差代，進士沈鐘舜啓下
	95 年 4 月 1 日繙訳官補（三等），12 月 17 日平康郡守
僉正	95 年 4 月 1 日主事（三等），97 年 2 月 9 日駐箚英・独・露・伊・仏・墺公使館三等参書官，8 月 5 日依願免本官
守奉官	95 年 4 月 1 日主事（三等），97 年 11 月 6 日陞一等
前司果	95 年 1 月 14 日梁柱謙改差代，金洛駿
咸鏡道高原郡竄配罪人	95 年 1 月 11 日陞三品，14 日申載永移差代，金彰漢起復
	95 年 2 月 12 日仁港書記官僉競煥改差代，金彰漢
駐箚日本公使書繙訳官	95 年 2 月 12 日金洛駿改差代，前主事玄映運
進士	
仁川港書記官	仁川港書記官 95 年 4 月 1 日主事（三等），閏 5 月 3 日済州府参書官（六等）
日本館差備官	95 年 4 月 1 日繙訳官（六等） 97 年 1 月 6 日律起草委員
童蒙教官	97 年 11 月 6 日挙案執事外部主事
典圜局司事	 96 年 6 月 5 日任駐箚米国公使館三等参書官
	97 年 2 月 9 日侍従院侍従
内務主事	97 年 11 月 6 日陞一等
司勇 元山港書記官	元山港書記官 減下 97 年 5 月 1 日中枢院議官，依願免本官
95 年 6 月 3 日外部繙訳官補，依願免本官	
仁川港書記官	仁川港書記官 97 年 9 月 18 日挙節案執事外部主事
	99 年 10 月 23 日挙案執事外部主事
	96 年 3 月 22 日白川郡守
育英公院，電報総局主事，法部主事（七等）	96 年 3 月 24 日繙訳官補，97 年 11 月 6 日陞六，99 年 4 月 2 日繙訳官
	96 年 5 月 17 日駐箚米国公使館二等参書官 97 年 11 月 6 日加資
昭寧園守奉官	96 年 12 月 16 日外部繙訳官補，依願免本官
	97 年 11 月 6 日陞六
	99 年 2 月 13 日駐箚露・仏・墺各国任日本公使館書記生
生員	
	97 年 11 月 6 日陞六

△は，外衙門への出勤が確認できない者。* は，退任日が分からない者。** は，1897 年 10 月に出勤し 11 月
からない者は，『統署日記』と『外衙門日記』で確認できる最初の出勤日を就任日，最後の出勤日を退任日と

	姓　名	本貫	在任期間	生年	就任年齢
31	安吉寿	竹山	1888年　5月6日～91年12月29日 1894年　4月12日 1894年　8月22日～95年閏5月4日*	1851年	37歳 43歳 43歳
32	姜華錫	晉州	1887年　3月15日～88年1月25日 1894年　9月1日～95年2月2日	1845年	42歳 49歳
33	金観済		1894年　9月4日～95年閏5月17日*		
34	李琦	金山	1894年　9月11日～97年3月13日	1855年	39歳
35	鄭衡沢	延日	1894年　9月12日～97年10月31日**		
36	梁柱謙		1894年　10月2日～95年1月14日		
37	申載永	平山	1894年　10月10日～95年1月14日	1863年	31歳
38	金彰漢	安東	1895年　1月14日～95年2月12日	1869年	26歳
39	金洛駿		1895年　1月14日～95年2月12日		
40	沈鐘舜		1895年　2月2日～96年2月1日		
41	兪競煥		1889年　1月11日～7月14日 1895年　2月12日～95年閏5月4日		
42	◎玄映運	延州	1895年　2月12日～95年3月30日 **1895年　4月1日～95年閏5月17日***	1868年	27歳 27歳
43	魚益善	咸従	1895年　5月28日～97年10月31日**		
44	◎李宜畊	興陽	1895年閏　5月2日～96年4月23日 **1896年　4月24日～96年7月15日**	1861年	34歳 35歳
45	朴永民	密陽	1895年閏　5月6日～97年2月23日	1856年	39歳
46	李観九		1895年閏　5月6日～97年10月31日**		
47	黄祐永		1895年閏　5月6日～97年10月31日**		
48	朴義秉	密陽	1885年　10月28日～86年5月28日△ 1893年　9月5日～6日 1895年　7月1日～95年11月13日	1853年	32歳 40歳 42歳
49	尹台栄		1895年　7月1日～97年10月31日**		
50	李秀岳	韓山	1888年　6月3日～89年7月14日 1896年　2月7日～97年10月31日**	1823年	65歳 73歳
51	趙源誠	平壌	1896年　2月7日～97年10月31日**	1850年	46歳
52	尹冑栄	海平	1896年　3月2日～96年3月31日	1868年	28歳
53	李建春	全州	1896年　3月24日～97年10月31日**	1871年	25歳
54	李思範		1896年　3月28日～97年10月31日**		
55	◎朴鎔奎		1896年　4月9日～96年7月19日 **1896年　7月20日～97年10月31日****		
56	金相説	咸陽	1896年　4月25日～96年8月11日	1844年	52歳
57	崔浩善	全州	1896年　7月13日～97年10月31日**		
58	朴基駿		1897年　3月12日～97年10月31日**		
59	金華圭	安東	1897年　3月19日～97年10月31日**	1866年	31歳
60	尹容求		1897年　3月20日～97年10月31日**		

出典）『統署日記』,『外衙門日記』,『承政院日記』,『日省録』,『国朝文科榜目』。

注）○は,「総務」就任者。◎は「繙訳官」就任者で，太字の在任期間は繙訳官としての在任期間。以降も勤務すると思われる者。その他表記・記号は第三章表3-7に同じ。正確な在任期間が分した。

第七章　大韓帝国の成立と中華
――一元化の帰結

はじめに

二〇一七年は大韓帝国が成立した年から一二〇年目を迎える年である。近年、韓国では文化財庁を中心に大韓帝国期関連の様々な事業を行い、例えば、二〇一四年に徳寿宮内の石造殿が復元され「大韓帝国歴史館」としてオープンしたり、二〇一五年には大韓帝国最後の皇太子、英親王の墓である「英園」が公開されるなど、国を挙げて大韓帝国の歴史的意義を高く評価している。それは、大韓帝国が日本植民地に転落する悲劇の独立国家とみられているからかもしれない。

大韓帝国は、一八九七年一〇月一二日（陰暦九月一七日）に朝鮮王朝の最後の王である高宗が皇帝に即位し、一〇月一四日に国号を「朝鮮」から「大韓」に改めることによって成立し、一九一〇年に日本による韓国併合が行われるまで一三年間続いた国家である。大韓帝国の性格をめぐっては、日本の併合に至る国家として腐敗した封建的な側面が強調され、長く否定的に捉えられてきた。そのような解釈の背景には、高宗および政府が民主主義運動を展開した独立協会を抑圧し解散させたことが大きく、対外関係でも、皇室財政の拡大を目的として各国に国内利権を売り渡してしまい、外圧を引き寄せてしまった点が指摘されてきた。一方、甲申政変の系譜を継ぐ開化派が主力となった独立協会については、近代的な民主主義変革運動として肯定的に評価されていた。

しかし一九七〇年代半ば以降、金容燮による大韓帝国政府の量田地契事業の研究を嚆矢に、大韓帝国政府が行った各種政策の近代的成果が注目され、「光武改革」として評価されるようになった。[1] 他方、独立協会の政治運動を評価する愼鏞廈は、大韓帝国政府を「親露守旧」とし「光武改革」の虚構性を指摘した。[2] こうして、いわゆる「光武改革論争」が展開した。その後、一九九〇年代後半に李泰鎮は、大韓帝国を否定的にみる見方は日本帝国主義の植民地史観によるものであるとし、「光武改革」を議論する際にも主語となることはなかった高宗を、開明君主と評価し、皇帝専制主義の国家として大韓帝国に新しい見方を提示した。[3]

そして一九九七年の大韓帝国成立百周年を迎える前後には、大韓帝国期の研究はとりわけ隆盛を極め、[4] 様々な議論が深められることによって多くの知見を得た。徐栄姫による政治史研究はその代表的な成果といえる。国内外の史料を駆使した徐栄姫の重厚な研究は、大韓帝国期には既存の両班官僚が中心の政府大臣ではない、高宗側近の宮内官たちが政治を主導した様子が緻密に分析されている。[5] この他、『大韓国国制』、『大韓礼典』、新議政府、中枢院、度支部、内蔵院、警察、裁判などの大韓帝国を支えた各種制度についても、その相互作用にまで立ち入った詳細な分析がなされ、内政について多くが解明されている。[6]

本章は、「光武改革論争」に関心を示さないものではないが、前章までで論じた対外関係の流れを踏まえ、「二元的中華」から「一元的中華」への転換の帰結として大韓帝国を捉えたい。近年の研究では、高宗・政府の政策が注目されつつあるものの、高宗の具体的な態度・考えについては不明な点が多く、勤王勢力の活動や各種制度の運営から推測するかたちになっている。本書でも度々言及してきたように、史料の制約から、高宗の考えを直接的に明らかにすることは難しい。しかし、高宗親政以後、一八七六年の日朝修好条規から国際関係が複雑化する一八八〇年代に高宗が行った対外政策を踏まえ、その延長上に大韓帝国を位置づければ、もう少し踏み込んだかたちで高宗が目指したものがみえてくると思われる。

大韓帝国は清朝との宗属関係が公的・法的に廃棄された後に成立し、国王高宗の皇帝即位と、王朝から帝国への制度改編により、「大韓国国制」の整備や新議政府の設置をはじめとした政府機構の改編が行われた。一方、国際政治の動きに目を向ければ、清朝の属国としての位置がなくなり、清朝の影響力が後退した空白に日本とロシアが登場し、朝鮮を取り巻く新しい国際秩序が形成されつつあった。そのため大韓帝国の成立は、「属国自主」から「独立自主」への転換であり[(7)]、前章までにみた宗属関係と近代国際関係が交錯していた時期に朝鮮政府が模索してきた対外政策の帰結でもある。これは同時に、新しい政治・外交体制構築の始まりでもある。その際、これまでの対外関係に影響を及ぼしてきた「中華」をどのように解釈したのかが鍵となる。

大韓帝国期の外交政策については、これまで「勢力均衡政策」や「中立政策」という見方で論じられてきた。森山茂徳[(8)]は、大韓帝国期には高宗が一人リーダーシップをとりながら、「勢力均衡政策」を推進したと指摘し、その「勢力均衡政策」とは、大韓帝国をめぐる列国を相互に牽制させることで大韓帝国の独立を維持しようとするものであったと説明した。しかし、実際には国内の党派抗争が激しく、「勢力均衡政策」に積極的な内容をもたせることができないまま挫折した、と付け加える。玄光浩[(9)]は、大韓帝国は、ロシアや日本などの列強によって形成される勢力均衡を利用して国権を守護しようとする「中立政策」を基本路線に外交政策を展開したと論じる。さらに、先行研究が大韓帝国の外交路線を「反日・親露」とみてきたことは事実に合わない面があるとし、反露政策の一つとして構想された、日中韓の「三国提携」構想にも着目して外交政策を検討しているところに特徴がある。森山の「勢力均衡政策」も玄光浩の「中立政策」も大韓帝国期の外交政策を理解する上で有効な見方ではあるものの、「政策」という限りは大韓帝国が目指した世界観なども描かれるべきであろうところ、両者は国家の独立がその目的であったとしている。大韓帝国の外交史研究の多くは、一九〇〇年以降の大韓帝国期後半を議論の中心にしているため、そもそもなぜ「朝鮮王朝」が「大韓帝国」になったのか、そこに込められた意図は何であるのか、という議論が十分になされていない。とりわけ大韓帝国期については、例えば一八九七年の成立時期と一八九八年の独立協会解散の時期では国内状況も国際政治の状況も変化しており、一年、一年をつぶさに分析する必要がある。そうした理解の前提として、まず議論されなければならない問題は、「なぜ一八九七年一〇月に高宗は皇帝に即位したのか」である。

一八九七年一〇月一二日に高宗が皇帝に即位した背景には、日本公使を中心とした日本人による高宗の妃・閔妃殺害（乙未事変、一八九五年一〇月八日）を考慮しなければならない。つまり、高宗の思いの中に、最愛の妻を残虐に殺害した日本人を恨み、閔妃を皇后として祀り、皇后の国葬を執り行いたいというものがあった[10]。加えて、圜丘壇で行われた高宗の皇帝即位の儀式およびそれに至るあらゆる過程で明朝の皇帝即位式が参照されたことも、なぜこの時期に皇帝に即位したかを考える上で無視できない事象である。例えば、奥村周司[11]は、高宗の皇帝即位は単に表面的な皇帝号採用の問題としては捉えきれない、朝鮮の王権の性格や世界観に関わる選択だったとする。そして、これは君主の称号を「皇帝」に改称することによって実現するものではなく、一定の儀式を挙行すること自体に重要な意味があったと推測する。金文植[12]は高宗の皇帝登極儀を分析し、いくつかの点における違いを除けば、圜丘壇での告由祭と高宗皇帝の登極儀は基本的に明朝の制度と一致し、登極儀は明朝の『大明会典』や『大明集礼』の典礼を継承したものであったと明らかにする。また、大韓帝国は自主独立国家であったと提起する韓永愚[13]においても、称帝の大義名分には、乙未事変による日本に対する復讐とともに、中国の三代から漢唐宋明に至る中華文化の正統を我々が継承したという歴史継承意識と文化自尊意識があることを指摘している。

周知の通り、朝鮮と清朝の宗属関係は日清戦争による日本の勝利によって一八九五年に締結された下関条約をもって公的・法的に廃止された。両国は一八九九年に韓清通商条約を締結するまで公式な外交関係を有しない。ただ、日清戦争以前から朝鮮国内では「対清独立」をめぐる様々な議論が展開されており、そうした議論は一八九六年に結成された独立協会に継承されている。朝鮮における国民国家の創出という観点から『独立新聞』の論説を分析した月脚達彦[14]は、朝鮮が「独立」国になるためには、中華世界からの離脱という観点からいったん朝鮮の君主が清朝と対等の皇帝になる必要があり、皇帝即位式は圜丘壇という中華帝国の理念のもとで行われたと解釈している。加えて、大韓帝国の皇帝像についても、「平壌西京造営議論」・「国歌制定・国旗掲揚」・「断髪・洋式正装」などの例を挙げながら、中華世界的な皇帝像とヨーロッパ・日本と互換可能な皇帝像の二つの皇帝像の実現が課題であったことを指摘している。このような議論からは、この時期の大韓帝国政府と独立協会が対立構図のみで捉えられるものではなく、相互補完的な関係であったことが確認できる。ただ、月脚がいう中華世界からの離脱・「対清独立」は主に兪吉濬をはじめとした開化派の議論を継ぐものであり、国際政治の変化や高宗・政府の対外政策の流れを踏まえた中華の検討も必要となる。

他方で、清韓通商条約に至る清韓関係について論じた岡本隆司[15]は、当時、清朝は朝鮮と「対等」ではないことを表現するために唐紹儀を「総領事」として漢城に駐在させていたことを指摘しながら、そのような清朝との条約交渉で朝鮮の「対清独立」がどのように作用したのかという問題提起をしており示唆に富む[16]。本章の関心に引き付ければ、高宗の皇帝即位や大韓帝国の成立が、公的な中華の継承者である清朝とのいかなる関係の中で行われたのかという問題となる。

高宗の皇帝即位に対する各国の反応も見逃せない。李求鎔[17]は、高宗の皇帝即位に対して日本以外の列強が反対したと指摘する。具体的には、旧宗主国の立場から称帝に不満をもつ清朝、賛否を表さないロシア、冷淡な態度をとるイギリス・フランス・アメリカ・ドイツという構図を提示する。一方、李玟源[18]は称帝に賛同するロシア・フランス、冷淡な態度をとるイギリス・アメリカ・ドイツ、高宗の歓心を買うために賛同したいもののイギリス・アメリカ・ドイツとの関係に配慮して立場を慎重にする日本、依然として旧宗主国的な立場から「妄自尊大」なことと非難する清朝と、各国の反応を整理する。この二つの研究で、当時、朝鮮に最も影響力を有していた日本とロシアの反応に異なる見方をしている点は、さらなる検討の余地があることを示している。さらに、先に取り上げた玄光浩の指摘、つまり従来の「反日・親露」という大韓帝国の外交政策への見方は事実に合わない面があるという指摘は、皇帝即位の過程を見直す上でも興味深い。

以上のような先行研究の成果を踏まえ、本章では未だ十分に議論が尽くされていないと思われる二点について論じたい。一つは、高宗皇帝即位に至る過程の日韓関係について、もう一つは、清朝との関係についてである。なお、本章では陽暦を使用し、適宜陰暦も併記する。

1　高宗皇帝即位に至る日韓関係

（1）英照皇太后逝去に対する朝鮮政府の対応

漢城に駐在するフランス公使プランシーは、一八九七年四月二五日にフランス外務大臣アノトー（Gabriel Hanotaux）に宛てた報告書の中で、次のような興味深い報告をしている。

朝鮮の人々と同様に、大部分の朝鮮官吏は、日本に対する憎悪の感情を数世紀にわたって抱いてきましたが、ここ数年に起きた出来事によってその感情はさらに増幅しています。朝鮮国王は、王妃虐殺を忘れることはしないものの、日本との関係を改善しようと外見上は努めています。少し前から、相互間の申し分なく礼儀正しい様子が目に付きます。[19]

フランス公使は、続けてそうした日朝間の「申し分なく礼儀正しい様子」として、日本の皇太后の逝去時に対する朝鮮政府の迅速かつ丁寧な対応と、それに対する感謝として日本の天皇からの駐日公使と国王への勲章授与を報告している。これは実際にどのようなことなのであろうか。これまでの研究で英照皇太后の逝去に際する朝鮮からの全権大使派遣については、称帝論議を鼓舞させる例として触れられるにとどまり[20]、大韓帝国の成立過程との関わりで詳しい議論は行われていないため、以下でその過程を振り返ってみたい。

一八九七年一月一一日、日本の皇太后（のちの英照皇太后）が同日午後六時に崩御したと大隈重信外務大臣から加藤増雄辨理公使宛に電報が送られ、それを加藤辨理公使が伊集院彦吉釜山領事に転送している[21]。当時、高宗は乙未事変の後に自らの身を護るためロシア公使館に身を寄せており（露館播遷）、慶運宮へ還宮するのが同年二月二〇日であるので、高宗は日本の皇太后の逝去の報告をロシア公使館で受けたことになる。皇太后逝去の翌一二日には、朝鮮政府の外交担当機関である外部の大臣と協辦が日本公使館へ慰問に赴き、一三日には交渉局長金珏鉉・通商局長趙性協が日本公使館を慰問している[22]。そして一九日には、外部が日本公使館に宛てて一月一九日から二七日までの九日間の宮中喪を行うことを申し出ている[23]。英照皇太后の逝去に際して宮中喪を行ったのが朝鮮のみであったことは見逃せない[24]。さらに、先の二月一七日の加藤辨理公使の大隈外務大臣宛電報では、李夏栄が特派大使として葬儀に出席するため、親書を携えてまもなく渡航するはずであるとも伝えている。後日、国王は、純銀製の花瓶・花台に松・梅・牡丹・杜若などを剪裁した献花も行っている[25]。

外部の職務日記[26]によると、一月二〇日に駐日公使館参書官の高羲敬が病気のため帰国願いを出し、二二日にそれを認め、二三日に駐箚日本特命全権公使の李夏栄が特命全権大使に任命され、その後、二七日に李夏栄大使が隅田川丸にて日本に向けて出発したという流れが確認できる。英照皇太后の逝去に際して、朝鮮政府が大使をわざわざ派遣したことも重要で、例えば『東京朝日新聞』は「朝鮮国大君主陛下太く御哀悼の同情を表せられしを以て、特に氏を大使として大喪参列並に我天皇陛下のご機嫌を伺はしむる事となり」、あるいは「独り朝鮮国王は態々大使を派遣し」と報道している。(27)

このように、朝鮮政府は日本の皇太后逝去の連絡を受けて即座に特命全権大使の派遣を決めた。そして、二月二日に東京の青山御所で執り行われた英照皇太后の御棺前祭(28)に参列し、各国公使夫妻とともに柩に拝礼して柩の出発を見送った特命全権大使李夏栄は、五日の外部に宛てた電報の中で日本に駐在する各国公使は会葬せず(29)、また大使を派遣したのは朝鮮一国だけだったことを報告している。(30)本来、日本に駐在する外国使節も二月七日に京都・月輪山御斎場で執り行われる大葬儀に同行する予定とされたが、天皇・皇后が風邪のために行幸啓が中止となったことにより、各国使節はいずれも見合わせ、イギリス・ドイツ・ロシア・フランスの各公使館で、埋葬が行われる八日を合わせた二日間の半旗掲揚および緊急事務以外の廃務を行うのみであった。(31)大葬儀は二月八日午前零時一二分に終了し、午前五時三〇分から一一時五五分にかけて埋葬の儀が行われたが、京都でのこの葬儀に参列した外国人は朝鮮特命全権大使の李夏栄だけで、この時、先述した朝鮮国王が献上した造花瓶一対を霊柩前に供えた。(32)式場では左が御名代以下、右が朝鮮大使以下の参列席となり、李夏栄は右側参列席の主席となり、御名代・宮殿下および李夏栄だけが拝礼後中央より退下した。(33)その後、天皇は李夏栄を引見し、朝鮮国王の弔辞に感謝の意を捧げた。(34)このように朝鮮側の対応は、宮中喪、大使派遣、国王からの献花、そして京都での大喪儀への主席参列と続き、他の駐日各国代表と比べても極めて丁重なものであったといえる。日本側はこれに大いに感謝し、後日、李夏栄に勲一等旭日大綬章を贈り、随員二人も叙勲した。(35)李夏栄は、四月二七日に漢城に帰任している。

以上、皇太后逝去の連絡を受けた朝鮮政府の素早く丁寧な対応をみた。これらの対応が、高宗の露館播遷中のロシアの影響下にある中で行われたことを踏まえると、還宮後の日朝関係を見据えたものではないかと考えられる。なぜなら、同時期に行われた還宮がロシア側に「誰もが予想もしていなかった決定」や「よく分からない性急さ」などと感じさせるほど、[36]十分な相談がないまま実行されたからである。[37]もちろん、全くロシア側に相談せず還宮を行ったわけではなかった。還宮二日前の二月一八日には、内部大臣南廷哲と外部大臣李完用がロシア公使ヴェーベル（Karl Ivanovichi Veber）を訪ねて還宮を告げるとともに還宮後は各大臣が国王保護の責任を負うと伝え、また議政府高官や大臣たちは参謀本部大佐プチャータ（D. V. Putiata）にも委員を派遣して還宮を伝えている。[38]その際プチャータが、国王の安全に対する責任問題を自ら断り、護衛義務があることは十分認識しているという一般的な回答にとどめたため、還宮は朝鮮兵の護衛下で実行された。[39]それゆえ、ロシア出先は「日本人を喜ばせる」今回の高宗還宮の背景には加藤辨理公使の影響力を勘ぐるほどであった。[40]つまり、朝鮮側の右のような対応からは対日関係改善への方向性がみられるのである。一八九八年三月まで朝鮮におけるロシアの政治的影響力は強かったものの、[41]高宗がロシア公使館の「保護」から出たことによって高宗や政府首脳の間にロシア側の意向には必ずしも沿わない動きが起きるようになったことは重要である。[42]

ところで、朝鮮側の右のような丁重な対応を受け、天皇が高宗に大勲位菊花大綬章を授与することを決める。三月一日、高宗への勲章授与についての話を聞いた加藤辨理公使は大隈外務大臣に宛て、事実の確認をするとともに、「之独リ大君主ノ御満足ノミナラス、一般モ亦大ニ之ヲ喜ヒ、内々本官ニ向テ謝意ヲ述フル向キモアリ」と報告している。[43]加藤辨理公使の報告からは、朝鮮側の対日感情が好転し、日本の朝鮮に対する影響力を強める契機を逃すまいとする意気込みがうかがえる。[44]これに対し、高宗も喜んでこれを受け取ると内諾をし、[45]四月二二日に加藤辨理公使が高宗に謁見し、勲章と親書を奉呈している。また、高宗に勲章を授与した同じ日には、当時五月に予定されていた明成皇后の葬礼[46]に際して天皇が銀製香爐一台を贈呈する内意も伝えられている[47]。こうして英照皇太后の逝去を契機として、フランス公使が報告したように、外見上であれ、日本と朝鮮の関係が改善の方向へと向かっていくのである。

（2）高宗の「希望」と日本政府の対応

一八九五年の乙未事変のために急激に悪化した日朝関係も、一八九七年に入り徐々に好転してきた。そうした中、加藤辨理公使は高宗の内意を探った結果、高宗が二つの希望を有していることを把握する。一つは、皇帝の尊号を用いること、もう一つは、日本にいる亡命者の始末をつけることであった[48]。これに対して大隈外務大臣は、皇帝称号については日本語においては差支えないが、英語では Emperor となることから穏やかではなく承認できないだろうとする一方、亡命者始末については、国際法を考慮すれば政治犯を本国へ引き渡したり他国に追放したりはできないが、時期をみて他国に旅行させるよう取り計らうことはできると返している[49]。

亡命者の問題は、先の四月二六日に加藤辨理公使が国王に内謁見した際も取り上げられており、高宗が長く懸念していた問題である。他方、皇帝称号については、ちょうど一八九七年五月に入る頃から、国王の希望だけではなく、国民をも巻き込んだ称帝運動が始まっていた[50]。ただし、高宗の皇帝称号を望む動きはこの時初めて生じたものではなく[51]、一度目は一八八四年の甲申政変において金玉均が提案し、二度目は一八九二年のオーストリアとの朝墺修好通商条約批准時[52]に朝鮮の皇帝称号が議論となり、そして三度目は一八九五年一〇月の「乙未事変」直後に「国王の悲歎を慰める手段」として金弘集内閣が提案[53]していた。三度とも高宗の皇帝即位は叶わなかったが、高宗が皇帝への即位を望んでいることは広く知られているところであったといえる。

既述のように一八九七年五月頃から九月にかけて高宗の皇帝即位を訴える多くの上疏があげられたが、そこには中華帝国における皇帝即位が臣下からの推戴のかたちを理想としており、朝鮮でも国民によって推戴されたやむをえない事態であったことを強調しようとした事情がうかがえる。[54] そのようにみれば、国内的には高宗の皇帝即位が既定路線になっていたといえる。ただ対外的には、皇帝即位を各国が承認しないことが予想され、国王側近たちは漢城の各国代表のもとを回り内々にその意向を探っていた。[55] しかし各国の反応は、朝鮮側の予想通り、遠回しに阻止しようとしたり、あからさまに冷評したり、さらには狂妄だというものまであった。[56] 日本公使は、このような状況から、皇帝称号は無益であり各国の嘲笑を招くだけであるから止めるよう進言したが、国王の意思は固く、各国の認否に関わらず皇帝即位を断行しようとするものであった。そして一〇月一二日、遂に高宗は圜丘壇にて皇帝に即位する。さらに同日、皇后と皇太子を冊封し、翌一三日に各国使臣を引見して皇帝に即位した旨を伝えた。この引見に際しては、朝鮮政府が一〇日に各国公使・領事に通知をしているが、その通知には敢えて「皇帝称号」のことは記載せず、文例も従前の通り「大君主」として「皇帝」という文字を使わないことで、各国公使・領事の反発や謁見拒否を招かない工夫がされ、引見も各国別に行われた。[57] 加藤辨理公使は個人の資格において慶祝したものの、他の公使・領事は事前の打ち合わせ通りに公的な皇帝即位への祝辞などはしなかったという。[58]

高宗皇帝即位に対する日本政府の承認について、加藤辨理公使は大隈外務大臣に宛て、「『キング』ヲ『イムペロール』ニ承認スル」ことについては列国の態度をみるまで認否の意を表示せず、朝鮮政府の通知に対しても「明ニ之ヲ承認スト云ハスシテ」、単に「日本語ヲ以テ皇帝陛下ト称スヘキ旨ヲ回答」し国書などで新称号を用いれば、「承認ヲ与フルト同一ノ効力」で「国王ノ感情ヲ和クル旨意ニモ適」うと提案している。[59] それを受けてか、日本政府は「従来帝国政府ハ外国君主ニ対シテハ総テ皇帝ノ称号相用ヒ候ニ付、朝鮮国君主ニ同一ノ称号ヲ用ユルハ毫モ不都合ヲ不見候間、他国政府カ新称号ヲ認識スルト否トニ拘ハラス、我政府ニ於テハ今後皇帝ノ称号ヲ用ユル事ニ取極メ」[60] という解釈によって高宗の皇帝即位を承認し、明成皇后大葬参列のため一一月八日付の加藤増雄特派公使の信任状で初めて「大韓国大皇帝陛下」を用いつつ、[61]“King”から“Emperor”の変更は他国の動向を見守った。[62]こうして同じ漢語圏にある日本にとって、高宗の皇帝即位に対する承認は高宗の「感情ヲ和クル」上で重要な役割を果たし、朝鮮でのロシアに代わる日本の影響力を増進させる一助となった。他方、朝鮮の立場からみれば、同じ漢語圏に属する日本は皇帝の使用が英語圏の他の国々よりは問題になりにくく、かつ朝鮮での影響力の回復に躍起になっている状況をみて「利用」できる相手だったのかもしれない。

2　宗属関係廃棄後の対清関係

（1）朝鮮における「中華」の位置づけ

高宗が未だロシア公使館に身を寄せていた一八九六年一二月一日、ロシア公使は本国の海軍省総参謀本部に向けて朝鮮情勢関連報告書を作成した。その中に、次のような興味深い報告がある。

今日まで、たった一つ朝鮮のゆるぎない精神的な支配者として残っているものは中国であり、（中略）中国に属していた時代はこの半世紀の歴史において最も平穏で幸福な時期であったと考えられています。現在、このような中国への好感は朝鮮人の謎めいた心の奥のどこか深いところに隠されていますが、今日においても時々驚くほどの力をもって現れ出てくるのです。[63]

さらに同じ報告書の中で、

朝鮮人が我々に対して抱いている感情と、彼らが中国に対して抱いている好感とを同一視してはいけません。実際に、既に言及しましたように、中国はその文化的影響によって朝鮮人の内面的な生活の至るところに浸透するという東洋の精神的な支配者とみられています。これに対して、ロシアは強くて友好的で、目にみえる敵から進んで朝鮮の保護を引き受けるものの、やはり異質な野蛮な勢力だと思われているのです。(64)

とも、述べている。高宗が露館播遷をして一〇カ月が経とうとした時期に作成されたこの報告書は、内容が実態に照らしてどれだけ正確なものかという以上に、高宗を保護している側のロシア出先が国王や政府官僚と深く関わる中でこのような思いを抱くようになり、このような報告書を作成させたという点で重要である。すなわち、ロシアの立場からすれば、いくら朝鮮の君主を丁重に保護しても、それに対して国民が心から感謝をすることはおろか、国民の心から中国（中華）に対する憧憬の念が消えることはなく、依然として「支配者」のように大きな影響力を浸透させているようにみえる、というのである。そのため先の文書では、例えば保護統治のような形式でのより強固で決定的な影響力を朝鮮に確立することは、他ならぬ国民の側からの反対が予想されるため、仮に領土的あるいは金銭的な犠牲を伴うとしても、この国の内的生活に対する完全な不干渉、昔からの統治形式や古い慣習などへの保証が条件となり、すなわち一八九四年以前に存在していた朝鮮と中国の関係と類似した関係を確立することが条件となるだろうと報告している。(65)このような考えは、ロシア側が高宗の皇帝即位についても表立った反対はせず容認する立場をとったことにも通じるだろう。(66)

一方、右のようなロシア側の報告内容の正確性に目を向けると、高宗が大韓帝国成立にあたって明朝に倣った皇帝即位儀礼を遂行した事例などから、要所を押さえた報告書であったといえる。高宗は皇帝即位に当たり、「国家にとって初めての典礼なので、儀節を行うにあたっては古礼だけを取るのではなく、我が国の礼から損益を斟酌し、簡便なものにするように[67]」と指示しているが、実際に行われた即位儀式を分析した金文植は、明朝の典礼（『大明会典』や『大明集礼』）に基づいた儀式であったことを指摘している[68]。また、皇帝即位式を挙行した圜丘壇建築からも明朝中華を継承する意図が読み取れる[69]。

明朝の儀礼を尊重した高宗の皇帝即位は、即位式だけに限られるものではなく、即位までの過程からも確認できる。高宗の還宮後にはじまった皇帝即位を訴える上疏の中には、「小中華」の言説がいくつか確認でき、この「小中華」意識が明朝の儀礼に則った皇帝即位式へと結びつく。具体的には、朝鮮は箕子によって中華の水準に至り明朝を継いだ小華（小中華）であることを指摘した上疏[70]や、君主と皇帝はその意味は同じで外国では大統領のように尊いものであるが、朝鮮人民は皇帝が尊いことだけを知り君主といわれても尊いかどうか分からないと指摘した上疏[71]、「尊周之大義」に言及し正統が定まらないことを遺憾だとしつつ皇帝の即位儀式で明朝の旧制度がみられることを喜ぶ上疏[72]などがある。また、議政沈舜沢・特進官趙秉世が百官を率いて行った庭請では、「礼楽、典礼、衣冠の制度は漢・唐・宋の皇帝たちの制度を加減し、もっぱら明朝を準としたので、郁文と醇礼がひとすじにつながっているのはただ我が国だけでございます[73]」と述べ、小中華意識から明朝の儀礼に則った皇帝即位式への結びつきを示す。もちろん、高宗の皇帝即位にみられる「天」との関わりに着目すれば、その原型は高麗まで遡ることができ[74]、上疏の中には、『万国公法』や諸外国の事例を挙げるものもあり[75]、圜丘壇建築も甲午改革期に既に提案されていて、高宗の皇帝即位は近代的な国家制度改革の延長上にも位置する。そのため、明朝の儀礼を尊重した皇帝即位には、単なる復古主義を超え、朝鮮固有の世界観や甲午改革以来続く近代の要素など、様々な要因が複合して作用していた。

また、一八九六年に結成された独立協会が、高宗の皇帝即位にあたり「朝鮮人として数百年を清国皇帝のみ皇帝として仕えていた忠臣たちが、今日は朝鮮／大君主陛下におかれて清国皇帝と同等の君であると思うのは、朝鮮が次第に自主独立している証のようだ」[77]という論説を発表し、「清からの独立」を国民に対して強調したことは、清朝との宗属関係廃棄を背景にしている。独立協会の論理は、清朝からの独立が西洋近代的な国家形成に結びつきうるが、政府の立場では、下関条約までは公的な中華の継承者である清朝を宗属関係の相手としつつ、朝鮮こそが正統な中華の継承者であるという「二元的中華」の意識を有していたため、前者の廃棄は近代国家形成のみならず後者の具現化にもつながる。

高宗が在位中に一貫して大報壇祭礼を重視していたこともその表れの一つであろう。大報壇とは、一七〇四年に明朝が滅亡して六〇年が経つ時期（明亡一週甲）に昌徳宮禁苑に設置された祭壇で、倭乱の時に「再造之恩」を施してくれた明朝の神宗と最後の皇帝・毅宗を祀るものである。[78]この大報壇祭礼に高宗は頻繁に親行し、その回数は英祖と正祖につぐ歴代三番目の多さであることから、桂勝範は「高宗が一九世紀前半の趨勢をそのまま踏襲したというよりは、大報壇に対して何らかの新しい姿勢で臨んだことを示唆する」[80]と興味深い指摘をしている。[79]大報壇設置が、明朝に対する義理と朝鮮こそが正統な中華であるという清朝に対する自負の具現化であったことを考えると、高宗が清朝の目を気にしつつも中華の継承者としての自負をもっていたことは想像に難くない。そのため朝鮮政府の立場からみれば、宗属関係廃棄による「清からの独立」は、西洋近代的な国家形成だけではなく、正統中華の具現化・前面化にもつながるのである。

（2）清朝との国交断絶時期の皇帝即位

それでは、このように中国（中華）を「精神的な支配者」とする朝鮮が、大韓帝国成立前後に、公的に中華を継承する清朝とどのような関係を有していたのだろうか。この時期の清朝側の対韓認識については先行研究でも詳しく議論されているが、[81]朝鮮側からみた対清関係については未だ十分に議論が尽くされているとは言い難く、この点を本項で検討してみたい。

朝鮮における清朝の出先機関については、一八八二年に締結した中国朝鮮商民水陸貿易章程に基づいた「総辦商務委員」が一八八三年に漢城に派遣されたのを端緒とする。その後、「総辦商務委員」は「総辦朝鮮各口交渉通商事務」に改められ、さらに仁川をはじめとした各港に「商務委員」が派遣された。一八八六年に袁世凱が派遣される時には、「総理朝鮮交渉通商事宜」に改称され、この改称は英訳すると“Resident”となり、近代国際関係における宗主国の属国に対する代表を意味する「駐在官」をもじったものであった。[82]

日清戦争が始まる頃、袁世凱は一八九四年七月一九日（陰暦六月一七日）に中国に向けて出発しており、田保橋潔はこの日を指し「七月一九日は朝鮮に於て形成一変した日である」[83]と記している。唐紹儀も七月二三日（六月二一日）の日本軍の清館襲撃により、清館を脱出し、八月四日（七月四日）に天津に帰国している。[84]唐紹儀は帰国に際し、駐朝鮮イギリス総領事ガードナー（Christian T. Gardner）に朝鮮に残る約四〇〇〇名の清商と清商の貨物・財産などの保護を要請し、ガードナーの後任のヒリヤーにも引き続き清商保護の要請をしていたので、[85]唐紹儀の帰国後は朝鮮側と清朝側の公的かつ直接的なやりとりはなくなり、清商保護をめぐるやりとりをイギリス総領事が代行することとなった。清朝の代表不在期間の清商保護をめぐる朝鮮政府とイギリス総領事の往来文書については、既に権錫奉が詳細に分析し、朝鮮政府は日本側との何らかの協議のもと、清商保護に関する規則「保護清商規則」（全八条、一八九四年一二月一三日〔一一月一七日〕・一四日〔一八日〕公布）[86]と「施行細則」（全一九条、一八九五年三月公布）[87]を作成し、清商をイギリス総領事の保護と朝鮮政府の統制下に置いたことを論じている。[88]

その後、清朝では朝鮮に自国の商人が多くいることや朝鮮政府の債務返済を受けなければならないことなどを理由に、朝鮮に委員を駐在させる必要が議論され、一八九五年一二月一日（一〇月一五日）に唐紹儀を「委辦朝鮮総商董」に任命している。唐紹儀が正確にいつ漢城に赴任したのかは明らかではないものの、一八九六年六月一二日

（五月二日）には朝鮮に到着していることが確認できる。[89]「委辦朝鮮商務総董」として漢城に駐在していた唐紹儀は、同年一一月二〇日（一〇月一六日）に、清朝と朝鮮が対等ではないことを示すため、イギリス・ドイツの例にならって「朝鮮総領事」に改派されることが決まった。清朝側は、朝鮮側から条約締結を打診されたので、総領事であれば条約を結ぶこともなく、両国関係を曖昧にしたまま、実務として求められている在朝華商保護の任務を遂行できると考えた。[90]

先行研究が詳述しているように、朝鮮政府は清朝との宗属関係が廃棄された後、清朝と「対等」な条約の締結を望んで交渉を進めていた。[91]他方、清朝は宗主国であったことを理由に朝鮮と「対等」な条約を結ぶことを嫌ったため、条約締結交渉は難航した。このように実際には朝鮮と清朝の間で交渉が行われている。しかし、朝鮮の外交担当機関である外部の記録のうち清朝とのやりとりを記した『旧韓国外交文書』「清案」には、同じ期間の清朝とのやりとりが全く残されていない。「清案」における清朝と朝鮮のやりとりは、一八九四年七月二五日（六月二三日）を最後に一度途切れ、韓清通商条約が締結される一八九九年一月二六日に記録が再開するまで約四年六カ月間の空白がある。外交担当機関の職務日記をみても、一八九四年七月二六日（六月二四日）に統理交渉通商事務衙門が、袁世凱帰国後に代理を務めていた唐紹儀に宛てた照会を最後に、その後は清朝との直接的な文書往来はほとんどなく、[92]各公館宛に一斉に同文の照会などを送るときも、清朝の代表は除外されている。つまり、唐紹儀が赴任した一八九六年六月から韓清通商条約が締結される一八九九年九月一一日（八月七日）まで、唐紹儀と朝鮮政府の間で公的かつ直接的なやりとりはほとんど行われていないのである。唐紹儀が「総商董」から「総領事」に就任した際も、外部宛の「緘」が届いただけで朝鮮政府の回答は確認できない。[93]朝鮮が「光武」年号を採用したことを通知する照会も、日本・アメリカ・イギリス・ドイツ・ロシア・フランス公館にのみ出され、清朝代表に宛てた記録は残っていない。[94]高宗の皇帝即位を知らせる照会も同様、[95]国号を「大韓」に改めたことを知らせる照会についても同様であ

る。(96)

このように朝鮮政府が清朝との間で正式な関係を有さない期間に、朝鮮政府が光武年号への改称や高宗の皇帝即位、そして国号の大韓への改称を行ったことは示唆的である。つまり、中華の公的な継承者である清朝と公的かつ直接的な関係がない時期に、朝鮮が中華の正統な継承者であることを具現化したのである。事実、唐紹儀が帰国した一八九四年八月以後の記録では、これまで「中朝」「中華」「中国」などと呼んでいた清朝を「清国」と呼びはじめ、(97)先に言及した清商を保護する規則の名称も「保護清商規則」で、「華商」ではなく「清商」である。ただ、この時期にはまだ「清国」と「中国」、「清商」と「華商」の混用がみられ、さらに「清」という呼び方には日本政府の影響があったことも考えられ慎重な分析が必要である。とはいえ、朝鮮が公的な文書で「清」という呼称を使用するのは顕著な変化である。

公文書における呼称の変化だけではなく、朝鮮政府の清朝への態度もまた変化した。例えば次のような例が挙げられる。「保護清商規則」の制定過程で、朝鮮側が定めた第八条の「審断干渉清民案件」（在朝清人の犯罪と訴訟をすべて朝鮮政府が管轄するという規定）に対してイギリス総領事は、イギリス総領事あるいは領事を派遣して裁判に立ち会う「従旁観審」(98)を主張した。この点は先行研究でもしばしば取り上げられているが、(99)この時に朝鮮側がイギリス総領事に対して反論した表現は見過ごされている。朝鮮政府は、「在朝華商《ママ》がしばらく旧章によって安心して業務ができることを許可しているのは、我が政府の特別な計らいである。清国の駐在官員は既にいないのだから、該商の現在朝鮮にて営業するものの犯罪・審断は我が政府の管轄に帰すべきである」(100)といい、清朝の商人が引き続き朝鮮で営業できるのは「朝鮮政府の特別な計らい（寔属我政府格外恵政也）」によるものだというのである。この他、「保護清商規則」の運用にあたっても、警務庁に宛てた公移（官衙間でやりとりする対等な文書）で、外務衙門は「保護清商規則」について「朝廷からのほどこし（朝廷體恤之至意）」であるという表現を用いたり、イギリス総領事に対しては「我が政府の格外の設法で、外国商人を労り哀れむものである（我政府格外設法、顧恤外商）」という表現を用いたりしている。[101]「格外恵政」・「格外設法」や、「體恤之至意」・「顧恤」という表現は、まるで中国の皇帝を意識したかのような表現である。[102] この他、朝鮮の国号改称において、「大韓」ではなく「大華」にしようとしているという唐紹儀の総理各国事務衙門（以下、総理衙門）への報告もあり、[103] 朝鮮内で国号を「大華」に改めようとする議論は確認できないものの、[104] 朝鮮側の中華を指向する態度を唐紹儀も把握していたことが確認できる。

以上から、清朝との宗属関係が廃棄され、朝鮮を正統な継承者とする中華に一元化する過程において、先のロシア文書が指摘するように、朝鮮で中国が「精神的な支配者」として意識されていたことが分かる。一方で、朝鮮は清朝皇帝に対する特別な尊重を完全に払拭したわけでもなかったようである。例えば、一八九七年七月二七日（六月二八日）の清朝皇帝の万寿聖節に、外部大臣閔種黙と宮内府大臣李載純が唐紹儀のもとに赴き恭賀している事例がそれである。[105] 閔種黙らは「今日係貴国大皇帝万寿聖節、殊為大慶、我大君主特派我等来恭賀」と述べ、唐紹儀は朝鮮の使臣が万寿聖節を祝いに来ることは、「属邦体制」に従うものであると総理衙門に報告している。ただ、唐紹儀は付け加えて、「今昔の情形は稍や異な」り、朝鮮側の祝詞の中に「貴国」や「我大君主」という文字があるものの、このことを細かく問い詰めることは都合がよくないので、朝鮮使臣の来祝に礼をいうにとどめたと記している。唐紹儀が不快感を示したのは、「大君主」という称号が、朝鮮がこれまで条約に則って日本や西洋諸国向けに使ってきたもので、清朝に対しては「国王殿下」を用いてきたからである。[106] しかし朝鮮は日本・西洋諸国とも条約を有するため、唐紹儀はこれ以上事を荒立てることはしなかった。他方、朝鮮側が祝詞に「大君主」を用いて「大君主陛下」を用いなかった理由は明らかではない。過去の対日関係において、朝鮮は「陛下」・「殿下」という敬称に含意される等差を意識して敬称を使用しないことがしばしばあったことに照らすと、[107] 清朝皇帝と同じ敬称を用いることを避け、敢えて敬称を用いなかった可能性が考えられる。

また、九月七日（八月一一日）の唐紹儀の総理衙門に宛てた函の中には、高宗の皇帝即位を阻止しようとしているロシアに対し、高宗の皇帝称号を阻止しないよう「中朝」に勧めてほしいと依頼している会談記録も残されている。(108)この記録は清朝側の記録であるため、旧宗主国の意識をとりわけ強く反映していることに注意を要するものの、ロシアとの仲裁を清朝に求めているのは、旧来の関係を背景にするものとみられる。

以上のような史実から、朝鮮は清朝総領事との間で公式な外交関係が途絶えている時期に、「光武」年号の制定、高宗の皇帝即位、そして「大韓」国号の改称を行った。すなわち朝鮮側は、高宗の皇帝即位をはじめとする一連の行事に対して、清朝側が難色を示すことが分かりきっていたため、敢えて外交チャンネルがない時期にそれらを行うことで、清朝との対立を未然に防ぎ、自国の政策を遂行する狙いがあったのではないかとみられる。朝鮮におけるロシアと日本の影響力が増してくる中で、高宗が数ある皇帝像の中から明朝の皇帝を選んで倣ったこと、そして公的な中華の皇帝を戴く清朝との国交が断絶している時期にそれを挙行したことは、大韓帝国、さらにはそこに至る朝鮮近代史において非常に重要な意味をもつだろう。

おわりに

本章の「はじめに」で掲げた「なぜ一八九七年一〇月に高宗は皇帝に即位したのか」という問いについて、本章の成果をもとに整理したい。

本章では、一八九七年一〇月に高宗が皇帝即位式を挙行した背景として、国際関係と国内政治の観点から次の二つを指摘した。一つは、乙未事変・露館播遷以後に大きくなったロシアの影響力に対して危機感を抱いていた日本と朝鮮が、日本の皇太后の逝去を契機に接近しはじめた時期であったことを指摘できる。日本は、朝鮮における自国の影響力の回復を模索していたので、皇太后の逝去に対する朝鮮政府の丁重な対応という形で差しのべられた関係改善の手を、国王への勲章授与さらには皇帝即位の承認というかたちで摑んだといえる。他方、高宗や政府は、ロシア公使や親露派官僚の影響力が大きくなる中で、国民の還宮を求める声の高まりも加わって、ロシア側と十分な事前協議をしないまま還宮を実行した。日本の皇太后逝去を契機とした対日関係改善への動きと高宗の皇帝即位式の挙行は、ロシア公使館の「保護」から出たことによって高宗や政府首脳の間にロシア側の意向に必ずしも沿わない動きがみられるようになったこととも関わるだろう。これらは朝鮮政府の「勢力均衡政策」や、ロシアと日本との間の「中立化政策」などというよりは、乙未事変の恨みは忘れないまでも、隣国日本との関係をずっと悪いままにしておくことはできないという高宗・朝鮮政府の外交的判断と、独立協会設立以後のナショナリズム高揚への対応など、複合的な結果とみるべきであろう。

高宗が一八九七年一〇月に皇帝に即位したもう一つの背景としては、高宗の明朝の儀礼に倣った皇帝即位式の挙行は清朝からの反発が予想されるため、清朝との外交関係が断絶し、公式に皇帝即位を伝えなくてもよい時期を選ぶことで、清朝との外交紛争を避けつつ確実に皇帝即位式を遂行する狙いがあったと指摘できる。ただ、日清戦争以前の公文書で「中朝」「中華」と呼んでいた清朝を「清国」と表記しはじめながらも、時折「中国」という表現が混じったり、実際の交流で清朝皇帝に対する特別な尊重を完全に払拭しなかったように、日・露を背後に据えたこの時期の朝鮮の清朝に対する思いは複雑で、対応に揺れもみられる。

以上の議論からは、宗属関係を維持して対等な条約締結を拒む清朝と、自らを中華とする論理に基づいて「対等」な条約締結を望み、それを成し遂げるために日・露を「利用」する大韓帝国という見方が展望される。さらにその先には、「一元的中華」の時代において大韓帝国が行う外交を「事大字小」の変容という観点から議論することも可能かもしれない。また、先行研究が明らかにしてきた大韓帝国の諸制度について、「一元的中華」という操作概念を用いた再解釈もできるかもしれない。ただ、「対等」になった大韓帝国を、清朝側がいつ・どのように受け入れはじめたかについては未だに不明な点が多く、中国史の文脈も含めたさらなる史実の掘り起こしが必要であるし、一八九九年の清韓通商条約締結が両国それぞれにおいてもった意味や重さについても今後さらに実証を積む必要がある。

朝鮮が、宗属関係の廃棄による「二元的中華」の終焉後に大韓帝国を成立させたことは、本書の議論の帰結となる。公的な中華の継承者である清朝と正統な中華の継承者を自認する朝鮮の「二元的中華」が、後者に収斂して中華が一元化する過程には、ナショナリズムの萌芽も見出すことができるだろう。そして何より、この過程に朝鮮外交の形成がみられるのである。

附章　朝鮮政治・外交の変容と朴定陽

はじめに

朴定陽、字は致（稚）中、号は竹泉、諡号は文翼、一八四一年（憲宗七年）一二月二四日に生まれ、一九〇五年（光武九年）一一月一九日（陽暦一二月一五日）に亡くなった朝鮮近代を代表する官僚の一人である。朴定陽は一八六四年に増広慶科監試初試に合格し、一八六六年（高宗三年）三月二六日に庭試文科に丙科で及第してから没年までずっと重要な官職を歴任した。朴定陽が活躍した時期の国王（一八九七年一〇月から皇帝）高宗の生涯が一八五二年から一九一九年であり、在位が一八六四年、親政が一八七三年から一九〇七年であったことを考えれば、高宗より一一歳年上で在位期間に官職についていた朴定陽の活動は、高宗の政治を映す一つの鑑であるといっても過言ではない。

朴定陽の本貫は潘南（現在の全羅南道羅州市潘南面）、始祖朴応珠は高麗時代に潘南戸長を歴任し、六世孫朴訔は潘南を本貫として世系を継ぎ家門の中興の祖となり、後孫は朝鮮時代全期間を通して繁栄した。潘南朴氏の文科及第者は二〇〇名あまり、うち七名は領議政・左議政・右議政を歴任し、朝鮮時代を通して多くの官僚を輩出し繁栄をきわめた老論の名門家門である。そして彼らの中でも後世に名を残す有名な人物は朴定陽であろう。

政治外交史研究において、朴定陽といえば初代駐米全権大臣であった経歴が想起されるほど、駐米全権大臣としての業績が広く知られている。それは、朴定陽が単に「初めて」アメリカに赴任した全権大臣というだけではなく、その際に清朝から「属国」として履行するように強要された三つの規則「三端」を履行しなかった「功績」のため、先行研究が注目してきたからである。清朝の宗主権強化政策に対して、朝鮮が近代国際関係を前提に抵抗した反清・自主外交を論じる先行研究にとって、朴定陽は重要な人物だったのである。

ところで、朴定陽の日記や書翰等をまとめた『朴定陽全集』「解題」で朴定陽は「旧韓末の激動する国内外の政治的潮流の中で、学部・度支部・内部大臣などを歴任し、内閣総理大臣まで務めた政治家」で、「国王からの信任が非常に厚かった」人物であると記されている。(1) さらに朴定陽は、官職についている時期の一八七五年一月一日から九八年一二月二九日まで「従官日記」という日記をつけており、官職生活の一端をうかがうことができる上、復命記録や政府に提出した報告書、書翰類も様々に残っており、駐米全権大臣以外の経歴についてもある程度詳しく研究することができる。

これら朴定陽に関する多種多様な史料に加えて政府の史料等も分析すると、彼が官僚として仕えた生涯を全体として捉えることができる。そうして朴定陽の生涯を捉え直してみると、新たな朴定陽の姿がみえてくるだけではなく、そこから高宗を取り巻く環境や高宗が目指したものが浮き彫りになり、朝鮮の対外体制の変容過程もみえてくるのではないかと考えられる。

本章はそのような問題意識のもと、朴定陽個人の評伝ではなく、あくまでも朴定陽を鑑にして朝鮮の対外体制の変容を論じることを目的とする。(2) そうすることで、本書の議論をまた違った角度から眺めることができるのではないかと考える。

1 「開化」政策の基礎固め――二度の暗行御史

朴定陽は、科挙及第後まもなく一八六六年一一月から六八年三月まで承政院假注書として国王に侍従する。彼の「記注日記」(『朴定陽全集』第一冊所収)には進講の様子が記されており、朴定陽の官僚生活が国王のすぐそばで始まったことが分かる。一八七一年には宗府正別兼春秋として、実録と璿源録の書籍を曝曬するために全羅道茂朱赤裳山史庫と慶尚道奉化太伯山史庫を調査した。その後、朴定陽の後のキャリアに大きな影響を与えることとなる、二度の暗行御史任命がなされる。一度目は、一八七四年二月の慶尚左道への派遣、二度目は一八八一年一月の日本への派遣である。

まず、慶尚左道への暗行御史任命からみてみよう。一八七四年、高宗は暗行御史を派遣し、その中の一人として朴定陽を慶尚左道に派遣している。暗行御史とは、朝鮮時代固有の遣使制度として国王が新進気鋭の侍従臣を秘密裏に地方へ派遣し、人民の苦楽と観察使・守令などの地方官が行う市政の間違い、政府の施策の得失と弊害などをひそかに探らせ、民心を収め民生に関する国政を正すことに利用する制度で、一八六八年(高宗五年)以後六年ごとに派遣された(3)。暗行御史の多くが新進気鋭の侍従臣であったことに照らせば、朴定陽は任命当時数えで三四歳、まさに新進気鋭の年頃であった。

朴定陽の慶尚左道への暗行御史任命と同時に、彼の三従季叔である朴斉寛も東萊府史に任命されている。このことから、彼らの任命には開化思想の先駆者で当時日韓関係の改善を主張していた朴珪寿からの推薦があった可能性が高いとみられている(4)。つまり、この時の暗行御史派遣は、各地域の大院君勢力を除去する政策の過程のもので(5)、高宗が親政後の政策の正統性を得る上で重要な意味をもつものであったのである。

朴定陽は一八七四年二月二一日に任命を受け、三月二日に漢城を慶尚左道へと出発し、およそ一〇カ月後の一二月一三日に書啓・別単を提出して高宗に謁見している。その復命の様子は「慶尚左道暗行御史復命入侍時筵説」（『朴定陽全集』第四冊）に記されている。一〇カ月もの任地滞在は他の暗行御史に比べて長い滞在であったが、それは、彼が単なる暗行御史としての任務以上のものをもっていたためである。[6]

高宗は親政にあたり、それまでの大院君政権から正統性を獲得するための政策の一つとして排外政策の更新を掲げており、朴定陽はその中の日朝関係の改善という密命を帯びて派遣されていた。朴定陽は暗行御史の任務を誠実に遂行し、提出した書啓・別単は朝鮮時代の暗行御史の普遍的な形式を備えており、朴定陽の真面目で忠実な仕事ぶりがみてとれる。さらに、朴定陽の観察・報告に歪曲や隠蔽がなかったことは、別単に書かれた災害への対策や救済策の建議を議政府がそのまま受け入れ施行したこと、朴定陽の書啓に羅列されている不正官吏・善政官吏に対して議政府・吏曹・兵曹がそのまま処罰・表彰していることからも確認できる。[7]

そしてこの不正官吏の通報こそ、先に述べた日朝関係の改善に関わる高宗の密命を受けた重要な任務であった。朴定陽が非理・不正の事例として罪を指摘した相手は、慶尚道観察使の金世鎬と元東萊府使の鄭顕徳であった。[8]金世鎬と鄭顕徳、そして倭学訓導の安東晙を合わせた三人は田保橋潔が「三羽烏」というほどの大院君の腹心で、大院君の方針を体現して過去一〇年間にわたる排日政策を強行し、日朝関係を停頓に導いた人物たちである。[9]朴定陽は赴任後、釜山鎮商人李周善を雇って草梁館に入らせ、明治元年以降の日朝間の往復文書の謄本を入手したい旨を伝えるとともに、朴斉寛と協力して草梁公館の情勢を熱心に探って日朝交渉再開の道を開いた。[10]とりわけ安東晙は対日交渉をこじらせた張本人であり、安東晙の処罰は新しい権力集団による対外政策の変化、大院君政権が強力に進めてきた排外政策の撤回を意味するものであった。[11]すなわち、朴定陽が暗行御史として当地の非理・不正な官吏を報告することは、通常の暗行御史の任務を超えて、大院君派の勢力を政府外に追放・懲罰し、国王・閔氏政権の安定的出発につながる重要な任務であったということである。

このように朴定陽は、真面目で忠実な仕事ぶりで高宗親政初期を支え、一八八一年一月、東萊府暗行御史に任命される。「東萊府暗行御史」の真の任務は東萊府の調査ではなく、明治維新によって西洋的な政治制度を導入した日本・東京の視察であった。すなわち、先行研究で「紳士遊覧団」や「朝士視察団」などといわれる使節のことである。名称を「東萊府暗行御史」としたのは、国内の儒生たちの反対や清朝との関係を考慮したためと考えられる。また、「暗行御史」という名称が可能だった背景には、朝鮮が対日関係を従前の交隣の延長上に捉えていたこともあるだろう。

一八八一年三月下旬に東萊府に集合した朝士一二名をはじめとする六二名は、四月一〇日に釜山を発ち、長崎や神戸などを経て、四月二八日に東京に到着し、この日から七月一四日に東京を発つまで、日本の政府機関の視察・調査を行った。(12) 朴定陽は当時四一歳で刑曹参判の地位にあり、随員（王済膺・李商在）、通訳（金洛俊）、下人（金秀〔寿〕吉）の四名を連れ、(13) 日本の地方行財政や警察などを扱う内務省と農商務省の視察を担当した。(14) これまでの多くの研究は朴定陽の業績として初代駐米全権大臣に注目するが、彼のキャリアにおいて外交を担当した期間は短く、むしろ後述するように甲午改革および露館播遷期に内部大臣あるいは内閣総理大臣の地位から、大規模な地方制度改革や軍事・警察制度の整備を行っており、明治日本の内務省視察は彼のキャリア全体を見通したとき意味をもつものと思われる。

日本の近代化を視察した朴定陽であったが、朴定陽が日本との関係を交隣と捉えていたことは、視察を終えた復命時の国王との次のような対話からもうかがえる。

国王：日本にとっての隣国との交わり方は慶弔ではなく通商を主とするものだ。

朴定陽：隣国と交わる本来の道は慶弔の時に礼を修めることを要としますが、日本は果たせるでしょうか。通商を主としています。

趙準永：殿下のおっしゃる通りでございます。我が国には取り引きするようなものがないのに、日本が通商しようとするのは、西洋諸国の通例に倣って、もっぱら商を通じて隣国と交わろうとするやり方をやろうとしているのです[15]。

この復命時の対話は、隣国との交わる道である交隣に対する日本の解釈と朝鮮の解釈が異なることを議論している重要な史料である。朴定陽は、交隣のあるべき姿として、通商よりも儀礼に重きを置いている。そして本来の交隣の道から外れていく日本への蔑視は、同じ復命時に「日本の政治と法律は長所や短所を気にせず、西洋にただ倣って日々改めています[16]」と、日本の西洋化を否定的に捉えて報告していることにも通底する。

このような否定的な見方があったにせよ、親政をはじめた高宗とそれを支える閔氏政権にとって、「暗行御史」の名前を付けてでも交隣である日本への視察・調査が、自らの政治基盤の構築や方向性を定める上で必要と考えられていたことは重要である。そのような新事業が既存の使節の名前で行われたことや、高宗や朴定陽が中華に基づく対外関係の理念から日本を捉えていたことも見逃せない点である。日本との新しい関係構築が、直ちに新しい国際秩序への参入に結びつくものではなかったことは、朴定陽を通しても確認できるのである。

朴定陽は慶尚左道暗行御史の仕事ぶりが評価され、日本視察とそれに伴う新事業、いわゆる「開化政策」に参加することになる。その背景には、単に彼の性格が真面目で国王に忠実であったというだけではなく、中華世界の既存の秩序をなるべく保ちつつ変化する国際関係に対応しようとする考えが、国王の考えに沿うものであったことも指摘できよう。

帰国後の暗行御史たちは、日本で視察を担当した業務に従って、ちょうど一八八〇年一二月二〇日に新設されたばかりの統理機務衙門の各司の業務を分担した[17]。統理機務衙門は、第三章で取り上げた統理交渉通商事務衙門（以下、外衙門）の前々身の衙門である。統理機務衙門は、発足当初は一二司で構成されていたが一八八一年一一月二一日に組織改編が行われ、同文司・軍務司・通商司・理用司・典選司・律例司・監工司の七司となっていた。朴定陽はこの時、閔謙鎬と李根弼とともに理用司の堂上（経理統理機務衙門）に任命された[18]。理用司は改編以前からある組織で、経理・財政を担当する部署であった。

この後、朴定陽は一八八二年五月に吏曹参判となり、翌年一月二三日に統理機務衙門の後身の一つであり主に国内事務を司る統理軍国事務衙門（以下、内衙門）の協辦に就任した。また一八八三年五月二三日には新式武器の製造を担当する機器局の総辦にも任命されている。このように朴定陽は、当時高宗が推進していた「開化政策」によって始まった様々な新事業に参加し、「開化政策」の最前線で活動した人物といえる。これらの経歴から、朴定陽は旧来の官僚が経験してきたキャリアに加えて、日本で視察した内務・地方行財政・警察、統理機務衙門で担当した経理・財政、そして機器局での軍備などを務めることで、「新式」官僚としても幅広い知識と経験を身につけたといえる。

そんな彼が未だ経験していない分野、それは「外交」のみとなったのである。

2　近代外交の出発——駐米全権大臣

一八八四年一〇月一七日に甲申政変が起こり、政府の立て直しがはかられた頃の一八八四年一二月七日、朴定陽は対外事務を管掌する外衙門の協辦に就任する。第三章で既にみたように、外衙門協辦は督辦に次ぐ職位である。外衙門の職務日記である『統署日記』と朴定陽の「従官日記」によれば、朴定陽の就任後の一二月の勤務日数は一六日間、翌一八八五年一月は二五日間、二月は二一日間となり、ほぼ毎日出勤しているが、三月に入ると三月二日と四日に出勤して以後の出勤が確認できない。これらの記録をもとにすれば、彼は約三カ月間の外衙門勤務の中で、おおよその対外事務についての見識を広げ、次のステップへと進むとみてよいだろう。その次のステップこそ、朴定陽の代表的キャリアとなる駐米全権大臣の任務である。

ただ、朴定陽は一八八五年三月六日に病気を理由に尚州牧使を辞した後、「従官日記」には三月一四日までが記録され、翌年五月一三日に節箑二柄の賜給を記した次は、一八八七年閏四月一一日まで記録が途切れている。『承政院日記』をみても、毎月のように確認できた朴定陽に関する記事が一八八五年三月九日から八六年閏四月二九日まで約一年、空白である。その後、一八八七年五月三日の「従官日記」に、議政・堂上らが入侍して重要な政務を上奏する賓対（次対）で、政府堂上に還差下されたことが記されると、[19]また以前のように日記が始まる。残念ながら、このおよそ一年間の空白が意味するところは分からない。

そうして一八八七年六月七日、朴定陽は内務府の協辦に就任し、内務府協辦として二九日に「駐箚美国全権大臣」に任命される。四七歳の年である。内務府は内衙門の後身として一八八五年に宮闕内に設置され、国王の指導下で内政や外政を監督・指揮し、高宗の政策を直接的に反映・実行しやすい機関であった。[20]九月二七日、朴定陽は国王に出発の挨拶をするとともに国書を受け取り、参賛官李完用、書記官李夏栄・李商在、繙訳官李采淵、随員姜進熙・李憲用、武弁李鐘夏、埌率金老美・許龍業など総勢一一名とともに漢城を発ち、アメリカへ向かった。[21]九月二九日に済物浦にてアメリカ軍艦オマハ号（*Omaha*）に乗り込み、一〇月二日に出航、釜山を経由して長崎で外国人参賛官アレンと会う。

朴定陽は一〇月七日、閔泳翊に会うために香港に向かう。閔泳翊は、当時は香港に政治亡命中であったが、一八八三年に報聘使としてアメリカに行った人物であり、アメリカの情報を得るために面会したと思われる。その後朴定陽は一〇月一八日に香港を発ち二四日に横浜に到着し、二六日にアレンと合流して出発、ハワイを経由して、一一月一四日にサンフランシスコに到着して一八日に上陸、二一日にサンフランシスコを発ち、一一月二六日ようやくワシントンに到着した。[22]

朴定陽の駐米全権大臣任命直後から、袁世凱をはじめとした清朝側は朝鮮政府のアメリカへの使節派遣に難色を示していた。この点は、朝鮮政府としても全く想定していなかった事態ではなかったであろうが、前年の駐箚日本辦理大臣任命の際にはさほど大きな問題にならなかったこともあり、駐米全権大臣の派遣に踏み切る。しかし、駐箚日本辦理大臣派遣時とは異なり、駐米全権大臣派遣に際しては清朝側からの「干渉」をまともに受けることとなる。漢城を経つ日に、袁世凱を通して課されたいわゆる「三端」はその最たる例であり、清朝側が「三端」を制定する過程、それに対する朝鮮側の反応も既に詳細に明らかになっている。[23]

知られているのは以下のことである。朴定陽は「三端」第一条の「朝鮮の使節が駐在国に到着したら、まず中国使館を訪問して、中国の欽差によって同行され該国の外部に行く」という決まりを、アレンの説得によって守らないまま、一二月五日にクリーブランド大統領に謁見して信任状を捧呈した。そして朴定陽はその理由として、自分の出発時には議政府から「三端」遵守の命を受けておらず、事情を調査すると「三端」第一条に従えばアメリカ側が国書を受け取らない可能性があり信任状の捧呈に支障をきたしかねないと述べたことである。朴定陽のこのような行動に対する評価をめぐっては、「自主外交[24]」の固守に貫かれたものといった従来の評価に加えて、近年「必ずしも確乎たる方針、断乎たる信念に貫かれていたとはいえない[25]」という評価も下されている。本書のこれまでの議論に即しても、後者のような観点からこの問題をみるほうがより当時の文脈に近いのではないかと思われる。

もちろん、朴定陽と同時に駐英・独・露・伊・仏全権大臣に任命された沈相学が辞退し、後任の趙臣熙や朴斉純も清朝からの干渉を恐れて任地に赴任できなかったことを踏まえれば、朴定陽の行動はアレンの説得があったとはいえ、勇気ある行動であり、そうした点で朴定陽や高宗の「自主外交」を検討する意義はある。しかし、朴定陽が「三端」の第一条を行わないという行為を通して、アメリカや清朝に、朝鮮の「自主」をアピールしようとしたかと問えば、それへの明快な回答は難しい。そうした議論の方向よりは、清朝からの干渉と条約に基づく関係のはざまに立たされることが想定されていた駐米公使に、温厚で角が立たない性格の有能・優秀な朴定陽をあて、彼にその難局を乗り越えさせようとしたところからみえる朝鮮政府の「自主」を論じることの方が有益であろう。

それはまさに高宗の「物事を論議する際は角を立てないようにして妥協を成すようにしなさい[26]」という訓諭からもうかがえる。また、朴定陽の次のような対応からも裏付けられる。すなわち、ワシントン到着二日後の一一月二八日、駐米清公使張蔭桓が参賛官と随員三人を朝鮮公使館によこして、「三端」の一つにある「任地到着後は中国使館をまず訪れて中国の欽差とともに国務省に赴くこと（先赴同赴事）」について詰問してきた時、朴定陽は「漢城を発つとき、天津から送られた電報が袁世凱に到着したとは聞きましたが、船が出発する日が迫っていたので、政府からの公文は受け取っておらず、そのようには行えません[27]」と答えたと「従官日記」に記していることである。翌二九日に、駐米清公館の参賛官二人が書簡で「先赴同赴事」を問いただした時も、朴定陽は前日と同じ内容を返信した[28]。つまり朴定陽としては、朝鮮政府が「三端」を受け入れたのかどうかを知らず、政府から正式な文書による指示がないままに、いくら清朝の指示とはいえ軽々に行うことはできない、というのである。朴定陽のこのような対応は、朝鮮が清朝の属国であるということと、朝鮮が清朝の言いなりになることは同じではないことをあらためて確認させてくれる例である。

しかし、アレンの日記には同じ二九日に、朴定陽が「清朝の公使館を訪問しなくてはならぬと言い張った」ためにそれを説得したと記されている。[29] 朴定陽の駐米清公館に対する返信がアレンの説得の前に書かれたものなのか、後に書かれたものなのか分からない。しかしアレンの記録が正しいのであれば、朴定陽は駐米清公使に対して、政府からの命令がないことは行えないと主張しつつも、内心では宗主国・清朝の公使からの指示には従わなければならない、という思いもあったことが確認できる。[30]

結果として朴定陽はアレンの指示に従うが、アレンの指示に従った朴定陽の論理にも目を向けなければならない。朴定陽が駐米清公使からの催促ではなく、アレンの説得に応じたのは、あくまでも自身が高宗から受けた命である「アメリカ大統領への国書進呈」が達成できないことにより、朝鮮が世界から軽くみられる事態を憂慮したためである。[31] 朴定陽は駐米全権大臣としての駐在期間、アメリカで、さらには世界で朝鮮の国家としての体面が傷つけられることがないよう非常に気にかけていた。[32] 自身の病気による帰国を前に、アレンを署理公使とする教旨に対し、「既に本国の人員がいるのに外国人に代理を頼むのははかりそめであり嘲笑を免れない」という理由を挙げて、李夏栄を署理に推薦したこともあった。[33]

以上のように、朴定陽は清朝との関係とアメリカ（・日本・西洋諸国）との関係のはざまで苦悩するわけであるが、この苦悩こそ当時朝鮮政府が抱えた苦悩であった。[34] そういった観点から朴定陽のワシントン駐在（一八八八年一〇月一六日まで）を捉えれば、この間に朴定陽が記した日記や史料を「開化政策」の解明という観点から解釈（あるいは翻訳[35]）するだけではなく、いわゆる「出使日記」として朝鮮の外交形成過程に位置づけることもできるのではないかと考えられる。[36]

例えば、駐米全権大臣時代のみに限って記した「美行日記」は一八八七年九月二五日から復命する八九年七月二四日までの日記であるが、一八八七年九月二九日から一二月二四日の日記が欠落している。腐蝕や紛失によるものなのか、はたまた「三端」問題で駐米清公使ともめている時期を敢えて削除したのかは分からないが、先行研究ではそういった点に立ち入った分析をしていない。また朴定陽の「従官日記」には当然「美行日記」との重複期間があるが、「従官日記」にはあって「美行日記」にはない記録やその逆もある。例えば、参加したパーティーの様子や国会の様子などの西洋事情は「美行日記」で詳しく記され、個人的な感情は「従官日記」で読み取れる場合が多い。ただ、公的な記録は「美行日記」で私的な記録は「従官日記」、などと言い切れるほど明確な区分があるわけではない。そのため、「従官日記」と「美行日記」を同時に記していたか、あるいは両者の内容を含んだ詳細な稿本があることも考えられる。

さらに、「美行日記」では「清」ではなく「中国」と表記していることも見逃せない。「美行日記」同様、政府への報告書とみられる「海上日記草」「駐美全権大使朴定陽書翰」（『朴定陽全集』第六冊所収）では「清」が用いられていることに鑑みれば、「美行日記」が他の記録よりも公的な報告書であった可能性を示す。いずれにせよ、このような在外使臣の報告書のあり方からも、朝鮮の対外体制の変容過程を刻々と追うことができ、貴重な史料といえる。燕行使や通信使の「日記」の位置づけ・変遷、清朝や日本やアメリカへ派遣された使節の「報告書」、一八八六年に創設された駐日公使館の「日記」などの内容と比較しながら「美行日記」を捉え直せば、近代朝鮮における外交のあり方がより実態的に解明されるだろう。

朴定陽は病のため一八八八年一〇月一六日にワシントンを発ち、一一月一七日に日本に到着するものの朝鮮に帰国できないまま、約四カ月間も東京の駐日公使館で過ごすこととなる。一八八九年三月一八日には釜山に到着し、ようやく七月二四日に復命がかなう。復命に時間がかかったのは、一八八八年一〇月に三年の任期を満了する袁世凱の交代を待っていたためであったが、袁世凱の交代は叶わなかった[37]。

帰国後も国王の朴定陽に対する信頼はゆるぎなかった。復命の翌日である七月二五日は高宗の誕生日であるが、この日、他の官吏たちとともに朴定陽も渡米前の職位である内務府協辦として高宗を問安している。さらに袁世凱の記録によると、朴定陽を外衙門督辦に就任させる予定だったという。(38)実際には、袁世凱の手前、朴定陽が外衙門督辦に就任することはなかったが、一八八九年一一月九日に副提学、一〇日には都承旨にそれぞれ任命されている。これに袁世凱が反発すると、内務府は「慣例に従っただけで、特別な意味はない(39)」とかわしたものの、朴定陽は病気を理由に副提学の辞職を申し出、一一月一六日に解職され、一八日には都承旨が逓差された。

このように朴定陽は帰国後に任命された職位は失ったものの、渡米前に就任した内務府協辦の職位は引き続き有しており、この間の「従官日記」をみると、朴定陽が内務府へ出勤し、宿直も行っていることが分かる。また、一八九〇年四月に亡くなった神貞王后の発靷においては、七月一日に輓章製述官に任命されている。ところが二週間後の一五日には、宿直を行わなかったという理由で内務府協辦を罷免され、政府は袁世凱に対して、その理由を朴定陽が宿直をしなかったことは口実で、実は「三端」に違反したための懲罰であることを伝え、袁世凱もそれを受け入れている。(40)

しかし、それから一カ月もたたない八月四日、朴定陽は内務府協辦に再任されている。その日の「従官日記」に「協辦内務府事仍任前職」と、「仍任」の表現があることが見逃せない。「仍任」とは、任期に満ちた官員を継続任命することである。朴定陽が内務府協辦に就任したのが一八八七年六月二九日なので、それからおよそ三年が経っており、ちょうど任期を迎えようとしていたことが想定される。さらに、第四章でみたように、この時期は神貞王后への勅使派遣直前であり、袁世凱にとっては、国王に勅使を受け入れさせようと躍起になっていた時期でもあった。さらに一八九〇年八月二一日以降には、神貞王后の発靷時の班送をめぐって袁世凱とひと悶着もあった。そのような時期に、もうすぐ任期を迎える内務府協辦を一旦罷免させ、その後すぐに再任していることから、以下の二つの点が推察される。一つは、神貞王后逝去をめぐる袁世凱・李鴻章とのいざこざに乗じて「三端」問題の幕引きを図ろうとした点、もう一つは国王にとって朴定陽が要職に在ることがいかに重要であったかという点である。

朴定陽は一八九一年五月一〇日に漢城府左尹（従二品）となり、九月一五日に戸曹判書（正二品）に任命される。当時袁世凱の代理であった唐紹儀は李鴻章の訓電に従って、朴定陽が「三端」に違反した罪をまだ償っていないことを理由に戸曹判書叙授を咎めたが、外衙門はこれに対し懲戒をした後の叙授であるとし「上国の厚待」を求め[41]、清朝側も「中朝厚待属藩」によって事態を収束させた[42]。朝鮮政府が「自主」を前提に朴定陽を駐米全権大臣に任命し派遣した時と、朴定陽への戸曹判書叙授に際して「上国の厚待」を求める時の緩急のつけ方は、この時期の朝鮮と清朝の関係をみる上で見逃せないところである。

そうして一八九二年六月一〇日、朴定陽は遂に督辦内務府事（正一品）に就任する。内務府督辦は新設衙門の長ではあるものの高宗の考える政策を実行する衙門であり、高宗親政から二〇年、高宗が力を注いできた新事業の要職に次々と登用されてきた朴定陽は、まさにその最高位ともいえる内務府督辦に登りつめたのである。また「三端」への違反があったにもかかわらず、朴定陽を正二品の戸曹判書から正一品の内務府督辦に任命し、両職を兼管させたことからは高宗の優遇がうかがえる。高宗の朴定陽への厚い信任と、自身が目指す政治を第一線で体現する重要官僚の一人としての期待がここでも確認できるのである。

3　甲午改革への参与——内閣総理大臣

日清戦争・甲午改革が始まる一八九四年は朴定陽のキャリアにとっても画期となる。甲午改革を主導した開化派は、日本政府・駐朝鮮日本公使館と協力して高宗・閔氏政権の排除を進めたため、甲午改革はそれまでの閔氏政権の否定の上に成立[43]したといえる。甲午改革までの高宗・閔氏政権は、驪興閔氏一族の権力集中を老論の名門が支えるという権力構造のあり様を呈し[44]、老論の名門家門出身の朴定陽はその代表的な人物の一人でもあった。そのような状況下では高宗からの信頼を得ていた朴定陽が排除されてもおかしくない。しかし、朴定陽は甲午改革期にも引き続き要職を歴任する。彼の経歴と温厚な性格ゆえ、高宗へのパイプ役として必要とされたのである。

一八九四年六月一一日（陽暦七月一三日）に新たに議政府に設置された校正庁で、戸曹判書であった朴定陽は堂上に任命された。校正庁は、大鳥圭介公使が作成した内政改革案五カ条に基づき、一八九四年六月八日・九日（七月一〇日・一一日）に朝鮮側の内政改革調査委員（督辦内務府事申正熙・協辦内務府事金嘉鎮・曹寅承）と老人亭で行われた会議を経て国王が設置したものである。しかし日本側からの内政改革強要を背景に設置されており、単に官制を発布して職員を任命しただけで、実際の改革を審議するには至らなかったとされる[45]。次いで朴定陽は六月二五日、大院君・金弘集政権が非常立法・政策発議機構として新設された軍国機務処[46]でも一七名の会議員のうちの一人となり、「従官日記」では八月一〇日、一六日、九月一日に総理大臣不在のため議長を代行したことが記されている。

一八九四年七月一五日（八月一六日）に出発した第一次金弘集内閣で、朴定陽は学務大臣に任命される。これに対して韓哲昊[47]は、朴定陽が一八八〇年代の「開化・自強政策」に参与し、漸進的改革官僚として実務能力を身につけていただけでなく、高宗と閔妃の信頼が厚くアメリカ公使館のアレンとも親しかった反清・親米論者であったためと解釈しており、また大鳥公使が「朴定陽魚允中ノ両人ハ名官トシテ又関家時代ニアリテノ非行ナキ者トシテ僅カニ員ニ備ハルノミ[48]」と評価していることも指摘している。大鳥公使は、朴定陽（と魚允中）は本来排除されるべき閔氏政権時代の官僚であるが「名官」・「非行ナキ者」ゆえ閣僚に迎えた、といっているのであり、朴定陽に対する「名官」・「非行ナキ者」という評価からは、日本公使館および甲午改革推進派が先の「三端」違反を違反として認識していなかったこと、また、そういった認識をもたせるだけの朴定陽への高い評価が朝鮮政府内にあったことがうかがえる。

朴定陽は、一一月二一日に軍国機務処を解体して出発した金弘集・朴泳孝連立内閣でも学務大臣に留任する。その背景として柳永益は、甲午改革派の政府が高宗・閔氏の協調を得るための人物として、また「貞洞派・米国派」の人物として[49]、朴定陽が重要な位置にあったと指摘する。同様に、前述した韓哲昊も朴定陽を「貞洞派」[50]「親米開化派」の核心人物とみている。朴定陽が駐米全権大臣時代に記した「美行日記」等の内容やアレンとの親交の深さに鑑みれば、「反米派」でないことはいえよう。ただ韓哲昊が引用する『東京朝日新聞』の青山好恵による「朝鮮時事」という記事の「韓廷内」の派閥分類をみると、いわゆる「貞洞派」が名を連ねる「英語派」には李采淵・李完用・徐光範・尹致昊の名前があるだけで、朴定陽の名前はない[51]。上述した大鳥公使も朴定陽のことを「名官」「非行ナキ者」と評するだけで、親米派との言及がないことも重要である。

学務大臣としての朴定陽は、師範学校や小学校、英語学校や日本語学校などを視察したことを「従官日記」に記している。一八九六年四月一日に官制改革が行われ、学務が学部に改称すると、朴定陽は学務大臣から学部大臣となる。学部大臣として朴定陽は、四月二一日には「学部分課規程」を定め、秘書課・文書課・会計課を分掌する大臣官房、小学校・師範学校・外国語学校・外国留学生を扱う学務局、そして教科用国書のことを掌る編輯局の設置を決めている[52]。

甲午改革の出発に際して学務(部)大臣を務めた朴定陽は、一八九五年五月一〇日(六月二日)、遂に内閣総理大臣に就任する。韓哲昊によれば、朴定陽の総理大臣就任は形式的なもので実権は朴泳孝派が握っていたものの、総理大臣への推薦には高宗の依頼を受けたアレンの建言が背景にあったという[53]。朴定陽は、アレンが意見を提出するまでは一度も首相候補として考慮されたことがなかったが、「無害な老人」とみられていた朴定陽の任命にはとくに異議がなく、むしろ日本政府は喜んだという記録もある[54]。

『東京朝日新聞』の青山好恵の「朝鮮時事」では朴定陽の総理大臣就任について次のように述べられている。

昨夜、内部大臣朴泳孝の総理大臣署理を解かれ、学部大臣朴定陽内閣総理大臣に任ぜられたり。朴定陽が学務大臣たる位なれば、寧ろ学務衙門を廃するに如かずとまで世間に云はれし、平々凡々無芸無能の朴定陽が総理大臣とは不可思議千万の珍事にして、定陽自身も今朝に至りて始めて之を聞き、何かの間違ならんとて信ぜざりしとは左もあるべし。朴泳孝派は曰く、朴定陽は各大臣中の古参なると門閥高きと且其人物可もなく不可もなく、総理大臣たるに好適せりと。蓋し定陽は平々凡々の庸物なるにも似合はず、極めて頑固一点張の男なれど、朴泳孝には全く籠絡し去られて、朴内部の言としいへば如何なる事にても盲従する是ぞ即ち柄にも似合はぬ総理大臣の金冠を頂くを得たる偶然の原因にして、凡百の責任を此藁人形に帰せしめ、且つ朴泳孝の野心なきを衒はんとするに出でしなり。定陽はそれとも知らず、今夕自宅に親戚郎等を集めて祝宴を張るとぞ。（句読点は引用者）[55]

この記事では、朴定陽の総理大臣就任を「不可思議千万の珍事」と記し、朴定陽の性格については「平々凡々」、「無芸無能」、「庸物」、「頑固一点張の男」と評している。あわせて「朴泳孝派」の証言として、朴定陽のことを「古参」で「門閥高」く、「人物可もなく不可もな」いことを加えている。これらの表現は朴定陽を消極的に評価するものだが、本章ではこれらの表現を文字通りに解釈するのではなく、むしろ朝鮮近代の対外制度の変容と結びつけて朴定陽を理解する上では有益な評価であると解釈する。朝鮮近代思想史研究の大家である李光麟も『朴定陽全集』「解題」の中で朴定陽のことを「温柔で角が立たない性格の所有者であった。そして政治的にもいつも中立的な態度をとっていた。そのため、周囲から万事に消極的だと評価を受けていた[56]」と記している。このような評価こそ、朴定陽が有能な官僚であったことを表すもので、それゆえ彼は政権のあり様にかかわらず一貫して要職にあり続け、高宗からの厚い信任を得続けていたのである。逆の見方をすれば、そのような人物たちを中心にして近代朝鮮の政治外交が動いていたともいえる。

甲午改革に注目する先行研究からみれば朴定陽の総理大臣就任は、形式的かつ短期的な政権であったかもしれない。しかし、朴定陽が総理大臣に就任した時、高宗が三月二三日（四月一七日）に既に締結されていた下関条約に即して朝鮮の独立を祝う詔勅を出している[57]ことは、あたかも政権の画期であるかのようである。そして何より、朴定陽の総理大臣就任四日後の五月一四日に、それまで甲午改革を強力に推進してきた特命全権公使井上馨が帰国の途につき、総理大臣在任中の閏五月一四日には朴泳孝が日本に亡命し、井上によって政治に関与することを拒まれていた高宗が、閏五月二〇日に詔勅を下して国政に直接関与する旨を表明していることは重要である[58]。つまり、開化派が主導してきた甲午改革が事実上挫折し、高宗が政治に参与しはじめる時期の総理大臣が朴定陽なのである。

前評判は芳しくなかった朴定陽内閣であるが、とりわけ、軍部や地方制度の改革に注力していたことが分かる。例えば、軍部に関しては、「勅令第九十号　陸軍武官進級令」（一八九五年五月一六日）、「勅令第九十一号　訓練隊士官養成所官制」（同）、「勅令第一百七号　新設隊編成に関する件」（五月二一日）、「勅令第一百二十号　侍衛隊新設に関する件」（閏五月二五日）などの勅令の発布に携わっている。このうち新設隊は六営兵丁中で壮丁を揀選編成し、侍衛隊は錬兵二大隊で連成された[59]。地方制度については、高宗も五月二六日の詔勅で、朝鮮の「維新」にあたり、「民は国の本で、本を固めて国は寧んじるのだから、民を保つ道は行政官に在る」[60]と地方制度の改善に言及しており、同日、朴定陽内閣では内部大臣朴泳孝とともに、「勅令第九十七号　監営按撫営並留守府廃止の件」、「勅令第九十八号　地方制度改正に関する件」、「勅令第一百一号　地方官制」、さらに各府職員や郡守、各府雇員や官等の俸給に関する勅令（勅令第一百二号～一百五号）などを頒布している。地方制度改正では二三府の行政区画にし「邑」を「郡」に改称した[61]。またこの時、仁川・釜山・元山の監理署が廃止されている（勅令第九十九号、五月二六日)。

また朴定陽の総理大臣時代の業績として、後の大韓帝国との関係で注目すべきことは、高宗が国政に直接参与する詔勅を下した閏五月二〇日に、圜丘壇修築のための請願書である「圜丘建築請願書」を上奏し、裁可を経ていることである。[62]具体的な内容は、南壇を改修して圜丘壇を修築することや圜丘壇の制度を時代に合わせて制定することなどで、この請願書が提出された時期は朴泳孝が失脚した時期と重なるため、国王の直接的参与によるものだとみられている。[63]さらに「従官日記」には、閔妃が殺害されるいわゆる乙未事変後の八月二七日と九月九日に、朴定陽が高宗の皇帝称号問題を議論する場にいたこと、また四月に南壇に設けられた圜丘についても圜丘祭に参席したことが記されている。[64]南壇の圜丘での圜丘祭については、朴定陽の総理大臣時代に請願書を提出したものであり、また二年後の一八九七年一〇月の高宗の皇帝即位にもつながる事案である。一八九五年一一月一五日には、「建陽元年度税入税出予算表」が提出され「圜丘祭祀及修理費」の項目に九四〇ウォンが策定されている。[65]これは、朴定陽に注目することで、断絶性と連続性が議論されてきた甲午改革と大韓帝国の連続性に光をあてられる事例である。

ところで朴定陽は内閣総理大臣の辞職上疏を何度か出すものの、認められない状況が続いていた。しかし、七月五日になってようやく辞職が認められ内部大臣となる。すると間もなく一八九五年八月二〇日(一〇月八日)、乙未事変が起こる。朴定陽は「従官日記」に「王后陛下過害於殿内」[66]と、この日の出来事を詳しく記しており、温厚な性格の朴定陽も、さすがにこの事件には憤りをあらわにしている。朴定陽は八月二二日に内部大臣の辞職を申し出ているが、[67]辞職が認められたのが二五日であったため、二二日に出された「王后閔氏を廃し庶人とする」[68]内容の詔勅に内部大臣として名を連ねることとなる。八月二五日、内部大臣の辞職が認められた朴定陽は中枢院議長となるが、この時の中枢院は政務に参与できない形式的な機関であり、左遷された者の官吏充員所のような場であった。[69]

4　大韓帝国と独立協会のはざまで

乙未事変の翌年二月一一日には高宗も自身の身を案じてロシア公使館に避難するいわゆる露館播遷が起こる。露館播遷によって、日本政府が介入して行った甲午改革は完全に終焉し、総理大臣金弘集や度支部大臣魚允中などの甲午改革派の中心人物は犠牲となり、その他多くの大臣も日本に亡命した。露館播遷の同日、駐朝ロシア公使館を中心に新しい内閣が樹立されるが、この時、朴定陽は中枢院議長のまま、総理大臣臨時署理と宮内府大臣臨時署理（二月一三日に解職）、そして内部大臣を兼任する。露館播遷以後は、いわゆる親露派内閣が形成されるためか、「親露」派とはいえない朴定陽が「総理大臣臨時署理」として代理のままで内閣を主宰した点は、多くの研究で見過ごされてきた。露館播遷という政治の画期に、またも朴定陽が内閣の中心にいたことは、高宗からの信頼ゆえといえる。

乙未事変以後、閑職に追いやられていた朴定陽であったが、二月一一日の『官報』号外に掲げられた詔勅を軍部大臣李允用とともに内閣総理大臣署理内部大臣として受けている。詔勅には、断髪への反発や乙未事変に対する積憤が人民に騒動を起こさせているという認識を示し、乙未事変の主犯格を「国賊」と呼んでいる(70)。翌日の詔勅でも、乙未事変の「罪人」として兪吉濬・趙羲淵・張博ら「逆魁」の名を記し、この「凶謀詭計」を「我大小民人の共知共憤」するところであるといい(71)、高宗の乙未事変への恨み、恐怖の強さをあらわしている。

その後朴定陽は、幾度となく辞職上疏を出すものの認められず、五月七日に内閣総理大臣署理を解職されるまで内閣を主宰する。この間の、主な業績としては次のような事柄を指摘できる。例えば軍事制度では、「勅令第十五号　親衛隊二大隊増設に関する件」（一八九六年三月四日）で親衛隊を二大隊増設し五個大隊とし、「勅令第十八号工兵・輜重兵廃止に関する件」（四月一九日）で前年の勅令第一百二十一号で新設編成した丁兵・輜重兵を廃し、「勅令第二十一号　親衛第一連隊編成に関する件」（四月二二日）で親衛第一・第二・第三大隊を親衛第一連隊とし、第四・第五大隊は独立大隊として設立することとした。警察制度では、「法律第二号　賊盗処断例」（四月一日）、「法律第三号　法律名例」（四月四日）を定めた。地方制度に関しては、四月三日付の閣令第一号で「各府観察使・参書官・各郡郡守保薦内規」[72]を定め、各府観察使・参書官・各郡郡守の新任時は各官庁の勅任官が保薦し、観察使は大臣だけが保薦することとし、被薦人を内部大臣が取捨し充任すると決めた。しかし、四月一九日付閣令第二号で、先の「観察使は大臣だけが保薦する」を削除し、「従二品以上と已行勅任官人と或地方の有事な境遇に特別な名誉が著しい人によって任ずる時はこの限りではない」と改正している。[73]この背景には、地方官の任命方法に不満を抱く沈相薫らの反対があったとみられる。[74]

総理大臣署理を解職された朴定陽は、内部大臣として内閣に残る。そして内部大臣となった朴定陽は地方制度改革に本格的に乗り出す。まず八月四日付で五つの勅令を出す。第一に「勅令第三十五号」では、自身が総理大臣時代に出した「勅令第九十八号　地方制度改正に関する件」や「勅令第一百一号　地方官制」をはじめとする七つの地方制度に関する勅令を廃止し、第二に「勅令第三十六号」で「地方制度と官制と俸給と経費の官制」を定める。ここで、全国二三府を一三道に改正し、各道の観察使を置く首府位置を定め、漢城は漢城府として判尹が管理し、広州・開城・江華・仁川・東萊・徳源・慶興は府尹を置くこと、済州は牧使を置くことをそれぞれ定めた。さらに、一三道の各郡を五等に分けて郡守を置くことなども決めた。[75]第三に、「勅令第三十七号」で「地方官吏職制」を定め、漢城判尹と観察使を内部大臣の指揮監督下に置いた。第四に「勅令第三十八号」で「地方官吏事務章程」を、第五に「勅令第三十九号」で「地方官庁俸給及経費支給規程」をそれぞれ定めた。

続いて八月七日には七つの勅令の裁可を経ている。「勅令第四十四号」で「各府牧判任官以下任免規例」を、続いて「勅令第四十五号」で「地方官吏応行体制」を、「勅令第四十六号」で「地方官吏職務権限」をそれぞれ定める。「勅令第四十七号」の「地方官吏赴任在任給由規則」では観察使の赴任や在任などについて、「勅令第四十八号」の「地方官吏任期」では在任期間を四年とした。「勅令第四十九号」では「知事署」を廃止し、「勅令五十号」では「開港場に監理を復設する官制と規則」を定め、自身が総理大臣時代に廃止した監理を復設し、各国領事交渉と租界の一切港内事務の管轄を定めている。[76] また開港場については、警務署を設置して各開港場の警察事務を管理することも決めている（「勅令第五十二号」八月一〇日）。[77]

さらに、八月八日付で「内部令第六号」として「地方官吏銘心細則」を定め、八月一五日には「勅令第五十三号」で地方各府牧郡の「殿牌」を「闕牌」に改称することと、地方各府牧郡区域内の廃止した営鎮客舎の「殿牌」は本府牧郡客舎に移安することを定めている。[78] また、八月一八日にも「勅令第五十八号」で地方大隊長と観察使および各港監理の平等相対であることを記し、八月二六日の「勅令第五十九号」では忠州・洪州・尚州・原州の四郡に地方隊を設置することを決めている。[79] 九月一日付の「勅令第六十一号」では「戸口調査規則」を、九月三日付の「内部令第八号」では「戸口調査細則」を定め全国の人口を正確に把握しようと試みている。

このような大規模な地方制度改革は、朴定陽が総理大臣時代に定めたものを廃止して新たに定めたものもあり、総理大臣時代に定めたものが当時の内部大臣朴泳孝の意向によるもので、朴定陽、さらには高宗の意向に沿っていなかったことをうかがわせる。また、地方制度改革については、「従官日記」をみると、六月一三日から起草しはじめ、七月一一日にはロシア公使とも地方制度について議論したことがわざわざ記されており、朴定陽が力を入れていた事業であることが分かる。[80] これほどまでに地方制度改革に力を注いでいる背景には、度支部大臣沈相薫に代表される守旧派[81]との間で、政界の主導権を争う対立があったことも見過ごせない。「従官日記」にも「昨日の内閣会議では地方官についての上奏書について、度支部大臣沈相薫と口げんかの発端があった[82]」などという他の日の日記に比べると珍しく具体的かつ感情的な記述があり、沈相薫らとの対立がうかがえる。

一方で朴定陽は一八九六年七月に設立された独立協会の活動にも関わっていた。独立協会は甲午改革の精神を継承して民主主義や近代化運動を推進し、皇帝専制を望む高宗によって一八九八年末に解散させられる団体である。この独立協会に朴定陽は陰に陽に関わることとなる。陰に陽にというのは、朴定陽ほどの地位ある人物であるにもかかわらず、先行研究では彼を独立協会のメンバーとみる見方と、メンバーではないとみる見方に分かれるためである。[83] そもそも独立協会の当初の設立目的は独立門・独立公園の建設であり、それには王室と政府高官も密接に関わっていたので朴定陽が内部大臣として関与したことはむしろ当然のことといえる。[84] ただし、朴定陽が親しくしている者たち（李完用、李采淵、李商在、李啓弼、洪禹観など）が独立協会の役職者に名前を連ねる中、[85] 自らは役職につかなかった彼の政府内での立場は看過すべきではないだろう。独立協会については既に膨大な研究があり、近年ではこれまで対立的に捉えられてきた独立協会と大韓帝国について「相互性」を視野に入れた研究が行われている。[86] これまでみた朴定陽の性格やキャリアに鑑みれば、まさにそのような「相互性」を体現する人物として朴定陽は位置づけられる。

その後、朴定陽は内部大臣を兼帯したまま、九月二四日に議政府賛政に任命され、一一月二三日には臨時署理度支部大臣（一二月六日解職）にも任命される。[87] また高宗は還宮後の一八九七年三月二三日、国家統治の基準を作る法典整備のために校典所を中枢院に設置し、朴定陽をその副総裁大員に任命する。[88] しかし、実際には校典所の運営はうまくいかず、朴定陽は臨時議長を任されて会議を主宰するなどの努力をするものの、四月三〇日には校典所会議をしばらく停止することとし、結局、五月二〇日に辞表を出し、翌日に認められている。[89] ただこの間、校典所が慶運宮内の外国公使接待所[90]にあったことや、朴定陽が副総裁大員として校典所章程について議論する場に、外部大臣李完用や中枢院顧問徐載弼、漢城判尹李采淵、議政府総務局長李商在といった独立協会の中心人物たちが集っていたこと、そしてそれを朴定陽が「従官日記」に記していることは注目に値する。[91] さらに、この頃になると独立協会に参加したことを「従官日記」に記しはじめる。副総裁大員の解職後の七月二〇日には「独立館より委員選定の書帖あり」とあり、八月一日には「政府および独立館へ進む」、八月一三日には「紀元節にて独立館で宴会、この時は委員として参加」などと記している。[92]

第七章でみたように、一八九七年の還宮以後は、朝鮮国内で高宗の皇帝称号が既定路線化し、その上で様々な議論がなされていたが、「従官日記」には、九月二九日以後に「大君主陛下進号皇帝事」について記録はされているものの、朴定陽の個人の考えは記されていない。[93] また、大韓帝国成立を目前に控えた一〇月一日には、対立していた沈相薫の代わりに度支部大臣に任命されている。しかし、当時は、ロシア人財政顧問雇用問題で朴定陽と親露派との対立が一層深まっていた時期であった。ロシア公使シュペイエル（Alexis de Speyer）や趙秉式らがアレクシエフ（Kir Alexeiev）を財政顧問にしようとしたことに対して、朴定陽は一〇月一〇日と一〇月一三日の二度にわたって度支部大臣の辞職を願い出て反対する。[94] 特に二度目の辞職上疏では次のような強い口調で反対している。

外国人を招聘することは十分に慎重にならなければなりません。従って担当部署だけで決定することはせず、必ず交渉部と相談し、議政府で議論し、上奏し、お許しを受けた後で契約を結ぶことがならわしであり、新たな決まりです。しかし、今日の財政問題でロシア人を招聘することは、もともと我々の部が要請したものではなく、会議で決議したこともありません。それなのに、外部が既に条約を結び、今後この条約を遵守しなければなりません。一体、この条約にはどのような条項があり、どのような内容があり、条約を結んだ人は誰で、遵守する人は誰なのでしょうか。[95]

これまでみてきた温厚で中庸な性格の朴定陽が、これだけ強い語調の辞職上疏を出すのは異例なことである。事実、アレンはこの上疏への自らの関与を否定しながら、「大人しくて小心者の朴定陽がこのような勇気をみせたことは人々を驚かせた」といったほどであった[96]。換言すれば、それだけ朴定陽は、大韓帝国の運営にロシアの影響力が強まることに反対し、親露派が主導する政治とは異なる立場をとっていたということである。また、アレクシエフの財政顧問登用には度支部顧問兼海関総税司ブラウンの解雇が背景にあり、これにイギリスが反対し日本も抗議をしている状況であったため[97]、朴定陽の反発はこうした国際情勢にも配慮したものと考えられる。さらに、この辞職上疏を出した四日後の一〇月一七日に、独立協会が主催した大韓帝国建国を祝う宴会に参加していることも親露派との対立を鮮明にする朴定陽の立場がうかがえる[98]。

アレクシエフの財政顧問就任をはじめ、九八年二月の釜山絶影島の借入承認や、三月の露韓銀行漢城支店の設置など、大韓帝国におけるロシアの影響力が強まると、独立協会は反露闘争を展開して勝利する。そうして勢力を増大させた独立協会は、政府・中枢院の権限強化、皇帝の権力制限を主眼に置いた国政改革案を決める[99]。この時、守旧派が全面的に解任され、署理議政事務に朴定陽、軍部大臣に閔泳煥、度支部大臣に趙秉鎬などが任命され、朴定陽を首班とした新政府が成立する。一一月四日には、議政府賛政朴定陽の名前で議会設立法である「中枢院新官制」を公布し、これは先の独立協会の中枢院改革案を反映したものであった[100]。これに反対する守旧派が、独立協会は朴定陽を大統領にして国体を共和制に変えようとしていると誣告したため、朴定陽をはじめとした関係者一七名が拘束され独立協会は解散を命じられた。その後、一旦は高宗が独立協会の復設を許可するものの守旧派と独立協会派の対立は収まらず、結局、独立協会は解散させられてしまう[101]。

この時の高宗と朴定陽の「別れ」は、真面目な官僚として高宗から厚い信任を受け、これまでどんな政権においても要職を歴任してきた朴定陽が罷免されるほど、政府内で激しい意見の対立があり国家として進むべき方向に一致がみられなかったことを意味するものかもしれない。また、この時の朴定陽と高宗の立場の違いは、これまで独立協会についての先行研究が議論してきたような、「開化派」の流れを継ぐ独立協会による近代ナショナリズムの形成とは別に、高宗を中心としたナショナリズム形成の流れがあったことを想起させる。それは、李泰鎮がいうような「皇帝専制主義に対する幅広い共感(102)」の先に生まれるナショナリズムである。

おわりに

本章の終わりに、本書の議論を整理する上で操作概念としてきた「二元的中華」と「一元的中華」を用いて、朴定陽の官職生活からみえる朝鮮近代における政治・外交の変容をまとめてみたい。「二元的中華」の時代に朴定陽が任命された職務のうち、その代表といえる「慶尚左道暗行御史」、「東萊府暗行御史」、「駐米全権大臣」では、清朝との関係を近代国際関係よりも上位に認識しつつ、変化する国際関係に対応しようとするところがみられた。

一方、「二元的中華」の時代での朴定陽は、日本政府や開化派が主導する甲午改革に学務大臣として参与するものの、駐朝鮮日本公使館や井上馨特命全権公使が指導した開化派主導の甲午改革が挫折に向かうと、内閣総理大臣に任命される。朴定陽の内閣総理大臣就任と、高宗の政治参与への復活時期が同じであることは見逃せない。また、露館播遷後にも、臨時署理内閣総理大臣として朴定陽は内閣を主宰した。

露館播遷後、政府内でロシアや親露派の影響力が高まると、朴定陽はこれに反発を強め、自身が親しくしていた人物が独立協会に積極的に関わっていたこともあり、独立協会の活動を公にしはじめる。そうして、高宗が独立協会の解散を命じる際には、朴定陽も拘束されてしまう。

以上のようにみると、「二元的中華」から「一元的中華」への転換にあたって、大韓帝国の成立までは、朴定陽と高宗の考えは常に近いものであったといえる。しかし、清朝との宗属関係が廃棄されロシアの影響力が強まると、独立協会の活発さも背景にして、朴定陽と高宗の間で進むべき方向性に一致がみられなくなる。中華が一元化した後の大韓帝国と独立協会、そしてロシアとの関係については、ナショナリズムの形成の問題も視野に入れて、本書の後続の議論として考えていきたい。

終章　中華のゆくえと朝鮮近代

「二元的中華」における宗属関係への対応――領選使を継承した駐津大員

朝鮮にとって、アメリカをはじめとした西洋諸国と条約を結んで近代国際関係に参画していくことは、清朝が要求する宗属関係に対応する過程でもあった。変容する宗属関係には近代国際関係の要素が包摂されており、朝鮮は反清・自主政策から抵抗する場面もあったが、第Ⅰ部の議論に照らせば、そのような清朝への抵抗として切り取られた事例と事例をつなぐ制度、清朝との間で軋轢にならなかった交渉からは、宗属関係を優位に据えた対外関係がみえてきた。そうした対外関係は、公的な継承者である清朝が体現する中華と正統な継承者を自任する朝鮮にとっての中華の、いわば「二元的中華」を背景にしていたといえる。

一八八二年、朝鮮はアメリカ、イギリス、ドイツと修好通商条約を締結するも、これらの条約締結時には清朝側の指示により「朝鮮は中国の属国であり内治外交は自主である」ことを記した照会を送った。さらに同じ一八八二年には、中国朝鮮商民水陸貿易章程（以下、水陸章程）を締結し、それには朝鮮が中国の属国であることが条約にならって明記された。この水陸章程の第一条に基づいて、朝鮮政府は天津に使節を派遣する。それが駐津大員であり、後の駐津督理通商事務（以下、駐津督理）である。両使節は、朝鮮にとって初めて国外に設置した使節で、駐津公館も新設した。しかし、派遣にあたって駐津大員の職務規定に援用されたのは、既存の領選使についての規定であり、清朝に派遣する留学生の学習態度や日常生活についての規律および違反した際の罰則規定などをまとめた「領選使節目」であった。一方、駐津大員のカウンターパートとなる、同じく水陸章程の第一条に基づいて派遣された清朝側の商務委員には、清朝は一八八三年六月に『派員辦理朝鮮商務章程』を定めている。そして、水陸章程にはなかった「総辦商務委員」を創設し、九月には陳樹棠を総辦朝鮮各口商務委員として漢城に派遣・常駐させるなど、水陸章程を迅速に運用した。

一方、駐津大員は、朝鮮での壬午軍乱による国内状況の混乱のため、清朝に比べ遅れて派遣される。壬午軍乱によって大院君政権が一時的に復活し、高宗が設けた統理機務衙門は廃止され、三軍府が復活した。そのため大院君が清朝に送還された後の高宗再執権時には、三軍府体制を改めるために機務処を設置し、その後一八八二年一一月に対外関係を管掌する統理衙門と軍事関係を管掌する統理内務衙門を設置した。統理衙門と統理内務衙門は、翌月、統理交渉通商事務衙門（以下、外衙門）と統理軍国事務衙門（以下、内衙門）に改称された。このような国内の政治制度の改編を経て、内衙門は一八八三年一〇月に駐津大員を金善根とし、国王がこれを任命した。しかし金善根の病により一八八四年一月に南廷哲が駐津大員となり、同年三月に南廷哲がようやく天津に派遣された。三月二八日に駐津公館に到着した駐津大員一行は、四月一日以降に北洋大臣李鴻章や津海関道周馥らと会談を行った。

天津に到着した南廷哲は、李鴻章や周馥らと会談し、天津周辺を視察した。しかし、南廷哲はこれらを終えるとすぐに帰国し、常駐することはなかった。また、南廷哲と李鴻章らとの会談内容を分析すると、朝露陸路通商条約締結問題や甲申政変の事後報告などが中心であり、商務に限られるものではなかった。従って、商務処理という水陸章程の趣旨に沿って派遣・駐在した清朝側の総辦商務委員とは異なり、駐津大員は水陸章程の規定に沿った職務内容というよりは、その時々の国内事情を反映して随時決められた案件を処理したといえる。

また、駐津大員が担当する地域も天津に限られることなく、朝鮮と清朝の間で生じた商務、具体的には中江互市や漢城撤桟などを議論しており、駐津大員は天津だけではなく清朝との間で生じた商務問題全般を扱っていた。そもそも水陸章程の第一条でも、清朝側商務委員とは異なり、駐津大員の職務規定や派遣目的は明確に記されなかったので、これらは朝鮮政府の裁量に委ねられたとみられる。そして、その裁量にあたっては、駐津大員を貢使や領選使といった既存の使節の延長上に位置づけ、それを継承・発展させる使節としてみなす認識があったといえる。

しかし、そのような中にあっても、駐津大員という使節を天津に置くことになった点は見逃せない。それは、清朝が朝鮮との交渉を、従来の礼部（北京）から北洋大臣（天津）に移して、北洋大臣とその部下に任せるような体制に変化させたためである。駐津大員は、そうした清朝側の対朝鮮政策の変化に対応したものといえる。

駐津大員の近代的改編——駐津督理通商事務

駐津大員南廷哲は、一八八四年一二月六日に再び派遣（冬至副使と問候官を兼任）され、翌一月二四日に李鴻章と二度目の会談を行った。南廷哲は四月四日に復命すると、二九日に駐津大員の辞職を上疏して許可される。しかし五月二〇日に再び駐津大員に任命され、二八日にはロシア錬軍教師招聘問題とメレンドルフの解任を李鴻章と協議するため、従事官朴斉純とともに天津へ赴き、六月四日に李鴻章と面会し、九日に帰国している。南廷哲の帰国に際して、六月五日に代理商務大員成岐運にも帰国命令が出たので、従事官として派遣されていた朴斉純が七日に代理商務大員として天津に残ることとなった。この後、南廷哲は駐津大員として再び天津に派遣されることはなく、天津に残った朴斉純が一八八六年一月二九日に駐津大員に任命された。

駐津大員朴斉純の活動を職務日記の分析を通してみると、不法滞在する朝鮮商人の取り締まり、朝鮮人と思われる犯罪被害者の確認などといった自国民の保護に関わる業務や、通行や営業のための許可証である「護照」や「執照」、「路引」発給をはじめとした商務に関する業務、すなわち近代的な領事に類する業務が大半を占めるようになっている。これは、南廷哲が駐津大員として活動した時とは業務内容の性格が異なるといえる。ただ同時に、朴斉純は賷奏官がもたらした国王の咨文の転送や李鴻章からの国王宛公文の受領などといった宗属関係の維持・継続に関わる業務も行っており、領事に類する業務だけを行っていたわけではなかった。

このような職務内容の変化に応じてか、朝鮮政府は一八八六年二月、駐津大員朴斉純を駐津督理に任命する。駐津大員から駐津督理への変更には、袁世凱や李鴻章をはじめとする清朝側に反対はなく、朝鮮政府は駐津督理への改称にあたり、その職務の改編をも試み、新たに「駐津督理公署章程」という職務規定を作成しようとした。その草稿である『駐津督理公署章程底稿』（以下『底稿』）をみると、駐津督理をあくまでも水陸章程に基づいた職位として宗属関係を維持・継続しつつも、同時に近代的な領事の役割も担わせようとする朝鮮政府の目的が明らかとなる。つまり駐津大員は、西洋諸国の領事を意識した駐津督理に改称・改編されたのである。

ただ、『底稿』で記された駐津督理の位置づけは、清朝側商務委員の職務規定である『派員辦理朝鮮商務章程』における「総辦商務委員」の位置づけと類似しており、清朝側が水陸章程に基づく商務委員に対して「領事」という職名は用いず、あくまでも「商務委員」を用いたことに留意しなければならない。この時、清朝側の初代商務委員陳樹棠が「総辦朝鮮各口交渉通商事務」に職銜を改めて外交代表としての身分と職責を明確にしようとしたことや、後任の袁世凱が「総理朝鮮交渉通商事宜」の英訳を“Resident”として西洋諸国に向けて自身が宗主国の属国に対する代表であることを示唆したことが想起される。清朝も朝鮮も宗属関係を背景にした水陸章程によって規定されていた面が多く、派遣された「商務委員」を総辦朝鮮各口交渉通商事務や駐津督理に改称・改編し、自国の都合に合わせてその実態を近代国際関係でいうところの「外交代表」や「領事」に読み替えたと理解できる。

統理交渉通商事務衙門の制度改編①

駐津大員が駐津督理に改称・改編された一八八六年前後は、他にもいくつかの対外制度が変化した時期であった。先行研究が注目してきた駐日辦理大臣や駐米全権大臣の派遣はその最たる例である。それ以外には、対外関係を管掌してきた外衙門において、既存の職務規定である『統理交渉通商事務衙門章程』（以下『章程』）を一八八七年に『統理交渉通商事務衙門続章程』（以下『続章程』）に改め、その過程で、実務担当者である主事の職務改編を大幅に行ったことが指摘できる。『章程』から『続章程』への主な変更点は、主事の人員がそれまでの八名から二四名に増員された点と、主事の職務内容が具体化した点である。

一八八四年になると、一八八二年に西洋諸国と締結した条約に基づいて各国公使・領事の漢城駐在がはじまり、往来文書の件数が急増する。『章程』制定時には想定していなかった外交文書の処理という業務が、『続章程』では中心業務の一つになっているのは、こうした状況の変化を反映している。他にも『統署日記』には、交渉司が扱うこととなる各国公使・領事の陛見や宴会、そして「護照」の発給、繙訳司が扱うこととなる外交文書の往来や毎月数名の外国人来訪者の記録、通商司や会計司が扱うこととなる総税務司とのやりとりなど、『章程』制定時にはほとんど行われていなかった仕事が『続章程』制定前には記録されている。

主事人員についても、一八八四年半ばまでは一日の出勤人数が『章程』が規定する八名に満たないことも少なくなかったが、一八八四年一〇月一八日に一一人の主事が出勤したことを皮切りに増えはじめ、毎日一〇～二〇人程度の主事が出勤するようになり、一日当たりの出勤人数の月平均人数も一〇～一五人を記録するようになる。したがって『続章程』の作成は、これら外衙門が既に対応していた業務内容の変化やそれに伴う主事人員の増員の実情を受け、それを明文化する目的があったといえる。さらに、『続章程』では近い将来に行う業務についても規定された。「第一条督辦」の職務に「在外公使領事」の指揮監督業務が新たに加わったことは、『続章程』制定時に在外公使・領事の派遣を計画していたことがうかがえる。

以上の職務改編の分析を踏まえると、このような制度改編は、朝鮮政府の外交近代化政策の結果というよりは、既に結ばれていた各国との条約に基づいた外交によって生じた問題や職務への対応・調整とみるほうがより実情に近いだろう。

「保護」の模索――周旋条項の活用①

右のような外政機構の改編が行われた時期には、朝鮮をめぐる国際関係の変化――一八八四年の甲申政変、一八八五年のイギリス軍艦による巨文島占拠――があったことも忘れてはならない。一八八四年一〇月一七日、金玉均らが起こした甲申政変は日本兵による王宮周辺の警護によって進められたが、これに対して朝鮮政府は清朝側に出兵を求め、日清間に戦闘が起こった。そのため、外衙門はアメリカ・イギリス・ドイツの各公館に、各国との条約の第一条にある周旋条項に照らして調停を要請した。一方、駐朝鮮日本公使竹添進一郎は清軍の介入後すぐに仁川に撤退したため、国王は二一日、アメリカ、イギリス、ドイツの各代表に対して、仁川に行き竹添公使の責任問題を含む日朝間の善後処理の調停を依頼した。

この時の朝鮮政府の交渉からは、アメリカ、イギリス、ドイツとの条約第一条の周旋条項にある「相助」や「調処」という「調停」の意味を、積極的に解釈して交渉に利用していることが分かる。一八八四年一〇月一九日付の各公使館宛の照会では、朝鮮政府は自らが行った清朝への借兵について、「本国転托中国駐防之保護兵、入内保護」(日本宛)・「転托中国駐防営、由外保護」(米・英・独宛)と日本軍が攻めてきたので清朝に「保護」を頼んだと説明し、そして「擅入我宮、脅我殿下、戮我大臣、戮我保護之兵」(米・英・独宛)として清兵のことを「保護之兵」と表現している。ここでいう「保護」は、近代国際法でいうところの「保護」ではもちろんなく、宗属関係における「事大字小」に基づいた「小を字《いつく》しむ」という意味での「保護」であり、朝鮮が依頼してはじめて受けることができる「保護」であると思われる。

ただ、同じ照会において、朝鮮政府は西洋諸国との条約の周旋条項に照らした調停も依頼していた。さらに一一月五日に作成された日本公使館宛の照会草稿では、朝鮮政府が周旋条項にある「相助」や「調処」という調停の意味を、「保護」の意味で解していることが記されていた。宗属関係に基づく「事大字小」の「保護」と、周旋条項に基づく「従中善為調処」という「保護」が結びついて、ほぼ同義に理解されていたことを示す重要な史料である。

また一八八五年の巨文島事件に際しても、外衙門は五月一三日に清朝・日本・ドイツ・アメリカの各公館に「公法」に依拠してイギリスの行為を批判し、公平な議論を求める照会を送る。しかし、それでは主張が弱いと感じたのか、翌々日には一三日の照会の差し替えを求め、単に「公平な議論を求める」とした部分を、朝英（朝独・朝露・朝伊）条約第一条にある周旋条項を引用したものに変更し、より具体的に各国に対して調停を要請した。

以上のような、朝鮮政府が周旋条項をたびたび活用する交渉事例は、朝鮮政府の国際法に対する無知や周旋条項への過度な期待というよりは、対外政策の基軸である宗属関係をベースにした近代国際関係理解、あるいは中華に基づく対外関係の理念の条約関係への敷衍といえるのではないだろうか。より普遍的にみれば、朝鮮が大国と付き合っていく交渉の場において、調停という「保護」を別の大国に求める姿勢である。序章で取り上げた朝露密約や中立化構想は、まさにこうした朝鮮が求める「保護」の方向性の一つとして捉え直すことができるかもしれない。

統理交渉通商事務衙門の制度改編②

これまでの研究では、一八九〇年代は清朝の宗主権強化が安定する一方で、朝鮮の反清・自主政策が停滞していく時期とみられてきた。しかし、この時期の外衙門に目を向けると、一八八七年の『続章程』制定に次ぐ二度目の改編が行われている。

主事人員についてみると、一八八七年の『続章程』制定直後も毎日二〇名前後の主事が出勤する日が多く確認できるが、同年七月二五日に二一人の主事が出勤したのを最後に、出勤人数が徐々に減りはじめる。そして一八九一年頃からは出勤人数は大幅に減少し、『続章程』が定めた二四名という定員の半分にも満たなくなる。一方で、『統署日記』に記された各国公使・領事との往来文書件数や面会回数などに大きな減少はみられず、そのため、主事が担当する実務の量に大幅な増減はなかったと推測される。それにもかかわらず、出勤人数は減少し、さらに出勤者個々の名前に着目すると、一八九二年秋頃から出勤者が固定化してくることも確認できる。

この固定化した出勤者たちは、後に公務に熟練・熟達した「総務」となる丁大英・秦尚彦・朴世煥・金永汶・李鉉相・丁大有・李応翼・兪箕煥・李康夏・金炳勲ら一〇名であった。一八九二年九月一七日、外衙門はこの一〇名を「総務司」に選び、その他二三名の主事については「陪隷の駆価は回収するけれども宿直は行わない」という規則を作成した。換言すれば、「総務司」が実務に当たり、その他の主事は冗官であるということである。さらに「総務司」は他の官庁へ転任することが禁じられた。もともと外衙門の官吏には他官庁の職務を兼務する者が多く、外衙門が登用したいと思っている人材を他官庁が登用しているという弊害があったため、外衙門は実務に習熟した「総務司」に関しては外衙門専属の官吏にしようとしたのである。

設置から一〇年が経つ外衙門の実務が、条約に基づいた日本や西洋諸国との関係深化により複雑化・専門化し、それに対応できる人材の確保が必要になったことが分かる。そうして一八九二年一二月二七日には、外衙門は「総務司節目」を新たに制定した。外衙門は外交実務を担う機関として近代国際関係に対応する外交制度を備えていくのである。

宗属関係の可視化――勅使の受け入れ

条約に対応した外衙門の運営が安定しはじめた一八九〇年、高宗を朝廷に招き入れる道をつくった恩人であり後見人でもある神貞王后が逝去した。高宗は悲しみに暮れる間もなく、大きな二つの問題に直面する。一つは、漢城に日本や清朝の商人が定住するようになってから朝鮮人商人の生活が苦しくなり、人民の不安が高まっていたことであった。慢性的な財政難により、神貞王后の逝去に伴う儀式のために、さらなる徴税をすれば、人民が反乱を起こし漢城が大混乱に陥ることを憂慮したのである。高宗が神貞王后の逝去直後と葬礼時に、アメリカ公使にアメリカ兵の護衛による「保護」を求めたことは、まさにこのような自身の心配・不安のあらわれであった。

もう一つは、清朝が派遣する勅使の受け入れ問題であった。朝鮮では国王や王妃、王大妃、大王大妃などが逝去した際には、宗主国である清朝にその死を伝える告訃使を送り、勅使の派遣を請うのが慣例であった。勅使は、死者を弔う皇帝の諭旨をたずさえて皇帝が特派するので、国王はその受け入れにあたって、臣下としての礼を尽くさなければならない。その儀礼は、国王自らが出向いて勅使を迎接する迎勅の礼をはじめ、細かな決まりがあった。

外衙門の制度改編で言及したように、当時の漢城には既に多くの各国代表や外国人が暮らしていた。彼らに、宗属典礼に則って勅使に属国の礼を尽くす国王の姿をみせることは、日本や西洋諸国と対等であるはずの朝鮮の国家的体面を傷つけかねないものと憂慮された。そのため、朝鮮政府は告訃使を通して、財政難を理由に皇帝に勅使派遣停止を要請した。ただ、勅使の迎接には莫大な費用がかかるため、財政難を理由としたのは先にみた通り決して単なる口実とは言い切れないものでもあった。

皇帝は、告訃使の勅使派遣停止要請は受け入れなかったものの、朝鮮側の財政状況を考慮して、勅使を従来の陸路ではなく水路で派遣すること、そして朝鮮側が提供する賜物を受け取ってはならないことを勅使に命じた。一方、日本や西洋諸国に対する国家的体面を気にしていたとみられる朝鮮政府も、勅使派遣が決まるとこれを受け入れ、勅使の郊迎を含めた儀礼を典礼に即して行った。清朝、あるいはアメリカをはじめとした西洋諸国の史料には、朝鮮の近代国家への志向が強調されるが、当時の朝鮮は中国の属国という立場から史料の記録や行動に制約があり、朝鮮政府の側からそれらを証明することは非常に難しい。

以上のような朝鮮政府の対応からは、当時の外政機構では近代国際関係に対応した変化が既にみられていたものの、近代国際関係と宗属関係が抵触する現場では宗属関係を上位に据える政策が確認できる。外衙門をはじめとした制度改編は、近代国際関係への対応という側面だけでなく、清朝が要求する宗属関係の変容（条約関係の構築）への対応という側面もあったので、近代的な制度を取り入れていくことが比較的容易であった。他方、政策面では、朝鮮が属国であることを諸外国にみせつけようとする清朝に対して、朝鮮は近代国家であることよりも清朝の属国であることを優先させたところが少なくない。しかしそうした政策の背景には、清朝への屈従があったわけでは決してなく、清朝との宗属関係に対応しつつも、その先には自らを正統とする中華を護持しようという「二元的中華」の存在があったといえる。

他方、国王が勅使を迎え入れる儀式を初めて直接みた漢城駐在のフランス公使は、朝鮮の清朝に対する宗属関係の実態に驚きながらも「公式には知らないふりをする」と本国に報告していた。これはフランス公使に限らず、漢城に駐在した各国代表にも通じることであった。まさに各国が属国・朝鮮の姿について「知らないふりをする」ことで、日清戦争までの朝鮮を取り巻く東アジア国際関係の絶妙なバランスが保たれたのである。

「二元的中華」最後の場面——清朝への「保護」要請

一八九四年二月二二日（陽暦三月二八日）上海で、甲申政変を主導した金玉均が朝鮮から派遣された洪鍾宇によって殺害された。洪鍾宇は上海工部局警察部に逮捕され、金玉均は日本に亡命していたため日本人関係者が死体を引き受けたものの手違いで工部局警察官に押収されてしまう。その後、清朝は朝鮮政府の意向である洪鍾宇の帰国と金玉均死体の引き渡しを尊重し、イギリス総領事に口利きをすることで共同租界地における本来の手続きを省略する処理を行った。さらに朝鮮に渡った金玉均の死体は、大鳥圭介公使の勧告にもかかわらず、従来の刑律によって死体にさらなる刑罰が加えられた。

金玉均は福沢諭吉などとも親交が深く、日本の近代化をモデルとして甲申政変を起こし、政変失敗後は日本に亡命しており、日本と関わりが深い人物であった。そのため、金玉均暗殺は単なる朝鮮人の暗殺を意味するのではなく、多くの日本国民も同情する衝撃的な出来事となった。このことは、福沢諭吉が主宰する『時事新報』でも大きく取り上げられ、一八八五年以後『時事新報』で久しく論じられてこなかった朝鮮に対する「野蛮」や「未開」の議論が再び復活するほどであった。さらに駐朝鮮日本公使館では、天津条約以後、朝鮮における清朝の影響力が増大して日本の影響力は低下している状況にあったので、不満がくすぶっていた。こうした事情を背景にして金玉均暗殺は、天津条約以来、各国が「知らないふり」をしてきた宗属問題を日本が俎上にのせることにつながり、日清戦争の誘因となるのである。

このような国際関係の動きとほぼ併行して朝鮮国内でも問題が生じる。日清開戦の直接的原因となる東学農民運動である。東学党と農民軍が全羅道で大規模蜂起を起こすと、鎮圧に苦戦する政府は、内政改革を行うことで対応しようという大臣らの主張を斥けて、閔泳駿が主張する清兵借兵による鎮圧を決める。そして一八九四年四月三〇日、朝鮮政府は清朝に対して「壬午・甲申」に倣った「保護属邦旧例」による借兵要請を行った。

朝鮮政府が宗属関係に依拠して清朝に借兵要請をしたことは、本書のこれまでの対外政策の流れからみれば当然の帰結であると分かる。甲申政変以後、時に反清・自主政策を展開して朝鮮の「保護」のゆくえを曖昧にしつつも、やはり最終的には宗主国である清朝に「保護」を依頼するという方向になったのである。しかし、「保護」のゆくえを一致させたことが、かえって破局をもたらすことになる。

清兵出兵の知らせを受けた日本政府は、天津条約に基づいて朝鮮に日本軍を派遣した。しかし、東学農民軍の反乱は終息して久しく、朝鮮政府は平時における日清両軍の朝鮮駐屯を非難して撤兵を求めるに至る。そこで朝鮮政府は先の駐津督理を「仲介役」にして、「平安道監司―駐津督理―津海関道（―北洋大臣―総理衙門）」という情報伝達ラインを活用し、日本軍撤兵のための援兵派遣を清朝に要請する。これは、宗主国・清朝へのさらなる「保護」の要請であった。

中華の護持――周旋条項の活用②

日清両軍の朝鮮からの撤兵を求める朝鮮政府は、清朝に援兵派遣によるさらなる「保護」を求める一方で、条約関係を用いた交渉も行っていた。朝鮮政府は漢城に駐在する各国代表に対して、甲申政変や巨文島事件時と同様に、周旋条項に基づいた調停を要請した。さらに六月二一日（七月二三日）に日本軍によって景福宮が占拠されると、再度、各国代表に対して調停要請をした。

こうした各国への一括した調停要請と併行して、朝鮮政府はかねてからアメリカ公使による調停のイニシアティブに期待しており、先に派遣していた駐米朝鮮辦理大臣李承寿を介してアメリカ政府に個別での調停要請を行った。しかし、既にロシアとイギリスが日本と清朝に対して調停に乗り出していたので、朝鮮政府によるアメリカへの単独調停要請は日清開戦をめぐる国際関係に影響を及ぼすことはなかった。

他方で駐日朝鮮辦理大臣金思轍は、当初、東学農民軍の大規模蜂起に関して外衙門から十分な連絡をもらえなかったために、朝鮮に帰任する大鳥圭介公使を新橋まで見送りながら、彼の帰任理由を尋ね、朝鮮に到着したら状況を知らせてほしいと伝えたほどであった。その後、外衙門からの指示に従い、陸奥宗光外務大臣との間で、朝鮮に駐屯する日本兵の撤兵を求める交渉の場をもつも、成果は上げられなかった。

こうした日清開戦時の朝鮮政府の交渉からは、宗属関係を上位に捉えつつ条約を活用するこれまでと同様の政策がみてとれる。そして改めて、宗属関係と条約関係という一見相反する二つの論理が、朝鮮にとっては「保護」の概念で通底するものとして認識されていたことが確認できる。繰り返しになるが、ここでいう「保護」とは、国際法上の「保護」の意味ではなく、宗属関係で用いられる「事大字小」の「小を字しむ」という意味での「保護」に近く、まさに「朝鮮政府が必要とし、自主を侵さない、干渉ならざる保護」であれば受け入れようとする朝鮮政府の政策であるといえる。そのために、この「保護」については近代国際法から解釈するよりも、思想史の分野で議論される朝鮮の「小国主義」や「小国意識」などからの理解が有益だろう。

「二元的中華」の世界において、朝鮮にとって清朝との宗属関係は自ら廃棄したり否定したりするものではなく、政治勢力として、「保護」を依頼できる対象として、継続・維持されるべきものであった。朝鮮が滅亡してしまっては中華も滅びる——清朝の要求に応じるためであれ、自発的であれ、時と場合に応じて条約を援用する外交を模索したのも、最終的には中華の護持につながるものと理解されていたからではなかっただろうか。

「二元的中華」から「一元的中華」へ——外交制度の確立

日清開戦過程における朝鮮政府の右のような政策展開の「裏」で、朝鮮では日本政府が関与する甲午改革が行われようとしていた。大鳥圭介公使は、一八九四年五月二五日（六月二八日）に外衙門督辦趙秉稷に宛て、朝鮮は清朝の属国か否かを問いただす照会を出し、宗属関係を壊そうとする端緒を開いた。これに対し、既に五月二〇日（六月二三日）に外衙門「主事」に復職していた兪吉濬は、法律顧問グレートハウスや袁世凱らの意見を参考にしながら二七日（六月三〇日）、朝鮮は日本と独立自主の関係にあることにのみ言及する巧みな照会を作成し、中国とは宗属関係にあることへの言及を避けた。それまで「総務」が実務を担当していた外衙門で、兪吉濬が「主事」として実務を担当したことは特別な意味をもち、朝鮮政府が日清開戦過程の対外交渉をそれだけ重視していたことのあらわれとみられる。一方、兪吉濬にとっては長年あたためてきた「中立論」をはじめとする政策論を実行に移す機会でもあったとみられる。

その後、一八九四年六月一日、大鳥公使は外衙門督辦に内政改革五カ条を突き付け、これを受けて朝鮮政府は内政改革調査委員三名を任命する。三日間にわたり、南山の老人亭で行われた会議では、大鳥公使・杉村濬書記官が内政改革調査委員に対して「内政改革方案綱目」を説明した。この時、提示された「冗官廃止」や「官吏の整備」などの項目は、冗官が多かった外衙門の改編にも影響を及ぼすこととなる。

六月二一日（七月二三日）に大鳥公使・杉村書記官を中心に大院君を担ぎ行った景福宮占拠の後、六月二五日（七月二七日）の新政権発足までの暫定的機構として軍国機務処が設置された。軍国機務処は新官制案として各府に『官制』（六月二八日制定・七月二〇日施行）を制定した。『官制』では、第三章「外務衙門」で、第二二条から第二九条にわたって外務衙門についての条項が定められた。この『外務衙門官制』で外衙門は外務衙門と改称し、大臣をはじめ各級人員が配置され、総務局・交渉局・通商局・繙訳局・記録局・会計局の六局が置かれた。既にみた一八八七年制定の外衙門『続章程』と比較すると、主事人員が二四名から二〇名に減少しているものの、六司はそのまま六局となり、主事の配置人数についても外交交渉を扱う部門と外交文書の保管をする部門の人員を厚くする構成が引き継がれた。そもそも外衙門は宗属関係ではなく条約関係を処理するために新設された衙門であり、その職務規定である『続章程』も条約の運営に即したものであった。それゆえ『続章程』は、甲午改革における近代的官制改革の底本となるほど、近代的な外交制度に対応したものであったのである。甲午改革で近代的性格がより一層強まったものの、『続章程』が大枠で継承された点は、『続章程』の評価に関して看過できない点である。

『外務衙門官制』に続き、一八九四年七月一日（八月一日）、軍国機務処で品級が改正され、月給なども細かく定められて、七月一四日（八月一四日）に制定された「各府各衙門通行規則」では「局長」が創設された。続いて、一八九五年三月二五日（四月一九日）には『外部官制』が制定され、外務衙門は外部に改称された。組織は六局から二局に改編され、主事人員は二〇名から一二名におよそ半減し、これまで独立した局（司）で行っていた翻訳業務をなくして「繙訳官」（二人以下）と「繙訳官補」（三人以下）を置くこととなった。「繙訳官」は、主事のうち外国語に通じる者が主事から昇進してついたことが確認された。また、外務衙門・外部における主事の勤務実態からは、外衙門の時とは異なり、冗官がほとんどいなくなったことが大きな変化であった。その他、勤務時間や休日なども細かく定められ、近代国際関係への対応に特化した外政機構で働く近代的な官僚としての主事の姿が浮かび上がってくる。

また、上級官吏ではない主事レベルの勤務実態からは、甲午改革初期にみられた変化が継続し、その後の甲午改革期の政権変化や露館播遷、還宮といった政治・外交の変動に応じた顕著な変化は確認できなかった。つまり外政機構についていえば、既に外衙門の時代から、条約関係に対応する近代的要素を取り込んだ改編を少しずつ行ってきたために、宗属関係の消滅という対清関係の変化が及ぼす影響が少なかったとみることができる。

「一元的中華」の帰結——大韓帝国の成立

大韓帝国がなぜ一八九七年一〇月に成立したのかという問いは、光武改革論争や高宗再評価などによって大韓帝国についての理解が深まる中にあっても、先行研究が見逃してきた重要な問いの一つである。大韓帝国の成立を、反清・自主政策や政治・外交の近代化の延長上に位置づけ、その近代的な国家像に注目すれば、その成立過程は等閑に付されてしまうのかもしれない。しかし、宗属関係が日清戦争によって終焉する直前まで朝鮮は清朝に「保護」を要請してきたこと、一方で朝鮮は清朝との宗属関係を政治的・状況的対応にとどめてきたことは既にみてきた。その上で、大韓帝国の成立において高宗は、明朝の皇帝即位儀礼に則った即位式を挙行したのである。もちろん、この明朝中華への尊重は単なる復古主義を超え、皇帝即位儀礼には朝鮮固有の世界観や甲午改革以来続く近代の要素など様々な要因が複合的に作用した。本書の議論の先に大韓帝国の成立をみれば、「二元的中華」から「一元的中華」への転換ののち、正統な中華の継承者であるという自負の帰結として位置づけられる。そして大韓帝国が、ロシア公使館からの高宗還宮後に成立した事実を踏まえれば、朝鮮が求める「保護」のゆくえといった観点から、成立過程における大国との付き合い方としての対日・対清関係を見落とすことはできない。

乙未事変によって対日関係が悪化し、露館播遷によってロシアの影響力が増大すると、日本は朝鮮における影響力をいかに回復するかを模索しはじめる。一方、朝鮮政府もロシアの影響力が強まる中で国民の還宮を求める声の高まりも加わって、還宮の時期を考えはじめていた。そんな中で入ってきた日本の皇太后逝去の知らせは、両国関係を改善するきっかけとなった。朝鮮政府は英照皇太后の逝去を受け、宮中喪の実施、大使の派遣、国王からの献花、京都での大喪儀への大使の主席参列など、他国と比べても極めて丁重な対応をし、これに対して日本政府は国王に大勲位菊花大綬章を、特命全権大使李夏栄に勲一等旭日大綬章を贈るなど感謝の意を示した。そして、高宗が皇帝即位を望んでいることを把握した日本側は、各国に先んじて承認することで高宗の歓心を買った。

他方、大韓帝国成立過程の対清関係に目を向けると、宗主権強化政策を積極的に進めてきた袁世凱が一八九四年八月七日に帰国すると、唐紹儀は自身の帰国を前に、清商に関する交渉をイギリス総領事に依頼する。唐紹儀が一八九六年六月に「委辦朝鮮総商董」として朝鮮に戻るまで、朝鮮政府は清商に関する問題をイギリス総領事と交渉することとなり、清朝との直接的なやりとりは途絶えた。また、唐紹儀は同年一一月には「駐紮朝鮮総領事」に改称して朝鮮駐在を続けているが、朝鮮政府の外交文書には、大韓帝国が清朝と通商条約を締結する一八九九年九月まで、両国間の公式な記録は残されていない。そのような清朝との関係に照らすと、公的な中華の継承者である清朝との外交紛争を避けるために、清朝との国交断絶期に朝鮮における中華の一元化を具現する大韓帝国の成立を行ったのではないかと考えられる。

中華のゆくえ

以上のように、「二元的中華」という概念を用いて一八八二年から九四年の朝鮮の対外関係の政策・制度を見直すと、次のようなことが指摘できる。制度に関しては、宗属関係の変容に対応する過程で、いくつかの近代的改編が行われたことが確認できる一方、政策に関しては、宗属関係を近代国際関係よりも上位に据えつつ、条約関係国に周旋条項に基づいた「保護」を求める外交を確認した。「二元的中華」の時期の政策に、制度ほどの変化がみられなかったことは、朝鮮にとって条約体制への参入を含む宗属関係への対応は政治的・状況的調整にとどめ、文化的・理念的な核心としての中華は別にもっていたと理解できる。すなわち、単なる「事大交隣」という概念からは分かりにくかった朝鮮中華―宗属関係―条約関係という対応の構造である。しかし、外政機構の変化に付随・連動した政策（外交の展開）も当然に生じており、それこそが先行研究が議論してきた反清・自主政策による清朝との「軋轢の場」であったといえる。従って、この「軋轢の場」は、清朝からみれば朝鮮が自主を訴えて中国に抵抗してくるようにみえたために苦悩した場であり、朝鮮からみれば宗属関係を変容させる清朝に対して「中華の優生」たらんと苦悩した場であった。清朝が宗属関係の「近代」的再編において様々な困難に直面したのと同様に、朝鮮も様々な苦悩を抱えながら、宗属関係という在来の秩序をなるべく保ちつつ、時と場合に応じて条約を運用したのである。こうした共通性は、東アジアにおける非西洋諸国の条約体制への参入を議論する際に考慮されるべき点であろう。

また、「二元的中華」という概念を用いることで、宗属関係と条約関係といった既存の二項対立の議論からはみえにくかったことも浮かび上がってくる。それは、日本が朝鮮近代化の事業として関わった甲申政変と甲午改革という機会を、二度とも十分に活かせなかったこと、その結果も、二度とも日本が望んでいた方向とは別の方向に朝鮮が動いたという事実である。朝鮮は様々な外交問題の局面で、大国の介入による「保護」を求めてきたが、「二元的中華」の時代には周旋条項に基づいてアメリカをはじめとした条約関係国に「保護」を求めつつも最終的には宗主国の清朝にその「保護」を求め、「一元的中華」への転換時にはロシアに「保護」を求めた。つまりこの間、朝鮮において西洋近代化を追求する日本に「保護」を依頼する合意形成はみられず、そうした方向で政治外交は動かなかった。このような朝鮮の大国との付き合い方ともいうべく、高宗・政府が「保護」の相手を選ぶ上で意識したのが中華の護持であったと思われる。日本あるいは開化派はそういった点をどれだけ理解していたのだろうか。確かに兪吉濬や開化派の系譜を継ぐ独立協会は「中華世界からの離脱」や「対清独立」を議論したが、それは反清・自主政策の一つの帰結であり、「二元的中華」を背景に展開された政策全体の先に結びつくものとは言い難い。

「二元的中華」の時代には、政策と制度が一致しない部分がみられたが、宗属関係が廃棄され、「二元的中華」から「一元的中華」に転換する過程では、既に近代的要素を取り入れていた外政機構は、甲午改革を通じて条約関係への対応に特化する近代的な外交制度へと体裁・内実を整えていった。一方、「二元的中華」において宗属関係を優先してきた政策は、「一元的中華」では新たな「保護」をロシアに求めつつ、朝鮮固有の世界観や甲午改革の経験を踏まえ、そして何より中華の正統な継承者たることの帰結として大韓帝国を形成していく。中華が一元化するときに、一人高宗だけが政治的リーダーシップを強化しえたのは、こうした制度と政策の一致が背景にある。その過程で形成されたナショナリズムは植民地期を経て、解放後朝鮮に誕生した二つの国家にもそれぞれの形で継承されていったといえる。

註

・頻出する史料は以下のような略称を用いた。
『中日韓』：『清季中日韓関係史料』
『統署日記』：『旧韓国外交関係附属文書』第三～第五巻
『日案』：『旧韓国外交関係文書』第一～第七巻
『清案』：『旧韓国外交関係文書』第八～第九巻
『美案』：『旧韓国外交関係文書』第一〇～第一二巻
『英案』：『旧韓国外交関係文書』第一三～第一四巻
『独案』：『旧韓国外交関係文書』第一五～第一六巻
『俄案』：『旧韓国外交関係文書』第一七～第一八巻
『法案』：『旧韓国外交関係文書』第一九～第二〇巻
『官報』：『旧韓国官報』第一～第五巻
・「奎」はソウル（서울）大学校奎章閣韓国学研究院所蔵史料を示し、数字はその図書番号を表す。
・「蔵」は韓国学中央研究院蔵書閣所蔵史料を示し、数字はその図書番号を表す。

序章

（1）H・ニコルソン著、斎藤真・深谷満雄訳『外交』東京大学出版会、一九六八年、四―八頁。
（2）Ernest Mason Satow edited by Lord Gore-Booth, *Satow's Guide to Diplomatic Practice*, 5th ed., London : Longman, 1979, p. 3.
（3）渡邊昭夫「外交とは何か――その語源的考察」『外交フォーラム』第五六号、一九九三年五月、七頁。
（4）森田吉彦「Diplomacy から外交へ――明治日本の『外交』観」岡本隆司編『宗主権の世界史――東西アジアの近代と翻訳概念』名古屋大学出版会、二〇一四年、一七四―一八一頁。
（5）田保橋潔『近代日鮮関係の研究』上巻・下巻、朝鮮総督府中枢院、一九四〇年。

(6) 坂野正高『近代中国政治外交史――ヴァスコ・ダ・ガマから五四運動まで』東京大学出版会、一九七三年、五九七頁。
(7) 田保橋潔前掲『近代日鮮関係の研究』上巻、五五五頁。
(8) 崔徳寿『개항과 朝日관계――상호인식과 정책』高麗大学校出版部、二〇〇四年、六三頁。
(9) 石田徹『近代移行期の日朝関係――国交刷新をめぐる日朝双方の論理』渓水社、二〇一三年。
(10) 李穂枝『朝鮮の対日外交戦略――日清戦争前夜 一八七六〜一八九三』法政大学出版局、二〇一六年、第一章、第二章。
(11) 酒井裕美は、朝鮮が『朝鮮策略』を国内の反対勢力に対してはもちろん、提案された清朝と朝鮮の関係改編の具体像を対清交渉で利用するという意味で清朝に対しても利用したと指摘する（酒井裕美『開港期朝鮮の戦略的外交――一八八二〜一八八四』大阪大学出版会、二〇一六年、一〇六―一四一頁）。なお、当時朝鮮が受容した近代化政策については李光麟の一連の研究に詳しい（李光麟『韓国開化史研究』改訂・増補版、一潮閣、一九六九年、同『開化党研究』一潮閣、一九七三年、同『韓国開化思想研究』一潮閣、一九七九年、同『韓国近現代史論巧』一潮閣、一九九九年）。
(12) 韓承勲「조선、〈금수〉와 통상을 허락하다」崔徳寿他『조약으로 본 한국 근대사』열린책들、二〇一〇年、七〇頁。
(13) 権錫奉『清末対朝鮮政策史研究』一潮閣、一九八六年、宋炳基『近代韓中関係史研究――一九世紀末의 聯美論과 朝清交渉』檀国大学校出版部、一九八五年。
(14) 岡本隆司『属国と自主のあいだ――近代清韓関係と東アジアの命運』名古屋大学出版会、二〇〇四年、第二章。
(15) 金鐘円「朝・中商民水陸貿易章程에 대하여」『歴史学報』第三二輯、一九六六年一二月、一六七頁。金鐘円は、王芸生『六十年来中国与日本』から引用しているが頁数は未記載。
(16) 具仙姫『韓国近代対清政策史研究』慧眼、一九九九年、六四頁、同「一九세기 후반 조선사회와 전통적 조공관계의 성격」『史学研究』第八〇号、二〇〇五年一二月、一六四頁。
(17) 劉바다「一八八二년 조약・장정의 체결과 속국（属国）・반주지국（半主之国）조선의 국제법적 지위」『역사와 현실』九九、二〇一六年三月。
(18) 秋月望「朝中間の三貿易章程の締結経緯」『朝鮮学報』第一一五輯、一九八五年四月、酒井裕美前掲『開港期朝鮮の戦略的外交』第二部、崔蘭英「一八八〇年代初頭における朝鮮の対清交渉――『中国朝鮮商民水陸貿易章程』の締結を中心に」『朝鮮学報』第二二六輯、二〇一三年一月。
(19) 田保橋潔前掲『近代日鮮関係の研究』上巻、八七三頁。
(20) 岡本隆司前掲『属国と自主のあいだ』四五―六九頁。
(21) 茂木敏夫「李鴻章の属国支配観――一八八〇年前後の琉球・朝鮮をめぐって」『中国――社会と文化』第二号、一九八七年六月、一一〇―一一一頁。

（22）韓承勲「중국、속국을 불평등하게〈우대〉하다」崔徳寿他前掲『조약으로 본 한국 근대사』一〇九―一二〇頁。

（23）全海宗「統理機務衙門設置의経緯에 대하여」『역사학보』一七・一八合輯、一九六二年、六八七―七〇二頁、李鍾春「統理機務衙門에 対한 考察」『논문집』三（清州教育大学校）、一九六九年、一五―二五頁、李光麟「統理機務衙門의 組織과 機能」『開化派와 開化思想研究』一潮閣、一九八九年、二―二四頁。

（24）田保橋潔前掲『近代日鮮関係の研究』上巻、五四六頁。

（25）田保橋潔前掲『近代日鮮関係の研究』上巻、七五一頁。

（26）延甲洙「개항기 권력집단의 정세인식과 정책」『고종대 정치변동 연구』一志社、二〇〇八年、八七―八八頁、具仙姫前掲『韓国近代対清政策史研究』六一頁註一〇三。

（27）田保橋潔前掲『近代日鮮関係の研究』上巻、七五一頁。

（28）内衙門については韓哲昊『한국근대 개화파와 통치기구 연구』先人、二〇〇九年、外衙門については田美蘭「統理交渉通商事務衙門에 関한 研究」『梨大史苑』第二四・二五合輯、一九九〇年六月、酒井裕美前掲『開港期朝鮮の戦略的外交』第一部。なお政府機構の変遷をみると、大院君政権が備辺司を廃止して設立した三軍府に対して、高宗親政時には統理機務衙門という名のもとで実質的に備辺司を復活させ、壬午軍乱によって一時的に再び大院君が政権をとると三軍府を復活させ、その後高宗が政権に戻ると内衙門・外衙門が設置されるという流れがみて取れる。大院君政権から日清戦争までの高宗親政期について、権力集団の変動とその政治的基盤を分析した延甲洙の研究からは、当該時期は議政府や六曹といった既存の官僚機構ではない備辺司や三軍府、減省庁などの新設機構が権力闘争を牽制し、政権が目指す政治権力の配分に寄与していたことがうかがえる（延甲洙「대원군정권기의 정세인식과 정책」「개항기 권력집단의 정세인식과 정책」同前掲『고종대 정치변동 연구』）。それゆえ、例えば外衙門の設置についても対外関係の専任機構の設置という観点とともに、朝鮮後期からの権力構造のありようからの位置づけも必要だろう。

（29）開化派の呼称については、韓国の研究では「開化党」・「守旧党」や「独立党」・「事大党」という呼び名が用いられ（李光麟「開化党의 形成」同『開化党研究』一潮閣、一九八五年、一頁）、日本の研究では「変法的開化派」・「改良的開化派」（姜在彦『朝鮮の開化思想』岩波書店、一九八〇年、二一一頁）、「大国主義」・「小国主義」（趙景達「朝鮮における大国主義と小国主義の相克――初期開化派の思想」『朝鮮史研究会論文集』第二二集、一九八五年三月）などが用いられている。具仙姫は、河元鎬の議論を参考にして、開化派の分裂を歴史的にみれば朴珪寿の「時務学」から出発しているが、依然として消極的大勢論として「時務」を主張しながら時務論者として残る者たちと、朝鮮の変化に伴って社会体制の急速な改革を望む政治的実践としての「変法」として進む者たちがあったという意味から、「時務開化派」と「変法開化派」とに整理する（具仙姫「개항기 관제개혁을 통해본 권력구

조의 변화」『韓国史学報』第一二号、二〇〇二年三月、三一八頁）。延甲洙は、親清勢力内にも多様な勢力が存在していた可能性があり、彼ら個々人の清朝との関係の程度や立場などについて外交文書などの精密な分析を行う必要を説く（延甲洙前掲『고종대 정치변동 연구』九四頁）。岡本隆司は「独立」・「事大」を用いつつも、「独立＝親日」、「事大＝親清」という既成観念の再考を提起している（岡本隆司前掲『属国と自主のあいだ』一三七―一三八頁）。また酒井裕美は、「親清」という概念が恣意的で曖昧なものであり、当時の朝鮮政界は「親清」や「反清」で規定できるような単純なものではなかったと指摘する（酒井裕美前掲『開港期朝鮮の戦略的外交』六二―六四頁）。

(30) 田保橋潔前掲『近代日鮮関係の研究』上巻、八九七―八九九頁。甲申政変の研究は近年深化をみせており、例えば金玉均ら中心人物以外の参与層を丁寧に調べ甲申政変の実態をより立体的に明らかにした朴銀淑『갑신정변 연구――조선의 근대적 개혁구상과 민중의 인식』歴史批評社、二〇〇五年や、甲申政変を主導した開化党の意図を新たに読み直す金鍾学『개화당의 기원과 비밀외교、一八七九～一八八四』서울大学校大学院政治外交学部博士論文、二〇一五年二月などがある。

(31) なお、竹添公使の甲申政変への関与については史料に基づいて事実関係を確定することがきわめて困難とされている（月脚達彦『福沢諭吉と朝鮮問題――「朝鮮改造論」の展開と蹉跌』東京大学出版会、二〇一四年、七五頁）。

(32) 消極論は、甲申政変が国王の親書をもって日本国公使の保護を要請した事実を認め、日本公使との間に円満な解決を図ろうとするもの。積極論は、甲申政変の責任を全部竹添公使に帰して国王の責任を不問としようとするもので、左議政金弘集・督辦交渉通商事務趙秉鎬をはじめ朝廷における有力者は積極論に属していた（田保橋潔前掲『近代日鮮関係の研究』上巻、一〇〇四頁）。

(33) 大澤博明「日清天津条約（一八八五年）の研究（一）」『熊本法学』一〇六号、二〇〇四年八月。

(34) 古結諒子『日清戦争における日本外交――東アジアをめぐる国際関係の変容』名古屋大学出版会、二〇一六年、二〇―二二頁。

(35) 『陸奥宗光関係文書』二六、文書番号七三―二、『日本外交文書』明治年間追補、第一冊、三五九―三六〇頁、森山茂徳『近代日韓関係史研究』東京大学出版会、一九八七年、一三頁、高橋秀直『日清戦争への道』創元社、一九九五年、一七六―二〇〇頁、大澤博明「朝鮮永世中立化構想と近代日本外交」『青丘学術論集』第一二集、一九九八年三月、二一七頁。

(36) 月脚達彦前掲『福沢諭吉と朝鮮問題』八一頁。

(37) 陳樹棠は朝鮮で華人の保護・管理と華人商人の交易に関する折衝などを行う中で、自らが「商務委員」であることが各国の公使や領事と交渉する上で不都合をきたしていることを痛感し、李鴻章と総理衙門に具申して職銜を「総辦朝鮮各口交渉通商事務」と改め、「交渉」の二字を入れることによって外交代表としての身分を強調しようとしていた（青山治世『近代中国の在外領事とアジア』名古屋大学出版会、二〇一四年、二二三―二二四頁）。

(38) 岡本隆司『世界のなかの日清韓関係史――交隣と属国、自主と独立』講談社選書メチエ、二〇〇八年、一一六頁。

（39）原田環『朝鮮の開国と近代化』渓水社、一九九七年。

（40）「内在的発展論」をめぐる研究史整理については月脚達彦『朝鮮開化思想とナショナリズム――近代朝鮮の形成』東京大学出版会、二〇〇九年、序章に詳しい。

（41）林明徳『袁世凱与朝鮮』中央研究院近代史研究所、一九七〇年。

（42）延甲洙前掲『고종대 정치변동 연구』六五―六六頁（初出は「개항기 권력집단의 정세인식과 정책」韓国歴史研究会『一八九四년 농민전쟁연구』三、歴史批評社、一九九三年）。

（43）延甲洙前掲『고종대 정치변동 연구』一二七―一三四頁。他方で糟谷憲一は、甲申政変後に老論優位の体制が極大化し、政権を掌握している老論の驪興閔氏の勢力が他の姓氏の追随を許さないほど強大になったと明らかにした上で（糟谷憲一「閔氏政権後半期の権力構造――政権上層部の構成に関する分析」『朝鮮文化研究』二、一九九五年三月、一二〇頁）、そのような閔氏政権の政治的基盤が基本的に安定してきた中で清朝の宗主権強化政策に抵抗したことについて、①このような抵抗を可能にした国際・国内政治の要因、②抵抗主体の論理（どこまで抵抗しようとしたのか）、③一八九一年以降どのように展開されるのかについて明らかにする必要があると述べている（糟谷憲一「閔氏政権の成立と展開」『韓国朝鮮文化研究』第一四号、二〇一五年三月）。

（44）本書と関わりのある対外関係に関する代表的な研究としては、李泰鎮『고종시대의 재조명』太学社、二〇〇〇年、韓哲昊『한국근대 개화파와 통치기구 연구』先人、二〇〇九年、張暎淑『고종의 정치사상과 정치개혁론』先人、二〇一〇年、玄光浩『고종은 외세에 어떻게 대응했는가』新書苑、二〇一一年などが挙げられる。

（45）具仙姫前掲『韓国近代対清政策史研究』、Kirk W. Larsen, *Tradition, Treaties, and Trade: Qing Imperialism and Chosŏn Korea, 1850–1910*, Cambridge, MA: Harvard University Press, 2008.

（46）糟谷憲一「近代的外交体制の創出――朝鮮の場合を中心に」荒野泰典・石井正敏・村井章介編『アジアのなかの日本史II　外交と戦争』東京大学出版会、一九九二年、二四三頁。

（47）壬午軍乱後の謝罪兼通信使として訪日した朴泳孝・金玉均らが、清朝の内政干渉を批判して清朝の仲介を経ない朝露条約の早期締結を申し入れたり（岡本隆司前掲『属国と自主のあいだ』一五四―一五六頁）、一八八四年春に国王の密使と名乗る金光訓がロシアとの条約締結は対清従属を脱する機縁となるのでロシアの条約締結意思を探るために派遣されたと述べたりした（佐々木揚「一八八〇年代における露朝関係――一八八五年の『第一次朝露密約』を中心として」『韓』一〇六、一九八七年五月、一一頁）ことがあった。

（48）P・G・von묄렌도르프著、申福龍・金雲卿訳注『묄렌도르프 自伝（外）』집문당、一九九九年、八六―八七頁、『日本外交文書』第一六巻、六月二一日「朝鮮国駐箚竹添辦理公使・統理衙門『モルレンドルフ』対話書」五一八―五一九頁、佐々木揚前掲

「一八八〇年代における露朝関係」一三―一七頁、田保橋潔前掲『近代日鮮関係の研究』下巻、六頁。

(49) 高宗はシュペイエルとの接見時に「教官はアメリカに依頼した、メレンドルフの申し入れについては知らぬ」と突き放すほどであったという(佐々木揚前掲「一八八〇年代における露朝関係」二九頁)。また、そもそも「密約」という形態から分かるように、高宗が朝鮮の公式的な外交経路である外衙門を掌握しきれていなかったという見方もある。とりわけ、甲申政変後の外衙門に驪興閔氏が進出できず、それだけ外交に関しては清朝の立場が他の部署よりも強力に作用したという(延甲洙前掲『고종대 정치변동 연구』一一五頁)。

(50) 朝鮮の対外関係を論じる見地からの金允植研究としては原田環「一八八〇年代前半の閔氏政権と金允植――対外政策を中心として」『朝鮮史研究会論文集』第二二集、一九八五年三月、劉바다「金允植의 外交論에 대한 国際法的 검토」『한국인물사연구』二五、二〇一五年、五七頁があるが、一八八七年六月の失脚に至った経緯については明らかにされていない。

(51) 巨文島事件については、イギリス政府の立場からの小林隆夫『一九世紀イギリス外交と東アジア』彩流社、二〇一二年、李鴻章の対韓政策からの朴日根「巨文島事件と李鴻章の対韓政策」『韓』第一〇六号、一九八七年五月、朝鮮開化派の反応についての月脚達彦前掲『福沢諭吉と朝鮮問題』第二章などの研究がある。

(52) 朝鮮中立化構想はもともと壬午軍乱後に日本政府で井上毅を中心に考案されたものであるが(長谷川直子「壬午軍乱後の日本の朝鮮中立化構想」『朝鮮史研究会論文集』第三二集、一九九四年一〇月)、甲申政変後にも議論が再燃していた。とりわけこの時期の朝鮮中立化構想については大澤博明(「朝鮮永世中立化構想と近代日本外交」『青丘学術論集』第一二集、一九九八年三月)、岡本隆司(「『朝鮮中立化構想』の一考察」『洛北史学』第八号、二〇〇六年六月、のちに改訂稿が岡本隆司『中国の誕生――東アジアの近代外交と国家形成』名古屋大学出版会、二〇一七年、第七章に所収)、月脚達彦(前掲『朝鮮開化思想とナショナリズム』三六―四二頁)などの研究がある。

(53) 姜万吉著、宮嶋博史訳『分断時代の歴史認識』学生社、一九八四年、一〇七頁、具仙姫前掲『韓国近代対清政策史研究』一〇八頁、鄭容和『문명의 정치사상――유길준과 근대 한국』文学과 知性社、二〇〇四年、一七八頁。

(54) 金禹鉉「P. G. von Möllendorff 의 조선 중립화 구상」『平和研究』八、一九八三年五月、付録一二、七月二九日、ゼムシュからビスマルク宛照会、『中日韓』第四巻、一〇一八、光緒一一年六月初八日、総署収北洋大臣李鴻章文、一八六六―一八六七頁。

(55) なおこの他、当時は官職についてはいなかった兪吉濬や金玉均も朝鮮中立化を議論していた(月脚達彦前掲『福沢諭吉と朝鮮問題』一二二―一二三頁)。

(56) 韓哲昊前掲『한국근대 개화파와 통치기구 연구』二一三―二九三頁。

(57) 延甲洙前掲『고종대 정치변동 연구』一一九頁。

(58) 韓哲昊『한국근대 주일한국공사의 파견과 활동』푸른역사、二〇一〇年、三五頁。

(59) 宋炳基「소위『三端』에 대하여――근대韓清関係史의 한 연구」『史学志』第六輯、一九七二年一一月、九七―九八頁、金寿岩『韓国의 近代外交制度研究――外交官署와 常駐使節을 중심으로』서울大学校大学院外交学科博士論文、二〇〇〇年二月、一九三頁、韓哲昊前掲『한국근대 주일한국공사의 파견과 활동』三八頁。

(60) 宋炳基前掲「소위『三端』에 대하여」、金寿岩前掲『韓国의 近代外交制度研究』、糟谷憲一前掲「近代的外交体制の創出」。

(61) 岡本隆司前掲『属国と自主のあいだ』第六章。

(62) 岡本隆司前掲『属国と自主のあいだ』二二五頁。

(63) 田保橋潔前掲『近代日鮮関係の研究』下巻、五三―一三四頁、高橋秀直前掲『日清戦争への道』二四五―二五二頁。

(64) 李穂枝前掲『朝鮮の対日外交戦略』二二八頁、二三九―二八八頁。

(65) 田保橋潔前掲『近代日鮮関係の研究』下巻、二二七―二七四頁。

(66) 内政改革五カ条の内容は「一、中央政府及地方制度を改革し、竝に門地に拘らず人材を抜擢すること。二、財政を整理し、国内の資源を開発すること。三、法律を整頓し、司法制度を改正し、裁判の公正を期すること。四、国内の民乱を鎮定し、治安を維持するに必要な軍備を設けること。五、教育制度を確立すること」である（田保橋潔前掲『近代日鮮関係の研究』下巻、三七五―三七七頁）。

(67) 田保橋潔「近代朝鮮に於ける政治的改革（第一回）」『朝鮮史編修会研究彙纂　第一輯　近代朝鮮史研究』朝鮮総督府、一九四四年、一六―一八頁。

(68) 朴宗根『日清戦争と朝鮮』青木書店、一九八二年、七五頁、森山茂徳『近代日韓関係史研究――朝鮮植民地化と国際関係』東京大学出版会、一九八七年、二一頁。

(69) 朴宗根前掲『日清戦争と朝鮮』七四頁、柳永益著、秋月望・広瀬貞三訳『日清戦争期の韓国改革運動――甲午更張研究』法政大学出版局、二〇〇〇年、一一―一七頁。

(70) 朴宗根前掲『日清戦争と朝鮮』七六―七七頁、森山茂徳前掲『近代日韓関係史研究』一三頁。

(71) 森山茂徳前掲『近代日韓関係史研究』三四―五〇頁。

(72) 박 보리스 드미트리예비치著、閔庚鉉訳『러시아와 한국』東北亞歴史財団、二〇一〇年、四五〇―四五二頁。

(73) 奥村周司「李朝高宗の皇帝即位について――その即位儀礼と世界観」『朝鮮史研究会論文集』第三三集、一九九五年一〇月。

(74) 愼鏞廈『新版 독립협회 연구』（상）一潮閣、二〇〇六年。

(75) 月脚達彦前掲『朝鮮開化思想とナショナリズム』第二部。

(76) そうした研究の代表的な成果としては、翰林大学校韓国学研究所企画『대한제국은 근대국가인가』푸른역사、二〇〇六年、国立古宮博物館編『대한제국――잊어진 一〇〇년전의 황제국』민속원、二〇一一年などが挙げられる。
(77) 徐栄姫『대한제국 정치사 연구』서울大学校出版部、二〇〇三年、金栄洙『미젤의 시기――을미사변과 아관파천』景仁文化社、二〇一二年。
(78) 例えば、王賢鍾「대한제국기 고종의 황제권 강화와 개혁 논리」『역사학보』二〇八、二〇一〇年一二月、任敏赫「대한제국기『大韓礼典』의 편찬과 황제국 의례」『역사와 현실』三四、二〇〇七年一二月、呉蓮淑『大韓帝国期 高位官僚層 研究――議政府와 宮内府의 勅任官을 중심으로』檀国大学校博士論文、二〇〇三年七月、李芳苑『한말 정치 변동과 중추원』慧眼、二〇一〇年、徐仁漢『대한제국의 군사제도』慧眼、二〇〇〇年、都冕会『한국 근대 형사재판제도사』푸른역사、二〇一四年、金允嬉「대한제국기 皇室財政 運営과 그 성격――度支部 予算外 支出과 内蔵院 재정 운영을 중심으로」『韓国史研究』九〇、一九九五年九月、朴性俊『대한제국기 공문서연구』아모르문디、二〇一五年。
(79) 森山茂徳前掲『近代日韓関係史研究』、玄光浩『大韓帝国의 対外政策』新書苑、二〇〇二年。
(80) John King Fairbank, ed. *The Chinese World Order : Traditional China's Foreign Relations*, Cambridge, MA : Harvard University Press, 1968. 以下「朝貢体制」および「朝貢システム」論に関する先行研究の整理には佐々木揚「清代の朝貢システムと近現代中国の世界観(一)(二)、マーク・マンコールの研究について」『研究論文集』(佐賀大学)第三四集第二号、一九八七年一月および第三五集第二号、一九八八年三月も参照した。
(81) 濱下武志『近代中国の国際的契機――朝貢貿易システムと近代アジア』東京大学出版会、一九九〇年、同『朝貢システムと近代アジア』岩波書店、一九九七年。
(82) 坂野正高前掲『近代中国政治外交史』七六―七九頁。坂野正高の研究を受け佐々木揚も、朝貢システムとは中国と個々の朝貢諸国との間にみられる「複数の関係の束」であり同時代の中国人の認識はこれを超えるものではなかったと考えるのが適切であると指摘し、冊封体制論や朝貢システム論は現代の研究者が過去の東アジアの国際関係を分析、説明するために設定した概念・枠組みであると注意喚起をしている(佐々木揚『清末中国における日本観と西洋観』東京大学出版会、二〇〇〇年、二八八頁)。
(83) 岡本隆司前掲『属国と自主のあいだ』三七二頁。
(84) 石田徹前掲『近代移行期の日朝関係』。
(85) 閔徳基『前近代東アジアのなかの韓日関係』早稲田大学出版部、一九九四年、孫承喆著、鈴木信昭監訳『近世の朝鮮と日本――交隣関係の虚と実』明石書店、一九九八年。
(86) 夫馬進『朝鮮燕行使と朝鮮通信使』名古屋大学出版会、二〇一五年、第一章。夫馬は、「交隣」とは、孟子の「交隣の道」にある「仁の心のある者だけが『大を以て小に事える』ことができる。智の心のある者だけが『小を以て大に事える』ことができる」というものの前者（後者が事大）を指すのであって、朝鮮が周辺の国や民族に対して「大を以て小に事える」ことを意味すると指摘する。

(87) 閔徳基「조선시대 交隣의 理念과 국제 사회의 交隣」『民族文化』第二一輯、一九九八年一二月、四四頁。

(88) 夫馬進前掲『朝鮮燕行使と朝鮮通信使』三三頁。

(89) 河宇鳳著、金両基監訳、小幡倫裕訳『朝鮮王朝時代の世界観と日本認識』明石書店、二〇〇八年、二八頁。

(90) 鄭玉子『조선후기 조선중화사상 연구』一志社、一九九八年、一七頁。

(91) 近年韓国では「朝鮮中華主義は朝鮮後期の知識人の思考と行動を規定した核心イデオロギーで、この時期の政治史と知性史を研究する上で避けることができない概念」であったとして『朝鮮中華主義』をどうみるか」というシンポジウムがもたれるなど（『韓国史研究』一五九、二〇一二年一二月、二三五頁）、「朝鮮中華主義」や「朝鮮中華意識」に関する批判的検討が活発に行われている（例えば、裵祐晟「조선후기 中華 인식의 지리적 맥락」『韓国史研究』一五八、二〇一二年九月、同『조선과 중화——조선이 꿈꾸고 상상한 세계와 문명』돌베개、二〇一四年、禹景燮「朝鮮中華主義에 대한 학설사적 검토」『韓国史研究』一五九、二〇一二年一二月、同『조선중화주의의 성립과 동아시아』유니스토리、二〇一三年、桂勝範「조선후기 조선중화주의와 그 해석 문제」『韓国史研究』一五九、二〇一二年一二月）。

(92) 中華とは、文化的・地域的・種族的意味を内包するが、朝鮮は文化的側面を中心価値としていた（鄭玉子前掲『조선후기 조선중화사상 연구』一七頁）。

(93) 裵祐晟前掲『조선과 중화』五七九頁。

(94) 姜在彦前掲『朝鮮の開化思想』第二章。

(95) 山内弘一「朴趾源に於ける北学と小中華」『上智史学』第三七号、一九九二年一一月、一六八頁。

(96) 朴忠錫著、井上厚史・石田徹訳『韓国政治思想史』法政大学出版局、二〇一六年、二八五—三〇五頁。

(97) 奥村周司は一八九七年の高宗の皇帝即位儀礼を論じる中で、朝鮮は、対等者の存在を認めない中華帝国の「一元的世界観」に対して中国との政治的関係を並立・両立の関係とみなす「二元的世界観」を有していたという。奥村は武田幸男の箕子モデル・檀君モデルの整理を引用しながら、朝鮮では李朝初期から中国との宗属関係を求める姿勢と自立の姿勢とが常に同居していたこと、さらにはその原型が既に高麗時代に確認できることを指摘する（奥村周司前掲「李朝高宗の皇帝即位について」一六〇—一六三頁、武田幸男・宮島博・馬淵利貞『地域からの世界史一　朝鮮』朝日新聞社、一九九三年、一二—一五頁）。奥村が議論する「二元的世界観」は朝鮮半島に焦点を当てた概念であり、本書が対外関係から外交の形成過程を検討する上で操作概念とする「二元的中華」とは議論の出発点が異なる。しかし、奥村は朝鮮が「二元的世界観」を可能にした同時代的要因として西洋国際法の影響に言及しており、本書の議論とも重なる部分が多い。奥村が指摘するように、朝鮮の世界観を論じるためには高麗時代にまで遡った議論が求められるが、本書ではそうした議論にまで立ち入ることができない。あくまでも本書では、一九世紀末の対外関係・外交の議論に限って「二元的中華」・「一元的中華」という操作概念を用いることとする。

(98)岡本隆司前掲『属国と自主のあいだ』三八七頁。

(99)古結諒子前掲『日清戦争における日本外交』二頁。

(100)岡本隆司前掲『属国と自主のあいだ』、同前掲『中国の誕生』第III部。

(101)森山茂徳前掲『近代日韓関係史研究』五一頁。

(102)月脚達彦前掲『朝鮮開化思想とナショナリズム』二三七頁。

(103)川島真『中国近代外交の形成』名古屋大学出版会、二〇〇四年、三六四頁。

(104)茂木敏夫前掲「李鴻章の属国支配観」、同『変容する近代東アジアの国際秩序』山川出版社、一九九七年。

(105)酒井裕美前掲『開港期朝鮮の戦略的外交』、李穂枝前掲『朝鮮の対日外交戦略』。

第一章

(1)韓哲昊「한국 근대 주진대원의 파견과 운영(一八八三〜一八九四)」『東学研究』第二三輯、二〇〇七年九月。

(2)権赫秀『근대한중관계의 재조명』慧眼、二〇〇七年。

(3)『駐津督理公署章程底稿』奎二三五四六。

(4)韓哲昊前掲「한국 근대 주진대원의 파견과 운영(一八八三〜一八九四)」四五頁。

(5)権赫秀前掲『근대한중관계의 재조명』三〇九―三一四頁。

(6)序章で述べたように、水陸章程は前文で朝鮮が中国の属邦であることを明記していた。水陸章程を扱った研究には、水陸章程を「宗属関係の文証」であるとみる研究(金鍾円「朝・中商民水陸貿易章程에 대해서」『歴史学報』第三二輯、一九六六年一二月)、水陸章程の締結交渉および運用過程から、清朝に対する朝鮮独自の外交交渉の実態を明らかにした研究(酒井裕美『開港期朝鮮の戦略的外交――一八八二〜一八八四』大阪大学出版会、二〇一六年、第II部)、朝鮮側の対清外交の成果とみる研究(崔蘭英「一八八〇年代初頭における朝鮮の対清交渉――『中国朝鮮商民水陸貿易章程』の締結を中心に」『朝鮮学報』第二二六輯、二〇一三年一月)などがある。

(7)『承政院日記』高宗二〇年一〇月初三日、初六日。

（8）領選使は、李鴻章と朝米条約の交渉を行ったことで知られているが、派遣の主目的はあくまでも西洋式軍備の習得のための留学生派遣であり、朝米条約締結交渉は付随的なものであった（權錫奉「領選使行考」『清末対朝鮮政策史研究』一潮閣、一九八六年、一四九頁）。本章で論じる領選使の性格については權錫奉の研究に依拠している。

（9）李鴻章と李裕元の往復書簡については、多くの先行研究が蓄積されている。代表的な研究として、權錫奉前掲『清末対朝鮮政策史研究』七九—一一六頁、宋炳基『近代韓中関係史研究——一九世紀末의 聯美論과 朝清交涉』檀国大学校出版部、一九八五年、一二—四九頁、原田環『朝鮮の開国と近代化』溪水社、一九九七年、一九一—二二八頁、權赫秀前掲『근대한중관계의 재조명』七九—一〇八頁が挙げられる。

（10）『陰晴史』高宗一八年一〇月二八日、一二—一四頁（大韓民国文教部国史編纂委員会編『従政年表・陰晴史』探求堂、一九七一年）。

（11）『陰晴史』高宗一八年一〇月二八日、一二—一四頁、權錫奉前掲『清末対朝鮮政策史研究』一七一—一七二頁。

（12）『陰晴史』高宗一八年一一月二八日—高宗一九年七月二日、二六—一八九頁。領選使が壬午軍乱によって帰国を余儀なくされる一八八二年七月まで、天津に滞在した記録が記されており、これをもとに領選使の実際の活動を知ることができる。

（13）『陰晴史』高宗一九年一〇月初七日、二〇一頁、權錫奉前掲『清末対朝鮮政策史研究』一八三頁。

（14）『陰晴史』高宗一九年一〇月一四日、二〇五—二一〇頁。

（15）權錫奉前掲『清末対朝鮮政策史研究』一七二頁。

（16）「李曰、『従事官金明均、当住何処。』余曰、『学徒撤還後、不必仍住東局、現備銀千両、托東局礮水工頭唐明儀、買一区屋子安頓。』周玉山曰、『千両買屋、不成公館貌様、津城紫竹林之間、有僧舎、可給千両、修理館宇、較為寛廠、此間公館、多於僧舎為之、尊意如何。』余曰、『甚好好。』李曰、『此計好矣。』周曰、『然則、送價銀於敝処、吾当派員往看、一切代辦。』余曰、『甚感且幸』」（『陰晴史』高宗一九年一〇月一四日、二〇七頁）。

（17）「朝鮮領選使金允植等、商請代為択地修建公館」台湾中央研究院近代史研究所檔案館所蔵『駐朝鮮使館保存檔案——陳樹棠『中国代朝鮮建造公館』〇一-四一-〇一四-〇三、光緒一〇年正月二〇日、周馥から陳樹棠宛照覆、三頁。

（18）『統署日記』一、高宗二一年五月二一日、七〇頁、閏五月一八日、八一頁、六月二六日、九三頁。

（19）史料ではこの「公館」のことを単に「公館」（前註16）としたり、「朝鮮公館」（例えば『統署日記』一、高宗二一年一月二五日、三七頁）や「駐津公館」（例えば『統署日記』一、高宗二一年閏五月一八日、八一頁）と表記したりしており、統一した呼称はなかったようである。以下、本書では「駐津公館」を用いることとする。

（20）後に派遣される駐津大員南廷哲がこの「公館」を宿舎としたことは上海図書館所蔵『盛宣懐檔案』索取号〇五一九六七、『新建朝鮮公館記』光緒一〇年（一八八四年）閏五月で確認できる。また、金允植も後に「我国派員則駐天津、向日余托周玉山所買紫竹林僧舎也」（『追補陰晴史』大韓民国文教部国史編纂委員会編『続陰晴史』下、探求堂、一九七一年、五六三頁）と回顧している。なお、周馥が各国の領事が多く駐在する紫竹林の、さらに公館に利用されることが多かった僧舎を駐津公館に充てるといったことから、周馥は駐津公館を作るにあたって他の在外公館と同様な官舎を設置しようとした可能性もある。

(21)『中日韓』第三巻、七四一、光緒九年六月二五日、軍機処交出李鴻章抄摺、一一七二―一一七五頁。

(22)「金允植既還、領選使改称駐津大員、以金声根差下、前赴天津、自是歳以為常」（黄玹『梅泉野録』国史編纂委員会、一九五五年、七一頁）。金声根（一八三五～一九一九）は一八八三年から全羅道観察使、一八八四年から同義禁として一八八五年まで全羅道に派遣されていた人物で、この間に駐津大員に任命された記録はなく、また声（성）と善（선）は朝鮮語では似た音であるため、金善根の誤記であるとみなすことができる。

(23)「嗣後由北洋大臣札派商務委員、前往駐紮朝鮮已開口岸、専為照料本国商民、該員与朝鮮官員往来、均属平行、優待如礼、（中略）朝鮮国王亦遣派大員駐紮天津、並分派他員至中国已開口岸充当商務委員、該員与道府州県等地方官往来、亦以平行相待」（『旧韓末条約彙纂』下巻、一九六五年、国会図書館立法調査局、三九八―三九九頁）。

(24)前掲『旧韓末条約彙纂』下巻、三九九頁。

(25)商務委員の領事裁判権については李銀子「한국 개항기（一八七六～一九一〇）중국의 治外法権적용 논리와 한국의 대응――韓中間 조약 체결 과정을 중심으로」『東洋史学研究』第九二輯、二〇〇五年九月、李映綠「개항기 한국에 있어 영사재판권――수호조약상의 근거와 내용」『法史学研究』第三二号、二〇〇五年一〇月、鄭台燮・韓成敏「開港期（一八八二～一八九四）清国의 治外法権行使와 朝鮮의 対応」『한국근현대사 연구』第四三集、二〇〇七年一二月、青山治世『近代中国の在外領事とアジア』名古屋大学出版会、二〇一四年、第七章・第八章。

(26)『中日韓』第三巻、五九四（二）、光緒八年四月初三日、津海関道周馥与朝鮮魚允中・李祖淵問答筆談節略、九七九―九八三頁。

(27)「派使駐京」は、朝鮮政府が経済的困窮を理由に朝貢使節派遣に伴う出費を抑えるため、西洋諸国の公使の例を参照して使臣の北京駐在を提案したものであるが、清朝側の反対によって受け入れられなかった。「派使駐京」に関しては、朝鮮側の国際法に基づいた事大使節の改編要求とみなされてきたが（秋月望「朝中貿易交渉の経緯――一八八二年、派使駐京問題を中心に」『東洋史論集』第一三号、一九八四年一〇月、金寿岩『韓国의 近代外交制度研究――外交官署과 常駐使節를 中心으로』서울大学校大学院外交史学科博士論文、二〇〇〇年二月、一五九―一六三頁）、経済的な負担を減らすとともに清朝との関係を保持するためのものであったという見方（崔蘭英前掲「一八八〇年代初頭における朝鮮の対清交渉」一七―二〇頁）もある。

(28)『李文忠公全集』二、奏稿四六、光緒九年六月二一日、「辦理朝鮮商務章程摺」文海出版社、一九六二年、六九四―六九五頁、

『中日韓』第三巻、七四一（二）照録清単、一一七三頁。酒井裕美は、この清側の「総辦商務委員」は水陸章程の規定とは別に清朝が一方的に定めたものであると指摘している（酒井裕美前掲『開港期朝鮮の戦略的外交』一二六頁）。このことに照らして考えれば、駐津大員も水陸章程の規定とは別に、朝鮮政府が運用段階でその職位や職務内容を定めたとみることができる。

(29) 韓哲昊前掲「한국 근대 주진대원의 파견과 운영（一八八三～一八九四）」五三頁、五九頁。

(30)『日省録』と『漢城旬報』では「参議官卞元圭・書記官朴斉純」と記されているが、『承政院日記』と『高宗実録』では「協議官卞元圭・従事官朴斉純」と記されている。これ以後の記録では後者の名称が使われている（金寿岩前掲『韓国의 近代外交制度研究』一六九頁）。

(31) 韓哲昊前掲「한국 근대 주진대원의 파견과 운영（一八八三～一八九四）」五九頁。

(32)『中日韓』第三巻、八三三、光緒一〇年二月二二日、北洋大臣李鴻章文、一三四八頁。

(33)『統署日記』一、高宗二一年一月二五日、三七頁。

(34)『日省録』高宗二一年一月二七日、三月九日、一七日、一九日、「霞山集」甲申一月二七日、三月、三月一七日、二八日、四月一日（国史編纂委員会所蔵、MFA 내수四〇七〔MF〇〇〇五五〇六〕、「霞山集」は南廷哲の日記である）、李銀子「清末駐韓商務署組織과 그 位相」『明清史研究』第三〇輯、二〇〇八年一〇月。

(35) 内衙門やその後身の内務府は、宮中に置かれ、国家機務を総察し宮内事務を管掌する国王直属の最高国政議決機関で、議政府と並ぶ正一品衙門であった（韓哲昊『한국 근대 개화파와 통치기구 연구』先人、二〇〇九年）。一方、外衙門は外交事務を効率的に遂行するために創設された正二品衙門で、近代的な外交通商事務を専担する専門官署であった（田美蘭「統理交渉通商事務衙門에 関한 研究」『梨大史苑』第二四・二五合輯、一九九〇年六月、酒井裕美「開港期朝鮮の外交主体・統理交渉通商事務衙門に関する一考察――甲申政変前における地方官庁との関係、とくに財政政策を一例として」『朝鮮学報』第二〇四輯、二〇〇七年七月）。内衙門と外衙門の関係については、親清派で構成された外衙門とそれに対抗し反清政策を遂行した内衙門という構図を提示する見解（田保橋潔『近代日鮮関係の研究』下巻、朝鮮総督府中枢院、一九四〇年、二九一、四四六頁、韓哲昊前掲『한국 근대 개화파와 통치기구 연구』一九九、二一八、二二二頁）と、内衙門や外衙門、その他機関で構成員が兼務されていた実態から、必ずしも対立的な関係ではなかったという見解がある（酒井裕美「統理交渉通商事務衙門の構成員分析――甲申政変以前の朝鮮における『近代』と『親清』の実態」『日韓相互認識』第三号、二〇一〇年四月、一一―三二頁）。

(36) 本書で取り上げる二つの筆談記録『北洋衙門談草』『乙酉正月北洋大臣衙門筆談』を最初に紹介したのは権赫秀である（権赫秀前掲『근대한중관계의 재조명』二九五―三一〇頁）。本章では、権赫秀の研究を参照しつつ、駐津大員の職務内容を明らかにする目的で、とりわけ駐津大員南廷哲と李鴻章の筆談内容に注目して分析を行った。その際、使節の近代的な性格に着目する権赫秀の

研究視角とは異なり、駐津大員が領選使の機能を継承・発展させた既存の使節の延長上にあるという視角から史料を分析した。

(37)『北洋衙門談草』蔵二-二〇九。本史料には題名を記した表紙を含めた三枚目に「二」と頁数がふってあり、以後一枚おきに頁数が記されている。本章での引用時にはこの頁数に従って頁数を記載し、頁数がふられていない頁は前の頁の頁数を表記する。

(38)「李曰、『俄使韋貝、意固在陸路通商、意大里只欲如英美徳条約、想皆已抵漢城矣。俄使前在津時、鄙人曾言、〃其二十里之内、不足為通商、実是水路通商也。朝鮮似不当応允。〃彼以為、朝鮮若不肯、則不欲強為之。若貴国諸臣堅持防塞、似可因此而止。未知貴国当派何員辦理、穆仍可用事否。鄙人曾与穆深好、但恐穆陰為之出力耳。』南曰、『此次李君（賫奏官李用俊）之来、祗受御札、寡君有命矣。俄使若果有陸路通商之議、則当令任事。諸臣設辞阻之、設不得已為之、使之只先立約、嗣後派員勘定講定細章矣。俄使今尚在津、以此詳告中堂、須先婉辞導之、能防之於未然之前、尤似允当。寡君之教如此。而俄使已東、正恨其晩不及事、今承此教、乃知閤《ママ》下先事代謀、至於此極、寡君当倍欣感幸甚。至於訂約時、外務督辦及諸協辦、自当辦理、穆則只可幇助而已、何出力之有耶。』」『談草』二頁。

(39)P・G・von 묄렌도르프著、申福龍・金雲卿訳注『묄렌도르프自伝（外）』집문당、一九九九年、九三頁、Yur-bok Lee, *West Goes East : Paul Georg Von Möllendorff and Great Power Imperialism in Late Yi Korea*, Honolulu : University of Hawaii Press, 1988, pp. 43-65. また、当時メレンドルフが外衙門で重要な地位にあったことは酒井裕美前掲「統理交渉通商事務衙門の構成員分析」七頁を参照。

(40)「敝邦之於中朝、猶其有藩衛也。雖往昔無事之時、尚且小大相維輔車相依、矧今宇内多事、逈異前日、必須一気相聯、同心共済、然後可保無虞」（『談草』三頁）。

(41)「今之時所以利益敝邦者、亦所以衛護上国也。豈独敝邦為之汲汲。抑亦閤《ママ》下所宜楽聞而深助之者也」（『談草』三頁）。

(42)「若敝邦則中朝視之、若一室然。哲亦一室之内之人也」（『談草』三頁）。

(43)「有機密要話、可随時進見筆談、其無甚機密事件、即属津海関道転陳」（『談草』四頁）。

(44)「商務条陳、無不可允。随時与海関盛道商辦」（『談草』九頁）。

(45)「敝邦自軍変以来、不逞之徒、猶有所未尽鋤治者出没、中東乗釁伺隙、指白為黒、変陰為陽、必欲惎間為逞憾之計云々之説」（『談草』六頁）、「貴国有新党一輩、被人喉使横議岐出、陽托自主為名高、陰実離間其事大、故局外無知者、有捨周之議、関係甚大、顧国王暨三数元老宿徳、誠心服事、勿惑浮言而已」（『談草』七頁）。

(46)「敝邦商務之有其名而無其実、閤《ママ》下之所知也」（『談草』七頁）。

(47)「再、若有商務規例方略之可以裨益敝邦者、幸賜指教、又若有此様成書之可以旁照而倣行之者、亦蒙投示、幸甚」（『談草』八頁）。

(48)「窃擬報本国政府及外務衙門、自今非有老実商民、勿許入送、其入送者、必自外衙給憑、其憑文必須呈驗公館」（『談草』八―九頁）。
(49)「哲又欲、時時来往於此間税務司及海関等処、得見中国商務税務之如何措置、如何征収、又時歴他港、察看夷《ママ》洋情形」（『談草』九頁）。
(50)「窃疑訝及聞本国所報、則果有十月赦回之説」（『談草』一〇頁）。
(51) 権赫秀は南廷哲が「常駐」したと解しているが（権赫秀前掲『근대한중관계의 재조명』二九九頁）、朝鮮政府の認識および駐津大員の実態に照らして「常駐」使節であったとはみなし難い。
(52) 韓哲昊は、駐津大員が名目上は領事であったが実質上は公使であったと解しているが（韓哲昊前掲「한국 근대 주진대원의 파견과 운영（一八八三～一八九四）」六二頁）、南廷哲の実際の業務内容をみると領事や公使という近代的な概念では説明できない使節であったといえる。
(53) 額勒精額の役職については不明であるが、自ら四川省体防出身と名乗っている（『談草』一五頁）。権赫秀は彼について「満洲族出身の士大夫とみえ、西洋の学問をはじめ西洋機械およびワインなどおよそ西洋と関連するものを嫌がる保守的人士であり、筆談内容中で特記するほどの人物ではない」（権赫秀前掲『근대한중관계의 재조명』三〇三頁）と評している。
(54) 以下、『日省録』および『承政院日記』高宗二一年七月初六日。
(55) 韓哲昊前掲「한국 근대 주진대원의 파견과 운영（一八八三～一八九四）」六二頁。
(56)『乙酉正月北洋大臣衙門筆談』蔵二-二〇八。
(57)『南李対談記』国史編纂委員会所蔵、MFA 내수四〇七（MF〇〇〇五五〇六）。
(58)『中日韓』第四巻、九四六、光緒一一年正月初三日、軍機処交出礼部抄摺、一六三一頁、同、九五五、光緒一一年正月二六日、北洋大臣李鴻章文、一六五三頁。
(59) 一月二八日に天津を出発し、二月三日に保定府に入拝した記録がある（「霞山集」乙酉正月二八日）。
(60) 蔵書閣編『清選考』中、探求堂、一九七二年。
(61) 森山茂徳『近代日韓関係史研究』東京大学出版会、一九八七年、六一頁。
(62)「雖起於七賊、而其実竹添使之也」（『筆談』四頁、『南李対談記』）。
(63)「玉均（金玉均）、泳孝（朴泳孝）輩、何不限日拿送耶。蔽一言、此輩皆是禍根也、除悪務絶其本。倘可送言於各国公使領事等処、皆以公議恐動日人、即使之拿交諸賊、未知若何。天下之悪一也、使各国聞之、当無不憤、知各国公議之有在、則日人似亦不敢不聴矣」（『筆談』六頁、『南李対談記』）。南廷哲が、漢城に駐在する各国公使・領事に金玉均らの悪事を説明すれば、彼らは憤り朝鮮の味方に立つような「公議」を形成し、その「公議」には日本も従わざるをえないだろうと考えたことは、朝鮮政府の対外交渉を検討する上で興味深い。

(64)「(李)、『金宏集与井上議時、不能力索玉均輩、而草草定約、今乃欲索之於事後耶。此等事各国不便過問也』」(『筆談』六頁、『南李対談記』)。

(65)「李、『保定府用度常患之艱、貴国王何漠然不知乎。』南、『自壬午九月至今年正月、前後寄送銀子、至為一万三千両之多)、当無不足之慮。而其所以不足者、誠莫暁其故也。』李、『自中国亦於毎月送五十両銀矣。貴国王何可不為之優送乎。従令須従優寄送之意、告于貴国王可也。当帰告寡君図所以従優入送、而此次又送五百両銀子矣』」(『筆談』六―七頁)。『南李対談記』では、この対話部分は後から消された跡が残されており、読み取ることができないようになっている。

(66)「寡君以中江互市一事有関国計、亦係民瘼、命哲兼副价以行曰、須躬行察看情形、詳達于中堂、講究撟救之方可也」(『筆談』七頁、『南李対談記』)。

(67)中江互市については寺内威太郎「義州中江開市について」『駿台史学』第六六号、一九八六年二月、奉天与朝鮮辺民交易章程の成立経緯については秋月望「朝中間の三貿易章程の締結経緯」『朝鮮学報』第一一五輯、一九八五年四月、酒井裕美「朝清陸路貿易の改編と中江貿易章程――甲申政変以前の朝清関係の一側面」『朝鮮史研究会論文集』第四六集、二〇〇八年一〇月の研究がある。

(68)「哲謹遵国命、留義州十日、多岐採聴、果然有窒碍難行者。義州商民数百聯名控訴、訴牒現已帯来、倘蒙賜覧、想必俯燭。渡江至九連城、現有十数新開之桟、使通詞詳問、市事利害便否、則又皆以為不便」(『筆談』七頁)。『南李対談記』にこの記載はないが、商民六六名連名の訴状「附義州商民訴状」が附されている。

(69)「今則概以値百抽五為定、一従貨単、先徴其税、瑣小経紀之人、安得有銀貨之可以先納者耶。由是而諸商賈輩、不得自行售買、或有不参已応用之物、互相潜通、僅成売名曰互市、実与無市同、此一弊也」「毎於冬春之交氷合水浅之時、沿江上下小径歧途、匪類之出没、和応潜相犯越者、誠難禁遏、不無茲事之慮、此一弊也」「按税則、紅参按価値百抽十五、按価云者、按其物価値多少、而為之百抽十五者也。如上参価銀為十両、則当抽税一百五十。中参価銀為六両、則当抽九十。而今則不分上中下何品、概抽一百五《(ママ)》十之税、此一弊也」(『南李対談記』)。

(70)「舎柵門宿跰《(ママ)》之所、就荒城草創之地、恋旧憚更、難於遷徙、不便一也。義州物貨本不之採辦、曽前按季開市、市有定期、故朝鮮八路之商、予先畜貨、趁期来会、一時交易而退、今則市無定期、来者絶少。雖云開桟、生意衰淡、不便二也。義州固無可欲之貨、若一渡江貿易、便有新徴之税、不便三也」(『筆談』七―八頁)。

(71)「夫当初此地設市、豈不欲使両界商民同利而倶便哉、今両界之民、皆曰不便、此係民瘼之不可不念者也」(『筆談』八頁)。

(72)「李、『減税事亦可奏懇』」(『筆談』一〇頁)。「李、『九連城開桟係奉天将軍奏定新章、断難更改』」(『筆談』九頁)。

（73）「漢城開桟一事、亦係定章、不当更事云云。（中略）而非敢望全改定章、只添注幾個字様於原文之下、使商民稍退其桟、於距京城不満十里之地、可以塞許多弊端矣」（『筆談』一〇―一一頁、『南李対談記』）。「李、『此係定章不可改』」（『筆談』一一頁）。李鴻章・袁世凱が、朝鮮側の撤桟要求に好意的な態度を示すのは一八八六年以降である（孫禎睦『韓国開港期都市変化過程研究――開港場・開港市・租界・居留地』一志社、一九八四年、一七八―一九三頁）。

（74）「今許各国開桟、操縦歛散、取其奇贏、則居民失業、立至流散之境、其害一也。商民惟知競利、不顧大体、雑処混居、奸偽日滋、獄訟漸繁、衅隙易生、其害二也。都城之内、殊俗同居、或値有戒厳不便駆出、雖有同舟之勢、難望其与城倶死、万一有和応之奸、利害更大、其害三也。漢城之制、城内大市廛、各有許売之業、得其利贏（得専其利）、厚輸国課、経用多資、於是今各国開桟、市民失利、経用随而大絀、其害四也。仁川港口距京七十里、其間又有内河、直達京城之下、我民従港口貿易転售京城、此固応有之利、今各貨到港、雇船由内河運入京城行桟、自行售買、我民無所操利、仁川便成廃港、其害五也。城内莠良雑居、或為各国商民僱傭、或為通事挾藉生事、種種為悪、已見其漸。我官府欲問其罪、則訴其公使領事、各事袒庇、至請永給護照、使我官府漠不相関。夫為官而不能駕馭其民、使此不畏法之類聚居都城、恣睢横行、而莫之禁止、則官無以行令、良可以変莠、其害六也。又如有作奸犯科者、逃匿商桟、則拠各国条約中、本国民人有犯律禁、在各国商民開設行桟居住寓所等処、本国官役不得擅入捜緝之文、是各国商桟為逋逃藪也。都城之内、豈容有逋逃之藪乎、其害七也。城中向多偸盗、若設行桟、盗案将愈繁矣。彼要我緝捕（戢捕）追贓、已不勝其苦、又或執疑似之跡、自行掩捕、認良為賊、備施毒楚、城市之民、将不免重足而行、其害八也」（『南李対談記』、括弧内は『雲養集』一七一―一七三頁での表記）。『雲養集』は、金允植著、韓国文集編纂委員会編『雲養先生文集』二、景仁文化社、一九九九年によった。

（75）孫禎睦前掲『韓国開港期都市変化過程研究』一八二頁、李陽子「清의 対朝鮮経済政策과 袁世凱」『釜山史学』第八輯、一九八四年一月、二〇頁、金光宇「大韓帝国時代의 都市計画――漢城府都市改造事業」『郷土서울』第五〇号、一九九一年、一〇六頁。

（76）「或曰中国視我猶内服」「豈為華商争錙銖之利於我国哉」「須令華商来往漢城」「答曰華商之開桟漢城」「故中国之天津上海開港諸処」「或曰今但言華商之為弊」「答曰華商開桟」「若只有華商則尚或有保合之望」「先論華商者、現華商早已開桟故也」「雖今日若中国肯准改約」「独不准華商之開桟漢城何也」「今若華商帯貨入城」（『南李対談記』。傍線は引用者、以下同様）。「或曰清国視我猶内服」「豈為清商争錙銖之利於我国哉」「須令清商来往漢城」「答曰清商之開桟漢城」「故清国之天津上海開港諸処」「或曰今但言清商之為弊」「答曰清商開桟」「若只有清商則尚或有保合之望」「先論清商者、現清商早已開桟故也」「雖今日若清国肯准改約」「独不准清商之開桟漢城何也」「今若清商帯貨入城《(ママ)》」（「漢城開桟私議――乙酉」『雲養集』一六七―一七〇頁）。

（77）『南李対談記』では「答曰、方今聖天子小之恩、曠痛千古、疾痛痌瘝、無不体恤、傅相以往応允、老寔体其心、毎聞自津来者言、

中国於我邦、眷眷不已、苟有不便而請改者、断無不概允之理、」（『南李対談記』。傍線は引用者）とある部分が、『雲養集』では「答曰、近者毎聞自津来者言、傳相語及我国事、未嘗不憂形于色、眷眷不已、苟有不便而請改者、断無不概允之理、」（『雲養集』一七三頁。傍線は引用者）となっている。

(78)『筆談』および『南李対談記』には、南廷哲と周馥との筆談「海関道署筆談」「又関署談草」が残されている。筆談の内容は「漢城開桟事」と「中江税務事」の商務に関するものである。詳細については、権赫秀前掲『근대한중관계의 재조명』三〇七―三〇八頁を参照のこと。

(79)田保橋潔前掲『近代日鮮関係の研究』下巻、三三三頁。

(80)もっともこの点に関しては、派遣する側の李鴻章は総辦商務委員に対して商務以上の職務遂行を願ったが、陳樹棠がそれを遂行しなかった（できなかった）というのが先行研究の見方である（林明徳『袁世凱与朝鮮』中央研究院近代史研究所、一九七〇年、一二三―一二四頁、李銀子前掲「清末駐韓商務署組織과 그 位相」三六六頁）。ただ一方で、陳樹棠は各国との公使や領事と交渉する上での便宜のために職銜を「総辦朝鮮各口交渉通商事務」と改め「交渉」の二字を入れており（青山治世前掲『近代中国の在外領事とアジア』二一三―二一四頁）、陳樹棠の活動実態については未だ検討の余地がある。

(81)『中日韓』第三巻、七四一、光緒九年六月二五日、軍機処交出李鴻章抄摺、一一七二―一一七五頁。総辦商務委員陳樹棠の朝鮮での地位および漢城商務総署・仁川商務署・釜山商務署・元山商務署の各組織については、李銀子前掲「清末駐韓商務署組織과 그 位相」三六五―三七二頁。

第二章

(1)『駐津督理公署章程底稿』奎二三五四六。

(2)『咨文（二）』奎経古三二七・五一、J二四九、一八八五／一八八六。表紙に「第二冊起乙酉六月」とある。

(3)『咨文』奎経古三二七・五一、J二四九、一八九一。史料番号の末尾に「一八九一」とあるが、表紙には「第十冊　自癸巳三月至八月」とあり、史料も光緒一九年のものなので、一八九三年の史料と断定できる。なお、『咨文（二）』には「第二冊」、『咨文』には「第十冊」とそれぞれ表紙に記されていることから、他の時期の文書も残されていることが推測される。

(4)「朝鮮商署函电录存」陳旭麓編『甲午中日戦争』下冊、上海人民出版社、一九八二年、四八四―四九八頁。この史料には、駐津督理李冕相の不在期間に署理駐津督理を務めた徐相喬と韓永福の記録も含まれる。

(5)『朝鮮駐津署所発各処電報（一）』『駐朝鮮使館保存檔案――袁世凱』〇一-四一-〇三四-〇五、『朝鮮駐津署所発各処電報（二）』同、〇一-四一-〇三四-〇六。

（6）韓哲昊「한국 근대 주진대원의 파견과 운영（一八八三～一八九四）」『東学研究』第二三輯、二〇〇七年九月、六二頁。
（7）『中日韓』第四巻、一〇二二、光緒一一年六月一四日、北洋大臣李鴻章文、一八八三頁。
（8）収録されている文書は「第七七件」までであるが、「第二八件」に「敬粛者」「再敬粛者」と二件の文書が記録されているため、全七八件と計算した。
（9）第一章、註43。
（10）「上海道来電、六月二十四日、海関道重慶廿二黎明開行、廿二午後方奉電示、即徧訪閔姓無蹤、容再探聞反復、上海道回電云、閔大人并未在滬、究竟前往何処、或往煙台、抑赴他処、請査明見示為盼」（『咨文（二）』第一二件、光緒一一年六月二四日）。
（11）「査朝鮮通商程第四条内開、〝商民欲入内地、採辦土貨、応稟請商務委員与地方官会銜、給与執照、塡明採辦処所、仍照納沿途応完釐税、如有游歴者、応請執照、然後前往〟等語。玆該商民文大信等、前往雲南未開口岸地方、並無会銜執照、又不照納釐税、実与章程不合、業経雲南［督部堂撫部院］飭将該商民等、解送回国、嗣後再有朝鮮商民赴中国貿易游歴者、務須請領会銜執照、方准前往、以符定章而免阻滞、相応照会貴大員、請煩査照、転飭照章辦理施行」（『咨文（二）』第二六件、光緒一一年八月一二日）。
（12）「査照、希将趙向魁是否朝鮮人、何以未経領照、自赴内地売参各節、詳細査明見復、以便転報、望切施行」（『咨文（二）』第四八件、光緒一一年一二月三〇日）。
（13）「玆拠本国機器局委員金鶴羽面称、〝現為購取機器前来天津、日昨往晤東局総辦潘観察、向購毛瑟鎗子原様一匣、潘観察称由貴道函致到局、方可准購、請即函告転知東局、所有価銀、当即照付〟等語」（『咨文（二）』第一八件、光緒一一年七月二八日）。
（14）「玆有本署購到美国火薬弾子五箱、毎箱二千箇、由保大輪船運来、暫存怡和棧房、此物係敝国親軍営所需、務望飭知海関、査験放行」（『咨文（二）』第四六件、光緒一一年一〇月二八日）。
（15）「拠本国齎奏官李応浚函称、竊奉国王咨総理各国事務衙門・礼部・北洋大臣文各二件。一件請土們江定界照旧施行事、一件係貢使行李中江免税事」（『咨文（二）』第六件、光緒一一年六月一七日）。
（16）「現奉北洋大臣李発下寄貴国王公文一角、相応函送執事査収、転交金莞居兄帯投、並希見復為荷、専此即請台安」（『咨文（二）』第八件、光緒一一年六月二八日）。
（17）「頃奉中堂伝諭、欽差大臣大学士恪靖侯左於七月二十六日亥刻薨逝、所有本国公所砲台兵船、均懸掛半旗三日、以申哀敬、除函告各国領事外、即希執事査照、一体照辦可也」（『咨文（二）』第二四件、光緒一一年八月五日）。
（18）「本署領事現署天津領事於二月初四日、准前領事官貝将印信文巻移交前来、除已接収任事外、相応照会、即希貴理事査照是荷。須至照会者。右照会大朝鮮駐劄天津理事官朴」（『咨文（二）』第五〇件、光緒一二年二月四日）。
（19）一八八七年二月二八日（陽暦）付、駐天津日本領事荒川巳次から外務大臣青木周蔵宛の機密文書をみると、当時天津に駐在していた駐津督理代理金商悳を「駐紮朝鮮国理事官代理金商悳」と記録し、日本領事も「理事官」という肩書を使っている（アジア歴史資料センター Ref. B03030400100〔〇三八三、〇三八四画像〕、「韓国ニ於テ欧州各国ヘ公使派遣ノ議ニ付李鴻章ト協議ノ為密使下元圭渡清一件」外務省外交史料館）。なお、「理事官」という名称は日清修好条規締結過程の草案にみられるが、この時、清朝側は日本と清朝の「両国が別に生面〔新方面〕を開き、泰西の成様〔既成のやり方〕を襲わざるを示す」ために「理事官」という名称を用いることにしたという（青山治世『近代中国の在外領事とアジア』名古屋大学出版会、二〇一四年、一九二頁）。

(20)『承政院日記』高宗二三年一月二八日。

(21)『日省録』高宗二三年一月二九日。

(22)『清案』一、四八三、高宗二三年二月一一日、金允植から袁世凱宛、二九六頁。

(23)『統署日記』一、高宗二三年二月一一日、三四四頁。

(24)『清案』一、四八四、高宗二三年二月一二日、袁世凱から金允植宛、二九六頁、『統署日記』一、同一四日、三四六頁。

(25)『日省録』高宗二三年二月二一日。

(26)国王は咨文で「該従事在津既久、諳練事務、沉静綜明、克堪是職、此時駐津之任、不可遽付生手、茲陞授朴斉純為駐津督理通商事務」とし、袁世凱の外衙門宛照覆の内容を踏襲している（『中日韓』第四巻、一一三二、光緒一二年三月一一日、北洋大臣李鴻章文、二〇九〇頁）。

(27)闕牌は、宮闕の正殿に置かれたものは中国の皇帝を、地方の客舎に置かれたものは国王を象徴した。駐津督理の場合は後者と同じであると考えられる。

(28)「本署大員於光緒十二年二月二十一日、欽奉内務府奉派陞差、駐津督理通商事務、賞加二品銜、嗣於本年三月初三日、由本署成従事齎到北洋衙門・礼部咨二件、並蒙頒発関防、於初四日、在本署恭設香案、望闕跪拝謝恩、当経祗領任事、除照会中国天津牛荘煙台等海関道外、理合呈報統理交渉通商事務衙門、為此呈報。須至呈報者。右呈報統理交渉通商事務衙門、光緒十二年三月初四日」（『照会綴（二）』奎二六二八三）。

(29)韓哲昊前掲「한국 근대 주진대원의 파견과 운영（一八八三～一八九四）」五三―五八頁、権赫秀『근대한중관계의 재조명』慧眼、二〇〇七年、三一七―三二〇頁。

(30)『底稿』の作成機関については、韓哲昊が内務府、権赫秀が外衙門としているが、根拠となる史料は示されていない（韓哲昊前掲「한국 근대 주진대원의 파견과 운영（一八八三～一八九四）」五三頁、権赫秀前掲『근대한중관계의 재조명』三一七頁）。

(31)『底稿』の作成日時については、権赫秀は『底稿』前文の「署内日行公務並無定章、前有統理軍国事務衙門啓下事目、而諸多草刱、未具細章、易致後来各員漫無所稽」に着目して「多くの後任者が困難を経験してきたという内容に照らして、一八八〇年代後

半」とみる（権赫秀前掲『근대한중관계의 재조명』三一七頁）一方、韓哲昊は駐津督理への改称時とみて一八八六年とする（韓哲昊前掲「한국 근대 주진대원의 파견과운영（一八八三～一八九四）」五三頁）。本書も『底稿』の分析の結果一八八六年とみなす。

（32）「本署係本国出使常駐之始」（『底稿』）。

（33）韓哲昊前掲「한국 근대 주진대원의 파견과 운영（一八八三～一八九四）」四七頁、権赫秀前掲『근대한중관계의 재조명』三一七頁。

（34）以下、『底稿』。各項目の番号は便宜上筆者が付けたものである。

（35）「以上章程、由総理大臣奏明啓下、俾藉遵守」（『底稿』）。

（36）『李文忠公全集』二、奏稿四六、光緒九年六月二一日、「辦理朝鮮商務章程摺」文海出版社、一九六二年、六九四―六九五頁、『中日韓』第三巻、七四一（一）照録清単、一一七三頁、酒井裕美『開港期朝鮮の戦略的外交 一八八二～一八八四』大阪大学出版会、二〇一六年、一二五―一二八頁。

（37）「査中国朝鮮貿易章程内開、〝朝鮮遣派大員駐箚天津、並分派他員至中国已開口岸、充当商務委員、遇有疑難事件、由駐津大員、詳請北・南洋大臣〟等因、又章程内開〝該員与道府州県等地方官往来、均属平行相対〟等因、査朝鮮之派員駐津、猶各国之有領事、名目雖異、体制相同」（『底稿』）。

（38）前掲「辦理朝鮮商務章程摺」『李文公全集』二、六九四―六九五頁。

（39）青山治世によれば、清朝は日本との間でも「領事」ではなく「理事官」という名称を使用することで西洋諸国とは異なるということを示したが、朝鮮との間に関してはただ西洋諸国と異なるというだけではなく、属国であることを強く示す必要があったために、属国である朝鮮に駐在させる上国の官員の名称として「領事」という名称を使用しなかったという（青山治世前掲『近代中国の在外領事とアジア』二一一―二一二頁）。

（40）岡本隆司『世界のなかの日清韓関係史――交隣と属国、自主と独立』講談社選書メチエ、二〇〇八年、一一六頁、青山治世前掲『近代中国の在外領事とアジア』二一四頁。

（41）「署内日行公務並無定章、前有統理軍国事務衙門啓下事目、而諸多草刱、未具細章、易致後来各員漫無所稽、茲将経辦成案、参以各国通例、酌擬章程」（『底稿』）。史料中に「前有統理軍国事務衙門啓下事目」とあるのは「領選使節目」と「天津朝鮮商務公署章程」ではないかと推測される。「天津朝鮮商務公署章程」は確認できないが、一八八四年三月七日付の仁川口華商地界章程第九条で章程の名前だけが引用されている（韓哲昊前掲「한국 근대 주진대원의 파견과 운영（一八八三～一八九四）」五三頁）。

（42）「従事官除所有商務随時襄辦外、兼理署内司庫等事。査西例、実任副領事有兼理司庫之事、従事官居督理之副、与各国副領事体制相同」(『底稿』)。

(43)「各国皆以礼拝日懸掛国旗、而本署以朔望日懸掛国旗」(『底稿』)。

(44) なお初代駐米全権大臣朴定陽は、ワシントン駐在中に自身の日記に「自今日為始、依我国外道例、毎於朔望、行望拝礼、畧伸恋慕之忱」(『従官日記』一八八七年一二月一五日『朴定陽全集』第二冊、亜細亜文化社、二〇〇五年、六四九頁)と記し、この日から朝鮮の地方官の例にならって毎月一日と一五日に望拝礼を行うことを決めている。以後、ワシントンに駐在する一八八八年一〇月一五日まで毎月朔望日には望拝礼を行っていることが『従官日記』および『美行日記』に記されているが、同じ日に国旗を掲揚したかについては確認できない。

(45)「公例、公使領事皆以三年一任、所有本署各員、除有要事及実病解任回国外、不得無端暇帰、以重職守」(『底稿』)。

(46) 韓哲昊は、三年一任制度が守られなかった実態を挙げて駐津公館が順調に運営されなかったと指摘する(韓哲昊前掲「한국 근대 주진대원의 파견과 운영(一八八三〜一八九四)」六三、六九頁)。常駐期間の長短だけで運営実態を評価することに疑問を抱くが、そもそもなぜ朝鮮の官吏は海外赴任に消極的であったのかという問題を考える必要がある。これは恐らく、三年という任期が長いことや、決められたルートで決められた儀式を遂行する既存の貢使などとは異なり、任地で予想外の問題に接する可能性があるため、任命者はこれまでの職務にない大きな負担を負うことを避けたい思惑があったと考えられる。

(47) 前掲「辦理朝鮮商務章程摺」『李文忠公全集』二、六九五頁。

(48)「督理始到、即将新旧任変卸・接印日期、各具申呈北・南洋大臣、照会牛荘・天津・煙台海関道、又訂期拝謁北洋大臣、並拝会津海関道及地方司道府県各官。所有本国立約之各国駐津領事処、亦函告到任之由、随即拝会」(『底稿』)。

(49)「本国咨送北洋大臣公文、必須由本署函送関道、請其代投、遇有咨送北京礼部及総理衙門公文、由本署員帯来、亦函請関道、転詳北洋大臣代投」(『底稿』)。

(50)「本国商民従前私入中国内地、随意自行游歴、並不知有新章、以後如有入内地者、照章与海関道会銜給照。至齎奏・咨官由津赴北京、照章知会関道、転詳北洋大臣、給発路引、派員伴送。凡由本国另派之員、来留本署、除住房伺候等事、自本署代辦外、一切供億之費、均帰該員自備」(『底稿』)。

(51) 例えば『李文忠公全集』には、「韓王従前屢派大員来津」(『李文忠公全集』六、電稿一一、光緒一五年五月二二日酉刻、覆龔道、三〇二頁)、「新派駐津員金明圭踹至復説朴事」(同、電稿一一、光緒一五年八月初一日酉刻、寄訳署、三〇九頁)、「拠駐津朝員金商悳稟称」(同、電稿一二、光緒一六年九月初五日巳刻、寄訳署交続崇両欽差、三四四頁)などと記されている。

(52)『李鴻章全集』二二(電稿二)、光緒一九年七月二一日酉刻、袁道来電、六〇一頁、同、光緒一九年七月二一日酉刻、覆朝鮮袁道、六〇一頁。

（53）『承政院日記』高宗三〇年七月一九日。

（54）例えば、朴斉純からの駐津督理就任報告の申報を李鴻章は了承し、そのまま総理衙門に報告している（『中日韓』第四巻、一一三二、光緒一二年三月一一日、北洋大臣李鴻章文、二〇九〇頁）。

（55）前掲『駐朝鮮使館保存檔案』〇一-四一-〇三四-〇五、〇一-四一-〇三四-〇六。

（56）『統署日記』一、高宗二三年四月一四日、三七四頁。韓哲昊（前掲「한국 근대 주진대원의 파견과 운영（一八八三～一八九四）」六三頁）は同じ史料を引用して「一二日帰国」としているが、上の『統署日記』には「駐津大員朴斉純・美国人徳尼、按騎日本商船敦賀丸、次第到泊、今十三日上京次離発事」とある。

（57）「第四六件」が重複しているため、史料では「第七五件」が最後になっている。

（58）「茲有〔夏三・高二〕両人、久係敝館轎夫、因与豊順船盗洋葯之人有間隙被牽、刻被貴署馬快班拏去、有日想已査究、水落石出、乞賚神将夏・高提緊釈放為荷」（『咨文』第四一件、光緒一九年日付なし）。

（59）「日前駕臨、暢談為快、承商碼頭捐一事、弟査定章、凡華商報運貨物進口、無論所運係土貨・係洋貨、亦無論洋商代報・本商自報、但係華商之貨、均応照完碼頭捐項、朝鮮係中国藩封、朝鮮商人即与華商無異、運貨進口、応照華商一律納捐、未（衍字か）未便稍有歧異、惟念韓商遠道貿遷、良非容易、又復重以鼎囑弟処、格外体恤、除日前美昌洋行代報高麗紙、完過碼頭捐銀一両九銭零、已経発還外、頃以函致新関税司委員査照、以後韓商運貨来洋、無論自報或托洋人代報、応納碼頭捐項、概予優免、以示寛大」（『咨文』第三二件、光緒一九年四月三日）。

（60）「本月二十五日恭遇本国大君主万寿慶節、敝督理情殷慶忭、茲擬于是日下午六点鐘時、潔治芹酌、敬迓各国領事、藉伸菲忱」（『咨文』第五四件〔表2-5では55〕、光緒一九年七月二一日）。

（61）「国王致傳相函一件暨礼物十種、礼単一紙、并此送上閣下代為転呈」（『咨文』第一六件、光緒一九年三月一五日）。

（62）「本月二十五日、恭遇本国国王千秋慶節、敝督理情殷懽忭、擬于二十四日下午五点半鐘時、潔治芹罇、敬迓台旌藉伸菲忱」（『咨文』第五三件〔表2-5では54〕、光緒一九年七月二〇日）。

（63）月脚達彦『朝鮮開化思想とナショナリズム――近代朝鮮の形成』東京大学出版会、二〇〇九年、一四六―一四九頁。

第三章

（1）特に規定はないが「統理交渉通商事務衙門の長官である督辦が正二品官であるため、正二品衙門に相当すると理解した」という酒井裕美の見解による（酒井裕美「開港期朝鮮の外交主体・統理交渉通商事務衙門に関する一考察――甲申政変前における地方官庁との関係、とくに財政政策を一例として」『朝鮮学報』第二〇四輯、二〇〇七年七月、五五頁）。

(2) 全海宗「統理機務衙門設置의 経緯에 대하여」『역사학보』一七・一八合輯、一九六二年、六八七―七〇二頁、李鍾春「統理機務衙門에 対한 考察」『논문집』三（清州教育大学校）、一九六九年、一五―二五頁、李光麟「統理機務衙門의 組織과 機能」『開化派와 開化思想研究』一潮閣、一九八九年、二―二四頁、殷丁泰「高宗親政 이후 政治体制 改革과 政治勢力의 動向」『韓国史論』四〇、一九九八年一二月、一五九―二一四頁、金弼東「갑오경장 이전 조선의 근대적 관제 개혁의 추이와 새로운 관료기구의 성격」『한국사회사연구회 논문집』三三、一九九二年一二月、一一―八八頁、李美愛「一八八〇～一八九四년 富強政策推進機構와 議政府」『韓国史論』四四、二〇〇〇年一二月、一〇一―一五四頁、具仙姫「개항기 관제개혁을 통해본 권력구조의 변화」『韓国史学報』一二、二〇〇二年三月、三〇七―三三五頁、朱鎮五「한국 근대국민국가 수립과정에서 왕권의 역할（一八八〇～一八九四）」『역사와 현실』五〇、二〇〇三年一二月、四三―六九頁、張暎淑「내무부 존속년간（一八八五년～一八九四년）고종의 역할과 政局動向」『祥明史学』八九、二〇〇三年、三二三―三五二頁、韓哲昊「통치기구의 조직과 운영」『한국 근대 개화파와 통치기구 연구』先人、二〇〇九年、一七五―二九三頁。

(3) 田美蘭「統理交渉通商事務衙門에 関한 研究」『梨大史苑』第二四・二五合輯、一九九〇年六月、二一三―二五〇頁。

(4) 田保橋潔『近代日鮮関係の研究』上巻、朝鮮総督府中枢院、一九四〇年、八七〇頁、李鍾春前掲「統理機務衙門에 対한 考察」七頁。

(5) 酒井裕美「開港期の朝鮮外交主体・統理交渉通商事務衙門の対内活動――甲申政変前の外交関連政策を中心に」『一橋社会科学』第二号、二〇〇七年三月、一―一八頁、同前掲「開港期朝鮮の外交主体・統理交渉通商事務衙門に関する一考察」三五―六〇頁、同「統理交渉通商事務衙門の構成員分析――甲申政変前の朝鮮における『近代』と『親清』の実態」『日韓相互認識』第三号、二〇一〇年四月、一―三二頁（のちに『開港期朝鮮の戦略的外交――一八八二～一八八四』大阪大学出版会、二〇一六年、第I部・第II部に所収）。

(6) 田美蘭前掲「統理交渉通商事務衙門에 関한 研究」二二六頁。

(7) 韓哲昊前掲『한국 근대 개화파와 통치기구 연구』二二九頁。

(8) 酒井裕美前掲「統理交渉通商事務衙門の構成員分析」二頁。

(9) 田美蘭前掲「統理交渉通商事務衙門에 関한 研究」二二七頁、二四三頁。

(10) 『章程』奎二〇五一五、奎二〇五七一と、竹添進一郎が書写して日本外務省に送った「朝鮮国統理交渉通商事務衙門章程ノ件」（明治一六年五月一一日、公文録、明治一六年、第一四巻、アジア歴史資料センター Ref. A01000246500）の三種があるが、内容はいずれも同じである。以下では奎二〇五一五によることとする。

(11) 「一、統理衙門之設、専以講求時務、参酌変通、事有中外古今之別、機有本末次第之宜、無欲速而見小利、無畏難而恤浮言、凡

利国利民之政、一一謀定後、動応請分設四司、以専責成、更仿照燕京設立同文学、教育人才、俾収実用、並請頒発印信、勅諭八道大小臣工軍民人等、一体周知、以後凡関本署応行事宜、各宜懍遵、毋或稍違干咎」（『章程』）。史料中にある「同文学」は、一八六二年に北京に設立された同文館にならい設立した外国語学校で、「通辦学校」とも呼ばれた。設立時期には諸説があるが、『章程』制定頃と推定されている。外衙門参議金晩植が校長、中国人呉仲賢・唐紹威が英語教師となった。一八八六年八月の育英公院の設置とともに、同文学は廃止された（柳芳蘭『韓国近代教育의 登場과 発達』서울大学校大学院教育学科博士学位論文、一九九五年、一一五—二〇頁）。

(12) 以下、各構成員の分析は『統理交渉通商事務衙門主事先生案』奎一八一五七、『統理交渉通商事務衙門協辦先生案』奎一八一五七、『統理交渉通商事務衙門督辦先生案』奎一八一五八、『統理交渉通商事務衙門参議先生案』奎一八一五九、「統理交渉通商事務衙門및外部官員録」（『旧韓国外交文書』第二二巻、高麗大学校出版部、一九七三年）、田美蘭前掲「統理交渉通商事務衙門에 関한 研究」、具仙姫前掲「개항기 관제개혁을 통해본 권력구조의 변화」、酒井裕美前掲「統理交渉通商事務衙門の構成員分析」によるものである。

(13) 糟谷憲一「閔氏政権後半期の権力構造——政権上層部の構成に関する分析」『朝鮮文化研究』二、一九九五年三月、一一九頁。

(14) 「進士」とは、科挙試験の一つである小科覆試に合格した者。「幼学」とは、官職につかない儒生。官僚としての経歴がない者を任用することは、伝統的な官僚制下での人事の基本原則と大きく異なるものであった（具仙姫前掲「개항기 관제개혁을 통해본 권력구조의 변화」三一六頁）。

(15) 『続章程』は奎一五三二三、奎一五三二四、奎二一七八三の三種類が存在するが内容は同じである。以下では奎一五三二三によることとする。

(16) 「啓曰、本衙門事務殷繁、原定章程、尚多率略、不可無商酌変通、永為定式、故続章程入之意敢啓」（『草記』奎一九四八七、丁亥四月二八日）。『統署日記』では最後の部分が「故続章程繕入之意敢啓」となり、さらに「伝曰、知道、本衙門続章程啓下」（『統署日記』一、高宗二四年四月二八日、五一六頁）と加えられており、国王の許可を得たことが分かる。

(17) 一八八七年閏四月一日に「主事六司分管新定」とある（『統署日記』一、高宗二四年閏四月初一日、五一七頁）。

(18) 「第一条、督辦一員、統理交渉通商事務、節制本署堂郎与海陸税関監理及在外公使領事」（『続章程』第一条）。

(19) 「第四条、主事二十四員、分隷各司、専主筆記勘辦之事」（『続章程』第四条）。第四条では主事人員が二四名とあるが、第五条から第一〇条で各司に配置された主事人員を合計すると二三名になる（表3-4参照）。

(20) 田美蘭前掲「統理交渉通商事務衙門에 関한 研究」二二六頁。

(21) 金弼東前掲「갑오경장 이전 조선의 근대적 관제 개혁의 추이와 새로운 관료 기구의 성격」四三頁。

(22)『統署日記』は主事が記した外衙門の職務日記で、日付・天気・出勤者名・往来文書の記録等、その日の遂行業務が記録されている。『統署日記』は一八八三年八月一日から記録がはじまるが、一八八四年一二月九日・一八八五年一月二九日・一八八七年四月六日は記録が脱落し、さらに一八九〇年四月一日から一二月三〇日の部分は浸水により記録が残されていない。そのため後者の脱落部分は、高麗大学校出版部が活字化して刊行した『統署日記』(『旧韓国外交関係附属文書』第三~第五巻)では『統椽日記』が代替されている。しかし後述するように『統椽日記』は書吏が記録し、史料の性格も『統署日記』とは異なるため、本章ではこの期間を研究対象から除外することとする。以下、表3-7をはじめとして、『統署日記』を典拠に分析するデータにはこの原則を適用する。

(23)往来した文書には「函」「照会」「電報」などすべての文書形式を含む。また、『日案』『清案』などの各国案と『統署日記』に記録されている往復文書は完全に一致しないものもあり、『統署日記』に記録された文書と各国案に記録された文書を整理・比較検討する必要がある。しかし本章は主事の実務に焦点を絞るために、主事が記した『統署日記』に記された往復文書のみを対象とし、各国案の文書との整理・比較検討は今後の課題とする。

(24)一八八二年五月に朝鮮政府はアメリカと修好通商条約を締結し、一八八三年五月に批准すると同時に初代アメリカ公使フート(L. H. Foote)が漢城に駐在している。一〇月には陳樹棠が水陸章程に基づいて総辦朝鮮商務委員として駐在し、一八八四年四月には朝英修好通商条約が批准され、イギリス総領事アストン(W. G. Aston)が漢城に駐在している。続いて六月にはドイツ副領事ブトラー、ドイツ総領事ツェムプシュ(Captain Zembsch)がそれぞれ駐在している。そして一一月には朝独修好通商条約を批准するなど、朝鮮政府が各国と外交関係を築き、各国の公使・領事が漢城に駐在をはじめたのが一八八三年から八四年末にかけてであった。

(25)当時朝鮮政府が派遣していた在外使節は、水陸章程に基づいて天津に駐在する駐津大員・駐津督理のみであった。近代国際関係に即した公使および領事は、一八八六年二月一一日に駐日辦理大臣が任命されただけで実際には派遣されなかった。しかし、一八八七年六月一四日になると駐日本辦理大臣閔泳駿が日本に向けて出発し、二九日には駐米国全権大臣朴定陽と駐英・独・露・伊・仏全権大臣沈相学(七月二九日に趙臣熙に交代)が任命され、一〇月二日に駐米大臣が、八日に駐英・独・露・伊・仏大臣がそれぞれ出発するなど、公使派遣が実行に移された。しかし清朝との間で問題が発生したため、趙臣熙は派遣されず、朴定陽も後に帰国することとなった。

(26)外衙門主事のうち一人が監理の補佐役として任命されることは、一八八三年九月二〇日から確認できる(閔会修「조선 開港場監理署의 성립과정」『동북아역사논총』三六号、二〇一二年六月、一七二―一七四頁)。

(27)「啓曰、本衙門主事之積久勤仕、淹滞可悶、三港幫辦鱗次派送勷辦港務、待瓜満還付本職、以為定式、何如、允」(『草記』己丑

一〇月二四日）。この規則は実際に運用され、一八九一年五月二九日に仁川港幇辦丁大英、元山港幇辦尹顕求、釜山港幇辦鄭秉岐がそれぞれ任期満了によって外衙門主事に戻っている（『本衙門草記謄録』奎二〇〇七二、辛卯五月二九日）。

（28）高宗二四（一八八七）年四月初六日の『統署日記』には「主事合二十四人」が出勤したとあり、最も多くの人数が出勤した日となった。また、高宗二九年九月一七日に「総務」（本章第3節(2)を参照）を選出した際に、総務一〇名の他に二三名の主事がいることを示唆しているので、当時実質的に三三名の主事がいたということになるが、出勤が確認できず、実態の解明は今後の課題である。

（29）「啓曰、本衙門司官三員、博文局司事三員、幷依主事例、令該曹下批、何如」（『草記』甲申四月二二日）。『統署日記』をみると、高宗二一年閏五月二九日から司官朴永旒・鄭秉岐、一一月一九日から博文局司事呉用黙、一二月一一日から司事金基駿、一四日から司官朴載陽、高宗二二年一月一二日から司官李時濂・康載倫、一四日から鄭秉夏がそれぞれ実際に外衙門に出勤していることが確認できる。

（30）「一、各司重地、応派主事輪流直宿、司鎖鑰厳啓閉、輪直者毋得規避請代」（『章程』）。宿直は毎日一人が担当したが、一八八四年一一月二一～二四日、一八八七年閏四月七日～九月一一日、一八九二年四月一日～九月一八日、一八九四年五月一五日以降は二人が担当した。

（31）「唐時本有五日一休沐之説、今外国七日一休沐、可否援行此例、用示寛大、以合文武張弛之道」（『章程』）。外衙門の「朝九時から午後三時まで、週六日勤務の日曜日休務といった新しい勤務体制」については、酒井裕美（前掲「統理交渉通商事務衙門の構成員分析」二四頁）が既に指摘し、既存機関とは異なる運営実態であったことも言及している（同前掲『開港期朝鮮の戦略的外交』三六—三七頁）。

（32）『統署日記』には「是日以日曜、故堂郎諸公多未仕進」（高宗二〇年一一月二四日）、「以日曜故無進」（高宗二一年閏五月二一日）、「日曜無仕進」（同年二月五日）、「日曜故堂郎無一人仕進」（同年六月二〇日）、「是日曜日也、故主事無一員赴衙」（同年九月二二日）などの記載がある。

（33）「援行外国七日一日休沐之例、用示寛暇」（『続章程』第一二条）。

（34）次節で取り上げる『統椽日記』は一八八八年一月一日から記録がはじまるが、一八八八年五月二二日までは「日曜日」の記録があり、それ以後は記録がない。

（35）『統署日記』での西暦の記載は陰暦との併用で、一八九四年二月一一日の「十一日〔西三月十七日〕」という記録から断続的にはじまる。西暦の公的導入は甲午改革時に、一八九五年陰暦一一月一七日を西暦一八九六年一月一日として以降である。

（36）『統椽日記』第一～第一六巻、奎一七八三七。

(37) ただし一八九〇年九月一～五日（「自初一日、以五日至、由事弊公故抜去事」『統署日記』二、高宗二七年年九月初六日、三六七頁）と一八九一年八月五日の記録は脱落している。『統椽日記』の用紙は、『統署日記』や外衙門の『草記』と同じ「統理交渉通商事務衙門」の文字が入った、縦三〇センチメートル（筆者はマイクロフィルムで閲覧したが、史料とともに縦三〇センチメートルの定規が置かれているので縦は三〇センチメートルと分かり、横は同じ比率で測ると二〇センチメートルほどになる）、縦書き一〇行のものである。

(38) 一八八八年一月一～八日は四人体制、一八八八年一月九日～九〇年閏二月一四日は五人体制、一八九〇年閏二月一五日～九三年一〇月二六日は六人体制、一八九三年一〇月二七日以降は七人体制。

(39) 酒井裕美前掲「開港期朝鮮の外交主体・統理交渉通商事務衙門に関する一考察」三八―四六頁。

(40) 李鉉淙『韓国開港場研究』一潮閣、一九七五年、二九―三〇頁。

(41) 朝鮮における電線の設置は、漢城―仁川（一八八五年）、漢城―東萊（一八八八年）、漢城―元山（一八九一年）である（日本電信電話公社『海底線百年の歩み』電気通信協会、一九七一年、五五―一二四頁、千葉正史『近代交通体系と清帝国の変貌――電信・鉄道ネットワークの形成と中国国家統合の変容』日本経済評論社、二〇〇六年、二五―一二五頁）。

(42) 「稟定摠務司十員、丁大英・秦尚彦・朴世煥・金永汶・李鉉相・丁大有・李応翼・兪箕煥・李康夏・金炳勲、課仕輪番、其外二十三員、幷収陪隷駆価、亦無入直、幷有啓下章程」（『統署日記』二、高宗二九年九月一七日、六六八頁）。

(43) 「今朔為始即位駆債以総務司十員上下」（『統椽日記』壬辰一〇月初四日の欄外）。

(44) 「関吏曹、本衙門係是外交重地、応辦事案、均属趕要公務、苟非幹練嫺熟、易慢機宜、遴選諳練主事十員、另定総務、俾各常川視仕、以専責成、業将該十員姓名、開録稟下、奉此《ママ》、計粘関飭、到即奉審施行、勿得径移他司、免致紛歧」（『統署日記』三、高宗二九年一一月一八日、一九頁）。この一〇名の所属先は、『草記』では「総務司」となっており吏曹への「関」では「総務」となっている。『統署日記』には以後「総務十員進」などの記録があることから、「総務司」と「総務」では意味に大きな違いはなく一般に「総務」と呼称していたと考えられる。

(45) 酒井裕美前掲「統理交渉通商事務衙門の構成員分析」一五―二一頁。

(46) 例えば「啓曰、本衙門事務漸繁、属員苟艱、前主夫朴永旒・鄭秉岐、司官加差下事、伝曰允」（『統署日記』一、高宗二一年閏五月二九日、八四頁）や「本衙門啓曰、本府事務殷繁、此時接応、難付生手、漢城府主簿朴世煥、主事還差下、令該曹口伝下批、何如、允」（『統署日記』二、高宗二七年閏二月初三日、二九四頁）などが挙げられる。

(47) 「総務司節目」は管見の限りみつかっていないが、「啓曰、本衙門総務司節目、今既啓下矣」（『本衙門草記謄録』壬辰一二月二七日）とあり「総務司節目」を制定した記録はある。。

（48）前者は「関吏曹、本衙門、遴選諳錬主事十員、另定総務司、開録姓名、稟旨定奪、勿得径移他司等因、移関在案、遇有開缺選補、理合再関、免致紛歧、茲録開欠二員、選補二員姓名、計粘移関、金永汶・李鉉相有頃、趙性協・金夏英新選」（『統署日記』三、高宗三〇年一月二三日、五〇頁、『統椽日記』癸巳一月二四日）。後者は「主事李鶴圭、総務画出、付黄原章程、当日踏啓字下、兪箕煥減下代」（『統署日記』三、高宗三〇年一二月初八日、二三六頁）。

（49）この他、一八九四年四月一七日に中泰茂が「主事」に任命されている（『承政院日記』高宗三一年四月一七日）。

（50）総理各国事務衙門については坂野正高による一連の研究がある（坂野正高「『総理衙門』の設立背景（一）（二）（三・完）」『国際法外交雑誌』第五一巻第四号、一九五二年八月および第五一巻第五号、同年一〇月および第五二巻第三号、一九五三年六月、同「総理衙門の設立過程」『近代中国研究』第一輯、一九五八年九月）。

第四章

（1）木村幹『高宗・閔妃――然らば致し方なし』ミネルヴァ書房、二〇〇七年、二四―二九頁。

（2）微行を楽しんでいた翼宗が紫霞洞で本を読む声を聞き、その声をたどっていくと朴珪寿であったという。その後翼宗が亡くなると朴珪寿は大変悲しみ、その話は翼宗の后である神貞王后まで伝わり、この時から朴珪寿は政界の要職を広く任されたという（金容九『세계관 충돌과 한말 외교사、一八六六～一八八二』文学과 知性社、二〇〇一年、一六五頁、『梅泉野録』からの引用）。

（3）糟谷憲一「近代的外交体制の創出――朝鮮の場合を中心に」荒野泰典・石井正敏・村井章介編『アジアのなかの日本史II　外交と戦争』東京大学出版会、一九九二年、二二四―二二八頁。

（4）林明徳『袁世凱与朝鮮』中央研究院近代史研究所、一九七〇年、一四一―一四五頁。

（5）糟谷憲一前掲「近代的外交体制の創出」二四二―二四三頁、具仙姫『韓国近代対清政策史研究』慧眼、一九九九年、一七一―一七三頁。

（6）月脚達彦『朝鮮開化思想とナショナリズム――近代朝鮮の形成』東京大学出版会、二〇〇九年、一四九―一五一頁。

（7）大澤博明「日清天津条約（一八八五）の研究（二）」『熊本法学』一〇七号、二〇〇五年一月、二四三―二四九頁。

（8）岡本隆司「『奉使朝鮮日記』の研究」『人文・社会』（京都府立大学）第五八号、二〇〇六年一二月、一一―三七頁（のちに改訂稿が『中国の誕生――東アジアの近代外交と国家形成』名古屋大学出版会、二〇一七年、第九章に所収）。なお、同様の観点からの研究として劉바다（『一九세기 후반 조선의 국제법적 지위에 관한 연구』高麗大学校大学院韓国史学科博士論文、二〇一六年、二九〇―三〇六頁）、尤淑君（「従趙太妃之薨論清政府対朝鮮的名分控制」『清史研究』第四期、二〇一四年一一月）がある。

（9）『프랑스외무부문서　四、조선III・一八九〇』（以下『仏外書』四）、国史編纂委員会、二〇〇五年、二〇、一八九〇年二月六日、

プランシーから外務部長官宛、六一―六四頁、三五八―三六四頁。

(10)『仏外書』四、二〇、一八九〇年二月六日、プランシーから外務部長官宛、六二頁、三五九―三六〇頁。

(11)『仏外書』四、二〇、一八九〇年二月六日、プランシーから外務部長官宛、六二頁、三六〇頁。実際に、一八九〇年一月六日と七日両日に、商人たちが日本と清朝の商人の撤桟を外衙門に訴えた記録がある(『統署日記』二、高宗二七年一月初七日、二五九頁)。

(12)北原スマ子他編『資料　新聞社説に見る朝鮮』一、高麗書林、一九九五年、三二七―三二九頁、同書三、二〇六―二〇七頁、同書五、三八一―三八二頁。

(13)『仏外書』四、二〇、一八九〇年二月六日、プランシーから外務部長官宛、六三―六四頁、三六三―三六四頁。

(14)『李鴻章全集』二一(電稿二)、光緒一六年三月二〇日酉刻、寄訳署、上海人民出版社、一九八六年、二三四頁。

(15)『李鴻章全集』二一(電稿二)、光緒一六年三月二七日戌刻、寄訳署、二三八頁。

(16)岡本隆司前掲『『奉使朝鮮日記』の研究』一一頁、二二頁。

(17)『李鴻章全集』二一(電稿二)、光緒一六年四月一七日亥刻、寄訳署、二五二頁、同、光緒一六年四月一八日戌刻、寄訳署、二五二頁。

(18)『中日韓』第五巻、一五三八、光緒一六年五月初二日、北洋大臣李鴻章文、二七八五頁。

(19)『美案』一、高宗二七年四月一八日、何徳から閔種默、五〇七頁。

(20)*Korean-American Relations II* (以下 *KAR*), Los Angels : University of California Press, 1963, No. 13, June 7, 1890, Augustine Heard to Secretary of State, pp. 124-128.

(21)『仏外書』四、六五、一八九〇年六月七日、プランシーから外務長官宛、一六一―一六二頁、五二四頁。

(22)『仏外書』四、六七、一八九〇年六月一一日、プランシーから外務長官宛、一六六―一六七頁、五三一―五三三頁。

(23)袁世凱の反応については岡本隆司『属国と自主のあいだ――近代清韓関係と東アジアの命運』名古屋大学出版会、二〇〇四年、三三六―三三八頁、および岡本隆司前掲『『奉使朝鮮日記』の研究』を参照した。

(24)『李鴻章全集』二一(電稿二)、光緒一六年四月二三日戌刻、寄朝鮮袁道、二五三頁。

(25)『李鴻章全集』二一(電稿二)、光緒一六年四月二四日亥刻、寄訳署、二五三―二五四頁。

(26)『李鴻章全集』二一(電稿二)、光緒一六年四月二五日申刻、寄訳署、二五四頁。

(27)『李文忠公全集』六、電稿一二、光緒一六年四月二七日辰刻、寄訳署、文海出版社、一九六二年　三三六頁、岡本隆司前掲『『奉使朝鮮日記』の研究』二五頁。

(28)『李鴻章全集』二（電稿二）、光緒一六年五月一二日巳刻、寄朝鮮袁道、二六一頁、同、光緒一六年五月一三日巳刻到、袁道来電、二六二頁、同、光緒一六年五月一三日午刻到、袁道来電、二六二頁、岡本隆司前掲「『奉使朝鮮日記』の研究」一五頁。
(29)『李鴻章全集』二（電稿二）、光緒一六年五月一三日午刻到、袁道来電、二六二頁。
(30)『承政院日記』高宗二七年四月一七日、同年同月一八日。
(31)『平安道関草』第四冊、庚寅五月初一〇日湾報および同日箕営報到付、奎一八〇七二。
(32)『承政院日記』高宗二七年五月二〇日、『備辺司謄録』二八、同日、国史編纂委員会、一九六〇年、四六二―四六三頁。
(33)岡本隆司前掲「『奉使朝鮮日記』の研究」一五頁。
(34)『釜山監理署牒呈』光緒一七年五月一七日、監理釜山港通商事務から統理交渉通商事務衙門あて牒呈（『釜山監理署牒呈』奎二四〇五〇）、同、光緒一八年四月初四日、監理釜山港通商事務から統理交渉通商事務衙門あて牒呈（同、奎二四一八九）。
(35)袁世凱や李鴻章は宗属典礼の規定通りの遵守を主張したが、皇帝が勅使を航路で派遣することを命じたために、かえって西洋人が多くいる済物浦を通ることになった。これには疑懼があったとみられているが（岡本隆司前掲「『奉使朝鮮日記』の研究」三四頁）、中国皇帝に朝鮮との宗属関係を朝鮮にいる西洋人にみせつけようという意図があったのか、純粋に朝鮮の財政難を考慮した結果なのか不明である。なお、清朝の対朝鮮政策といっても皇帝、総理衙門、李鴻章、袁世凱ではそれぞれ政策に対する温度差があり、一通りではないということに留意しなければならない。
(36)『李鴻章全集』二（電稿二）、光緒一六年八月一七日戌刻、寄訳署、二八六頁。
(37)『美案』一、七九四、高宗二七年七月二八日、何徳から閔種黙、五二五頁。
(38)『清案』一、一二四六、高宗二七年八月二一日、袁世凱から閔種黙、七三〇頁、同、一二五二、同年同月二七日、袁世凱から閔種黙、七三二―七三三頁。
(39)『美案』一、七九六、高宗二七年八月二一日、閔種黙から何徳、五二六頁。
(40)『美案』一、七九七、高宗二七年八月二七日、何徳から閔種黙、五二六―五二七頁、同、七九八、高宗二七年九月二日、閔種黙から何徳、五二七頁。
(41)『仏外書』四、九三、一八九〇年一〇月一六日、プランシーから外務長官宛、二〇六―二一〇頁、六一二―六一八頁、大澤博明前掲「日清天津条約（一八八五）の研究（二）」二四六頁。
(42)月脚達彦前掲『朝鮮開化思想とナショナリズム』一五〇頁。
(43)『駐韓美国公使館・領事館記録』四、Sep. 11, 1890, Kondo to Heard、翰林大学校出版部、二〇〇〇年、三六頁、大澤博明前掲「日清天津条約（一八八五）の研究（二）」二四六―二四八頁。

(44)『仏外書』四、九〇、一八九〇年九月二三日、プランシーから外務長官宛、二〇二―二〇三頁、六〇六頁。
(45)『仏外書』四、九三、一八九〇年一〇月一六日、プランシーから外務長官宛、二〇八―二〇九頁、六一五―六一六頁。
(46)大澤博明前掲「日清天津条約（一八八五）の研究（二）」二四六―二四七頁。
(47)岡本隆司前掲「『奉使朝鮮日記』の研究」一二頁。
(48)具仙姫前掲『韓国近代対清政策史研究』一七二頁、岡本隆司前掲「『奉使朝鮮日記』の研究」一四頁。
(49)勅使の水路派遣が決まった八月二五日から九月五日は朝鮮政府での電報の送受信を記録する外衙門の職務日記である『統署日記』の記録が浸水により欠落している期間であるため、この間に朝鮮政府がどのような連絡を受けていたのかは確認できない。ただ、朝鮮政府が作成した『勅使日記』も告訴使からの電報を議政府が伝える九月六日から記録が始まっているため、九月六日が正式に連絡を受けた日とみてよいと思われる（『勅使日記』第一九冊、奎一二七九九）。
(50)『承政院日記』高宗二七年九月六日。
(51)『承政院日記』高宗二七年九月八日。
(52)『承政院日記』高宗二七年九月一三日。
(53)岡本隆司前掲「『奉使朝鮮日記』の研究」二五―二六頁。
(54)『承政院日記』高宗二七年九月一六日。
(55)『承政院日記』高宗二七年九月二二日、二三日。
(56)尤淑君は、敦義門への変更は、国王が人目を避けて「迎勅」しようとしたためであると示唆する（尤淑君前掲「従趙太妃之薨論清政府対朝鮮的名分控制」四六頁。
(57)酒井裕美『開港期朝鮮の戦略的外交――一八八二～一八八四』大阪大学出版会、二〇一六年、七〇―七八頁。
(58)『承政院日記』高宗二七年一一月六日。
(59)岡本隆司は後述の *Japan Weekly Mail* を引いて、朝鮮政府内に勅使の受け入れをめぐって賛成派と反対派が存在したことを示唆している（岡本隆司前掲「『奉使朝鮮日記』の研究」二六頁）。
(60) *Japan Weekly Mail*, Dec. 6, 1890, p. 567, 'Letter From Korea', Nov. 18, 1890.
(61) John King Fairbank, Katherine Frost Bruner and Elizabeth MacLeod Matheson, eds., *The I. G. in Peking : Letters of Robert Hart Chinese Maritime Customs 1868–1907*, Vol. 1, Cambridge, MA and London : The Belknap Press of Harvard University Press, 1975, Nov. 2, 1890, Robert Hart to Campbell, p. 819.
(62)以下、イギリス領事とアメリカ公使の反応については岡本隆司前掲「『奉使朝鮮日記』の研究」二六―二九頁に詳しい。

(63) Great Britain, Foreign Office, General Correspondence, China ; FO17/1102, Oct. 25, 1890, Hillier to Walsham, No. 36.
(64) FO17/1102, Nov. 11, 1890, Hillier to Walsham, No. 41.
(65) 岡本隆司前掲「『奉使朝鮮日記』の研究」二七頁。
(66) *KAR*, Nov. 19, 1890, Augustine Heard to Secretary of State, pp. 34–39.
(67) 岡本隆司前掲「『奉使朝鮮日記』の研究」二七―二八頁。
(68) 『仏外書』四、一〇二、一八九〇年一一月一六日、プランシーから外務長官宛、二三九―二四三頁、六六四―六七二頁。
(69) 岡本隆司前掲「『奉使朝鮮日記』の研究」二四頁。
(70) 劉바다前掲『一九세기 후반 조선의 국제법적 지위에 관한 연구』三〇〇頁。

第五章

(1) 大谷正「日清戦争」明治維新史学会編『講座明治維新　五　立憲制と帝国への道』有志舎、二〇一二年。
(2) 高橋秀直『日清戦争への道』一九九五年、創元社、三四九―三五七頁。
(3) 高橋秀直前掲『日清戦争への道』四三七―四四三頁。
(4) 古結諒子『日清戦争における日本外交――東アジアをめぐる国際関係の変容』名古屋大学出版会、二〇一六年。
(5) 田保橋潔『日清戦役外交史の研究』東洋文庫、一九五一年。この本の初版は一九四〇年三月、増補・補注の完了は一九四四年一〇月である（同書、五六三頁）。一八九四年三月二二日に日本に亡命していた金玉均が暗殺され、その死体の引き渡しが宗属関係に基づいて処理されると日本と朝鮮・清朝との関係が悪化し（田保橋潔同書、四八頁）、陸奥は対清戦争を意識しはじめたという（河村一夫「日清戦争と陸奥外交」『軍事史学』一一二号、一九九二年一二月、四一頁）。また、日本の言論媒体も対朝鮮・対清戦争強硬論が台頭し民心を扇動しはじめた（小林瑞乃「日清戦争開戦前夜の思想状況」『青山学院女子短期大学紀要』第六四輯、二〇一〇年一二月）。これを契機に、一八八五年の天津条約以来続いていた日本・朝鮮・清朝の絶妙な均衡が崩れ、三国がそれまで敢えて外交問題化しなかった宗属問題が外交問題として再燃したことになったとみることもできる。
(6) 田保橋潔前掲『日清戦役外交史の研究』三八―三九頁。
(7) 月脚達彦『福沢諭吉と朝鮮問題――「朝鮮改造論」の展開と蹉跌』東京大学出版会、二〇一四年、一六三―一六四頁。
(8) 古結諒子前掲『日清戦争における日本外交』二二頁。
(9) 高橋秀直前掲『日清戦争への道』二三二頁。
(10) 高橋秀直前掲『日清戦争への道』三一五―三一六頁、三七八頁、三八六頁。

（11）杉村濬『明治廿七八年在韓苦心録』勇喜社、一九三二年、一三頁。同書は回顧録であるために一次史料としての使用は難しいが、金玉均暗殺事件をきっかけとする対朝鮮・対清認識の変化や、実際の景福宮占拠の断行などから考えて、杉村濬がいう朝鮮における日本の地位を回復して清朝と同等にしたいという考えは当時の現地で共有されていたと思われる。とりわけ、杉村は陸奥宗光をして「臨時代理公使杉村濬は朝鮮に在勤すること前後数年、すこぶるその国情に通暁するを以て政府は勿論その報告に信拠し居たり」（陸奥宗光著、中塚明校註『蹇蹇録』岩波書店、一九八三年、二三頁。『蹇蹇録』の外務省第一次刊本には「杉村濬はその性格が重厚緻密」という彼の性格に関する叙述もある〔同上書、三七六頁〕）といわしめるほど朝鮮の内情に精通していた。また、田保橋潔も杉村について「明治十三年四月外務省に任用せられてより御用掛・領事・書記官として、殆ど朝鮮勤務に終始し、若くは朝鮮関係事務を管掌したので、同国の政情に精通すること、頻繁に交代する公使の比ではなく、従って其進言は往々公使の意見を左右したのみならず、外務省を動かす力をもって居た」と指摘するほどである（田保橋潔前掲『日清戦役外交史の研究』九五―九六頁）。そのような杉村にとって、自身が長年勤務する朝鮮で日本の地位が清朝の地位よりも低下していったことは、解消すべき問題として切実に感じられたのではないかと推測される。
（12）田保橋潔前掲『日清戦役外交史の研究』四八頁。
（13）原朗『日清・日露戦争をどう見るか――近代日本と朝鮮半島・中国』ＮＨＫ出版、二〇一四年。
（14）朴宗根『日清戦争と朝鮮』青木書店、一九八二年。
（15）厳燦鎬「清日戦争에 대한 조선의 대응」『한일관계사연구』二五、二〇〇六年一〇月。
（16）厳燦鎬前掲「清日戦争에 대한 조선의 대응」二九二頁。
（17）以下、東学党の蜂起に関しては田保橋潔『近代日鮮関係の研究』下巻、朝鮮総督府中枢院、一九四〇年、第二三章を参照した。
（18）以下、閔泳駿については延甲洙『고종대 정치변동 연구』一志社、二〇〇八年、一二七―一二八頁、糟谷憲一「閔氏政権の成立と展開」『韓国朝鮮文化研究』第一四号、二〇一五年、一一―一二頁を参照した。
（19）延甲洙前掲『고종대 정치변동 연구』一二七―一二八頁。
（20）具仙姫『韓国近代対清政策史研究』慧眼、一九九九年、二二四頁。
（21）朴宗根「閔氏政権の崩壊過程――一八九四年の日・清両軍の出兵と関連して」『朝鮮史研究会論文集』第三三集、一九九五年一〇月、一二頁。
（22）糟谷憲一前掲「閔氏政権の成立と展開」一二頁。
（23）朴宗根前掲「閔氏政権の崩壊過程」六―一七頁。
（24）具仙姫前掲『韓国近代対清政策史研究』二二〇頁。

(25) 朴宗根前掲「閔氏政権の崩壊過程」三一一―三五頁。

(26)『中日韓』第六巻、一九二九、光緒二〇年六月二三日、北洋大臣李鴻章文、(四) 光緒二〇年五月初三日、駐日清公使汪鳳藻から外務大臣陸奥宗光宛照会、三三四一頁、『日本外交文書』第二七巻第二冊、明治二七年六月七日、清国公使より陸奥外務大臣宛、一六七―一六九頁。

(27) 岡本隆司「宗主権と国際法と翻訳――『東方問題』から『朝鮮問題』へ」岡本隆司編『宗主権の世界史――東西アジアの近代と翻訳概念』名古屋大学出版会、二〇一四年、一一三頁。

(28)「清兵借兵は王権を維持しようとする高宗と政権の既得権を逃したくない閔氏勢力の執権者閔泳駿、そして外圧勢力の袁世凱の間で談合がなされて決定してしまった」（具仙姫「청일전쟁의 의미――조・청 '속방' 관계를 중심으로」『한국근현대사연구』三七、二〇〇六年、九四頁）という見方は、一面では間違ってはいないが、一八八二年以来展開されてきた朝鮮政府の対外政策の特徴を見過ごしかねないものである。

(29) 内政改革五カ条の内容は「一、中央政府および地方制度を改革し、並びに門地に拘らず人材を抜擢すること。二、財政を整理し、国内の資源を開発すること。三、法律を整頓し、司法制度を改正し、裁判の公正を期すること。四、国内の民乱を鎮定し、治安を維持するのに必要な軍備を設けること。五、教育制度を確立すること」であった（田保橋潔前掲『近代日鮮関係の研究』下巻、三七五―三七七頁）。

(30)『李鴻章全集』二（電稿二）、光緒二〇年六月初六日巳刻、寄訳署、上海人民出版社、一九八六年、七五九―七六〇頁、田保橋潔前掲『近代日鮮関係の研究』下巻、三七八―三七九頁。

(31)『統署日記』三、高宗三一年五月一七日の外衙門から駐津公館への電報記録。

(32) 本章で取り上げる駐津督理の交渉の様子は、当時の津海関道であった盛宣懐の史料である『盛宣懐檔案』（上海市立図書館所蔵）に収録された各種記録からみることができる。『盛宣懐檔案』は「朝鮮商署函電録存」という駐天津朝鮮公館に往来した文書を収録しており、駐津督理・署理駐津督理が盛宣懐や平安道監司と往来した手紙や筆談記録を確認することができる。本章では、『盛宣懐檔案』の刊行本である陳旭麓編『甲午中日戦争』下冊、上海人民出版社、一九八二年を使用した。

(33) 在任期間は一八九三年三月七日～八月二八日、一八九四年六月一三日～九五年五月三日である。

(34)『統署日記』三、高宗三一年六月初三日、三四一頁。

(35)『甲午中日戦争』（一）閔丙奭致李冕相電（三通）、光緒二〇年六月二七日、平壌、四八四―四八五頁、〔一〕〔二〕〔三〕。

(36)『甲午中日戦争』（二）李冕相復閔丙奭電、光緒二〇年六月二七日或二八日、天津、四八五頁。ここで李冕相が伝えている清朝側の情報の出どころは、恐らく盛宣懐であると思われるが、後述する「六月底」の筆談時の盛宣懐の発言とは合致しない上、その他の筆談では盛宣懐の発話が記録されていないので詳細を知ることができない。
(37)『甲午中日戦争』(三) 関丙奭致李冕相電、光緒二〇年六月底、平壌、四八五頁。
(38) これが盛宣懐の発話部分が残されている唯一の李冕相との筆談記録である。「朝鮮商署函電録存」にある駐津督理と津海関道との筆談記録は、この筆談記録を除くと、盛宣懐の発話部分が削除もしくは省略されているため盛宣懐の発言を知ることができない。本書執筆までに原本史料を閲覧することができなかったため、盛宣懐がどのような発言をしたのか分からないままで史料を分析することとなった。今後、原本を閲覧し、史料の全体の解読がかなえば史実に沿って加筆・修正する予定である。
(39)『甲午中日戦争』(四) 李冕相和盛宣懐筆談、光緒二〇年六月底、天津、四八五―四八六頁。
(40) 栗原純「日清戦争と李鴻章」東アジア近代史学会編『日清戦争と東アジア世界の変容』下巻、ゆまに書房、一九九七年、一六三頁、戴東陽「갑오 중일전쟁 기간 청 정부의 대일정책」王賢鍾他『청일전쟁기 한・중・일 삼국의 상호 전략』東北亜歴史財団、二〇〇九年、三五〇頁。
(41)『甲午中日戦争』(一〇) 李冕相致盛宣懐函(四)、光緒二〇年六月底、天津、四八九―四九〇頁。
(42)『李鴻章全集』二(電稿二)、光緒二〇年七月初五日午刻、寄訳署、八五三頁。
(43)『甲午中日戦争』(六) 関丙奭致李冕相電(二通)、光緒二〇年七月初一日・初二日、平壌、〔一〕〔二〕、四八六―四八七頁。
(44)『甲午中日戦争』(七) 李冕相致盛宣懐函(一)、光緒二〇年六月底、天津、四八七―四八八頁。
(45)『李鴻章全集』二(電稿二) 光緒二〇年七月初三日未刻、寄平壌電局交平安道関丙奭、八四五頁。
(46)『甲午中日戦争』(一二) 李冕相和盛宣懐筆談、光緒二〇年七月初旬、天津、四九〇―四九二頁。
(47)「且彼之期欲使敝邦独立者、非但凌蔑朝鮮、誠上侮天朝也」(『甲午中日戦争』四九一頁)。
(48)「朝鮮開国自檀君、至今近四千年、都無一代自主(非但敝邦然也、四千年一様)」。この後「檀君于堯・夏、箕子于殷、列郡于漢、新羅于唐、高麗于宋・元、敝邦于皇明・皇清、不叛不侵、著于天下万古、未嘗有一時不奉正朔進貢」と続く(『甲午中日戦争』四九二頁)。
(49)「寄訳署」光緒二〇年七月二〇日辰刻、『李鴻章全集』二(電稿二) 九〇一頁。これに対して、皇帝が軍隊を結集させるよう諭旨を下したことを李鴻章が関丙奭に伝えている(『李鴻章全集』二〔電稿二〕光緒二〇年七月二二日辰刻、寄平壌監司関、九一〇頁)。
(50)『日本外交文書』第二七巻第二冊、明治二七年一一月一一日、朝鮮国駐箚井上公使より陸奥外務大臣宛、六八頁。
(51) 田保橋潔「近代朝鮮に於ける政治的改革(第一回)」『朝鮮史編修会研究彙纂 第一輯 近代朝鮮史研究』朝鮮総督府、一九四四年、一一七―一一八頁。以下、四通の密函の内容も田保橋潔の当該箇所を参照した。
(52)『日本外交文書』第二七巻第二冊、明治二七年一一月八日、朝鮮国駐箚井上公使より陸奥外務大臣宛、五九頁。

(53)『甲午中日戦争』（一三）閔泳駿致李冕相電、光緒二〇年七月初九日、平壌、四九二頁。
(54)『駐韓日本公使館記録』一、①天津督理李冕相赴津ニ付、国史編纂委員会、一九八六年、四一〇頁。
(55)『統署日記』三、高宗三一年五月一五日、三二九頁。
(56)『統署日記』三、高宗三一年五月二一日、三三二―三三三頁。
(57)田保橋潔『日清戦役外交史の研究』二四六―二四七頁。
(58)長田彰文『世界史の中の近代日韓関係』慶應義塾大学出版会、二〇一三年、二六頁。
(59)岡本隆司『属国と自主のあいだ――近代清韓関係と東アジアの命運』名古屋大学出版会、二〇〇四年、第六章参照。
(60)崔徳寿他『조약으로 본 한국 근대사』열린책들、二〇一〇年、七七九頁、八三二頁。
(61)徐賢燮『近代朝鮮の外交と国際法受容』明石書店、二〇〇一年一〇九頁。
(62)ただ朝米条約第一条の草案には、かつて李鴻章が「若他国偶有不公及軽侮之事、必彼此援護、或従中善為調処、俾獲永保安全」という文言を含ませ、シューフェルトが保護条約の性格をもつこの条項に反対した経緯がある（奥平武彦『朝鮮開国交渉始末』刀江書院、一九三五年、九七―一一七頁および渡邊勝美『鮮米修好通商条約交渉史』東光堂書店、一九四一年、二一〇―二一二頁）。さらに、後述する高宗二一年一一月初五日の『統署日記』にある日本公使館宛の未送秩の照会では、朝米条約にのみ含まれる「相助」という語をわざわざ記しており、朝米条約は朝英条約はじめその他条約よりも「保護」の意味合いを強く有するものと理解していた可能性は否定できない。
(63)『統署日記』一、高宗二一年一〇月一九日、一三〇頁。
(64)『美案』一、一二三、高宗二一年一〇月一九日、金弘集から福徳、八四―八五頁、『英案』一、一三六、同日、趙秉鎬から阿須頓、八〇頁、『徳案』一、五一、同日、金弘集からト徳楽、三三―三四頁。
(65)『清案』一、三三二、高宗二一年一〇月一九日、金弘集から陳樹棠、二〇九頁、『日案』一、三三七、同日、趙秉鎬から竹添進一郎、一六五―一六六頁。
(66)『日案』一、三五四、高宗二一年一一月初二日、竹添進一郎から趙秉鎬、一七五頁。
(67)『統署日記』一、高宗二一年一一月初四日、一四〇頁、『日案』一、三五七、同日、趙秉鎬から竹添進一郎、一七七頁。なお、既に一〇月二六日に送った日本宛照会で「則前次照会句語、未免失実、応請繳還原照会、以便改送」と先の一九日の照会の取消・返送を申し出ており、この照会でも「前督辦金、業於十月二十六日送函、至貴公使、請将原照会繳還、以便改送在案」と一九日の照会をなかったことにするよう再度述べている。
(68)『統署日記』一、高宗二一年一一月初五日、一四〇―一四一頁。

(69) 岡本隆司前掲『属国と自主のあいだ』三七二頁。

(70)「従中善為調処」「保護」「字小」という朝鮮の外交交渉の思想的基盤を理解する上で、儒教の王道論を掲げ諸列強の勢力均衡を利用して小国として自立しようとする「小国主義」(趙景達「朝鮮における大国主義と小国主義の相克——初期開化派の思想」『朝鮮史研究会論文集』第二二集、一九八五年三月)や、大国を信頼して軍事的には不可能なはずの自治を可能とする「小国意識」(木村幹『朝鮮/韓国ナショナリズムと「小国」意識——朝貢国から国民国家へ』ミネルヴァ書房、二〇〇〇年、第II部第四章)といった議論は有益だろう。他方、清朝は「字小事大」の枠組みを維持しながらそれを国際環境の変化に応じて読みかえ、朝鮮への政治的支配および経済的侵入を行ったという指摘もある(姜東局『「属邦」の政治思想史——一九世紀後半における「朝鮮地位問題」をめぐる言説の系譜』東京大学大学院法学政治学研究科博士学位論文、二〇〇四年九月、五〇—七三頁)。清朝と朝鮮は中華世界の華夷秩序観である「事大字小」の枠組みを維持しながら近代国際社会に対応しようとしている点で共通しており、この点、朝鮮は清朝のやり方を意識的であれ無意識的であれ参照したと考えられる。そうだとすれば、清朝は、清朝のやり方に倣ってこのような対応をとる朝鮮をいかに捉えていたのか興味深い。

(71)『英案』一、一四七、高宗二一年一月初九日、阿須頓から趙秉鎬、八七—八八頁。

(72) 長田彰文『セオドア・ルーズベルトと韓国——韓国保護国化と米国』未来社、一九九二年、一五—一六頁、五四—五五頁。

(73) 徐賢燮前掲『近代朝鮮の外交と国際法受容』一〇九頁、韓承勲「조선、〈금수〉와 통상을 허락하다——조미・조영・조독 수호통상조약(一八八二・五〜六)」崔徳寿他前掲『조약으로 본 한국근대사』七一頁。

(74) 長田彰文前掲『セオドア・ルーズベルトと韓国』一六頁。

(75)『統署日記』一、高宗二一年五月一三日、二二一頁、『徳案』一、一四七、同日、金允植から曾額徳、七三頁。『清案』『日案』『美案』には記録なし。

(76)『統署日記』一、高宗二一年五月一五日、二二三頁、『清案』一、四一二、同日、金允植から陳樹棠、二六一—二六二頁、『美案』一、一二〇七、金允植から福久、一五六—一五七頁。『徳案』には五月一三日付の照会に加筆されるかたちで記録されている(『徳案』一、一四七、高宗二一年五月一三日、金允植から曾額徳、七三頁)。『日案』には記録なし。

(77)『統署日記』三、高宗三一年六月二一日、三五五頁、『法案』一、五六二、同日、趙秉稷から盧飛鳧、二二八頁、『徳案』一、一四一三、趙秉稷から口麟、五五九—五六〇頁。『美案』『英案』『俄案』『義案』には記載なし。

(78) 月脚達彦「近代朝鮮の条約における『平等』と『不平等』——日朝修好条規と朝米修好通商条約を中心に」『東アジア近代史』第一三号、二〇一〇年三月。一方、朝鮮政府は「不平等」が当然な宗属関係と比べると、条約関係における国家間の「平等」が新しい概念であり、「平等性」を「不平等性」よりも相対的に重視したのであって、近代条約における「不平等性」を全く認識していなかったわけではないという指摘もある。（酒井裕美「最恵国待遇をめぐる朝鮮外交の展開過程——朝清商民水陸貿易章程成立以後を中心に」『大阪大学世界言語研究センター論集』第六号、二〇一一年九月）。

(79) 田保橋潔前掲『日清戦役外交史の研究』二四五頁、および二四五—二五〇頁。

(80) 田保橋潔前掲『日清戦役外交史の研究』二四五—二四六頁、および二四六頁。

(81) 田保橋潔前掲『日清戦役外交史の研究』二四六—二四七頁。

(82) *Foreign Relations of the United States, 1894, Appendix I*, No. 20, Washington, July 5, 1894, Mr. Ye Sung Soo to Mr. Gresham, p. 29.

(83) *Foreign Relations of The United States, 1894, Appendix I*, No. 20-1, THE PLACE, June 28, 1894, The Korean Government to Mr. Ye Sung-Soo, pp. 29–30.

(84) *Foreign Relations of The United States, 1894, Appendix I*, No. 20-2, THE PALACE, Korean Government to Mr. Ye Sung-Soo, p. 30.

(85) 田保橋潔前掲「近代朝鮮に於ける政治的改革（第一回）」五頁。

(86) *Foreign Relations of The United States, 1894, Appendix I*, No. 14, DEPARTMENT OF STATE, Washington, June 22, 1894, Mr. Uhl to Mr. Sill, p. 22. 田保橋潔前掲『日清戦役外交史の研究』二四六頁。

(87) *Foreign Relations of The United States, 1894, Appendix I*, No. 18, REGATION OF THE UNITED STATES, Seoul, Korea, June 29, 1894, Mr. Sill to Mr. Gresham, p. 25.

(88) 田保橋潔前掲『日清戦役外交史の研究』二四八頁。

(89) 高橋秀直前掲『日清戦争への道』三九八—四〇二頁。

(90) 田保橋潔前掲『日清戦役外交史の研究』二〇〇—二〇二頁

(91)『駐韓日本公使館記録』四、一八九四年六月二九日発、建野公使から陸奥外務大臣宛、電信訳文、四四〇—四四一頁。

(92)『駐韓日本公使館記録』四、一八九四年六月二九日発、建野公使から陸奥外務大臣宛、四四〇頁。

(93) 以下、韓哲昊『한국근대 주일한국공사 파견과 활동』푸른역사、二〇一〇年、一五四—一五六頁を参照した。

(94)『統署日記』三、高宗三一年五月初五日、三三一頁。

(95)『統署日記』三、高宗三一年五月初七日、三三三頁。

(96) 韓哲昊前掲『한국근대 주일한국공사 파견과 활동』一五五頁。

(97)『統署日記』三、高宗三一年五月一五日、三三九頁。

(98) 韓哲昊前掲『한국근대 주일한국공사 파견과 활동』一五五頁。

(99) 岡本隆司前掲『属国と自主のあいだ』三七二頁。

第六章

(1) 甲午改革については日本史・朝鮮史で広く研究されているが、朝鮮史研究においてもその期間・評価は一致しない。例えば、田保橋潔は期間を一八九四年六月二二日から九五年閏五月一日までとし、「日清開戦による時局の緊迫に自覚した朝鮮官僚の革新分子が、日本国政府の全面的援助を得て、戚族閔氏の事大政治を精算し、明治維新の鴻業に倣い、李氏五百年の旧体制を打破して、近代国家たる態勢を整備しようと企図した事業である」（田保橋潔「近代朝鮮に於ける政治的改革（第一回）」『朝鮮史編修会研究彙纂　第一輯　近代朝鮮史研究』朝鮮総督府、一九四四年、二頁）と評価する一方、柳永益は広義には一八九四年七月から九六年二月まで、狭義には軍国機務処の活動時期である一八九四年七月二七日〔陰暦六月二五日〕から一二月一七日〔陰暦一一月二一日〕までとし、田保橋の評価を「誇張を超えた歪曲」と批判し「甲午更張」は「朝鮮の開化派官僚が主導して日本がこれを帮助した改革、すなわち肯定的な意味で自律的な改革」（柳永益著、秋月望・広瀬貞三訳『日清戦争期の韓国改革運動――甲午更張研究』法政大学出版局、二〇〇〇年、一頁）と評価する。他方、王賢鍾は「甲午改革」の期間を一八九四年六月から九五年一二月末までとした上で、「甲午更張」という呼び名は旧来の制度と法律を再び揺り動かすという意味で、朝鮮王朝国家の枠内での改革をいうため、近代国家の制度的改革を追求したこの改革の性格を表現するには不適切な用語であるとして「甲午改革」と呼ぶ（王賢鍾『한국 근대국가의 형성과 갑오개혁』歴史批評社、二〇〇三年、一六頁）。

(2) 本章が扱う時期の上級役職者については、外政機構の上級役職者を専論するものではないものの、柳永益（前掲『日清戦争期の韓国改革運動』）や呉蓮淑（『大韓帝国期高位官僚層研究――議政府와 宮内府의 勅任官을』檀国大学校博士論文、二〇〇三年）、糟谷憲一（「甲午改革期以後の朝鮮における権力構造について」『東洋史研究』第七〇巻第一号、二〇一一年六月）の研究が挙げられる。

(3) 兪吉濬については柳永益前掲『日清戦争期の韓国改革運動』第三章、月脚達彦『朝鮮開化思想とナショナリズム――近代朝鮮の形成』東京大学出版会、二〇〇九年、第一部、伊藤俊介「兪吉濬」趙景達他編『講座東アジアの知識人　第一巻　文明と伝統社会　一九世紀中葉～日清戦争』有志舎、二〇一三年を参照した。

(4) 兪吉濬全書編纂委員会編『兪吉濬全書』I、一潮閣、一九七一年、刊行辞。

(5) 柳永益前掲『日清戦争期の韓国改革運動』七九―八一頁。

(6) 『統署日記』三、高宗三一年六月一二日、三四六頁。

(7) 柳永益に従えば、兪吉濬はアメリカからの帰国後には朝鮮に圧力をかける袁世凱に対抗し、日清開戦前夜には大鳥公使に対抗する任務を担ったということになる（柳永益前掲『日清戦争期の韓国改革運動』一四四頁）。ただし、閔泳駿は約一カ月後の六月二二日には全羅道霊光郡荏子島に流配されている（田保橋潔『近代日鮮関係の研究』下巻、朝鮮総督府中枢院、一九四〇年、四四六頁）。
（8）杉村濬『明治廿七八年在韓苦心録』勇喜社、一九三二年、二八頁。
（9）杉村濬前掲『明治廿七八年在韓苦心録』二七頁。
（10）『日案』二、二八八〇、高宗三一年五月二五日、大鳥圭介から趙秉稷、六五一―六五二頁。
（11）『日案』二、二八九三、高宗三一年五月二七日、趙秉稷から大鳥圭介、六五六―六五七頁。
（12）杉村濬前掲『明治廿七八年在韓苦心録』二八頁、『日本外交文書』第二七巻第一冊、明治二七年六月三〇日、大鳥公使より陸奥外務大臣、五八四頁。
（13）田保橋潔は「今次事変の突発直前まで朝鮮は中国の属邦たることを公然明示して居た。それが今かような曖昧な態度を取り、袁道も之を承認せざるを得なかったところに重大な政治的意義がある」（田保橋潔前掲『近代日鮮関係の研究』下巻、三六四―三六五頁）と指摘し、月脚達彦は「万国公法体制の立場からすると全くの正論であるが、朝貢体制の側からみると朝鮮が清の『属邦』であることを否定しかねないものである」とし田保橋の上の指摘を「卓越した見解」と評価する（月脚達彦前掲『朝鮮開化思想とナショナリズム』五一頁）。ただ、本書でこれまでにみたように、清朝は朝鮮が西洋諸国と条約を締結する際に「朝鮮は中国の属邦で内治外交は自主」であると記した照会を作成し、朝鮮も清朝には「属国」としての礼を尽くす一方、日本や西洋諸国には「自主」に基づいた外交を行っていた。そのため、日本から「中国の属邦かどうか」を聞かれた朝鮮が、「中国の属邦」であることに触れなかったのは、これまでの対外関係の延長上にあるともいえる。
（14）劉바다「兪吉濬의 贈貢国 独立論에 대한 비판적 검토」『韓国史学報』第五三号、二〇一三年一一月、一三〇―一三一頁、のちに改訂稿が『一九세기 후반 조선의 국제법적 지위에 관한 연구』高麗大学校大学院韓国史学科博士論文、二〇一六年、三二三―三三五頁に所収。
（15）兪吉濬が独立自主国とした贈貢国も含まれる半主権国について『万国公法』では、代表例をロシア、オーストリア、プロイセンの三国に共同保護（Protection）を受けているポーランドのクラクフ（Cracow）と、一八一五年パリ条約で自主・自立（Independent）が承認されたがイギリスの保護（Protection）を受けているイオニア（Ionian）とし、半主権国といっても実質的な位置は自主国となることもあり植民地となることもあった（劉바다前掲「兪吉濬의 贈貢国 独立論에 대한 비판적 검토」一〇八頁）。
（16）劉바다前掲「兪吉濬의 贈貢国 独立論에 대한 비판적 검토」一二〇頁、同前掲『一九세기 후반 조선의 국제법적 지위에 관한 연구』三三五頁。
（17）兪吉濬が考える「保護」が、中国からの直接的な「保護」を望むものではなく「保護する立場」にある宗主国・清朝に対して、朝鮮の「自主」を侵してはいけないと釘をさすレトリックであったという指摘は示唆に富む（月脚達彦前掲『朝鮮開化思想とナショナリズム』四二頁)。

(18) 兪吉濬の「両截体制」については、月脚達彦前掲『朝鮮開化思想とナショナリズム』第一章参照。なお、兪吉濬の「両截体制」を最初に指摘したのは原田環「朝鮮の近代化構想――兪吉濬と朴泳孝の独立思想」『史学研究』(広島大学)一四三号、一九七九年六月である。

(19) 例えば、金容九『임오군란과 갑신정변――사대질서의 변형과 한국 외교사』図書出版원、二〇〇四年、一〇一頁、二七四頁、権赫秀「'両截体制'와 一九세기 말 조선왕조의 대중국외교――초대 天津駐箚督理通商事務 南廷哲의 활동을 중심으로」『근대한중관계사의 재조명』慧眼、二〇〇七年。

(20)「両截体制」を最初に取り上げて論じた原田環は、「朝鮮の日本及び欧米への開国の後も、清との従来の華夷的名分秩序における宗属関係が近代国際法による新たな装いの下に継続したことを、批判したもの」(原田環前掲「朝鮮の近代化構想」二〇頁)と捉え、月脚達彦は「清の朝鮮に対する独立主権侵害を批判する理論」(月脚達彦前掲『朝鮮開化思想とナショナリズム』四八頁)であると捉える。他方、趙景達は「当時強化された清国の宗主権行使が朝貢体制の枠組を超えることを警戒する謂が、その語にあることは否定できない。しかし、それは警戒以上のものではけっしてなく、ましてや対清協調論の放棄などでは全くない」(趙景達「朝鮮近代のナショナリズムと東アジア――初期開化派の『万国公法』観を中心に」『中国――社会と文化』第四号、一九八九年六月、六六頁)と捉える。

(21) 外衙門主事としての兪吉濬評価については、柳永益は「兪吉濬は外衙門主事として過激な内容の外交文書を起案することで日・朝・清の関係の破局の到来を加速させた」(柳永益前掲『日清戦争期の韓国改革運動』一四四頁)とし、月脚達彦は「兪は正論を装いながらも一貫して日本を支持していた」(月脚達彦前掲『朝鮮開化思想とナショナリズム』五三頁)と分析し、評価は一致しない。

(22) 月脚達彦前掲『朝鮮開化思想とナショナリズム』四二頁。

(23) 田保橋潔前掲「近代朝鮮に於ける政治的改革(第一回)」一六―一八頁。

(24) 田保橋潔前掲「近代朝鮮に於ける政治的改革(第一回)」四八頁。

(25) 田保橋潔前掲「近代朝鮮に於ける政治的改革(第一回)」六五―六八頁。

(26) 田保橋潔前掲「近代朝鮮に於ける政治的改革(第一回)」二一七頁。

(27) 例えば、一八九五年三月二九日に制定された「公使館領事館費用令」をみると「英露米佛」、「獨澳伊」、「日本」に分かれており、これらの条約締結国が主な外交相手国であったことが分かる(『官報』一八九五年四月一日)。

(28) 田保橋潔前掲「近代朝鮮に於ける政治的改革(第一回)」七四頁。

（29）『統署日記』三、高宗三一年一二月二七日、五〇〇頁。

（30）『外衙門日記』建陽二年三月一一日、二六〇頁。

（31）この点は、日本外交の立場から既に古結諒子が指摘している（古結諒子『日清戦争における日本外交——東アジアをめぐる国際関係の変容』名古屋大学出版会、二〇一六年）。なお、一八九四年六月二三日（陽暦七月二五日）に朝鮮政府は中国朝鮮商民水陸貿易章程等三章程の廃棄を通告する照会を唐紹儀に出しているが、これは日本政府の圧力によるところが大きい。第五章で既にみたように、この照会の後にも朝鮮政府は宗属関係に基づいて清朝への「保護」を依頼しており、宗属関係がこれをもって廃棄されたとは言い難く、下関条約によって宗属関係は公的かつ不可逆的に廃棄されたといえる。

（32）清朝の総理各国事務衙門から外務部への改編に関して「夷務や洋務ではなく、外務を冠したことは、それまでの対外関係のひとつの帰結であり、また二〇世紀中国の対外関係を見通すものともなった」という川島真の指摘は、朝鮮における外衙門から外務衙門・外部への改編と比較・検討する上で興味深い（川島真「外務の形成——外務部の成立過程」岡本隆司・川島真編『中国近代外交の胎動』東京大学出版会、二〇〇九年、一八一頁）。

第七章

（1）金容燮『韓国近代農業史研究』一潮閣、一九七五年、宋炳基「光武改革研究——그 性格을 중심으로」『史学志』一〇、一九七六年、姜万吉「大韓帝国의 性格」『創作과 批評』第一三巻第二号、一九七八年六月。

（2）愼鏞廈「論争『光武改革論』의 問題点——大韓帝国의 性格과 관련하여」『創作과 批評』第一三巻第三号、一九七八年九月。

（3）李泰鎮『고종시대의 재조명』太学社、二〇〇〇年。

（4）代表的な成果として、翰林大学校韓国学研究所企画『대한제국은 근대국가인가』푸른역사、二〇〇六年、国立古宮博物館『대한제국——잊어진 一〇〇년전의 황제국』민속원、二〇一一年などがある。

（5）徐栄姫『대한제국 정치사 연구』서울大学校出版部、二〇〇三年。

（6）例えば、王賢鐘「대한제국기 고종의 황제권 강화와 개혁 논리」『역사학보』二〇八、二〇一〇年一二月、任敏赫「대한제국기『大韓礼典』의 편찬과 황제국 의례」『역사와 현실』三四、二〇〇七年一二月、呉蓮淑『大韓帝国期 高位官僚層 研究——議政府와 宮内府의 勅任官을 중심으로』檀国大学校博士論文、二〇〇三年七月、李芳苑『한말 정치 변동과 중추원』慧眼、二〇一〇年、徐仁漢『대한제국의 군사제도』慧眼、二〇〇〇年、都冕会『한국 근대 형사재판제도사』푸른역사、二〇一四年、金允嬉「대한제국기 皇室財政 運営과 그 성격——度支部 予算外 支出과 内蔵院 재정 운영을 중심으로」『韓国史研究』九〇、一九九五年九月、金栄洙『미쩰의 시기——을미사변과 아관파천』景仁文化社、二〇一二年、朴性俊『대한제국기 공문서 연구』아모

르문디、二〇一五年。
(7) 岡本隆司『中国の誕生――東アジアの近代外交と国家形成』名古屋大学出版会、二〇一七年、第III部。
(8) 森山茂徳『近代日韓関係史研究――朝鮮植民地化と国際関係』東京大学出版会、一九八七年。
(9) 玄光浩『大韓帝国의 対外政策』新書苑、二〇〇二年。
(10)『駐日公使館記録』一二、明治三〇年九月二七日、加藤辦理公使から大隈外務大臣宛機密六一号、国史編纂委員会、一九九五年、三三一―三三五頁、韓永愚も「大韓帝国の成立は直接的に乙未事変の所産である」と指摘する(韓永愚「乙未事変、大韓帝国 성립과『明成皇后 国葬都監儀軌』」『韓国学報』一〇〇、二〇〇〇年、四頁)。
(11) 奥村周司「李朝高宗の皇帝即位について――その即位儀礼と世界観」『朝鮮史研究会論文集』第三三集、一九九五年一〇月、一四二頁、一四九頁。
(12) 金文植「高宗의 皇帝 登極儀에 나타난 상징적 함의」『조선시대사학보』三七、二〇〇六年六月、八七―八八頁。
(13) 韓永愚「大韓帝国 성립과정과『大礼儀軌』」『韓国史論』四五、二〇〇一年、二二一頁。
(14) 月脚達彦『朝鮮開化思想とナショナリズム――近代朝鮮の形成』東京大学出版会、二〇〇九年、一五五―一六七頁。
(15) 岡本隆司「韓国の独立と清朝の外交――独立と自主のあいだ」岡本隆司・川島真編『中国近代外交の胎動』東京大学出版会、二〇〇九年、一七〇頁(のちに改訂稿が岡本隆司前掲『中国の誕生』第一〇章に所収)。
(16) この他、李永玉は清朝側が朝鮮との対等条約締結や高宗の称帝に反対したことを論じている。しかし、高宗の皇帝即位および大韓帝国成立時期の両国関係を議論していないため、大韓帝国成立を清朝がどのように受け止め、それがその後の条約締結にどのような影響を与えたのかは分からない。そのため大韓帝国が成立する一八九七年一〇月から、清朝側が条約交渉に柔軟な態度をみせはじめるという一八九八年六月までの議論が必要である(李永玉「清朝와 朝鮮(大韓帝国)의 외교관계、一八九五～一九一〇」『中国学報』第五〇輯、二〇〇四年、二二三頁)。
(17) 李求鎔「大韓帝国의 成立과 列強의 反応」『江原史学』一、一九八五年。
(18) 李玟源「大韓帝国의 成立過程과 列強과의 関係」『韓国史研究』六四、一九八九年。
(19)『프랑스외무부문서 八――대한제국 I・一八九七～一八九八』国史編纂委員会、二〇〇九年、四五頁、二八六―二八七頁。
(20) 李求鎔前掲「大韓帝国의 成立과 列強의 反応」八一頁。
(21)『駐日公使館記録』一二、一月一一日午後一一時二〇分発・四三分接、釜山伊集院領事から加藤代理公使宛電報、一九一―一九二頁。
(22) 亞細亞問題研究所韓国近代史料編纂室編『外衙門日記』『旧韓国外交関係附属文書』第六巻、高麗大学校出版部、一九七四年、一八九七年二月一二・一三日、二三六頁。
(23)『外衙門日記』一八九七年二月一九日、二三九頁。なお、実際には二日前の一七日に日本公使館は既に朝鮮政府が宮中喪を行う情報を把握している（『駐日公使館記録』一二、一月一七日午後一時発、加藤代理公使から大隈外務大臣宛電報、一九五頁）。
(24)『東京朝日新聞』明治三〇年二月六日（第二回）、「外国宮中喪の慣例」。この記事では、朝鮮のみが宮中喪を発し他の交親国はそのような礼を行わなかったことについて、宮中喪は欧米各国の従来の慣例にないものであることを説明している。
(25)『駐日公使館記録』一二、一月二二日午前八時発、加藤代理公使から小村外務次官宛電報、一九六頁、『東京朝日新聞』明治三〇年二月四日（第一回）「朝鮮国王の献花」。
(26) 高麗大学校亜細亜問題研究所が編纂した『旧韓国外交関係附属文書』第六巻（『外衙門日記』）は、一八九五年閏五月一日から九九年一〇月一三日までを採録しているが、朝鮮政府の外交担当機関は一八九五年四月一日（四月二五日）に外務衙門から外部に改称された。そのため本章で扱う期間については史料の題名と実際の外政機構の名称が一致しないが、本章では史料名を用いることとする。
(27)『東京朝日新聞』明治三〇年二月三日（第一回）「朝鮮特派大使」、同二月四日（第一回）「朝鮮国王の献花」。
(28) 以下、英照皇太后の大喪の日程などについては、ドナルド・キーン著、角地幸男訳『明治天皇』下巻、新潮社、二〇〇一年、「第四八章　英照皇太后の死」二五一―二五五頁、小園優子・中島三千男「近代の皇室儀式における英照皇太后大喪の位置と国民統合」『人文研究』（神奈川大学）第一五七集、二〇〇五年一二月、七〇―八一頁を参照した。
(29) 李夏栄は「各公使不会葬」（『外衙門日記』一八九七年二月五日、二四七頁）と外部に電報を打っているが、各国公使は青山御所での御棺前祭には参列しているので、この「会葬」は京都での大葬儀を示すと思われる。また、国王は李夏栄の復命時に、各国公使が会葬しなかったことを尋ね李夏栄は出棺を見送っているので葬礼に集まったのと異なるところはないと答えている（『承政院日記』高宗三四年三月二六日亥時）。高宗は近く挙行を予定している明成皇后の葬礼を念頭に置き、英照皇太后の葬礼を参考にしようとしたのかもしれない。
(30)『外衙門日記』一八九七年二月五日、二四七頁。
(31)『東京朝日新聞』明治三〇年二月四日（第一回）「朝鮮国王の献花」、同、明治三〇年二月九日（第一回）「各国公使館の弔旗」。
(32) ドナルド・キーン前掲『明治天皇』下巻、二五四頁。
(33)『東京朝日新聞』号外、明治三〇年二月八日。
(34) ドナルド・キーン前掲『明治天皇』下巻、二五四頁。
(35)『東京朝日新聞』明治三〇年二月一三日（第一回）「朝鮮大使」、ドナルド・キーン前掲『明治天皇』下巻、二五四頁。

（36）一八九七年二月二二日に作成した海軍参謀本部に宛てた報告書で、ロシア公使は国王が宮殿に戻ることは誰もが予想していない決断であり、国王が事前に知らせてくれたり、ロシア政府の見解を調べる時間をくれたりしなかったと報告している（『러시아 국립해군성 문서Ⅱ（一八九四〜一八九九）』一八九七年二月二二日、РГАВМФ, ф. 9, оп. 1, Д31, лл121-128. 収集番号〇三〇六〇八二八、参謀本部に発送した韓国国王の還宮関連報告、国史編纂委員会、二〇〇八年、六五―七〇頁、三八四―三九一頁）。

（37）パク・ボリスも「高宗がロシア公使館から還宮した後、韓国におけるロシアの地位は継続して弱まっていった」と記述している（박 보리스 드미트리예비치著、閔庚鉉訳『러시아와 한국』東北亜歴史財団、二〇一〇年、五一六頁）。しかし、これはあくまでもロシア側史料にみられるロシア側の受け取り方であり、なおかつ一八九七年二月の時点に限ったもので、実際に一八九八年までロシアの影響力が大きかったことを否定するものではない。

（38）『日本外交文書』第三〇巻、明治三〇年三月一日、朝鮮国駐箚加藤辨理公使より大隈外務大臣宛、三六七頁。

（39）『러시아 국립해군성 문서Ⅱ（一八九四〜一八九九）』一八九七年二月二二日、六八頁、三八七―三八八頁。

（40）国王の還宮について清朝総領事の唐紹儀は、朝鮮官吏や人民の強い要求によるもので国王の本心ではないと総理各国事務衙門（以下、総理衙門）に報告している（『中日韓』第八巻、三三九三、光緒二三年二月一一日、委駐朝鮮領事唐紹儀函、四九九三頁）。一方ロシア公使は、いつも優柔不断な国王が直接還宮を決断したことは今回の急な還宮を説明する重要な要素であるとし、これは民族意識の高揚からだけでは説明できるものではなく、国王が支配階層の説得に応じたこと、外国公使館暮らしに疲れたこと、そして日本の影響があることを推測している（『러시아 국립해군성 문서Ⅱ（一八九四〜一八九九）』一八九七年二月二二日、六五―七〇頁、三八四―三九一頁）。また日本の加藤辨理公使は、還宮はもとは大臣たちが希望し、それが「紳士派」次いで「幼学派」もしくは「市民派」の運動となって、ついに「一般国民ノ還御熱」につながったと外務省に報告している（『日本外交文書』第三〇巻、明治三〇年三月一日、朝鮮国駐箚加藤辨理公使より大隈外務大臣宛、三六六頁）。

（41）糟谷憲一・並木真人・林雄介『朝鮮現代史』山川出版社、二〇一六年、六六―六九頁。

（42）例えば、一八九八年九月に閔種默が唐紹儀を訪ねて、ロシアに対して朝鮮国王の皇帝称号を阻止しないようにしてほしいと依頼したこと（『中日韓』第八巻、三四三〇、光緒二三年八月一一日、唐紹儀函、五〇三九―五〇四〇頁）や、一〇月に朴定陽がロシア人財政顧問の雇用を厳しく反対したこと（『承政院日記』高宗三四年一〇月一三日）などが指摘できる。

（43）『駐日公使館記録』一二、三月一日午後五時発、加藤辨理公使から大隈外務大臣宛電報、二〇六頁。

（44）加藤は、三月九日に大隈外務大臣に宛てた機密文書でも、昨年の今頃に比べると対日感情は好転し「大ニ我ニ有利ノ者ト相成候」とし、それを継続させるため「朝鮮ニ対シテハカメテ宏量寛假ノ度ヲ示シ」、「我ニ親近倚依ノ情ヲ涵養セシムルヲ以テ得策トセラレ候」と述べている（『駐日公使館記録』一二、明治三〇年三月九日加藤公使から大隈外務大臣宛機密第一五号、四九七頁）。

(45)『駐日公使館記録』一二、三月六日午前一一時五九分発、加藤公使から大隈外務大臣宛電報、二〇八頁。

(46)閔妃の葬礼は幾度となく延期されるが、この段階では五月二六日に挙行されるものと伝えられていた（『駐日公使館記録』一二、四月一六日午後二時一五分発、加藤辨理公使から大隈外務大臣宛電報、二一五頁）。

(47)『駐日公使館記録』一二、四月二二日午後二時接、大隈外務大臣から加藤公使宛電報、二一七頁。

(48)『駐日公使館記録』一二、五月七日午前一時五〇分発、加藤辨理公使から大隈外務大臣宛電報、二二四頁。

(49)『駐日公使館記録』一二、五月七日午後九時接、大隈外務大臣から加藤公使宛電報、二二五頁。

(50)韓永愚前掲「大韓帝国 성립과정과『大礼儀軌』」一九七―二〇四頁。

(51)『駐日公使館記録』一二、明治三〇年一〇月二五日、加藤辨理公使から大隈外務大臣宛機密第七一号、三七―三八頁、李玟源前掲「大韓帝国의 成立過程과 列強과의 関係」一二三―一三一頁。

(52)朝墺条約締結過程については、朝鮮が清朝の干渉を避けるため東京の駐日公使館が実務を担当し、自主独立国であることを国内外に闡明しようとした条約として位置づけられている（韓哲昊『한국근대 주일한국공사의 파견과 활동』푸른역사、二〇一〇年、一六四―一六八頁）。ただし、韓哲昊の解釈には、例えば、駐日公使金嘉鎮と代理公使権在衡の考え方の相違や駐日オーストリア公使の態度の変化などに対して疑問が残り、史実を改めて精査し、朝墺条約締結過程の位置づけを見直す余地がある。

(53)唐紹儀も同様の見方をしながら、ロシア公使は高宗の称帝を阻止することはせず、高宗の皇帝称帝は朝鮮の銅銭のように朝鮮国内でしか通用しないものだと冷ややかにみていた（『中日韓』第八巻、三四三九、光緒二三年一〇月初七日、駐紮朝鮮領事唐紹儀稟、五〇五〇頁）。なお、月脚達彦は「この『皇帝進号』問題は『皇后』揀選令とセットになっており、直接的には王后閔氏妃殺害事件の真相隠蔽のための日本側と朝鮮新内閣による措置である」（月脚達彦前掲『朝鮮開化思想とナショナリズム』一五六頁）と指摘している。

(54)奥村周司前掲「李朝高宗の皇帝即位について」一四九頁。

(55)『駐日公使館記録』一二、明治三〇年一〇月二五日、加藤辨理公使から大隈外務大臣宛機密第七一号、三八頁。

(56)唐紹儀の総理衙門宛報告によれば、外部大臣閔種默はフランス公使、ドイツ領事、イギリス総領事に高宗の皇帝即位についての見解を尋ねている。しかし、ドイツ・フランスの回答は朝鮮をあざけるものであり、イギリスの回答は朝鮮を侮るもので、いずれも国王を満足させるものではなかった（「徳法戯我、英欺我」『中日韓』第八巻、三四三〇、光緒二三年八月一一日、唐紹儀函、五〇三九―五〇四〇頁）。

(57)『駐日公使館記録』一二、明治三〇年一〇月一八日、加藤辨理公使から大隈外務大臣宛第六四号、一六四―一六五頁。

(58)『駐日公使館記録』一二、明治三〇年一〇月一八日、加藤辨理公使から大隈外務大臣宛第六四号、一六四―一六五頁。

(59)『駐日公使館記録』一二、明治三〇年一〇月二五日、加藤辨理公使から大隈外務大臣宛機密第七一号、三九頁。

(60)『駐日公使館記録』一二、明治三〇年一一月一〇日、西外務大臣から在清・露・英・仏・米・独公使宛訓示、一〇〇―一〇一頁。

(61)石井寛「近代日朝関係と外交儀礼――天皇と朝鮮国王の交際の検討から」『史学雑誌』第一〇八編第一号、一九九九年一月、五三頁。

(62)上述したように、大隈外務大臣は称帝について「日本語においては差支えないが、英語ではEmperorとなることから穏やかではなく承認できないだろう」という立場をとっており、「国王」から「皇帝」への変更は率先して承認しつつも、“King”から“Emperor”への変更承認は、一二月八日のロシアの高宗への“Emperor”使用まで待たなければならなかった（古結諒子『日清戦争における日本外交――東アジアをめぐる国際関係の変容』名古屋大学出版会、二〇一六年、四三頁）。

(63)『러시아 국립해군성 문서Ⅱ（一八九四～一八九九）』一八九七年四月一五日（Отправлено 3/15 Апреля), РГАВМФ, ф. 9, оп. 1, Д31, лл98～104. 収集番号〇三〇六〇九三一、ソウルから参謀本部に発送した朝鮮情勢関連報告（No. 1, 1-го Декабря 1896 года, 一八九六年一二月一日作成）、四五頁、三五九―三六〇頁。

(64)『러시아 국립해군성 문서Ⅱ（一八九四～一八九九）』一八九七年四月一五日、四七頁、三六一頁。

(65)『러시아 국립해군성 문서Ⅱ（一八九四～一八九九）』一八九七年四月一五日、四七頁、三六二頁。

(66)唐紹儀はロシア側が、大韓帝国政府が「近倭遠俄」策をとりロシアの権利を失うことを恐れて高宗の皇帝称帝に強く反対しなかったという見方をしている（『中日韓』第八巻、三四三九、光緒二三年一〇月初七日、駐紮朝鮮領事唐紹儀稟、五〇五〇頁）。

(67)『承政院日記』高宗三四年九月初八日亥時。

(68)金文植前掲「高宗의 皇帝 登極儀에 나타난 상징적 함의」八八頁。

(69)奥村周司前掲『李朝高宗の皇帝即位について』一五一頁。圜丘壇建築の場所は南署会賢坊小公洞契の亥坐巳向に決まったが（『承政院日記』高宗三四年九月初六日）、この場所がもつ意味については、清朝の使臣の宿泊施設であった南別宮があった場所であることから清朝との断絶と独立国の宣布を強調する見方（李泰鎮前掲『고종시대의 재조명』三七二―三七三頁）、都城内に置かれたことに注目し既存の慣例からみると相当に破格であるとの見方（李煜「대한제국기 환구제（圜丘祭）에 관한 연구」『종교연구』三〇、二〇〇三年三月、一九三頁）がある。また、圜丘壇の施工は皇帝登極に合わせ儀礼に必要な圜壇部分から始められ、一八九九年に皇穹宇、一九〇〇年に皇穹宇東西別棟と御製室などの付属施設が建設されて全体の基本構図が完成し、周辺整理と皇幕工事まで終わるのは一九〇三年であった（康炳喜「조선의 하늘제사［祭天］건축――대한제국기 원구단（圜丘壇）을 중심으로」李成美他『조선왕실의 미술문화』대원사、二〇〇五年、四一一―四一二頁）ことも重要である。

(70)館学儒生進士李秀丙等の上疏『承政院日記』高宗三四年九月初五日。同様の内容の上疏は、慶尚道幼学郭善坤等の上疏（『承政

院日記』高宗三四年九月初八日）でもみられる。
(71) 立廛市民前知事丁載昇等の上疏『承政院日記』高宗三四年九月初八日。
(72) 六品片相薫の上疏『承政院日記』高宗三四年九月一五日。
(73) 「我邦開國五百年、聖神相継、重熙累洽、禮樂典章衣冠制度損益乎漢唐宋帝、一以明代為準、則郁文醇禮之直接一統、惟我邦是耳」『承政院日記』高宗三四年九月初六日。
(74) 奥村周司前掲『李朝高宗の皇帝即位について』一六一—一六三頁。
(75) 例えば、『承政院日記』高宗三四年九月初八日の庭請や同日の前承旨金善柱等の上疏が挙げられる。
(76) 李煜前掲「대한제국기 환구제（圜丘祭）에 관한 연구」一八七頁。
(77) 月脚達彦前掲『朝鮮開化思想とナショナリズム』一五九—一六〇頁。
(78) 鄭玉子『조선후기 조선중화사상연구』一志社、一九九八年、六九頁。
(79) 桂勝範『정지된 시간——조선의 대보단과 근대의 문턱』西江大学校出版部、二〇一一年、二〇一—二一八頁。
(80) 鄭玉子前掲『조선후기 조선중화사상연구』九八頁。
(81) 例えば、岡本隆司前掲「韓国の独立と清朝の外交」一六一—一八〇頁。
(82) 岡本隆司『世界のなかの日清韓関係史——交隣と属国、自主と独立』講談社選書メチエ、二〇〇八年、一一六頁。
(83) 田保橋潔『近代日鮮関係の研究』下巻、朝鮮総督府中枢院、一九四〇年、四二一頁。
(84) 権錫奉「清日戦争 이후의 韓清関係 研究（一八九四～一八九八）」『清日戦争을 前後한 韓国과 列強』（研究論叢八四-七）、韓国精神文化研究院、一九八四年三月、一八八頁。
(85) 権錫奉前掲「清日戦争 이후의 韓清関係 研究（一八九四～一八九八）」一九二頁、二〇五頁。
(86) 李銀子「‘訴訟’ 안건을 통해 본 청일전쟁 이후（一八九五～一八九九） 韓中関係연구」『中国近現代史研究』第三八輯、二〇〇八年六月、三〇頁。
(87) 権錫奉前掲「清日戦争 이후의 韓清関係 研究（一八九四～一八九八）」一九九頁。
(88) 権錫奉前掲「清日戦争 이후의 韓清関係 研究（一八九四～一八九八）」一九九頁。
(89) 権錫奉前掲「清日戦争 이후의 韓清関係 研究（一八九四～一八九八）」二〇二—二〇八頁。
(90) 権錫奉前掲「清日戦争 이후의 韓清関係 研究（一八九四～一八九八）」二〇八—二一七頁、岡本隆司前掲「韓国の独立と清朝の外交」一七〇頁。
(91) 岡本隆司前掲「韓国の独立と清朝の外交」一六一—一八〇頁。

(92) 管見の限り二点が確認できるのみである（『外衙門日記』一八九六年一二月二日「清署来緘」、同三日「清署来緘」）。

(93)『外衙門日記』一八九六年一二月三日。李永玉は唐紹儀が朝鮮政府に宛てた公的な就任報告は確認できないとしているが（前掲「清朝와 朝鮮（大韓帝国）의 외교관계、一八九五～一九一〇」二二二頁）、『外衙門日記』には「清署来緘」として「駐紮朝鮮総領事」の就任報告の記録があり、『中日韓』には「照会底稿」がある（『中日韓』第八巻、三三五八、光緒二三年一〇月一四日、収委辦朝鮮商務総董唐紹儀擬照会底稿、四九六五頁）。

(94)『外衙門日記』一八九七年八月一五日。

(95)『外衙門日記』一八九七年一〇月一四日。

(96)『外衙門日記』一八九七年一〇月一六日。

(97) 例えば『統署日記』三、高宗三一年一〇月二二日。

(98)『統署日記』三、高宗三一年一一月初五日、四六〇頁。朝鮮における領事裁判に関しては青山治世『近代中国の在外領事とアジア』名古屋大学出版会、二〇一四年、第七章に詳しい。

(99) 権錫奉前掲「清日戦争 이후의 韓清関係 研究（一八九四～一八九八）」一九六頁、李銀子前掲「〝訴訟〟 안건을 통해 본 청일전쟁 이후（一八九五～一八九九） 韓中関係연구」二九―三一頁。

(100)「照覆英館」『統署日記』三、高宗三一年一一月一六日、四七二頁。なお、「英案」にはこの照覆は記載されていない。

(101)『統署日記』三、高宗三一年一一月二六日、四八一頁。

(102) この後一二月二〇日（陰暦一一月二四日）に、イギリス総領事は華商を保護する責を任されていると、朝英修好通商条約第三款第八項に従って「聴審」（原告側の国が官員を派遣して裁判に立ち会うこと、青山治世前掲『近代中国の在外領事とアジア』二二八頁）を求めた。しかし朝鮮側は、イギリス総領事は華商《（ママ）》の保護の責があるといっても華官《（ママ）》ではないとし、また華商の裁判を公平に行うことは朝鮮の「自有之権」であり、朝鮮の国体を傷つける（「虧損我国之体」）のでイギリス総領事は干渉しなくてよいと回答してこれを受け入れなかった（『統署日記』三、高宗三一年一一月二四日、四八〇頁、一二月二六日、四九九頁）。

(103) 唐紹儀は、「建陽」は「倭党」に迫られて定めた年号であるため国制を損ないかねないので「光武」に改めたこと、さらに朝鮮政府は国号を「大華」に改めようとしていると総理衙門に報告している（『中日韓』第八巻、三四三〇、光緒二三年八月一一日、唐紹儀函、五〇三七頁、李求鎔前掲「大韓帝国의 成立과 列強의 反応」八七頁）。

(104)「大韓」という国号を定めた高宗三四年九月六日の『承政院日記』をみると、高宗が「三韓」の歴史を引用し、また各国が「朝鮮」を「韓」と表記することがあることなどを挙げて「大韓」という国号を提案している。ここでは、「大華」をはじめ他の国号の候補は挙がっていない。

(105)『中日韓』第八巻、三四二九、光緒二三年八月一一日、唐紹儀函、五〇三四頁。

(106) 月脚達彦前掲『朝鮮開化思想とナショナリズム』一四九頁。「大君主」「皇帝」の称号については黛秋津・望月直人・岡本隆司「東西の君主号と秩序観念」岡本隆司編『宗主権の世界史――東西アジアの近代と翻訳概念』名古屋大学出版会、二〇一四年を参照。なお、管見の限り、朝鮮が清朝に対して「大君主」を用いたのはこれが初めてである。

(107) 石井寛前掲「近代日朝関係と外交儀礼」五二―五三頁。

(108)『中日韓』第八巻、三四三〇、光緒二三年八月一一日、唐紹儀函、五〇三九―五〇四〇頁。

附　章

(1) 李光麟「解題」『朴定陽全集』第一冊、亜細亜文化社、二〇〇五年、五頁。

(2) 朴定陽について論じるためには、先行研究が十分に扱っていないところ、大韓帝国の運営や独立協会への参加の程度、さらには日露戦争における態度などを明らかにしなければならない。しかし本章では、本書が扱う一八八二年から九七年までに焦点を当てるため、これらの点に立ち入ることがかなわない。大韓帝国期以後の朴定陽については稿を改めて論じることとしたい。

(3) 尹在豊「暗行御史制度에 관한 事例研究――暗行御史 朴定陽의 書啓・別単의 分析」『한국행정학회 학술대회 발표논문집』二〇〇六年一二月、八九―九〇頁。

(4) 韓哲昊『親美開化派研究』国学資料院、一九九八年、八三頁。

(5) 延甲洙『고종대 정치변동 연구』一志社、二〇〇八年、七三頁。

(6) 尹在豊前掲「暗行御史制度에 관한 事例研究」九二頁。

(7) 尹在豊前掲「暗行御史制度에 관한 事例研究」一〇九頁。

(8) 尹在豊前掲「暗行御史制度에 관한 事例研究」一〇三頁。

(9) 田保橋潔『近代日鮮関係の研究』上巻、朝鮮総督府中枢院、一九四〇年、三三一頁。

(10) 田保橋潔前掲『近代日鮮関係の研究』上巻、第七章第一九参照。

(11) 延甲洙前掲『고종대 정치변동 연구』七五頁。

(12) 鄭玉子「紳士遊覧団考」『역사학보』二七、一九六五年四月、一二一―一二三頁。

(13) 鄭玉子前掲「紳士遊覧団考」一一四―一一五頁。

(14) 許東賢「一八八一년 朝士視察団의 明治 日本政治制度 理解――朴定陽의 内務省『視察記』와『見聞事件』類 등을 중심으로」『韓国史研究』一九九四年九月。

(15)「東萊暗行御史復命時筵説」辛巳八月三〇日『朴定陽全集』第四冊、三三三頁。
(16)「東萊暗行御史復命時筵説」辛巳八月三〇日『朴定陽全集』第四冊、三三一頁。しかし、駐米全権大臣赴任後の復命時には「日本人往来於各国、凡属政治法律棄短取長多有倣行、而較諸臣辛巳遊覧時、多有改規処矣」(「美国全権大臣回還後入侍筵説已丑七月二十四日」『朴定陽全集』第四冊、三五〇頁)と日本に対する評価が改善していることは、彼の思想の変化のみならず、朝鮮の対外体制の変遷を検討する上で見逃せない変化である。
(17)延甲洙前掲『고종대 정치변동 연구』八九—九〇頁。
(18)「従官日記」一八八一年一一月二一日『朴定陽全集』第二冊、四二〇頁、李光麟「統理機務衙門의 組織과 機能」『開化派와 開化思想研究』一潮閣、一九八九年、一一頁。
(19)「従官日記」一八八七年五月初三日『朴定陽全集』第二冊、六〇四頁。
(20)内務府については、韓哲昊『한국근대 개화파와 통치기구 연구』先人、二〇〇九年。
(21)韓哲昊「初代駐米全権公使 朴定陽의 美国観——《美俗拾遺》(一八八八)를 중심으로」『韓国学報』六六、一九九二年。
(22)金源模「朴定陽의 対美自主外交와 常駐公使館 開設」『藍史鄭在覚博士 古稀記念 東洋学論叢』一八九四年二月、三六八—三七三頁、韓哲昊前掲「初代駐米全権公使 朴定陽의 美国観」五七頁、岡本隆司『属国と自主のあいだ——近代清韓関係と東アジアの命運』名古屋大学出版会、二〇〇四年、一七五頁。
(23)宋炳基「소위『三端』에 대하여——근대韓清関係史의 한 연구」『史学志』第六輯、一九七二年一一月、金源模前掲「朴定陽의 対美自主外交와 常駐公使館 開設」、岡本隆司前掲『属国と自主のあいだ』第六章、文一平著、李光麟校注『韓美五十年史』探求堂、二〇一六年、第九章参照。
(24)宋炳基前掲「소위『三端』에 대하여」一一六頁、金源模前掲「朴定陽의 対美自主外交 와 常駐公使館 開設」三八九頁。
(25)岡本隆司前掲『属国と自主のあいだ』一九二頁。
(26)「毎於論事之際、勿生圭稜、期臻妥協」「従官日記」丁亥九月二七日『朴定陽全集』第二冊、六二一頁、『美案』一、四六一、高宗二四年八月七日、大朝鮮君主から駐美全権朴定陽宛、三一八頁。
(27)「従官日記」一八八七年一一月二八日『朴定陽全集』第二冊、六四一頁。張蔭桓が李鴻章に送った電報には朴定陽が「只允唧帖呈文株筆照会三事、另約三端、抛称、知有来電、惟政府須与袁妥議、未奉明文云」と答えたことが記され、そのことが袁世凱を通して外衙門に伝えられている(『統署日記』一、高宗二四年一二月初二日、六一〇頁)。
(28)「従官日記」一八八七年一一月二九日『朴定陽全集』第二冊、六四二頁。なお、朴定陽が駐米清公館に返した手紙の内容は「従官日記」には記載がなく、張蔭桓から李鴻章に宛てた電報を通して知ることができる(『統署日記』一、高宗二四年一二月初三日

〔到着は初二日夜〕六一一頁）。
（29）岡本隆司前掲『属国と自主のあいだ』一九五頁。
（30）実際、その後に張蔭桓から国書進呈のことや公使館員の人名を記した「呈文」を求められた際には、「朝鮮公使雖不与中国公使平行相対、窃不可以属員待之也」（「与閔判書」三月初二日『朴定陽全集』第四冊、五五五頁）と不満を漏らしつつも従っている（「従官日記」一八八七年一二月二一日『朴定陽全集』第二冊、六五一頁）。
（31）「奉命遠来国書進呈、是使臣之職、而若妨碍、而難処之端、是我全国之見侮也」「上領相沈公」丁亥一二月初二日『朴定陽全集』第四冊、四五七頁。
（32）とりわけ新聞での朝鮮の取り上げられ方に注意を払っていた（「美行日記」一八八八年二月初六日『朴定陽全集』第六冊、三六七―三六八頁、同六月三〇日、四二三頁）。また、帰国前の駐日公使館滞在中、六〇日を過ぎた頃に、長く滞在することは嘲笑され国家の恥だとして帰国要請の電報を送っている（「美行日記」一八八九年一月一八日『朴定陽全集』第六冊、五〇八頁、「従官日記」同日『朴定陽全集』第三冊、七頁）。「美行日記」には、自分が日本に滞在しているのは「三端」のためであることは誰もが知っていることで、新聞の論説に外国人が侮り、罵ることが日に日にひどくなるのでとても恥ずかしく、また朝鮮が悪くいわれることを憂うので電報を打ったとも記している。
（33）「美行日記」一八八八年一〇月初七日『朴定陽全集』第六冊、四六四頁。同日の「従官日記」は外国人のアレンを署理公使とすることは難しいとのみ記されている（『朴定陽全集』第二冊、七〇六頁）。
（34）清朝とのやりとりを通して朝鮮政府が抱えた苦悩については岡本隆司が既に詳述している（岡本隆司前掲『属国と自主のあいだ』第六章）。
（35）文一平前掲『韓美五十年史』二三一―二三九頁、李民植「朴定陽의 在美活動에 관한 研究――文化見聞을 중심으로」『韓国思想과 文化』創刊号、一九九八年、韓哲昊前掲「初代駐米全権公使 朴定陽의 美国観」、朴定陽著、韓哲昊訳『美行日記』푸른역사、二〇一五年。
（36）「出使日記」については、岡本隆司・箱田恵子・青山治世『出使日記の時代――清末の中国と外交』名古屋大学出版会、二〇一四年および拙稿「書評　岡本隆司・箱田恵子・青山治世『出使日記の時代――清末の中国と外交』」『歴史学研究』九四五号、二〇一六年六月。
（37）宋炳基前掲「소위『三端』에 대하여」一一一頁。
（38）『中日韓』第五巻、一四一一、光緒一五年三月初八日、北洋大臣李鴻章文、二五六七頁、宋炳基前掲「소위『三端』에 대하여」一一一頁。

(39)「査朴定陽授官一事、不過循例而授、並別有意見」『中日韓』第五巻、一四九五、光緒一六年正月二一日、北洋大臣李鴻章文、二七一四頁、宋炳基前掲「소위『三端』에 대하여」一一三頁。
(40)「従官日記」一八九〇年七月一五日・二三日『朴定陽全集』第三冊、四〇―四一頁。
(41)「清案」二、一四〇六、高宗二八年九月一九日、清代理交渉通商事宜唐紹儀から督辦交渉通商事務閔種黙宛、六九頁、同一四〇七、高宗二八年九月二四日、督辦交渉通商事務閔種黙から清代理交渉通商事宜唐紹儀宛、六九頁。
(42)「清案」二、一四〇二、高宗二八年一〇月二一日、清代理交渉通商事宜唐紹儀から督辦交渉通商事務閔種黙宛、七二頁、『中日韓』第五巻、一六四二、光緒一七年一二月初一〇日、北洋大臣李鴻章文、二九三〇頁。
(43)糟谷憲一「甲午改革期以後の朝鮮における権力構造について」『東洋史研究』第七〇巻第一号、二〇一一年六月、一〇六―一一〇頁。
(44)糟谷憲一「閔氏政権上層部の構成に関する考察」『朝鮮史研究会論文集』第二七集、一九九〇年三月、九六頁。
(45)田保橋潔前掲『近代日鮮関係の研究』下巻、三七五―三八八頁。
(46)柳永益著、秋月望・広瀬貞三訳『日清戦争期の韓国改革運動――甲午更張研究』法政大学出版局、二〇〇〇年、一〇六頁。
(47)韓哲昊前掲『親美開化派研究』五五頁。
(48)『駐韓日本公使館記録』五、明治二七年九月二一日、大鳥圭介から陸奥宗光宛、別紙、国史編纂委員会、一九九〇年、三〇九頁。
(49)柳永益前掲『日清戦争期の韓国改革運動』三六頁。
(50)貞洞派とは、漢城の貞洞駐在の各国外交官および宣教師の後援を受けて、政界での勢力拡張を試みた親米開化派中心の政治勢力を指す。後に反日ないし親米・親露政策を標榜した政治集団で、貞洞にあるロシア公使ヴェーベルの妻の妹であるソンタク(Antoinette Sontag、一八五四～一九二五)所有のいわゆる「孫沢ホテル」を根拠地にしていたため、貞洞クラブなどとも呼ばれた(韓哲昊前掲『親美開化派研究』七三―七八頁)。
(51)「朝鮮時事　韓廷の一奇現象」『東京朝日新聞』明治二八年六月二九日。韓哲昊はこの資料を韓哲昊前掲『親美開化派研究』八二頁註二四で引用している。
(52)『官報』一八九五年四月二一日。
(53)韓哲昊前掲『親美開化派研究』九五―九七頁。
(54)F・H・해링튼著、李光麟訳『開化期의 韓美関係――알렌博士의 活動을 中心으로』一潮閣、一九七三年、一六二頁。
(55)「朝鮮時事　韓廷の一変象」『東京朝日新聞』明治二八年六月一一日。韓哲昊もこの記事を引用しているが解釈は付していない(韓哲昊前掲『親美開化派研究』九七頁註六六)。

(56) 李光麟「解題」『朴定陽全集』一、一八頁。
(57)『官報』一八九五年五月一二日、五月一〇日付詔勅。「従官日記」には、五月一三日には朝鮮の「我国自主独立宴」である園遊会が開かれたことも記されている。
(58) 森山茂徳『近代日韓関係史研究――朝鮮植民地化と国際関係』東京大学出版会、一九八七年、四九頁。
(59)『官報』一八九五年五月三〇日、閏五月二七日。
(60)『官報』一八九五年五月二七日号外。
(61)『官報』一八九五年五月二八日。
(62)『官報』一八九五年閏五月二三日、李煜「대한제국기 한구제（圜丘祭）에 관한 연구」『중교연구』三〇、二〇〇三年三月、一八七頁。
(63) 李煜前掲「대한제국기 한구제（圜丘祭）에 관한 연구」一八九頁。
(64)「従官日記」一八九五年八月一七日、九月初九日、一一月初六日『朴定陽全集』第三冊、二一七頁、二一九―二二一頁、二二五頁。
(65) 李煜前掲「대한제국기 한구제（圜丘祭）에 관한 연구」一九〇頁。
(66)「従官日記」一八九五年八月二〇日『朴定陽全集』第三冊、二一八頁。
(67)「従官日記」一八九五年八月二二日『朴定陽全集』第三冊、二一九頁。
(68)『官報』一八九五年八月二二日号外、八月二二日付詔勅。
(69) 李芳苑『한말 정치변동과 중추원』慧眼、二〇一〇年、第二章。
(70)『官報』一八九六年二月一一日号外。
(71)『官報』一八九六年二月一二日号外。
(72)『官報』一八九六年四月七日。
(73)『官報』一八九六年四月二三日。
(74) 韓哲昊前掲『親美開化派研究』一五三―一五四頁。
(75)『官報』一八九六年八月六日。
(76)『官報』一八九六年八月一〇日。監理の一時廃止と復設については閔会修「갑오개혁기 개항장 監理署 일시 폐지의 배경」『한국근현대사연구』七五、二〇一五年一二月。
(77)『官報』一八九六年八月一二日。

(78)『官報』一八九六年八月一八日。
(79)『官報』一八九六年八月二〇日、二八日。
(80)「従官日記」一八九六年五月初三日、六月初一日『朴定陽全集』第三冊、二五二頁、二五五―二五六頁。
(81)韓哲昊前掲『親美開化派研究』一五四頁。
(82)「従官日記」一八九六年五月初一日『朴定陽全集』第三冊、二五一―二五二頁。
(83)例えば、愼鏞廈は朴定陽を第一期独立協会の幹部のうち「委員」の一人に入れて「主要主導会員」とみなしている(愼鏞廈『新版 독립협회 연구』(상)、一潮閣、二〇〇六年、一二二頁、一三五頁)。一方韓哲昊は、朴定陽は公式的には関与せず自身の参謀である李商在を通して間接的に関与したとする(韓哲昊前掲『親美開化派研究』一八六頁)。『朴定陽全集』の解題で李光麟は「もちろん、朴定陽は独立協会の会員ではなかった。しかし協会に対して若干の好意をもっていたために協会が解散させられると、関泳煥、韓圭卨などとともに解職された」(『朴定陽全集』第一冊、解題、一五頁)と、「もちろん、会員ではなかった」が「若干の好意をもっていた」と表現している。
(84)月脚達彦『朝鮮開化思想とナショナリズム――近代朝鮮の形成』東京大学出版会、二〇〇九年、一七七頁、韓哲昊前掲『親美開化派研究』一九一頁。
(85)韓哲昊前掲『親美開化派研究』一八五頁。
(86)月脚達彦前掲『朝鮮開化思想とナショナリズム』一七四―一七五頁。
(87)『官報』一八九六年九月二五日号外、一一月二四日号外。
(88)総裁大員に金炳始・鄭範朝・趙炳世、副総裁大員に朴定陽・金永寿・尹容善・李完用、委員にリゼンドル・ブラウン・グレートハウス・徐載弼がそれぞれ任命された(「従官日記」一八九七年二月二三日『朴定陽全集』第三冊、二九四頁)。
(89)「従官日記」一八九七年三月二九日、四月一九日、二〇日『朴定陽全集』第三冊、二九八頁、三〇〇頁。
(90)「従官日記」一八九七年三月一一日『朴定陽全集』第三冊、二九六頁。
(91)例えば、「従官日記」一八九七年二月二九日、三月一一日、一四日『朴定陽全集』第三冊、二九五―二九七頁。
(92)「従官日記」一八九七年六月二一日、七月初四日、一六日『朴定陽全集』第三冊、三〇三―三〇五頁。朴定陽は朝鮮が陽暦を採用した一八九六年一月一日以降も陰暦で「従官日記」をつけている。なお、朴定陽が受け取ったという「委員選定の書帖」には委員に朴定陽の名前がある(愼鏞廈前掲『新版 독립협회 연구』(상)、一二二頁)。
(93)「従官日記」一八九七年九月初四日~初八日『朴定陽全集』第三冊、三一〇―三一一頁。
(94)「従官日記」一八九七年九月初一〇日、一〇月一三日『朴定陽全集』第三冊、三一二頁、三一九頁。

(95)『承政院日記』高宗三四年一〇月一三日。
(96) 韓哲昊前掲『親美開化派研究』二三二頁。
(97)『英案』一、一二八五、一八九七年一〇月二七日、朱邇典から閔種黙、六六八―六六九頁、박 보리스 드미트리예비치著、閔庚鉉訳『러시아와 한국』東北亞歴史財団、二〇一〇年、五四六―五五〇頁。
(98)「従官日記」一八九七年一〇月一七日『朴定陽全集』第三冊、三一九―三二〇頁。
(99) 糟谷憲一・並木真人・林雄介『朝鮮現代史』山川出版社、二〇一六年、六七―六九頁。
(100) 愼鏞廈前掲『新版　독립협회 연구』(상)、四三一―四六一頁。背景には独立協会内部の急進派の動きがあったとされる（月脚達彦前掲『朝鮮開化思想とナショナリズム』一九六頁）。
(101) 愼鏞夏前掲『新版　독립협회 연구』(상)、四六一頁、糟谷憲一・並木真人・林雄介前掲『朝鮮現代史』六九頁。なお、独立協会解散の経緯については月脚達彦前掲『朝鮮開化思想とナショナリズム』一九六―二〇五頁に詳しい。
(102) 李泰鎮『고종시대의 재조명』太学社、二〇〇〇年、九一頁。

あとがき

二〇一六年一一月、大韓民国・ソウルの広場で朴槿恵大統領の退陣を求める大規模なデモが行われ、その結果、韓国現代史上初めて、朴槿恵大統領は任期を全うしないままに罷免された。コンサート会場さながらのパフォーマンスも行われたそのデモに、中高生を含む多くの若者が参加したことは日本のマスメディアでも大きく報道された。韓国・朝鮮を専門とする筆者のもとには、当時、「韓国の人ってどうしてあんなに政治に熱狂的になるの?」といった類の質問がよく寄せられた。

筆者はソウル留学中、韓国の国民が政治とともにあることをしばしば実感させられた。韓国語学校の先生は、光州で民主化を求める学生運動が起こった時、中学校からの帰り道で戒厳軍に銃を突き付けられた経験を話してくれた。その時、中学生であることを証明する学生証をもっていなかったら、自分は今ここにいないだろうといっていた。別の韓国語の先生は、幼い頃は北朝鮮には本当に「鬼」が住んでいるんだと思っていたとも話してくれた。韓国の新学期は三月に始まるが、筆者が韓国の大学院に入学した三月一日は、日本の植民地支配に抵抗する「三・一独立運動」を記念する祝日であった。また、単位互換制度を利用して受講した高麗大学校では、四月一八日の授業が休講になるという話も聞いた。「四・一九革命」といわれる李承晩大統領の退陣を求める学生デモの先陣を切ったのが高麗大学校の学生で、その記念のためである。さらに、新学期が始まって少し経った頃には「予備軍」に行く男子学生のために休講があった。韓国の男性に徴兵制があるのは当然知っていたが、除隊後にも一定期間、定期的に予備軍として招集され、軍服を着て銃を使う訓練をすることは知らなかった。徴兵制や予備軍の存在は、朝鮮戦争が未だに「休戦」状態であることを表している。

一方で、韓国でトップスリーといわれる大学は、その頭文字をとって「ＳＫＹ」(Seoul National University ソウル大学校・Korea University 高麗大学校・Yonsei University 延世大学校）と呼ばれるが、「ＳＫＹ」の友人は皆、大学入学までは遊ぶ暇などなかったと口を揃える。朝早くから夜遅くまで勉強漬けで、学習塾のバスが自宅まで送迎してくれる日々だったという。放課後に部活動に励む日本の中高生が羨ましいという話も聞いた。そんな事情を友人から聞いていたので、朴槿恵前大統領の「お友達」の子供が名門の梨花女子大学校に不正入学をしたニュースをみて、韓国の中高生が感じた不条理は想像に難くなく、先のデモに多くの中高生が参加したというニュースにも納得した。韓国の政治は韓国の国民が動かしている。そしてその背景にはこれまでの歴史とそれを成す論理がある。今日、日本との間で外交問題にまで発展する歴史認識問題についても同じことがいえる。

韓国と日本は違う。二年半の留学を終え、一番強く感じたのはそんなことだった。同じアジアの国の中でも、とりわけ言葉や食べ物、生活習慣が似ている日本と韓国は、互いの共通点に目が向きがちである。もちろん、そうした共通点を媒介にして関係を構築してきた面も多い。しかし、韓国には韓国の政治や歴史があり、それを形成した理念や論理がある。当然ながら北朝鮮にも独自の論理がある。現在、朝鮮半島は分断され、韓国と北朝鮮という二つの国家を形成し、分断体制の固定化には冷戦にともなうアメリカとソ連のイデオロギー対立が反映された。そうした国際政治の動きが、韓国と北朝鮮の国家形成に影響を及ぼしてきたことはいうまでもない。では、分断される前、一つの国であった朝鮮あるいは大韓帝国の時代はどうだったのだろうか。一つであった朝鮮の政治や外交を動かしていた理念や論理は一体どんなものだったのだろうか。本書はそんな問いを背景にしている。

本書は一九世紀末の朝鮮の外交を論じるものであるが、筆者の元々の関心は朝鮮半島をめぐる国際関係にあり、本書が東アジア国際関係を形成する一つの要素として朝鮮近代外交をみようとするのは、そういった問題関心ゆえである。しかし、このような関心をもった筆者が大学に入学した当時、第二外国語として韓国語が学べる大学は数える程しかなく、その上で韓国・北朝鮮を研究する専任教員がいる大学はもっと少なかった。進学した津田塾大学の国際関係学科は、そんな数少ない大学の一つであった。津田塾大学での学生生活は、教育に情熱を注いでくださる先生方と、飾らない議論好きな女子と過ごす素晴らしい日々であった。指導教授の林哲先生は、激動の朝鮮現代史を生きる一人であり、その先生から朝鮮半島をめぐる国際関係を直接学べたことが、今日の筆者の研究の土台をつくっている。

修士課程から東京大学に進学することになり、卒業論文で兪吉濬を扱った縁で月脚達彦先生が指導教授となってくださった。最初のゼミで卒業論文を発表した時、「卒論の題名に国際関係とあるのに、朝鮮近代に最も影響を与えた清朝のことが全く議論されていない」と、お叱りを頂いたのが昨日のことのように思い出される。また、朝鮮史の基礎を学んだのも月脚先生からであった。「植民地史学を批判する内在的発展論が議論されたのが一九六〇年・七〇年代、それへの批判が行われたのが一九八〇年・九〇年代。内在的発展論批判がなされて二〇年が経つ今、どんな朝鮮史研究がしたいのか」という一生の課題も頂いた。そんな折、岡本隆司先生の『属国と自主のあいだ』と出会った。中国近代史研究者によるこの大著に対し、朝鮮史研究者としてどんな「返答」ができるのか。そんなことを考えながら博士課程に進学した。

筆者が朝鮮史研究のなかでも外交史を扱った背景には、川島真先生の存在がある。文献講読を主とする通称「東大駒場」において、外交档案を扱う先生のゼミは、そこに集う学生共々とても刺激的な場であった。また川島先生は、当時東洋史分野で絶学といわれた外交史を研究されてきたご苦労をお話しくださったが、国際関係学を専攻してきた筆者にとっては、外交史は歴史と国際関係が交差する魅力的な分野に感じられた。その後、川島先生の手解きを受けて、台湾をはじめソウルや上海、ワシントン、ロンドンを訪れて外交文書の収集・分析に取り組みながら、博士論文を構想した。

その後、論文を準備する過程で、一九世紀末の朝鮮外交を論じる自身の研究が歴史学の範疇で扱われる現実に直面し、史学科に所属してきちんと学びたいという思いも出てきた。大韓民国政府招聘奨学金および松下幸之助記念財団松下国際スカラシップ（現在は松下幸之助国際スカラシップ）を頂き、ソウル大学校で国史学科の博士課程に入学する機会を得たことは幸運であった。留学中は韓国における韓国史研究を学びながら、勉学だけに集中できる日々であった。お陰で、本書第三章にあたる制度史研究の着想を得た。筆者を受け入れてくださった権泰檍先生をはじめ国史学科の先生方、先輩・友人たち、またソウル大学校の単位互換制度を利用してゼミに参加させてくださった高麗大学校・韓国史学科の崔徳壽先生およびゼミの皆さんには深く御礼を申し上げたい。

帰国後は東京大学に復学し、二〇一六年二月に博士論文『近代朝鮮における宗属関係と条約関係——対外政策と外政機構の検討から』を提出した。博士論文の主査は月脚達彦先生、副査は木宮正史先生、川島真先生、岡本隆司先生、糟谷憲一先生であった。審査の過程で、木宮正史先生からは現代史まで見据えた議論の展開について、糟谷憲一先生からは史実や史料読解の細部に至るご指導を頂き、本書をまとめる際に大きな助けとなった。また博士論文は、松下幸之助記念財団より松下正治記念学術賞を受賞して出版助成を頂き、大幅な加筆・増補を経て出版に至った。本書は以下の論文を下敷きにしている。

「朝鮮近代の外交実務担当者に関する基礎的研究——『統理交渉通商事務衙門続章程』制定に着目して」『アジア地域文化研究』第九号、二〇一二年

“The Outbreak of the Sino-Japanese War and the Issue of Suzerain-Vassal as Viewed from the Standpoint of Chosŏn,”

International Journal of Korean History, Vol. 17, No. 1, 2012.
「朝鮮政府の駐津大員の派遣（一八八三―一八八六）」『史学雑誌』第一二二編第二号、二〇一三年
「朝鮮政府の駐津督理通商事務の派遣（一八八六―一八九四）」『朝鮮学報』第二三一編、二〇一四年
「大韓帝国の成立過程――一八九七年成立の背景」『東洋学報』第九九巻第二号、二〇一七年

博士論文の提出と前後して、日本学術振興会特別研究員（ＰＤ）となった筆者を受け入れてくださったのは、『属国と自主のあいだ』の著者、岡本隆司先生であった。先生は博士論文のコロキアムから審査に参加してくださり、史料の読み方から細部の表現の仕方に至るまで多岐にわたるご指導をくださった。本書をまとめる過程で、苦悩する筆者に本書が操作概念とした「二元的中華」「一元的中華」というアイデアを示唆し、議論の深化に付き合ってくださったのも先生である。

その他、すべての方々のお名前を記すことは叶わないが、授業や各種研究会で出会った多くの方々との交流・議論に支えられて本書は完成した。本書の執筆を終え、これまでお世話になった方々への感謝の気持ちでいっぱいである。なかでも月脚達彦先生には、最大限の謝意を表したい。一〇年もの間研究を続け、こうして学位を頂くまでになったのは、ひとえに先生の温かいご指導と忍耐強いお見守りのお陰である。また、研究生活に悩む筆者を親身になって助けてくださった川島真先生、研究に行き詰まった時に進むべき方向を照らしてくださる岡本隆司先生にも衷心より感謝を申し上げたい。史料の収集や解読に力を貸してくださった早丸一真氏、鄭東勲氏、平野達志氏、朴漢珉氏、望月直人氏、荻恵里子氏にも記して謝意を表したい。本書に関して厳しいコメントとアドバイスをくださった名古屋大学出版会の三木信吾氏、丁寧な校正を施してくださった長畑節子氏にも厚く御礼を申し上げたい。

最後に、研究者になろうとする娘を物心両面から支えてくれた両親には感謝の言葉しかない。この両親のもとに

生まれてきたことを幸運に思う。また、子供が生まれてからは義父母のサポートなくしては研究を続けることができなかった。御礼を申し上げたい。最後に、本書を出版するにあたり、育児休業を取得して育児を全面的に引き受け、執筆に集中できる時間をくれた夫、そして毎日満面の笑みで幸せを感じさせてくれる子供に心から感謝する。

朝鮮半島は今なお東アジア国際政治の焦点にある。本書がそんな東アジアの相互理解を深める一助となれば望外の喜びである。

二〇一七年七月三日

森　万佑子

《著者略歴》

森《もり》　万佑子《まゆこ》

1983 年　愛知県に生まれる
2008 年　東京大学大学院総合文化研究科修士課程修了
2012 年　ソウル大学校大学院人文大学博士課程修了
2015 年　東京大学大学院総合文化研究科博士課程修了
現　在　日本学術振興会特別研究員（PD），博士（学術）

朝鮮外交の近代

2017 年 8 月 10 日　初版第 1 刷発行

定価はカバーに
表示しています

著　者　森　万佑子

発行者　金　山　弥　平

発行所　一般財団法人　名古屋大学出版会

〒 464-0814　名古屋市千種区不老町 1 名古屋大学構内
電話（052）781-5027/FAX（052）781-0697

印刷・製本 ㈱太洋社　ISBN978-4-8158-0883-9
乱丁・落丁はお取替えいたします。

索　引

あ　行

か　行

さ　行

た　行

な　行

は 行

ま 行

ら　行

図表一覧

文献一覧

史　　料

【刊行史料】

『陰晴史』国史編纂委員会編『従政年表・陰晴史』探求堂，1971 年
『雲養集』韓国文集編纂委員会編『雲養先生文集』1～2，景仁文化社，1999 年
『韓英外交史関係史料集』1～4，東広出版社，1997 年
『旧韓国外交文書』第 1～第 22 巻，高麗大学校亞細亞問題研究所，1967～73 年
『旧韓国官報』第 1～第 5 巻，亞細亞文化社，1973 年
『旧韓末条約彙纂』上巻・中巻・下巻，国会図書館立法調査局，1964～65 年
『甲午中日戦争』『盛宣懐檔案資料選輯之三』上冊・下冊，上海人民出版社，1980～82 年
『19 世紀　美国外務省外交文書　韓国関連文書』1～4，서울大学校韓国教育史庫，1994 年
『承政院日記』高宗 7～14，国史編纂委員会，1968 年
『清季中日韓関係史料』第 1～第 8 巻，台北，中央研究院近代史研究所，1982～89 年
『続陰晴史』国史編纂委員会編『続陰晴史』上・下，探求堂，1971 年
『駐日公使館記録』1，4，11～12，国史編纂委員会，1986 年，1994～95 年
『朝鮮策略』建国大学校出版社，1977 年
『朝日新聞』〈復刻版〉明治編，日本図書センター，1994 年
『統署日記』1～3，『旧韓国外交関係附属文書』第 3～第 5 巻，高麗大学校亞細亞問題研究所，1972～73 年
『日省録』73～78，서울大学校奎章閣，1995～96 年
『日本外交文書』外務省編，第 27 巻第 1～第 2 冊，1953 年
『日本外交文書』外務省編，第 30 巻，1954 年
『日本外交文書　明治年間追補』外務省編，第 1 冊，1963 年
『梅泉野録』国史編纂委員会，1955 年
『備辺司謄録』27～28，国史編纂委員会，1960 年
『朴定陽全集』第 1～第 6 冊，亞細亞文化社，2005 年
『万国公法』亞細亞文化社，1981 年
『兪吉濬全書』1～5，一潮閣，1971 年
『李鴻章全集』電稿 1～3，上海人民出版社，1985～87 年
『러시아 국립해군성 문서 II（1894～1899）』国史編纂委員会，2008 年
『주한미국공사관 영사관기록』1～20，翰林大学校아시아文化研究所，2000～01 年
『프랑스외무부문서』1～8，国史編纂委員会，2002～09 年
British Documents on Foreign Affairs, Part I, Series E, Asia, 1960-1914, Ian Nish, ed., Bethesda,

MD : University Publications of America, 1989.
Foreign Relations of the United States, 1894, Appendix I.
Korean-American Relations, Volume I, George M. McCune and John A. Harrison, ed., Barkeley and Los Angeles : University of California Press, 1951.
Korean-American Relations, Volume II, Spencer J. Palmer, ed., Barkeley and Los Angeles : University of California Press, 1963.

【未刊行史料】

『乙酉正月北洋大臣衙門筆談』韓国学中央研究院蔵書閣所蔵，蔵 2-208
『霞山集』国史編纂委員会所蔵，MFA 내수 407（MF0005506）
『欽使奉命前来賜祭朝鮮国王母妃巻』台湾中央研究院近代史研究所檔案館所蔵『駐朝鮮使館保存檔案』01-41-016-08
『草記』서울大学校奎章閣韓国学研究院所蔵，奎 19487
『中韓関係議定之三端』台湾中央研究院近代史研究所檔案館所蔵『駐朝鮮使館保存檔案』01-41-016-10
『中国代朝鮮建造公館』台湾中央研究院近代史研究所檔案館所蔵『駐朝鮮使館保存檔案』01-41-014-03
『駐津督理公署章程底稿』서울大学校奎章閣韓国学研究院所蔵，奎 23546
『朝鮮駐津署所発各処電報（一）』台湾中央研究院近代史研究所檔案館所蔵『駐朝鮮使館保存檔案』01-41-034-05
『朝鮮駐津署所発各処電報（二）』台湾中央研究院近代史研究所檔案館所蔵『駐朝鮮使館保存檔案』01-41-034-06
『朝駐美使朴定陽請假返国巻』台湾中央研究院近代史研究所檔案館所蔵『駐朝鮮使館保存檔案』01-41-016-04
『朝派美使巻』台湾中央研究院近代史研究所檔案館所蔵『駐朝鮮使館保存檔案』01-41-016-03
『勅使日記』서울大学校奎章閣韓国学研究院所蔵，奎 12799—Vol. 19
『統椽日記』서울大学校奎章閣韓国学研究院所蔵，奎 17837—Vol. 1〜16
『統理交渉通商事務衙門協辦先生案』서울大学校奎章閣韓国学研究院所蔵，奎 18157
『統理交渉通商事務衙門参議先生案』서울大学校奎章閣韓国学研究院所蔵，奎 18159
『統理交渉通商事務衙門主事先生案』서울大学校奎章閣韓国学研究院所蔵，奎 18156
『統理交渉通商事務衙門章程』서울大学校奎章閣韓国学研究院所蔵，奎 20515，奎 20571
『統理交渉通商事務衙門続章程』서울大学校奎章閣韓国学研究院所蔵，奎 15323，奎 15324，奎 21783
『統理交渉通商事務衙門督辦先生案』서울大学校奎章閣韓国学研究院所蔵，奎 18158
『南李対談記』国史編纂委員会所蔵，MFA 내수 407（MF0005506）
『朴定陽違章』台湾中央研究院近代史研究所檔案館所蔵『駐朝鮮使館保存檔案』01-41-016-02
『平安道関草』（第四冊），서울大学校奎章閣韓国学研究院所蔵，奎 18072

『北洋衙門談草』韓国学中央研究院蔵書閣所蔵，蔵 2-209
『本衙門草記謄録』서울大学校奎章閣韓国学研究院所蔵，奎 20072
『礼部奏朝鮮国派使西国先行請示案』台湾中央研究院近代史研究所檔案館所蔵『駐朝鮮使館保存檔案』01-41-016-01
FO17, Great Britain, Public Record Office, Foreign Office, General Correspondence, China.
FO228, Great Britain, Public Record Office, Foreign Office, Embassy and Consular Archives, Correspondence, China.

文　献

【日本語】（五十音順）
秋月望「朝中貿易交渉の経緯——1882 年，派使駐京問題を中心に」『東洋史論集』第 13 号，1984 年 10 月
———「朝中間の三貿易章程の締結経緯」『朝鮮学報』第 115 輯，1985 年 4 月
青山治世『近代中国の在外領事とアジア』名古屋大学出版会，2014 年
石井寛「近代日朝関係と外交儀礼——天皇と朝鮮国王の交際の検討から」『史学雑誌』第 108 編第 1 号，1999 年 1 月
石川亮太「開港期漢城における朝鮮人・中国人間の商取引と紛争——「駐韓使館档案」を通じて」『年報朝鮮学』第 10 号，2007 年 3 月
石田徹『近代移行期の日朝関係——国交刷新をめぐる日朝双方の論理』渓水社，2013 年
大澤博明「朝鮮永世中立化構想と近代日本外交」『青丘学術論集』第 12 集，1998 年 3 月
———「日清天津条約（1885）の研究（1）」『熊本法学』106 号，2004 年 8 月
———「日清天津条約（1885）の研究（2）」『熊本法学』107 号，2005 年 1 月
大谷正「日清戦争」，明治維新史学会編『講座明治維新 5　立憲制と帝国への道』有志舎，2012 年
岡本隆司『属国と自主のあいだ——近代清韓関係と東アジアの命運』名古屋大学出版会，2004 年
———「『朝鮮中立化構想』の一考察——日清戦争以前の清韓関係に着眼して」『洛北史学』第 8 号，2006 年 6 月
———「『奉使朝鮮日記』の研究」『人文・社会』（京都府立大学）第 58 号，2006 年 12 月
———『世界のなかの日清韓関係史——交隣と属国，自主と独立』講談社選書メチエ，2008 年
———「大君と自主と独立——近代朝鮮をめぐる翻訳概念と国際関係」『近代日本研究』第 28 巻，2012 年 2 月
———『中国の誕生——東アジアの近代外交と国家形成』名古屋大学出版会，2017 年
岡本隆司編『宗主権の世界史——東西アジアの近代と翻訳概念』名古屋大学出版会，2014 年
岡本隆司・川島真編『中国近代外交の胎動』東京大学出版会，2009 年
岡本隆司・箱田恵子・青山治世『出使日記の時代——清末の中国と外交』名古屋大学出

版会，2014 年
奥平武彦『朝鮮開国交渉始末』刀江書院，1935 年
奥村周司「李朝高宗の皇帝即位について——その即位儀礼と世界観」『朝鮮史研究会論文集』第 33 集，1995 年 10 月
河宇鳳著，金両基監訳，小幡倫裕訳『朝鮮王朝時代の世界観と日本認識』明石書店，2008 年
糟谷憲一「甲申政変・開化派研究の課題」『朝鮮史研究会論文集』第 22 集，1985 年 3 月
———「閔氏政権上層部の構成に関する考察」『朝鮮史研究会論文集』第 27 集，1990 年 3 月
———「近代的外交体制の創出——朝鮮の場合を中心に」荒野泰典・石井正敏・村井章介編『アジアのなかの日本史』II　外交と戦争，東京大学出版会，1992 年
———「閔氏政権後半期の権力構造——政権上層部の構成に関する分析」『朝鮮文化研究』2，1995 年 3 月
———「李朝後期の権力構造の歴史的特質——門閥と党派」『一橋論叢』第 115 巻第 4 号，1996 年 4 月
———「閔氏政権前半期の権力構造——政権上層部の構成に関する分析」武田幸男編『朝鮮社会の史的展開と東アジア』山川出版社，1997 年
———「大院君政権期の地方官の構成」『東洋文化研究』第 1 号，1999 年 3 月
———「大院君政権の権力構造——政権上層部の構成に関する分析」『東洋史研究』第 49 巻第 2 号，1999 年 9 月
———「日本における朝鮮近代史研究の成果と課題」『日韓相互認識』第 3 号，2010 年 4 月
———「甲午改革期以後の朝鮮における権力構造について」『東洋史研究』第 70 巻第 1 号，2011 年 6 月
———「閔氏政権の成立と展開」『韓国朝鮮文化研究』第 14 号，2015 年 3 月
糟谷憲一・並木真人・林雄介『朝鮮現代史』山川出版社，2016 年
川島真『中国近代外交の形成』名古屋大学出版会，2004 年
河村一夫「日清戦争と陸奥外交」『軍事史学』112 号，1992 年 12 月
キーン，ドナルド著，角地幸男訳『明治天皇』上・下巻，新潮社，2001 年
北原スマ子他編『資料　新聞社説に見る朝鮮』1〜6，高麗書林，1995 年
木村幹『朝鮮／韓国ナショナリズムと「小国」意識——朝貢国から国民国家へ』ミネルヴァ書房，2000 年
———『高宗・閔妃——然らば致し方なし』ミネルヴァ書房，2007 年
姜在彦『朝鮮の開化思想』岩波書店，1980 年
姜東局『「属邦」の政治思想史——19 世紀後半における『朝鮮地位問題』をめぐる言説の系譜』東京大学博士論文，2004 年 9 月
姜万吉著，宮嶋博史訳『分断時代の歴史認識』学生社，1984 年
古結諒子『日清戦争における日本外交——東アジアをめぐる国際関係の変容』名古屋大学出版会，2016 年

小園優子・中島三千男「近代の皇室儀式における英照皇太后大喪の位置と国民統合」『人文研究』（神奈川大学）第157集，2005年12月
小林隆夫『19世紀イギリス外交と東アジア』彩流社，2012年
小林瑞乃「日清戦争開戦前夜の思想状況――金玉均暗殺事件をめぐる一考察」『青山学院女子短期大学紀要』第64輯，2010年12月
崔蘭英「近代朝鮮の外交政策の一側面――『朝貢関係』と『条約関係』」『朝鮮学報』第184輯，2002年
―――「一八八〇年代初頭における朝鮮の対清交渉――『中国朝鮮商民水陸貿易章程』の締結を中心に」『朝鮮学報』第226輯，2013年1月
酒井裕美「甲申政変以前における朝清商民水陸貿易章程の運用実態――関連諸章程と楊花津入港問題を中心に」『朝鮮史研究会論文集』第43集，2005年10月
―――「開港期の朝鮮外交主体・統理交渉通商事務衙門の対内活動――甲申政変前の外交関連政策を中心に」『一橋社会科学』第2号，2007年3月
―――「開港期朝鮮の外交主体・統理交渉通商事務衙門に関する一考察――甲申政変前における地方官庁との関係，とくに財政政策を一例として」『朝鮮学報』第204輯，2007年7月
―――『開港期朝鮮における外交体制の形成』一橋大学博士論文，2009年3月
―――「統理交渉通商事務衙門の構成員分析――甲申政変前の朝鮮における『近代』と『親清』の実態」『日韓相互認識』第3号，2010年4月
―――「開港期朝鮮の関税『自主』をめぐる一考察」『東洋学報』第91巻第4号，2010年3月
―――「最恵国待遇をめぐる朝鮮外交の展開過程――朝清商民水陸貿易章程成立以後を中心に」『大阪大学世界言語研究センター論集』第6号，2011年9月
―――「朝米修好通商条約（一八八二年）における最恵国待遇をめぐる一考察」『朝鮮学報』第229輯，2013年10月
―――『開港期朝鮮の戦略的外交――1882～1884』大阪大学出版会，2016年
佐々木揚「日清戦争前の朝鮮をめぐる露清関係――一八八六年の露清天津交渉を中心として」『佐賀大学教育学部研究論文集』第28集第1号(1)，1980年7月
―――「一八八〇年代における露朝関係――一八八五年の『第一次朝露密約』を中心として」『韓』106，1987年5月
―――「清代の朝貢システムと近現代中国の世界観（一）　マーク・マンコールの研究について」『研究論文集』（佐賀大学），第34集第2号，1987年1月
―――「清代の朝貢システムと近現代中国の世界観（二）　マーク・マンコールの研究について」『研究論文集』（佐賀大学），第35集第2号，1988年3月
―――『清末中国における日本観と西洋観』東京大学出版会，2000年
徐賢燮『近代朝鮮の外交と国際法受容』明石書店，2001年
須川英徳『李朝商業政策史研究―十八・十九世紀における公権力と商業』東京大学出版会，1994年
杉村濬『明治廿七八年在韓苦心録』勇喜社，1932年

孫承喆著，鈴木信昭監訳『近世の朝鮮と日本――交隣関係の虚と実』明石書店，1998 年
武田幸男・宮島博・馬淵利貞『地域からの世界史 1　朝鮮』朝日新聞社，1993 年
田保橋潔『近代日鮮関係の研究』上巻・下巻，朝鮮総督府中枢院，1940 年
―――「近代朝鮮に於ける政治的改革（第一回）」『朝鮮史編修会研究彙纂　第一輯　近代朝鮮史研究』朝鮮総督府，1944 年
―――『日清戦役外交史の研究』東洋文庫，1951 年
高橋秀直『日清戦争への道』東京創元社，1995 年
千葉正史『近代交通体系と清帝国の変貌――電信・鉄道ネットワークの形成と中国国家統合の変容』日本経済評論社，2006 年
趙景達「朝鮮における大国主義と小国主義の相克――初期開化派の思想」『朝鮮史研究会論文集』第 22 集，1985 年 3 月
―――「朝鮮近代のナショナリズムと東アジア――初期開化派の『万国公法』観を中心に」『中国――社会と文化』第 4 号，1989 年 6 月
月脚達彦『朝鮮開化思想とナショナリズム――近代朝鮮の形成』東京大学出版会，2009 年
―――「近代朝鮮の条約における『平等』と『不平等』――日朝修好条規と朝米修好通商条約を中心に」『東アジア近代史』第 13 号，2010 年 3 月
―――『福沢諭吉と朝鮮問題――「朝鮮改造論」の展開と蹉跌』東京大学出版会，2014 年
月脚達彦訳注『朝鮮開化派選集――金玉均・朴泳孝・兪吉濬・徐載弼』平凡社，2014 年
デニー，O. N. 著，岡本隆司校訂・訳注『清韓論』成文社，2010 年
寺内威太郎「義州中江開市について」『駿台史学』第 66 号，1986 年 2 月
長田彰文『セオドア・ルーズベルトと韓国――韓国保護国化と米国』未来社，1992 年
ニコルソン，H. 著，斎藤真・深谷満雄訳『外交』東京大学出版会，1968 年
長谷川直子「壬午軍乱後の日本の朝鮮中立化構想」『朝鮮史研究会論文集』第 32 集，1994 年 10 月
濱下武志『近代中国の国際的契機――朝貢貿易システムと近代アジア』東京大学出版会，1990 年
―――『朝貢システムと近代アジア』岩波書店，1997 年
原朗『日清・日露戦争をどう見るか――近代日本と朝鮮半島・中国』NHK 出版，2014 年
原田環『朝鮮の開国と近代化』溪水社，1997 年
―――「朝鮮の近代化構想――兪吉濬と朴泳孝の独立思想」『史学研究』（広島大学）143 号，1979 年 6 月
―――「一八八〇年代前半の閔氏政権と金允植――対外政策を中心として」『朝鮮史研究会論文集』第 22 集，1985 年 3 月
坂野正高「『総理衙門』設立の背景（一）」『国際法外交雑誌』第 51 巻第 4 号，1952 年 8 月
―――「『総理衙門』設立の背景（二）」『国際法外交雑誌』第 51 巻第 5 号，1952 年 10 月
―――「『総理衙門』設立の背景（三・完）」『国際法外交雑誌』第 52 巻第 3 号，1953 年 6 月

———「天津条約（1858年）調印後における清国外政機構の動揺（一）　欽差大臣の上海移駐から英国公使ウォードの入京まで」『国際法外交雑誌』第55巻第6号，1957年3月
———「天津条約（1858年）調印後における清国外政機構の動揺（二・完）　欽差大臣の上海移駐から英国公使ウォードの入京まで」『国際法外交雑誌』第56巻第1号，1957年4月
———「総理衙門の設立過程」『近代中国研究』第1輯，1958年9月
———『近代中国外交史研究』岩波書店，1970年
———『近代中国政治外交史——ヴァスコ・ダ・ガマから五四運動まで』東京大学出版会，1973年
東アジア近代史学会編『日清戦争と東アジア世界の変容』上巻・下巻，ゆまに書房，1997年
閔徳基『前近代東アジアのなかの韓日関係』早稲田大学出版部，1994年
夫馬進『朝鮮燕行使と朝鮮通信使』名古屋大学出版会，2015年
朴宗根『日清戦争と朝鮮』青木書店，1982年
———「閔氏政権の崩壊過程——1894年の日・清両軍の出兵と関連して」『朝鮮史研究会論文集』第33集，1995年10月
朴忠錫著，井上厚史・石田徹訳『韓国政治思想史』法政大学出版局，2016年
朴日根「巨文島事件と李鴻章の対韓政策」『韓』106，1987年5月
細谷雄一『外交——多文明時代の対話と交渉』有斐閣，2007年
茂木敏夫「李鴻章の属国支配観——1880年前後の琉球・朝鮮をめぐって」『中国——社会と文化』第2号，1987年6月
———『変容する近代東アジアの国際秩序』山川出版社，1997年
森万佑子「朝鮮政府の駐津大員の派遣（1883〜1886）」『史学雑誌』第122編第2号，2013年2月
———「朝鮮近代の外交実務担当者に関する基礎的研究——『統理交渉通商事務衙門続章程』制定に着目して」『アジア地域文化研究』第9号，2012年3月
———「朝鮮政府の駐津督理通商事務の派遣（1886〜1894）」『朝鮮学報』第231輯，2014年4月
———「書評　岡本隆司・箱田恵子・青山治世『出使日記の時代——清末の中国と外交』」『歴史学研究』945号，2016年6月
森山茂徳『近代日韓関係史研究——朝鮮植民地化と国際関係』東京大学出版会，1978年
山内弘一「朴趾源に於ける北学と小中華」『上智史学』第37号，1992年11月
李穂枝「防穀賠償交渉（1893年）における日清韓関係」『中国研究月報』第63巻第6号，2009年6月
———「一八八五年の日朝海底電線条約続約締結交渉について」『朝鮮学報』第232輯，2014年7月
———『朝鮮の対日外交戦略——日清戦争前夜1876〜1893』法政大学出版局，2016年
柳永益著，秋月望・広瀬貞三訳『日清戦争期の韓国改革運動——甲午更張研究』法政大

学出版局，2000 年
渡邊昭夫「外交とは何か——その語源的考察」『外交フォーラム』第 56 号，1993 年 5 月
渡辺勝美「朝鮮開国外交史」『普成専門学会論集』1937 年

【韓国語】（가나다順）

姜万吉「大韓帝国의 性格」『創作과 批評』第 13 巻第 2 号，1978 年 6 月
康炳喜「조선의 하늘제사［祭天］건축——대한제국기 원구단（圜丘壇）을 중심으로」，李成美他著『조선왕실의 미술문화』대원사，2005 年
桂勝範『정지된 시간——조선의 대보단과 근대의 문턱』西江大学校出版部，2011 年
———「조선후기 조선중화주의와 그 해석 문제」『韓国史研究』159，2012 年 12 月
具仙姫『韓国近代対清政策史研究』慧眼，1999 年
———「개항기 관제개혁을 통해본 권력구조의 변화」『韓国史学報』12，2002 年 3 月
———「19 세기 후반 조선사회와 전통적 조공관계의 성격」『史学研究』第 80 号，2005 年 12 月
———「청일전쟁의 의미——조・청‘속방’관계를 중심으로」『한국근현대사연구』37，2006 年 6 月
権錫奉「清日戦争 이후의 韓清関係 研究（1894～1898）」『清日戦争을 前後한 韓国과 列強』（研究論叢 84-7），韓国精神文化研究院，1984 年 3 月
———『清末対朝鮮政策史研究』一潮閣，1986 年
権赫秀『근대한중관계의 재조명』慧眼，2007 年
———「조공관계체제 속의 근대적 통상관계——『中国朝鮮商民水陸貿易章程』연구」『동북아역사농총』28 号，2010 年 6 月
国立古宮博物館編『대한제국——잊어진 100 년전의 황제국』민속원，2011 年
金文植「高宗의 皇帝 登極儀에 나타난 상징적 함의」『조선시대사학보』37，2006 年 6 月
金寿岩『韓国의 近代外交制度研究——外交官署의 常駐使節을 中心으로』서울大学校大学院政治学科博士論文，2000 年 2 月
金栄洙『미쩰의 시기——을미사변과 아관파천』景仁文化社，2012 年
金容九『세계관 충돌과 한말 외교사，1866～1882』文学과 知性社，2001 年
———『임오군란과 갑신정변——사대질서의 변형과 한국 외교사』図書出版원，2004 年
金容燮『韓国近代農業史研究』I～III，一潮閣，1975 年
———「書評　独立協会研究，愼鏞廈著，一潮閣刊」『韓国史研究』12，1976 年 4 月
金禹鉉「P. G. von Möllendorff 의 조선 중립화 구상」『平和研究』8，1983 年 5 月
金源模「朴定陽의 対美自主外交와 常主公使館 開設」『藍史鄭在覚博士 古稀記念 東洋学論叢』高麗苑，1984 年
金允嬉「대한제국기 皇室財政 運営과 그 성격——度支部 予算外 支出과 内蔵院 재정운영을 중심으로」『韓国史研究』90，1995 年 9 月
金鍾円「朝・中商民水陸貿易章程에 대하여」『歴史学報』第 32 輯，1966 年 12 月

———『朝清通商章程締結 경위에 対한 考察』서울大学校博士論文，1966 年
金鍾学『개화당의 기원과 비밀외교，1879〜1884』서울大学校大学院政治外交学部博士論文，2015 年 2 月
金弼東「갑오경장 이전 조선의 근대적 관제 개혁의 추이와 새로운 관료 기구의 성격」『한국사회사연구회 논문집』33，1992 年 12 月
都冕会『한국 근대 형사재판제도사』푸른역사，2014 年
文一平著，李光麟校注『韓美五十年史』探求堂，2016 年
P. G. von 묄렌도르프著，申福龍・金雲卿訳注『묄렌도르프 自伝（外）』집문당，1999 年
閔徳基「조선시대 交隣의 理念과 국제 사회의 交隣」『民族文化』第 21 輯，1998 年 12 月
閔会修「조선 開港場 監理署의 성립과정」『동북아역사논총』36 号，2012 年 6 月
———「갑오개혁기 개항장 監理署 일시 폐지의 배경」『한국근현대사연구』75，2015 年 12 月
박 보리스 드미트리예비치著，閔庚鉉訳『러시아와 한국』東北亞歴史財団，2010 年
朴性俊『대한제국기 공문서연구』아모르문디，2015 年
朴銀淑『갑신정변 연구——조선의 근대적 개혁구상과 민중의 인식』歴史批評社，2005 年
朴定陽著，韓哲昊訳『美行日記』푸른역사，2015 年
朴正鉉他編『중국 근대 공문서에 나타난 韓中関係』한국학술정보，2013 年
裵祐晟「조선후기 中華 인식의 지리적 맥락」『韓国史研究』158，2012 年 9 月
———『조선과 중화——조선이 꿈꾸고 상상한 세계와 문명』돌베개，2014 年
徐栄姫『대한제국 정치사 연구』서울大学校出版部，2003 年
徐仁漢『대한제국의 군사제도』慧眼，2000 年
孫禎睦『韓国開港期都市変化過程研究——開港場・開港市・租界・居留地』一志社，1984 年
孫湞淑『한국 근대 주한 미국공사 연구』韓国史学，2005 年
宋炳基「소위『三端』에 대하여——근대韓清関係史의 한 연구」『史学志』第 6 輯，1972 年 11 月
———「光武改革研究——그 性格을 중심으로」『史学志』10，1976 年
———『近代韓中関係史研究——19 世紀末의 連美論과 朝清関係』檀国大学校出版部，1985 年
愼鏞廈「論争『光武改革論』의 問題点——大韓帝国의 性格과 관련하여」『創作과批評』第 13 巻第 3 号，1978 年 9 月
———『新版 독립협회 연구』（상・하），一潮閣，2006 年
厳燦鎬「清日戦争에 대한 조선의 대응」『한일관계사연구』25，2006 年 10 月
延甲洙『고종대 정치변동 연구』一志社，2008 年
———『조선정치의 마지막 얼굴——19 세기 조선의 정치권력과 대외관계』社会評論，2012 年
呉蓮淑『大韓帝国期 高位官僚層 研究——議政府와 宮内府의 勅任官을 중심으로』檀国

大学校博士論文，2003 年 7 月
呉瑛燮「개항후 만국공법 인식의 추이」『東方学志』124，2004 年 3 月
王賢鍾『한국 근대국가의 형성과 갑오개혁』歴史批評社，2003 年
———「대한제국기 고종의 황제권 강화와 개혁 논리」『역사학보』208，2010 年 12 月
王賢鍾他『청일전쟁기 한・중・일 삼국의 상호 전략』東北亜歴史財団，2009 年
禹景燮「朝鮮中華主義에 대한 학설사적 검토」『韓国史研究』159，2012 年 12 月
———『조선중화주의의 성립과 동아시아』유니스토리，2013 年
劉바다「兪吉濬의 贈貢国 独立論에 대한 비판적 검토」『韓国史学報』第 53 号，2013 年 11 月
———「金允植의 外交論에 대한 国際法的 검토」『한국인물사연구』25，2015 年
———「1882 년 조약・장정의 체결과 속국（属国）・반주지국（半主之国）조선의 국제법적 지위」『역사와 현실』99，2016 年 3 月
———『19 세기 후반 조선의 국제법적 지위에 관한 연구』高麗大学校大学院韓国史学科博士論文，2016 年
柳芳蘭『韓国近代教育의 登場과 発達』서울大学校大学院教育学科博士学位論文，1995 年
尹在豊「暗行御史制度에 관한 事例研究——暗行御史 朴定陽의 書啓・別単의 分析」『한국행정학회 학술대회 발표논문집』2006 年 12 月
殷丁泰「高宗親政이후 政治体制 改革과 政治勢力의 動向」『韓国史論』40，1998 年 12 月
李光麟『韓国開化史研究』改訂・増補版，一潮閣，1969 年
———『開化党研究』一潮閣，1973 年
———『韓国開化思想研究』一潮閣，1979 年
———『開化派와 開化思想研究』一潮閣，1989 年
———『韓国近現代史論巧』一潮閣，1999 年
李求鎔「大韓帝国의 成立과 列強의 反応」『江原史学』1，1985 年
李美愛「1880～1894 년 富強政策推進機構와 議政府」『韓国史論』44，2000 年 12 月
李民植「朴定陽의 在美活動에 관한 研究——文化見聞을 중심으로」『韓国思想과 文化』創刊号，1998 年
李玫源「大韓帝国의 成立過程과 列強과의 関係」『韓国史研究』64，1989 年
李芳苑『한말 정치 변동과 중추원』慧眼，2010 年
李陽子「清의 対朝鮮経済政策과 袁世凱」『釜山史学』第 8 輯，1984 年 1 月
李映綠「개항기 한국에 있어 영사재판권——수호조약상의 근거와 내용」『法史学研究』第 32 号，2005 年 10 月
李永玉「清朝와 朝鮮（大韓帝国）의 외교관계，1895～1910」『中国学報』第 50 輯，2004 年
李煜「대한제국기 환구제（圜丘祭）에 관한 연구」『종교연구』30，2003 年 3 月
李銀子「한국 개항기（1876～1910）중국의 治外法権 적용 논리와 한국의 대응——韓中間조약 체결 과정을 중심으로」『東洋史学研究』第 92 輯，2005 年 9 月

———「'訴訟' 안건을 통해 본 청일전쟁 이후（1895～1899）韓中関係연구」『中国近現代史研究』第 38 輯，2008 年 6 月
———「清末駐韓商務署組織과 그 位相」『明清史研究』第 30 輯，2008 年 10 月
李鍾春「統理機務衙門에 対한 考察」『논문집』3（清州教育大学校），1969 年
李泰鎮『고종시대의 재조명』太学社，2000 年
李鉉淙『韓国開港場研究』一潮閣，1975 年
任敏赫「대한제국기『大韓礼典』의 편찬과 황제국 의례」『역사와 현실』34，2007 年 12 月
張暎淑「내무부 존속년간（1885 년～1894 년）고종의 역할과 政局動向」『祥明史学』89，2003 年
———『고종의 정치사상과 정치개혁론』先人，2010 年
田美蘭「統理交渉通商事務衙門에 関한 研究」『梨大史苑』第 24・25 合輯，1990 年 6 月
全海宗「統理機務衙門設置의 経緯에 대하여」『역사학보』17・18 合輯，1962 年 6 月
鄭玉子「紳士遊覧団考」『역사학보』27，1965 年 4 月
———『조선후기 조선중화사상 연구』一志社，1998 年
鄭容和『문명의 정치사상――유길준과 근대 한국』文学과 知性社，2004 年
鄭台燮・韓成敏「開港 후（1882～1894）清国의 治外法権 행사와 朝鮮의 対応」『한국근현대사연구』第 43 集，2007 年 12 月
朱鎮五「한국 근대국민국가 수립과정에서 왕권의 역할（1880～1894）」『역사와 현실』50，2003 年 12 月
崔徳寿『개항과 朝日관계――상호인식과 정책』高麗大学校出版部，2004 年
崔徳寿他『조약으로 본 한국근대사』열린책들，2010 年
崔文衡『列強의 東아시아 政策』一潮閣，1979 年
韓国歴史研究会『1894 년 농민전쟁연구』3，歴史批評社，1993 年
翰林大学校韓国学研究所企画『대한제국은 근대국가인가』푸른역사，2006 年
韓民族大姓譜編纂委員会編『성씨자료집』（上），韓国文化研究所編伝統儀礼実践運動本部，1998 年
韓永愚「乙未事変，大韓帝国 성립과『明成皇后　国葬都監儀軌』」『韓国学報』100，2000 年
———「大韓帝国 성립과정과『大礼儀軌』」『韓国史論』45，2001 年
韓哲昊「初代駐米全権公使 朴定陽의 美国観――《美俗拾遺》（一八八八）를 중심으로」『韓国学報』66，1992 年
———『親美開化派研究』国学資料院，1998 年
———「한국 근대 주진대원의 파견과 운영（1883～1894）」『東学研究』第 23 輯，2007 年 9 月
———『한국근대 개화파와 통치기구 연구』先人，2009 年
———『한국근대 주일한국공사 파견과 활동』푸른역사，2010 年
F. H. 해링튼著，李光麟訳『開化期의 韓美関係――알렌博士의 活動을 中心으로』一潮閣，1973 年

許東賢「1881 년 朝士視察団의 明治 日本 政治制度 理解——朴定陽의 内務省『視察記』와『見聞事件』類 등을 중심으로」『韓国史研究』1994 年 9 月
玄光浩『大韓帝国의 対外政策』新書苑，2002 年
———『고종은 외세에 어떻게 대응했는가』新書苑，2011 年

【中国語】

林明徳『袁世凱与朝鮮』中央研究院近代史研究所，1970 年
尤淑君「従趙太妃之薨論清政府対朝鮮的名分控制」『清史研究』第 4 期，2014 年 11 月

【英 語】（アルファベット順）

Fairbank, John King, ed. *The Chinese World Order : Traditional China's Foreign Relations*, Cambridge, MA : Harvard University Press, 1968.
———, Katherine Frost Bruner and Elizabeth MacLeod Matheson, eds. *The I. G. in Peking : Letters of Robert Hart, Chinese Maritime Customs 1868–1907*, Vol. 1, Cambridge, MA and London : The Belknap Press of Harvard University Press, 1975.
Larsen, Kirk W. *Tradition, Treaties, and Trade : Qing Imperialism and Chosŏn Korea, 1850–1910*, Cambridge, MA: Harvard University Press, 2008.
Lee, Yur-bok. *West Goes East : Paul Georg Von Möllendorff and Great Power Imperialism in Late Yi Korea*, Honolulu : University of Hawaii Press, 1988.
Mori, Mayuko. *The Outbreak of the Sino-Japanese War and the Issue of Suzerain-Vassal as Viewed from the Standpoint of Chosŏn, International Journal of Korean History,* Vol. 17, No. 1, 2012.
Okamoto, Takashi. *Qing China's Foreign Relations and Their Modern Transformation, Memoirs of the Research Department of the Toyo Bunko*, No. 70, 2012.
Satow, Sir Ernest Mason. ed. by Lord Gore-Booth, *Satow's Guide to Diplomatic Practice*, 5th ed., London : Longman, 1979.